启笛

函套古回声

Wandering
and
Thinking
in
Chinese Aesthetics

以神为马

中国美学的游与思

肖鹰 著

北京大学出版社
PEKING UNIVERSITY PRESS

自序

庄子说:"吾生也有涯,而知也无涯。"在有涯与无涯的对立中,庄子开出的哲学药方是以"游"为"学"。

意而子见许由,许由曰:"尧何以资汝?"意而子曰:"尧谓我:'汝必躬服仁义而明言是非。'"许由曰:"而奚来为轵?夫尧既已黥汝以仁义,而劓汝以是非矣,汝将何以游夫遥荡恣睢转徙之途乎?"意而子曰:"虽然,吾愿游于其藩。"许由曰:"不然。夫盲者无以与乎眉目颜色之好,瞽者无以与乎青黄黼黻之观。"意而子曰:"夫无庄之失其美,据梁之失其力,黄帝之亡其知,皆在炉捶之间耳。庸讵知夫造物者之不息我黥而补我劓,使我乘成以随先生邪?"许由曰:"噫!未可知也。我为汝言其大略。吾师乎!吾师乎!齑万物而不为义,泽及万世而不为仁,长于上古而不为老,覆载天地刻雕众形而不为巧。此所游已。"(《庄子·大宗师》)

意而子与许由的这则对话明确表达了庄子的"游"的人生价值理想,即不受成规和观念束缚的自由活跃的生命活动,"与造物者为人,而游乎天地之一气"。以庄子的"游"的观念导航学术,亦可说是"非中心无边界"。但是,庄子的深刻处必须从两个要义开拓出来:其一,真实而切身的感悟,对于庄子,学问不是概念(名言)的捕捉,而是对生命的"不测"和"无穷"的感悟,这是"游"的本质所在;其二,学术不是一个可以占据阵地或完成终结的事务性活动,相反,它是因为无限开放而生气无穷的。人生之"游"归根到底是天地之"化"——"万化而未始有极"。

陶渊明的《饮酒·其五》诗中的第六句,在梁昭明太子萧统编纂的《文选》中为"悠然望南山"。苏轼认定陶渊明原诗是"见南山",而"望南山"是"俗本妄改"。他说:"'采菊东篱下,悠然见南山。'因采菊而见山,境与意会,此句最有妙处。近岁俗本皆作'望南山',则此一篇神气都索然矣。"(《东坡题跋卷二·题陶渊明饮酒诗后》)苏轼做此论断之后,通行本《陶渊明诗集》均采纳"见南山"为陶渊明原作。近年来不少文章反对苏轼论断,论者所据要点有三:其一,《文选》是迄今发现最早收录陶渊明此诗的版本,苏轼之说无版本支持;其二,陶渊明诗多出于纪实,综合文献与地理环境考察,陶渊明"望南山"为纪实;其三,在陶渊明前后诗人中寓"望"之诗文是一流行传统。

驳苏论者凡此种种理由,或可以质疑苏轼论断,即陶渊明作诗非必然"见南山"而不可"望南山"。但以此种种理由笃定陶渊明作诗只能"望南山"而不可"见南山",则是拘执学究的态度臆测陶渊明。驳苏者认为,采菊东篱下,于南山必须举首远望而得以见之。王维《终南别业》有名句"行到水穷处,坐看云起时"。以驳苏者的诗理讨论,"水穷处"在山谷中,王维岂可"坐看"云起!借王诗论陶诗,"望南山"可,"见南山"又为何不可?

在贾岛"推/敲月下门"不定的时候,韩愈为之定为"僧敲月下门",后世传为佳话。但朱光潜说:"'修改'就是调配距离,但是所调配者不仅是语言，同时也还是意境。比如韩愈定贾岛的'僧推月下门'为'僧敲月下门'，并不仅是语言的进步，同时也是意境的进步。'推'是一种意境，'敲'又是一种意境，并非先有'敲'的意境而想到'推'字，嫌'推'字不适合，然后再寻出'敲'字来改它。"（《诗论》）朱先生之论深刻地揭示了诗人创作微妙而且变化的心意（意境），他人是做不得主的。白居易《效陶潜体诗十六首》诗说："时倾一尊酒，坐望东南山。"韦应物《答裴棁》诗说："采菊露未晞，举头见南山。"同是唐人，仿陶却是"望""见"两别。陶渊明已做九泉古人，要"坐实"他之原作"望南山"还是"见南山"，这只能是活人替死人做主了。

近百年以来，许多关于中国美学、中国艺术"是什么/不是什么"的论断，验之以中国文化的多元丰富，未免失于简单臆断。比如，关于中西对比，宗白华有一个结论性的，而且被后世广泛引用的论断："中、西画法所表现的'境界层'根本不同：一为写实的，一为虚灵的；一为物我对立的，一为物我浑融的。"（《论中西画法的渊源与基础》）这个论断无论针对中国绘画，还是西方绘画，都是简单片面的，面临着重要的艺术史实的驳诘。在艺术创作中，"写实"与"虚灵"是任何艺术家都必然面对而且必须处理的矛盾，因为艺术不是对现实的复制，"A representation is never a replica"（E. H. Gombrich, *Art and Illusion*），任何手法和风格都是在这对矛盾中的运用。如果将"写实"与"虚灵"用作艺术风格的描述，则中西艺术都包含着这两种风格，而且都具有这两种风格的伟大作品。至于"物我对立"与"物我浑融"，是纯粹主观性的判断。王国维论诗歌，指出"有我之境"与"无我之境"，认为前者是"以我观物，故物皆著我之色彩"，后者是"以物观物，故不知何者为我，何者为物"（《人间词话》）。朱光潜却认为，王国维所谓"有我之境"其实是"无我之境"或"同物之境"，而其所谓"无我之境"，却是"有我之境"或"超物之境"

（《诗论》）。以宗白华的"物我对立"与"物我浑融"的区别观念，王国维与朱光潜对诗境的看法正相反对。宗白华关于中西艺术比较的论断，犹如欲断定陶诗之"望/见南山"，立意即错，故不免无谓臆断。

19世纪转向20世纪以来，关于中国文化的言说始终有一个急迫的动机——回应西方。在将西方文化作为对比对象的过程中，这个回应西方文化的急迫动机无疑促进了我们对母语文化的反思，但是，也很可能，准确地讲，事实上也造成了在中西对峙中对母语文化的一元化和简化思维。从20世纪转入21世纪，我们当代学者在拥有更加现代、高效的交通条件和学术研究工具的前提下，应当以超越前辈学者的视野和思维，对中国美学和中国艺术进行更深刻广泛的探讨，这便需要我们更活跃、更自由地游与思。

"以神为马"出自《庄子·大宗师》。子祀询问病危的子舆是否厌恶死亡。子舆回答："亡，予何恶！浸假而化予之左臂以为鸡，予因以求时夜；浸假而化予之右臂以为弹，予因以求鸮炙；浸假而化予之尻以为轮，以神为马，予因以乘之，岂更驾哉！"我借庄子此语表达对学术的无限精神和自由的追求。

2024年8月11日，
写于英、法、意三国之游行前，酒无斋

目录

庄子美学辨正	001
与天地为一——王阳明美学论	024
"心外无物"解	046
童心与空观——李贽美学论	053
《红楼梦》的美学意蕴	069
被误解的王国维"境界"说	089
"天才"的诗学革命	111
意境论的百年演变与反思	139
从风骨到神韵:再探中国诗学之本	167
文化整体主义:比较美学的陷阱	224
从再现到存在	279
汉凤凰的大美风仪	297
《兰亭序》与庄子生命观	303

乡土与诗意：陶渊明《归园田居》	319
痴才难说顾恺之	331
诗画相阐论王维	336
绝代画师吴道子	350
草圣张旭与酒	356
老年徐渭的少年情怀	362
"岳飞《满江红》"伪托新考	376
万化无极铸花魂：林黛玉绝非叶小鸾	396
太虚幻境系何年	410
贾宝玉的女儿心	417
细目的神韵——中国女性眼睛的审美	432
"神韵"进入诗学考源	445
后　记	451

庄子美学辨正

与中国哲学史研究者日益明确《庄子》"内篇"与"外杂篇"的老庄之辨和庄儒之别不同[1]，中国美学界迄今仍然普遍持续采取内篇与外杂篇混合一体的庄学观念。老庄哲学分殊根本之义在于人生态度[2]，概言之，老子以虚静无为体道，而以无为无不为为至境；庄子以虚以待物为津要，从而归宗于万化无极的生命实现。庄子对生命自由创化的热烈与执着，正相对于老子以退守为自全的权术。正是基于普遍流行的老庄不分和以老解庄，庄子的心斋理论和形神观念等基本思想均被严重误解、曲解，庄子美学被呈现为老子式的阴柔退守境界。

然而，基于对《庄子·内篇》的整体研究，可见庄子以物化哲学（"万化无极"）超越了老子以无为本（"有生于无"）的宇宙论，在此基础上建造的是既与儒家名教之旨相悖、又与老子虚静之宗异趣的庄子美学精神。庄子美学精神的核心要义是以化为本、以游为道而达于自由创化的生命境界——"独成其天"。对庄子美学做辨正研究，厘清《庄子》一书中老庄之异和庄儒之别，要旨不止于两者是非的细节梳理，更在于揭示庄子美学强健热烈的生命精神和人生理想，还庄子美学精神之"独成其天"的真实面貌。

一　万化无极：驳"重神轻形"说

李泽厚在《华夏美学》中写道："天地的大美既然与人格理想相关，从而，只要具有超然物外的主体人格，只要采取'逍遥游'的审美态度，则所遇可以莫非美者。即使外形丑陋不堪，也可以是美。……庄子在极尽夸张的描写中，所要突出的是'故德有所长而形有所忘'，'非爱其形也，爱使其形者也'。美在于内在的人格、精神、理想，而不在于外在的形体状貌。"[3]

李文所引"非爱其形也，爱使其形者也"一句出自《庄子·德充符》中孔子对鲁哀公说的一段话：

> 仲尼曰："丘也尝使于楚矣，适见独子食于其死母者，少焉眴若皆弃之而走。不见己焉尔，不得类焉尔。所爱其母者，非爱其形也，爱使其形者也。战而死者，其人之葬也不以翣资；刖者之屦，无为爱之；皆无其本矣。为天子之诸御，不爪翦，不穿耳；取妻者止于外，不得复使。形全犹足以为尔，而况全德之人乎！今哀骀它未言而信，无功而亲，使人授己国，唯恐其不受也，是必才全而德不形者也。"[4]

通过"独子食于其死母"的寓言，庄子指出形与德（质）的两种关系：其一，就一般事物而言，形与质并非共存关系，形存质亡，是容易被忽视的现象；其二，就人而言，形与德并非对应关系，德作为人的内在才质，不受形体外貌的限制而应接外物。在《德充符》中，庄子批判和否定"形质共存"和"形德统一"的观念，他主张以差异、变化的观念看待形体与才质、德性的关系。他认为一个人的才质和德性，是不以其形体的全损为前提和限制的。哀骀它等残疾者，身体残损但才德完整，而且正因为他们形有所亡而不以形为累,"视丧其足犹遗土",其才德得以保全。"故德有所长而形有所忘,人不忘其所忘而忘其所不忘,此谓诚忘。"(《庄子·德充符》)"所忘",即忘形(亡形);"所不忘",即不忘德(不亡德)。"诚忘"是对"所忘"与"所不忘"缺少辨识。

郭象释《德充符》题旨说:"德充于内,物应于外,外内玄合,信若符命而遗其形骸也。"[5]申徒嘉说:"今子与我游于形骸之内,而子索我于形骸之外,不亦过乎!"(《庄子·德充符》)申徒嘉此说似可佐证郭象的"遗其形骸"说。然而,庄子还有"堕肢体,黜聪明,离形去知,同于大通,此谓坐忘"(《庄子·大宗师》)和"形固可使如槁木,而心固可使如死灰乎"(《庄子·齐物论》)之说。以"忘"而论,庄子的主张不是忘形存神,而是形神皆忘——离形去知。庄子之所以推崇身残德全的"畸人",其真义是揭示人的外形(形骸之外)与精神(形骸之内)不仅不是必然统一的,而且是了无关系的。

庄子曰:"道与之貌,天与之形,无以好恶内伤其身。今子外乎子之神,劳乎子之精,倚树而吟,据槁梧而瞑。天选子之形,子以坚白鸣!"(《庄子·德充符》)在"内篇"中,这是唯一将"形""神"并论的文字。庄子认为人之形貌得于天、道,而批评惠子劳精费神而有负"天选之形"。从这则文字可见庄子并无"重神轻形"的观念,更非以郭象所谓"遗其形骸"为旨归。不讲"形神皆忘",只讲"遗其形骸",对于阐释庄子之形神观念,是失之于偏见的。汤用彤说:"按玄者玄远。宅心玄远,则重神理而遗形骸。神形分殊本玄学之立足点。"[6]郭象等玄学家对《庄子》的阐释奠定了后世以"重神轻形"论庄子形神观的传统。

庄子论形神关系,最集中表现在《应帝王》篇寓言故事"季咸相壶子"一章。神巫季咸相人若神,预知人之死生存亡、祸福寿夭,能够做到如期应验。列子向壶子学道，但遇见季咸之后，就迷心于季咸，以为季的道行高于壶子。为了开导列子，壶子特请季咸给自己相面。季咸相壶子四次：第一次壶子"示之以地文，萌乎不震不正。是殆见吾杜德机"，即展示生机将止的神态，季咸断其将死；第二次壶子"示之以天壤，名实不入，而机发于踵。是殆见吾善者机"，即展示生机勃发的神态，季咸断其生命复苏；第三次壶子"示之以太冲莫胜。是殆见吾衡气机"，即展示大气冲和、浩渺无迹的神态，季咸则无可判断；第四次壶子"示之以未始出吾宗。吾与之虚而委蛇，不知其谁何"，季咸"立未定，自失而走"。壶子告诉列子，"渊有九名"，他展示给季咸的"地文""天壤""太冲莫胜"三种神态，只是其中三种：鲵桓之审为渊，止水之审为渊，流水之审为渊。"未始出吾宗"，是无名无形的，"吾与之虚而委蛇，不知其谁何"，季咸完全不能识判，因此逃走。季咸相人，持神内形外、形神一体观念。庄子借壶子之口，否定的正是形神一体观念。这个故事的结尾是："然后列子自以为未始学而归，三年不出。为其妻爨，食豕如食人。于事无与亲，雕琢复朴，块然独以其形立。纷而封哉，一以是终。"（《庄子·应帝王》）"块然独以其形立"可以理解为一种"出神"的状态，它与《齐物论》中的南郭子綦"答焉似丧其耦"是相通的，都是要打破形神一体观，而彰示形神的变化莫测。"雕琢复朴"，就是去形名之累赘。"纷而封哉"，就是无名无形的自然生动面貌。

在形神相对的意义上理解庄子的形神观念，无论是如汉魏形名家一样主张形神一体[7]，还是如魏晋玄学家一样主张存神遗形，都必然产生根本误解。庄子论形（形体），绝非立意于形神相对，而是着眼于形的存在问题——形是如何存在而且有何可能。《齐物论》是庄子广泛讨论形的存在哲学的一篇。该篇以"南郭子綦隐机而坐，仰天而嘘，答焉似丧其耦"开篇，而以"不知周之梦为胡蝶与，胡蝶之梦为周与？周与胡蝶，则必有分矣。此之谓物化"结尾。庄子阐述了彼是相对、是非相因的认知观。然而，庄子并不止于这种相对论的认知观，其宗旨是要确立以"物化"为核心的万物一体观，即"齐物论"。因此，"物化"才是庄子形论的核心旨意。南郭子綦"答焉似丧其耦"，即"吾丧我"，实为"我与物化"，即"不知周之梦为胡蝶与，胡蝶之梦为周与"。"不识今之言者，其觉者乎，其梦者乎？造适不及笑，献笑不及排，安排而去化，乃入于寥天一。"（《庄子·大宗师》）"入于寥天一"，是物化的终极体认，即与天地万物浑然化合。

以物化（形化）为核心的存在观奠定了庄子宇宙论与老子宇宙论的深刻区别：在老子宇宙论中，玄、妙、微、精、象诸词是具有形上意义的基本概念，而在庄子话语中仅在通常意义上使用这些词汇。就形的本体论而言，老庄对"象"一词的不同使用是尤其重要的。老子以"象"为体认和诠释"道"的基本概念，其著名的说法是"大象无形，道隐无名"（《老子·四十一章》）和"执大象，天下往"（《老子·三十五章》）。[8]"大象无形"，虽然无形（不是具体可名、可状之物），但仍然"其中有象""其中有精"，象中之精，就是体道者必须归复的根本。《庄子》"内篇"则仅有"象耳目"一说（《庄子·德充符》），其中"象"义，"仅如今用偶像义，并非《老子》书中之所谓象也"[9]。与老子执象征道不同，庄子以形化体道：

> 夫藏舟于壑，藏山于泽，谓之固矣。然而夜半有力者负之而走，昧者不知也。藏小大有宜，犹有所遁。若夫藏天下于天下而不得所遁，是恒物之大情也。特犯人之形而犹喜之。若人之形者，万化而未始有极也，其为乐可胜计邪！故圣人将游于物之所不得遁而皆存。善妖善老，善始善终，人犹效之，又况万物之所系，而一化之所待乎！（《庄子·大宗师》）

"万化而未始有极",形是可见物,可名可状,但形本身是迁化不止、无始无终的。因此,关于精微、玄妙的指认是无意义的虚设,当然也否定了"根本"与"常道"的意义。"故指形则化,执象则留。"[10]形的迁化无限与象归于精一之道,是庄子与老子宇宙本体论的关键差异所在。

基于物化的存在论立场,庄子确立了关于形(形体)的三个基本观念:其一,形体不是孤立固定的实体,而是包裹于天下,并在根本上持续变化于万物运行之中。因此,万化无极的"天下"成为人的真正生存之地和保护之处。其二,人不应当拘束于形体,固执其中,而应当从物化运动中体认形化的无限可能性,自我与万物无界限、无隔阂的大融合。其三,生命的真义,就是完全自由地投身于物化,这是生命的大归宿,也是生命的大快乐。这个以化为本的形的本体论,为人生的自然开放和艺术的自由创新,提供了形而上的精神基础。

二 因是以明:驳"以物观物"说

叶维廉说:"道家在尊重万物自然自生的活动时,最重要的是避免了以人为的法则去规矩天机……一旦了悟到人在万物自放中的角色,我们自然不会重视滔滔欲言的自我,而调整我们的观、感角度与语言表式,转向无言而能独化、活泼地自生自发的万物万象。这个从整体出发(以物观物)和从片面出发(以我观物)之间的美学含义是大大不同的。道家因为重视'指义前的视境',大体上是要以宇宙现象未受理论歪曲的直现方式去接受、感应、呈示宇宙现象。这,一直是中国文学和艺术最高的美学理想,求自然得天趣是也。"[11]

"以物观物"和"以我观物"语出邵雍。他说:"夫所以谓之观物者,非以目观之也。非观之以目,而观之以心也。非观之以心,而观之以理也……圣人之所以能一万物之情者,谓其圣人之能反观也。所以谓之反观者,不以我观物也。不以我观物者,以物观物之谓也。既能以物观物,又安有我于其间哉?"[12]邵雍主张"以物观物",旨在排斥自我情感(和个人偏见),从客观天理(性)的立场认知、看待事物。叶维廉借用"以物观物"指称道家的观物原则和方式,则是意指在自我意识和理智断弃的前提下,纯直观地观感和呈现宇宙现象,即所谓"求自然得天趣是也"。叶氏所谓"道家"自然是老庄并包的,但庄子的《齐物论》是叶氏阐述"以物观物"论着重称引的典范文献,因此庄子实被引为"以物观物"的道家典范[13]。

老子主张"观"。"观"不仅具有专门的哲学内涵,而且是一个对体道具有直接意义的基本概念,甚至可以说,体道就是以"观"实现的:

……故常无欲,以观其妙;常有欲,以观其徼。(《老子·一章》)

万物并作,吾以观复。夫物芸芸,各复归其根。(《老子·十六章》)

故以身观身,以家观家,以乡观乡,以国观国,以天下观天下。(《老子·五十四章》)

老子哲学之"观"(观象,观复),不可视作形而下的观看,而是形而上的冥想或静观。老子认为天地万物的根本之"象"(大象)就是"反者,道之动"(《老子·四十章》)。"观复""复命""知常",就是对"反者道之动"的觉悟。这个觉悟非概念认知,而是玄思冥想之"观"。换言之,正因为道之象非感知和理智可获得，玄妙之观就成为体认道的根本方式。他之主张"以身观身……以天下观天下"，则开启了邵雍的"以物观物"观念。

在"内篇"中，庄子没有给"观"留下老子式的形而上认知位置，其数次使用"观"均为"观看"之常义。更重要的是，庄子认为"观"不仅不是认知"道"的有效途径，反而是徒生是非、樊然淆乱的妄举。"毛嫱丽姬，人之所美也；鱼见之深入，鸟见之高飞，麋鹿见之决骤。四者孰知天下之正色哉？自我观之，仁义之端，是非之途，樊然淆乱，吾恶能知其辩！"（《庄子·齐物论》）万物分别而且产生是非，是因为"自我观之"而产生了是非之辨——以我为是，以彼为非。"故为是举莛与楹，厉与西施，恢恑憰怪，道通为一。其分也，成也；其成也，毁也。凡物无成与毁，复通为一。"（《庄子·齐物论》）在根本和本真的意义上，万物是无分别、无是非的，而且统一于道——"道通为一"。对于庄子，"观"是必然预设立场，无论立场如何，归根到底是"自我观之"。是非分别产生于自我观之，超越是非分别即从根本消除"观"的意识，由此复返无是非分别的统一状态——"复通为一"。相对于老子以观知道，庄子是以明体道。

> 故有儒墨之是非，以是其所非而非其所是。欲是其所非而非其所是，则莫若以明。……物无非彼，物无非是。自彼则不见，自知则知之。故曰彼出于是，是亦因彼。……彼是莫得其偶，谓之道枢。枢，始得其环中，以应无穷。是亦一无穷，非亦一无穷也。故曰莫若以明。（《庄子·齐物论》）

庄子认为，如儒墨两家的是非观相互对立、相互否定，是非是彼此相对的。陷入是非的相对性去判断是非，是徒劳无益的。他主张"以明"超越是非之途。钟泰说:"'明'者,脱然于是非之外,而以鉴别夫是非者。"[14] 庄子论"以明"包含三个概念。其一,以明。张岱年说:"庄子的以明方法之主要意思,即揭出对立之相待相生交参互函的关系。"[15]因此,"以明"就是体认是非对立的相待相生关系,"彼出于是,是亦因彼","因是因非,因非因是"。其二,因是。"是"即彼是之是,亦即是非之是。因是,因任彼此是非而行。在庄子的认识论中,以明和因是一体两面。钟泰说:"'以明'所以去执,'因是'所以善用。析而言之,大体如是。实则言'以明'即兼'因是',言'因是'不离'以明',两支仍一体也。"[16] 其三,照之于天。此"天",成玄英释为"自然"[17],而且成为后世通说,实误解庄子本义。王夫之说:"照之而彼此皆休矣、皆均矣……而照之以天者,无我无此,无耦无彼。"[18]此解释符合庄子本义。"至人之用心若镜,不将不迎,应而不藏,故能胜物而不伤。"(《庄子·应帝王》)"用心若镜"即喻"照之以天"。"不将不迎,应而不藏",即为"无我无此,无耦无彼",亦即"亦因是也"。"以明""因是"是两行,合为一体,即"照之以天"。

老子亦讲"明"。"复命曰常,知常曰明。"(《老子·十六章》)老子之"明"不同于概念知识,也非经验认知,是超验的认知。"明道若昧。"(《老子·四十一章》)"是以圣人不行而知,不见而名,不为而成。"(《老子·四十七章》)。在老子哲学认识论中,玄思冥想的"观"是知道的方式,"明"是知道的结果。"涤除玄览,能无疵乎?"(《老子·十章》)老子之"明",是要归于纯粹至精至静的空虚之境——"无""一"。与此相对,庄子之"明",虽喻之于"照之以天""用心若镜",非但不是归于清精静寂,而是虚以待物、顺物自然而游化无穷。钟泰说:

"彼是莫得其偶,谓之道枢。枢始得其环中,以应无穷。""偶"

同耦。"莫得其偶",特与(《齐物论》)篇首"丧耦"相应。彼"丧耦"表独,此"莫得其偶"言无待。无待与独,名异而理一也。《逍遥游》云:"若夫乘天地之正,而御六气之辨,以游无穷者,彼且恶乎待哉!"言无所待者可以游于无穷也。此云"莫得其偶",而亦继之曰"以应无穷",盖惟能游者能应,亦惟能应者能游。游与应,亦名异而理一也。[19]

庄子之"明",是游和应的统一,这就是他所谓的"真"。庄子对"真"没有任何概念性定义。"庸讵知吾所谓天之非人乎?所谓人之非天乎?且有真人而后有真知。"(《庄子·大宗师》)许慎《说文》说:"真,仙人变形而登天也。从匕从目从乚。丌,所乘载之。"[20]据段玉裁注释,"仙人变形而登天"是真的本义,出于道家典籍所论养生之道。他还指出,凡具"真"偏旁的字,"多取充实上升之意"。《庄子》"内篇"所描绘的真人(神人、至人)形象,是依据于"真"的本义的,但是具有特别意义的是,他将"真人"与"真知"同一——"且有真人而后有真知"(《庄子·大宗师》)。

> 藐姑射之山,有神人居焉,肌肤若冰雪,绰约若处子。不食五谷,吸风饮露。乘云气,御飞龙,而游乎四海之外。其神凝,使物不疵疠而年谷熟。(《庄子·逍遥游》)

在庄子笔下,真人(神人、至人)具有超越尘俗、卓绝独立和悠游天地的才性和品格。这既秉承道家的"仙人"观念,又成为庄子自我人生精神的理想人格表现。与传统道家相同的是"仙人变化升天"的观念,不同的是庄子将真人的超越与卓绝建立在"无始无终"和"万化无极"的宇宙—人生哲学基础上。他所主张的"至人无己,神人无功,圣人无名"(《庄子·逍遥游》)的人格理想,不是顺承老子的"归根守静"的消极无为精神，而是在反功利和反世俗的前提下超越自由的人格精神。

庄子之"真"，不是知识和概念认知的对象，不是"观"的对象或产物，更不是在"美"中发现（直观）的"究极的、根源的生命本身"[21]。"有真人而后有真知"，真人与真知的同一性决定"真"的存在论意义而非认识论意义。钱穆说："庄子真字即指化，不指由化所成之物，物则仅是由此独特之化而见若有物耳。"[22]庄子之"真"既是"虚以待物"，又是"一化之所待"，也是"照之以天""游于无穷"。在与认识论的"以物观物"的对立中，存在论的"因是以明"揭示的是自然超越的生命境界——"独成其天"。《庄子·德充符》云："有人之形，无人之情。有人之形，故群于人，无人之情，故是非不得于身。眇乎小哉，所以属于人也！謷乎大哉，独成其天！"这个"独成其天"的真人，是庄子人格理想的结晶，它启迪了后世文学家和艺术家豪迈卓绝的人格精神和创作意识。

三　刻雕众形：驳"技外见道"说

冯友兰说："哲学是旧说所谓道，艺术是旧说所谓技。《庄子·养生主》说：'臣之所好者道也，进乎技矣。'旧说论艺术之高者谓其技进乎道。技可进于道，此说我们以为是有根据底。"他阐释说："理是不可感者，亦是不可觉者。实际底事物，是可感者，可觉者。但艺术能以一种方法，以可觉者表示不可觉者，使人于觉此可觉者之时，亦仿佛见其不可觉者。艺术至此，即所谓技也而进乎道矣。"[23]此后，钟泰提出"技通乎道"[24]，徐复观提出"技中见道"[25]。近来又有学者提出，庄子的真实主张是"技外见道"，"反对艺术"[26]；"遗技合道"，"反对现世的技艺"[27]。对于庄子的技道观至今失于含混，而"技外见道"诸说的产生正表明需要正确诠释庄子本义。

在《庄子·养生主》中庖丁云:"方今之时,臣以神遇而不以目视,官知止而神欲行。依乎天理,批大郤,导大窾,因其固然。"据《说文》,神,即"天神,引出万物者也"[28]。庄子使用"神",扬弃了"神"的"天神"义,但取其化生万物之自然义,并将之运用于人的心灵活动。"神遇"相对于"目视",即直觉相对于观察;"官知"意指感官和理智之知,"神欲"意指直觉而非思意的活动。在与感知、思意相对的意义上,"神遇"与"神欲"之"神",有两层要义:其一,作为技术主体的人与作为技术对象的物,建立了深刻而密切的关系,正是这种关系使技术活动实现为高度自然化的活动——"神遇"和"神欲行"实现的是"依乎天理,因其固然"的活动;其二,技术的自然化,在超越感知和思意的有限性、限定性的同时,也将技术行为提升到造化自然的无限境界。"合于桑林之舞,乃中经首之会""为之踌躇满志"。庖丁解牛之所以展现出音乐舞蹈般的和谐美妙,而且他从中获得高度的满足和成就感,根本原因在于,对于庖丁,解牛的技术活动不止于谋生的功利行为,而是扩展和实现人生之道的途径("所好者道也,进乎技矣")。因此,在庄子的道技哲学中"神"就是"与天为一"所实现的无限生机和创化力量。钱穆说:"凡神知之所知者,则知合于万物之化,而能不止于物物间。"[29]

"彼节者有间,而刀刃者无厚;以无厚入有间,恢恢乎其于游刃必有余地矣。"钟泰以老子"无有入无间"(《老子·四十三章》)释"以无厚入有间",认为庄子是"变其文而用之"[30]。庄子谓"彼节者有间,刀刃者无厚",此"有间"与"无厚"实指牛之骨络缝隙和刀刃相对细薄,绝无老子之"无有""无间"之玄妙意义。"无有""无间"义皆指于"无",因此老子说"无有入无间,吾是以知无为之有益"(《老子·四十三章》)。"无厚""有间"皆义指于"有",因此,庄子说"以无厚入有间,恢恢乎其于游刃必有余地矣"。"游刃必有余地"绝不可归结为"无为之有益"。吕惠卿说:"物以有而碍,道以虚而通。人未闻道,则所见无非物。既闻道,则所见无非道。神遇不目视,喻闻道者能以心契,而不以知知识识也。目官知止,神欲自行,依乎天理,至大軱乎,是乃未尝见全牛也。天下无物非道,而无适不通,亦若是而已矣。所见无非牛,更刀伤生之譬。十九年而刃若新发硎,不以伤其生之譬也。其为形也,未始有物。不乃似其节之有间乎?其为生也,未始有生,不乃似其刃之无厚乎?其于游刃,恢有余地。不乃似其体道而游万物之间乎?"[31]吕氏阐述符合庄子本义。

> 古之人其知有所至矣。恶乎至?有以为未始有物者,至矣、尽矣,不可以加矣。其次以为有物矣,而未始有封也。其次以为有封焉,而未始有是非也。是非之彰也,道之所以亏也。……道之所以亏,爱之所以成。果且有成与亏乎哉?果且无成与亏乎哉?有成与亏,故昭氏之鼓琴也。无成与亏,故昭氏之不鼓琴也。(《庄子·齐物论》)

庄子对于技艺的肯否是立足于"知之至"即道(真)的体认的。他以"有以为未始有物者"为至尽之知,则认为技艺本身是有限之物(术),受制于技艺而不知道则是"胥易技系,劳形怵心"(《庄子·应帝王》)之举。他对庖丁之技的推崇,正在于庖丁将有限的技巧实现为无限的生命游化("体道而游万物间")。"昭氏之鼓琴"作为乐曲的创作而言是"成",但作为孤立的乐曲却又是对"未始有物"的造化混沌的分割和限隔,因此又是"亏"。"有成与亏,故昭氏之鼓琴也。无成与亏,故昭氏之不鼓琴也。"这是否意味着庄子主张"昭氏之不鼓琴"呢?当然不是。庄子的真正主张是"明"。"明"是体道之万化无穷,"化"归根到底就是"技"——大冶之技。

> 吾师乎! 吾师乎! 鳌万物而不为义,泽及万世而不为仁,长于上古而不为老,覆载天地刻雕众形而不为巧。此所游已。(《庄子·大宗师》)

庄子视天地为"大炉"、造化为"大冶",人与万物则是造化在天地间炉捶的产物。因此,庄子是将自然运行而生产人与万物视为创造性的技术活动,而自然(造化)则是"大匠"("大冶")。老子主张"大象无形",因此也主张"大制不割"(《老子·二十八章》);庄子主张"未始有物",因此则主张"刻雕众形"。庄子认为学道者的"大宗师",就是"覆载天地刻雕众形而不为巧"的大匠——造化。"此所游已",造化之技与体道之游是同一的。

老子是反对技艺的,"朴散则为器";他主张放弃技艺,"复归于朴"(《老子·二十八章》)。庄子放弃了老子的朴器观,认同技艺通道,主张"雕琢复朴"(《庄子·大宗师》)。王弼注"朴散则为器",亦将老子之"朴"字释为"真"。"朴,真也。真散则百行出,殊类生,若器也。"[32] 钟泰注"雕琢复朴"说"还其真也"[33]。但是,老子之"真",是本根之道,是先于人而超人的本体——"其中有精,其精甚真",而庄子之"真",是由"真人"定义的——"有真人而后有真知"。因此,同样言"朴",若归之于真,老子立足在人外之道,庄子立足在道中之人。此外,老子之"朴",因为是自然本性,因此只需要抱守与复归。庄子之"朴",只有真人可实现,"雕琢复朴",即"复朴"并非向老子式的终极原始的复归,而是一个游于万物、同于造化的创造历程。老子之朴归宗于一实然精微之道，庄子之真实行于人生当下游化之境——与造物者为人，游于一气之化。老子守朴反技，故主张"绝圣弃知"；庄子崇真尚技，故主张"真人真知"。两者分别的真义在此。

庄子主张以造化为师、自然神遇。他认为有限的技艺可以借助于勤奋精专的训练达到物我合一、化技为道的境界。这个可以概括为"以化为神"的技艺境界开辟了中国后世艺术创作与鉴赏的核心原则。后世论艺术所采用的基本观念"神""妙""逸""自然"，都出于庄子的"神"，并且归于庄子的"化"。甚至可以说，中国艺术之"艺"，归根到底，就是以庄子哲学精神为基始的技达于神而形入于化，即"出神入化"——"此所游已"。

四 乘物游心：驳"虚静之心"说

徐复观说："道家发展到庄子，指出虚静之心；而人的艺术精神的主体，亦昭澈于人类尽有生之际，无可得而磨灭。但过去的艺术家，只是偶然而片断地'撞着'到这里，这主要是因时代语言使用上的拘限，所以有待于我这篇文章的阐发。"[34]以"虚静"释说庄子哲学，并非自徐复观开始，成玄英疏郭象《庄子注》，已屡次使用"虚静"连词。《庄子·齐物论》说："有以为未始有物者，至矣，尽矣，不可以加矣。"郭象注说："此忘天地，遗万物，外不察乎宇宙，内不觉其一身，故能旷然无累，与物俱往，而无所不应也。"成玄英疏说："世所有法，悉皆非有，唯物与我，内外咸空，四句皆非，荡然虚静，理尽于此，不复可加。"[35]但是，从美学角度明确主张"虚静的心灵，是庄子的心灵"[36]，确实由徐复观提出，而且广泛影响了自20世纪后期至今对庄子美学的诠释。

虚静之说，本于老子。"致虚极，守静笃。"（《老子·十六章》）但是，在《老子》书中,"虚""静"虽然并论,但没有"虚静"连词。"虚静"连词早出于《文子》。《文子》说:"夫道有无相生也,难易相成也。是以圣人执道,虚静微妙,以成其德。"[37]《文子》史称"《老子》义疏",以引述阐发老子虚静之义作为养形守神之宗,书中虽然掺杂《庄子》之语,但其祖述老子之旨无疑。

在《庄子》"内篇"中,没有出现"静"字。庄子只讲"虚",不讲"静"。在《庄子》中,"静"字出现于"外杂篇","虚静"连词则出现于《外篇·天道》:"圣人之心静乎!天地之鉴也,万物之镜也,夫虚静恬淡寂漠无为者,天地之平而道德之至,故帝王圣人休焉。……夫虚静恬淡寂漠无为者,万物之本也。……静而圣,动而王,无为也而尊,朴素而天下莫能与之争美。"以《文子》相核,《天道》篇多是对《文子》的《九守》篇义理和文字的袭用。王夫之批评《天道》篇说:"此篇之说,有与庄子之旨迥不相侔者;特因老子守静之言而演之,亦未尽合于老子;盖秦汉间学黄老之术、以干人主者之所作也。"[38]

徐复观将庄子的"心斋"比同于现象学的"中止判断",他说:"现象学的归入括弧,中止判断,实近于庄子的忘知。不过,在现象学是暂时的,在庄子则成为一往而不返的要求。因为现象学只是为知识求根据而暂时忘知;庄子则是为人生求安顿而一往忘知。现象学的剩余,是比经验的意识更深入一层的超越的意识,亦即是纯粹意识,实有近于庄子对知解之心而言的心斋之心。心斋之心,是由忘知而呈现,所以是虚,是静;现象学的纯粹意识,是由归入括弧、中止判断而呈现,所以也应当是虚,是静。"[39]

> 回曰:"敢问心斋。"仲尼曰:"若一志,无听之以耳而听之以心,无听之以心而听之以气!听止于耳,心止于符。气也者,虚而待物者

也。唯道集虚。虚者，心斋也。"颜回曰："回之未始得使，实自回也；得使之也，未始有回也；可谓虚乎？"夫子曰："尽矣。吾语若！若能入游其樊而无感其名，入则鸣，不入则止。无门无毒，一宅而寓于不得已，则几矣。……瞻彼阕者，虚室生白，吉祥止止。夫且不止，是之谓坐驰。夫徇耳目内通而外于心知，鬼神将来舍，而况人乎！是万物之化也，禹舜之所纽也，伏戏几蘧之所行终，而况散焉者乎！"（《庄子·人间世》）

庄子的"心斋"观念有如下要点：其一，"唯道集虚。虚者，心斋也"。"唯道集虚"，郭象注说："虚其心则至道集于怀也。"[40]"虚"是无私忘我的状态。颜回说："得使之也，未始有回也。"无私忘我，既是去除自我身心意识，"堕肢体，黜聪明，离形去知，同于大通，此谓坐忘"，又是忘弃天下万物而进入"无古今，而后能入于不死不生"的朝彻、见独境界（《庄子·大宗师》）。其二，"入游其樊而无感其名"。无私忘我，不是绝迹无行，而是无为而行。"入游其樊"，是入行人世间；"无感其名"，即不为人世间的形名所缚困。"绝迹易，无行地难。"成玄英疏说："夫端居绝迹，理在不难；行不践地，故当不易。亦犹无为虚寂，应感则易；有为思虑，涉物则难。其理必然，故举斯譬矣。"[41]"端居绝地"，亦即颜回未明心斋真义之前的"端而虚，勉而一"，是绝迹易；庄子之"虚"，是无为而行，"行不践地"，是无行地难。其三，"气也者，虚而待物者也"。心斋是排斥习有的感官行为和心智意识之后的"气"的体认，它向万物开放身心，而成为无限生机（气）的融会和创化。

"瞻彼阕者，虚室生白，吉祥止止。"郭象注为"夫吉祥之所集者，至虚至静"，成玄英疏为"言吉祥善福，止在凝静之心"[42]。郭、成注疏以"虚静"解"止止"，据于文字常义，未顾及庄子后文所言"夫且不止，是之谓坐驰。

夫徇耳目内通而外于心知，鬼神将来舍，而况人乎！是万物之化也"。吕惠卿释说："夫唯止止者，耳如目，目如耳，心凝神释，骨肉都融，则从耳目内通而外于心智者也。"[43]吕氏以"心凝神释，骨肉都融"释"吉祥止止"是得意之论。"止止"不是以"止"至"静"的虚静状态，而是形容"虚室生白"的生机充裕境界。郭、成二人注疏《庄子》好以老子释庄子，此为一例。"唯道集虚，虚者，心斋也。"庄子之"道"，不是老子之具有实体意义的"道"（"其中有精"），而是"万物之化"之道。因此，"唯道集虚"，不是归于"致虚寂，守静笃"的虚静境界，而是耳目内通、鬼神来舍的"万物之化"的无限生机。

指认庄子主张"虚静之心"的另一个重要依据，是庄子在《应帝王》中有"游心于淡，合气于漠"之说。成玄英疏说："可游汝心神于恬淡之域，合汝形气于寂寞之乡，唯形与神，二皆虚静。"[44]成氏此说不仅直接影响了后世时至今日对庄子"游心合气"的解读，而且当是徐复观等现代学者以"虚静之心"论断"庄子之心"的重要依据。

> 天根游于殷阳，至蓼水之上，适遭无名人而问焉，曰："请问为天下。"无名人曰："去！汝鄙人也，何问之不豫也！予方将与造物者为人，厌，则又乘夫莽眇之鸟，以出六极之外，而游无何有之乡，以处圹埌之野。又何帛以治天下感予之心为？"又复问。无名人曰："汝游心于淡，合气于漠，顺物自然而无容私焉，而天下治矣。"（《庄子·应帝王》）

成玄英将"游心于淡，合气于漠"中的"淡"释为"恬淡"，"漠"释为"寂寞"，与其释《外篇·知北游》中的"澹而静乎，漠而清乎"为"恬淡安静，寂寞清虚"是一致的[45]。许慎《说文》释"淡"为"薄味也"，

"漠"为"北方流沙也,一曰清也"[46]。因此,就字释字,成玄英的注释是可通的。但是,将"游心于淡,合气于漠"归结为"形神二皆虚静",是不符于"天根与无名人问答"这个寓言的语境和主旨的。天根与无名人相逢于殷阳的蓼水,向后者求问治天下之道。无名人因为专志于自然造化之游,以投身于无穷无限之境为旨归,因此对天根之问致以鄙弃。天根执意追问,无名人则以"汝游心于淡,合气于漠,顺物自然而无容私焉,而天下治矣"示之。以"虚静"释"游淡合漠"既先设"成心",于"顺物自然而无容私焉"则成隔阂。无名人之游,"与造物者为人","乘夫莽眇之鸟","以出六极之外,而游无何有之乡,以处圹埌之野",这是由实入虚、虚而无穷之游,又岂是"虚静"可以相匹比的?因此,在"游心于淡,合气于漠"中,"淡"与"漠"当作另解。

在王夫之《庄子解》中,"游心于淡"作"游心于澹"[47]。《老子·二十章》有"澹兮其若海,飂兮若无止"句,其中"澹"字通本作"淡"字,但王弼本、范庆元本和王羲之本作"澹"字。朱谦之说:"王、范本作'澹'字是也。王羲之本亦作'澹',碑本误作'淡'。《说文》:'澹,水摇也,从水,詹声。'与淡迥别。"[48]淡义平淡,澹义摇荡。以平淡喻海,显然义乖,更与后句"飂无所止"相斥。所以"澹兮若海"为是。庄子之"游心于澹",此"澹"正借海之"飂无所止"为喻。"游心于澹"即游于造化的无穷运动。《说文》释"莫"为"日且冥也",段玉裁注说:"且冥者,将冥者也。冥,夕部曰夕,莫也,引申之义为有无之无。"[49]《辞源》释"莫"第五条说:"广大。通'漠'。"[50]庄子对惠施说:"今子有大树,患其无用,何不树之于无何有之乡,广莫之野,彷徨乎无为其侧,逍遥乎寝卧其下。不夭斤斧,物无害者,无所可用,安所困苦哉!"(《庄子·逍遥游》)"漠"通"莫","合气于漠"即"合气于莫",即合气于广大无垠之境,换言之,化合于天地之一气。"游心于澹,合气于漠",这正是无名人之游的精义所在："予方将与造物者为人，厌，则又乘夫莽眇之鸟，以出六极之外，而游无何有之乡，以处圹埌之野。"

> 许由曰："尧何以资汝？"意而子曰："尧谓我：'汝必躬服仁义而明言是非。'"许由曰："而奚来为轵？夫尧既已黥汝以仁义，而劓汝以是非矣，汝将何以游夫遥荡恣睢转徙之途乎？"（《庄子·大宗师》）

对于庄子，仁义与是非代表一切施加于个体生命的陈规和成见，是对个体自由的禁锢和残害，如同刺额（黥）和割鼻（劓）的刑罚。他所吁求的是突破一切形名之限，"游夫遥荡恣睢转徙之途"。遥荡，放纵；恣睢，自得；转徙，变化[51]。放纵自得，而一任变化，这是庄子的"游"的真义。"游"是虚而任化，而非虚一而静。"若夫乘天地之正，而御六气之辩，以游无穷者，彼且恶乎待哉！故曰，至人无己，神人无功，圣人无名。"（《庄子·逍遥游》）"无己""无功""无名"，归而言之，"无为"。庄子之"无为"不是归于虚静，而是任化自然，以游无穷。"游夫遥荡恣睢转徙之途"，此特可作"游心于澹，合气于漠"绝非虚静义之力证。

老子说："不出户，知天下；不窥牖，见天道。其出弥远，其知弥少。是以圣人不行而知，不见而名，不为而成。"（《老子·四十七章》）庄子说："彼方且与造物者为人，而游乎天地之一气。……反覆终始，不知端倪；芒然彷徨乎尘垢之外，逍遥乎无为之业。"（《庄子·大宗师》）老子说："天得一以清，地得一以宁，神得一以灵，谷得一以盈，万物得一以生，侯王得一以为天下贞。"（《老子·三十九章》）庄子说："体尽无穷，而游无朕；尽其所受乎天，而无见得，亦虚而已。"（《庄子·应帝王》）老子以归本为宗，"夫物芸芸，各复归其根。归根曰静，是谓复命"（《老子·十六章》）；庄子以万化为道，"喜怒通四时，与物有宜而莫知其极"

（《庄子·大宗师》）。概言之，老子识道以冥观，庄子体道以化游，"乘物以游心"（《庄子·人间世》）是庄子哲学的精髓所在。

庄子的人生理想，一方面是讲无我无为（"亦虚而已"），另一方面是游化同天（"入于寥天一"）。庄子美学对后世最根本的影响，正在于这个"游化同天"的真人理想。以"化"为道，庄子是不可能主张老子的虚静之道的。如徐复观以"虚静之心"和"纯素之美"解释中国艺术精神和艺术风格，只能是削足适履，必将排斥或歪曲庄子哲学滋养的嵇康、阮籍、陶渊明、李白、张旭、张璪、吴道子……这是一个可以囊括两千余年来中国最伟大的文学家和艺术家的名单。然而，庄子美学"謷乎大哉，独成其天"的真精神薪火相传正在其中。

余 论

出于《庄子·应帝王》的"儵忽凿浑沌死"寓言与出于《庄子·天地》的"象罔得玄珠"寓言，分别表现了庄子与老子不同的形体（形象）观，即庄子的"形化无极"和老子的"有无相生"。但是，在对庄子的美学阐释中，不仅未见对两者予以辨析，普遍的态度是以"象罔"代替"浑沌"作为"庄子美学"的一个基本概念，并且衍生出"虚实相生"的命题。以虚实相生（象罔）论庄子形象观，是老庄混淆的一个典型案例。

徐复观论《庄子·秋水》庄子与惠施的"鱼乐之争"说："在这一故事中，实把认识之知的情形，与美的观照的知觉的情形，作了一个鲜明的对比。庄子所代表的是以无用为用，忘我物化的艺术精神……庄子的艺术精神发而为美的观照，得此一故事中的对比，而愈为明显。"[52]《秋水篇》庄惠鱼乐之争是庄子后学袭续《齐物论》中"彼我是非"的论题展开的。

在这则寓言中，惠施质疑的是，庄子既然主张彼是不相知，亦即人不可知物，又"如何可知"鱼之乐？庄子回复的是：我知之濠上也。这个回复显然是将惠施的认识论质疑偷换成为一个概念游戏。徐复观此说则将"我知之濠上"做了现代美学的臆断。

《庄子·知北游》说："天地有大美而不言，四时有明法而不议，万物有成理而不说。圣人者，原天地之美而达万物之理，是故至人无为，大圣不作，观于天地之谓也。"对此，日本学者笠原仲二说："在《庄子》上见到的内容，正阐述了在美的中间，确实有理，即有真。也就是说，在美之中（或就美的对象），可以发现（直观）真，从而发现（直观）究极的、根源的生命本身。"[53] 此说基于对《庄子》内篇与外、杂篇无分辨，且以现代美学观念妄做庄子之说。

庄子美学辨正，是一个中国美学研究亟待展开的重要课题，本文只是一个初步尝试。

（原载《文学评论》2023年第5期）

注释

[1] 关于《庄子》内篇与外、杂篇的年代之辨，参见刘笑敢《庄子哲学及其演变》（修订版），中国人民大学出版社，2020年版，第25—69页。

[2] 唐君毅：《中国哲学原论·原道篇》，中国社会科学出版社，2006年版，第219页。

[3] 李泽厚：《美学三书》，安徽文艺出版社，1999年版，第307页。

[4] 本文所引《庄子》原文均出自郭庆藩撰，王孝鱼点校《庄子集释》，中华书局，2012年版。

[5][17][35][40][41][42][44][45][51] 郭庆藩撰，王孝鱼点校：《庄子集释》，第193页、第73页、第81页、第153页、第156页、第156页、第301页、第748页、第285页。

［6］汤用彤：《魏晋玄学论稿》，上海古籍出版社，2001年版，第35页。

［7］刘邵撰，王晓毅译注：《人物志译注》，中华书局，2019年版。

［8］本文所引《老子》原文均出自王弼撰，楼宇烈校释《王弼集校释》，中华书局，1980年版。

［9］［10］［22］［29］钱穆：《庄老通辨》，生活·读书·新知三联书店，2005年版，第174页、第109页、第156页、第208页。

［11］［13］叶维廉：《比较诗学》，（台北）东大图书股份有限公司，2014年版，第81—82页、第76—88页。

［12］邵雍：《邵雍全集·皇极经世》，上海古籍出版社，2015年版，第1175页。

［14］［16］［19］［24］［30］［33］钟泰：《庄子发微》，上海古籍出版社，2002年版，第38页、第39页、第68页、第69页、第178页。

［15］张岱年：《中国哲学大纲》（增订本），中华书局，2017年版，第669页。

［18］［38］［47］王夫之：《老子衍 庄子通 庄子解》，中华书局，2009年版，第92页、第188页、第146页。

［20］［28］［46］［49］段玉裁：《说文解字注》，中华书局，2013年版，第388页、第3页、第567—550页、第48页。

［21］［53］笠原仲二：《古代中国人的美意识》，杨若薇译，生活·读书·新知三联书店，1988年版，第183页。

［23］冯友兰：《贞元六书》上，华东师范大学出版社，1996年版，第167页。

［25］［34］［36］［39］［52］徐复观：《中国艺术精神》，华东师范大学出版社，2001年版，第31页、第79页、第80页、第47页、第59—60页。

［26］张节末：《徐复观对庄子美学的发明及其误读》，《浙江社会科学》2004年第5期。

［27］陈火青：《"技中见道"抑或"遗技合道"？》，《文艺理论研究》2013年第6期。

［31］［43］吕惠卿撰，汤君校：《庄子义集校》，中华书局，2009年版，第58页、第72页。

［32］王弼撰，楼宇烈校释：《王弼集校释》，中华书局，1980年版，第75页。

［37］王利器：《文子疏义》，中华书局，2000年版，第53页。

［48］朱谦之：《老子校释》，中华书局，2000年版，第84页。

［50］何九盈等：《辞源》，商务印书馆，2018年版，第3508页。

与天地为一——王阳明美学论

一 良知与《易》象

王阳明哲学的两个基本原则,即知行合一、体用一源,决定了本体、功夫和境界三者的同一。这三者的同一,也就成为王阳明美学的哲学前提。在这个前提下,王阳明美学认为,对天地的审美观照,就是对天地万物的本体和生命的"道"的观照;"道",是统一万物一体之气,也就是"与天地万物一体"的自我本心——"仁"。因此,观照天地万物,就是通过感发自我本心的良知,以创化这个"仁"的境界(意境)。因此,以良知为个体自我与天地万物相互感发的境界,是王阳明美学的旨归。这个旨归的思想来源,可以追溯到《易传》。

王阳明特别反对把良知观照(把捉)为一个"物"(无论是实在的"心",还是超验的"理"),他说:"善即吾之性,无形体可指,无方所可定,夫岂自为一物,可从何处得来者乎?"[1]他一再强调"本体原无一物",并阐发"文王望道未见,乃是真见"观点,就是要破除把良知(道)实在化、概念化、抽象化的陈见。王阳明的立足点是易象观念。王阳明在表述对良知(道)的观照(体认)时,基本上是用《易传》的"易象"观念来描述良知的境界特征。如"道无方体,不可执着","良知之妙用,所

以无方体,无穷尽"等话语,在《传习录》中随处可见。下面这段话,王阳明讲得明确:

> 良知即是易,其为道也屡迁,变动不居,周流六虚,上下无常,刚柔相易,不可为典要,惟变所适。此知如何捉摸得?见得透时便是圣人。[2]

《易传》的易象观念,是建立在《易传·系辞》的天地观念基础上的。《易传·系辞》的天地观念,可以概括为三个基点:一、"一阴一阳之谓道",二、"天地之大德曰生",三、"乾坤成列,而《易》立乎其中矣"。这三个基点展示的是一个以生成变化为本体,也就是体用同一的天地境界。"一阴一阳之谓道",即是说天地万物是由阴阳变化而成,阴阳变化就是天地万物的根本(道);"天地之大德曰生",天地以阴阳变化为根本,天地存在的最高形式就是生生不息,发展变化;《易》是天地万物变化的总体表象,离开天地万物的变化,则不能显出《易》,反之也可以说不能显出《易》,则天地万物也归于死寂毁溃,这就是"乾坤成列,而《易》立乎其中矣"。这个生成变化、体用不二的宇宙观念,与西方绝对完整永恒的宇宙观念相比,确实以"神无方而易无体"为基本精神。

《易传》讲了两种象:一是天地变化之象,是客观的;二是圣人所立之象,是主观的。天地变化之象,自显于天地,圣人模拟这客观的象而成象。"是故易者,象也。象也者,像也"(《易传·系辞下》),即是说,易象是模拟天地变化之象而成。但是,因为天地以阴阳为道,变化不居,天地的原象,是变化之象,是无形之象,是"神无方";所以,圣人不是凭借直观印象模仿现实景象,而是仰观俯察,远近比拟,体会天地阴阳变化("拟诸其形容,象其物宜"),而得易象,因此"易无体"。易象无体，可从两方面理解。一、易象在现实中没有原型。卦象、爻象，都是对阴阳变化之象总体的模拟，而不是对某种物象具体的写照（"神也者，妙万物而为言者也"）。二、易象没有具体的、确定的形状和规定。卦象、爻象，"唯变所适"，不能按一定之规来解释和应用，而要因时变化，感应天地。

易象的根本，在于变。"通其变，遂成天下之文；极其数，遂定天下之象。非天下之至变，其孰能与于此。"（《易传·系辞上》）对易象的把握和运用，则在于感。"《易》无思也，无为也，寂然不动，感而遂通天下之故。非天下之至神，其孰能与于此。"（《易传·系辞上》）正是以变为本，以感为用，使易象既不同于具体有限的器物（形），也不同于超然物外、虚静守一的理（道）。在《易传》中，象（易象）、形器与道是相互区分、处于不同层次的。象与形器不同，因为形器是具体化的象，是定形的象（"见乃谓之象，形乃谓之器"）；就象与形器的关系而言，不是象模仿形器，而是形器模仿象（"制器者尚其象"）。象与道不同，因为象是天地变化之象，是道的呈现。[3] 由此可见，象处于形器与道之间。易象是虚实相生、动静一体的，正因为如此，易象与自然之象相合，能"通神明之德，类万物之情"。

以变、以感来体悟易象，就要超越对易象做实体性的和具象性的理解，要在创化天地境界的层次上来把握易象，而这正是《易传》把《易经》从卜筮之书发展为中国哲学的一个思想源地的关键所在。在《系辞》中，阐释得最充分的，是天地观念，而天地观念，却是展现为易象与天地的同位关系（"《易》与天地准，故能弥纶天下之道"）、共生关系（"天地设位，而易行乎其中矣"）、同形关系（"与天地相似，故不违"）、包容关系（"范围天地之化而不过"）。实际上，《易传》非常清楚地阐释了易以天地为象，易即天地之象的观念：

> 天地之道，贞观者也，日月之道，贞明者也，天下之动，贞夫一者也。夫乾，确然示人易矣；夫坤，隤然示人简矣。爻也者，效此者也，象也者，象此者也。(《易传·系辞下》)

> 夫《易》广矣大矣，以言乎远则不御，以言乎迩则静而正；以言乎天地之间则备矣……广大配天地，变通配四时，阴阳之义配日月，易简之善配至德。(《易传·系辞上》)

以易象为天地境界，就是以象得意。书不尽言，言不尽意，"圣人立象以尽意"。易象之所以能尽意，是因为易象同时超越了具体物象和语言的有限性和规定性，它以变、以感与天地之意会通。这就是"夫《易》……其称名也小，其取类也大；其旨远，其辞文"(《易传·系辞下》)，"变而通之以尽利，鼓之舞之以尽神"(《易传·系辞上》)，"神也者，妙万物而为言者也"(《说卦》)。易象在不断地生成变化和与天地感应会通之中，实现了天地之象与天地之意的同一，极而言之，易象的本体就是这天地阴阳变化之象——圣人所尽之"意"（道）则在其中。易象之所以广大，就在于最终是超言出象，会通于天地的。因为易象是虚实相生，"象外之象"，也就是"境生象外"之"境"。易象就是天地阴阳变化的意境。因此可以说，易象是后世意境理论的原型。尽管《易传》没有使用"意境"概念，但意境论的基本思想已在《易传》的"易象"概念中形成了雏形。[4]

王阳明正是在易象作为意境（天地境界）的创化的意义上，用易象观念来规定良知观念。王阳明哲学的宗旨，是把个体存在同化和消解在天地的整一性存在中。王阳明所做的同化和消解，是以易象的"意境"构成为基础的。对于王阳明，这个同化和消解，是个体自我存在与天地万物相互感发的扩展过程，是无限生长着的整一性的创化——天地境界的实现。因此，在同化和消解中，个体自我存在不但没有被遏制，而是突破和超越了自身的有限性而复归于整体的无限性。在这个意义上，个体自我存在在同化和消解中得到了真正的肯定和实现。

天地境界对个体自我的同化和消解，在根本意义上，是对个体存在的限定性和局限性的否定。王阳明常说，人心是一个天渊，无穷尽；只为私欲窒塞，则天渊之本体失了；致良知，就是要消除障碍，恢复人心是一个天渊的本体。相对于私欲对"有"的把捉，王阳明特别强调"虚""无"。这"虚""无"，既是本体，又是整体——是统一天地人我的生命。所以，在对良知的体认（观照）中，王阳明将天地整一性对个体生命的同化和消解，提炼为"良知之虚"与"天之太虚"的同一性体认。这种体认，显然是融合了佛道的虚无体验。王阳明说：

> 仙家说到虚，圣人岂能虚上加得一毫实？佛氏说到无，圣人岂能无上加得一毫有？但仙家说虚，从养生上来；佛氏说无，从出离生死苦海上来；却于本体上加却这些子意思在，便不是他虚无的本色了，便于本体有障碍。圣人只是还他良知的本色，更不着些子意思在。良知之虚，便是天之太虚；良知之无，便是太虚之无形。日月风雷山川民物，凡有貌象形色，皆在太虚无形中发用流行，未尝作得天的障碍。圣人只是顺其良知之发用，天地万物，俱在我良知的发用流行中，何尝又有一物超于良知之外，能作得障碍？[5]

王阳明由"心外无物""心物同体"，而成就天地境界的"太虚无形"，这迫近于佛老虚无之境。但是，王阳明所谓"良知之虚"，不是隔断天地之虚;"良知之无",不是弃绝万物之无;所谓"太虚无形",是我与物从有限(有形)中解脱出来,浑然与天地万物一体的"廓然大公"。因此,在这虚无之中,是个体生命与天地生气一体同流,即是生命最本真的呈现和最深广的扩充。

在对易象观念的阐发中,王阳明的良知境界观念具有三个方面的重要意义:第一,王阳明强调了自我本心(良知)与世界本体(道)的存在的统一性,并且认为这个统一是超概念(语言)的存在境界的统一;第二,基于这种统一性,王阳明认为个体存在的根本意义(本真状态)在于自我超越,即从有限到无限,有形到无形;第三,王阳明特别强调了对良知(道)体认(观照)的存在意义,即生活意义。对于王阳明,生命的本真境界只能在真实的生活之流中实现和呈现。这就是他所说的:

> 盖日用之间,见闻酬酢,虽千头万绪,莫非良知之发用流行,除却见闻酬酢,亦无良知可致也。[6]

这三点,是对中国古典美学"重视内心感发"精神的再次发挥,这一发挥,不仅在理论上深化和完备了"感发"观念,而且,对于当时艺术思潮趋于专业化、娱乐化,即审美活动的精神关注和现实关注的退缩,具有警策和阻遏作用。如果说,明清美学是个体意识和现实情怀的新兴,那么,王阳明的良知境界观念无疑对明清美学是一个重要的启发。

二 致良知与游心

王阳明美学必然突破儒家的阈限,而与道家美学会通。王阳明美学与道家美学的会通,主要表现在王阳明对庄子审美精神的发扬。庄子说:"天地有大美而不言,四时有明法而不议,万物有成理而不说。圣人者,原天地之美而达万物之理,是故圣人无为,大圣不作,观于天地之谓也。"(《庄子·知北游》)王阳明说:"良知只是一个,随他发现流行处当下具足,更无去求,不须假借。"[7]这两句话,可以分别作为庄子和王阳明审美观念的概括表达。在其中,包含着两者基本的一致:第一,两者都主张"道"(大美,良知)是存在于天地万物之中的,天地万物的存在就是道的表现;第二,两者都主张"道"是不能用"明言"(概念)把握,也不能向外去求的,而只能在个体自我与天地万物相互感发的当下存在中,直接观照(体认)"道",即庄子所谓"原天地之美而达万物之理",王阳明所谓"随他发现流行处当下具足"。

以"道"(天地之大美)为观照对象,决定了庄子美学以审美心胸的发现和培养为中心。这个中心以"道"的观念为基础,生发出两个基本点,即关于世界的气的一元论和关于审美的气化思想。《庄子》中有两段话,是很有名的:

> 人之生,气之聚也。聚则为生,散则为死。若死生为徒,吾又何患?故万物一也,是其所美者为神奇,其所恶者为臭腐。臭腐复化为神奇,神奇复化为臭腐。故曰:通天下一气耳。圣人故贵一。(《庄子·知北游》)

> 若一志,无听之以耳而听之以心,无听之以心而听之以气。耳止于听[8],心止于符。气也者,虚而待物者也。唯道集虚。虚者,心斋也。……夫徇耳目内通而外于心知,鬼神将来舍,而况人乎!(《庄子·人间世》)

这两段话表明，庄子以"气"为世界的本体和生命（道），也就是以"气"为人与世界最内在的联系，从而主张要把握道，就必须突破和超越感官心智有限的、分隔的辨析层次，恢复个体生命与天地万物自然感通的"气"的统一，在这种统一中，来观照道。因此，对于庄子，审美活动的根本问题，不是对象的属性问题，而是主体的心胸问题。就对象而言，通天下一气，万物为一，美与不美（臭腐与神奇）的区别是相对的，在根本上是没有意义的。审美活动的关键是主体审美心胸的建立。庄子提出了两个建立审美心胸的条件："心斋"和"坐忘"。简单讲，这两个条件的核心就是主体自我彻底排除欲望和心智的束缚，以身心一体的纯粹自由的生命与天地万物的生命交响合流。这种交响合流，庄子称为"游"。他认为，审美活动的本质，就是"游心于物之初"，即所谓"独与天地精神往来，而不傲倪于万物"（《庄子·天下》），它所实现的是"天地与我并生，而万物与我为一"（《庄子·齐物论》）的境界。

王阳明继承了庄子万物一体、天下一气的观念。

> 朱本思问："人有虚灵，方有良知。若草木瓦石之类，亦有良知否？"先生曰："人的良知，就是草木瓦石的良知。若草木瓦石无人的良知，不可以为草木瓦石矣。岂惟草木瓦石为然，天地无人的良知，亦不可以为天地矣。盖天地万物与人原是一体，其发窍之最精处，是人心一点灵明。风、雨、露、雷、日、月、星、辰、禽、兽、草、木、山、川、土、石，与人原只一体。故五谷禽兽之类，皆可以养人；药石之类，皆可以疗疾：只为同此一气，故能相通耳。"[9]

对于王阳明，对良知的体认，也就是审美活动的关键，不在于对象，而在于主体自我心胸能否"如明镜然，全体莹澈，略无纤尘染着"。[10] 只有达到自我心体的纯粹莹澈，才能与天地万物一气相通，成为天地万物的良知（灵明）。因此，与庄子一样，王阳明也主张：第一，要净化主体心胸，使之超越私欲心智的束缚；第二，良知境界的实现，是一个非概念认识的生命飞跃过程。王阳明说："功夫不是透得这个真机，如何得他充实光辉？若能透得时，不由你聪明知解接得来。须胸中渣滓尽化，不使有毫发沾滞，始得。"[11]

由于强调主体心胸纯洁对于审美观照的前提意义，强调良知之心是天地万物的"一点灵明"，即强调主体心灵在创化天地境界中的感发作用，王阳明对于现实对象的审美价值，也持相对观点。这种相对观点，与他一贯坚持反对"执着"、反对"偏依"的思想是一致的。概括地讲，王阳明反对把美（良知，道）看作"一物"。比如对待诗文，他就持相对态度。对于以诗文为累（有碍专心道德进修）的观点，他批评说："志立得时，良知千事万为只是一事。读书作文安能累人？人自累于得失耳"[12]；对于专志于诗文的态度，他批评说："如外好诗文，则精神日渐漏泄在诗文上去；凡百外好皆然"[13]。因此，诗文的意义，不在于诗文本身，而在于主体自我是以什么样的心胸去对待诗文：若以之为"心中一物"，则为之所累；若以之化合于良知流行，则可由之感发心志。

王阳明的这种审美价值的相对观念，与孔子"文质彬彬""温柔敦厚"的美学原则是不一致的[14]，但与孔子的"至乐无声"观念，即儒家美学的"非乐"精神是相通的。而且，王阳明面临所在时代美学精神的世俗化趋向。无疑，王阳明是反对这种世俗化趋向中的审美—艺术活动的非精神性因素的增长。因此，他反对"执着""偏依"诗文、反对以之为"心中一物"就具有现实意义。王阳明对所谓"高抗通脱之士"的批判，是很有针对性的：

世之高抗通脱之士，捐富贵，轻利害，弃爵禄，决然长往而不顾者，亦皆有之。彼其或从好于外道诡异之说，投情于诗酒山水技艺之乐，又或奋发于意气，感激于愤悱，牵溺于嗜好，有待于物以相胜，是以去彼取此而后能。及其所之既倦，意衡心郁，情随事移，则忧愁悲苦随之而作。果能捐富贵，轻利害，弃爵禄，快然终身，无入而不自得已乎？[15]

王阳明认为真正的有道之士，其心体"圆融洞澈，廓然与太虚而同体"，自然无时无处不活泼超脱，即所谓"吾儒养心，未尝离却事物，只顺其天则自然，就是功夫"。[16]

相对于传统儒家强调"文质彬彬"的"有"，王阳明的审美相对观更多讲"与太虚同体"的"无"。如在《传习录》"侃去花间草"一章中，王阳明说："天地生意，花草一般，何曾有善恶之分？子欲观花，则以花为善，以草为恶；如欲用草时，复以草为善矣。"[17] 如此主张"无善无恶"，似与佛老一样。但是，王阳明所谓"无善无恶"是就本体，即"万物一体之仁"而言。这是天理。但在这个天理之下，仍有善恶之别，也应当分别善恶。有善恶就自有好恶。"只是好恶一循于理，不去又着一分意思。"所谓"不着意思"，就是不要自私用智，而是顺其天则自然。对此，王阳明讲得很清楚：

曰："去草如何是一循于理，不着意思？"曰："草有妨碍，理亦宜去，去之而已。偶未即去，亦不累心。若着了一分意思，即心体便有贻累，便有许多动气处。"曰："然则善恶全不在物？"曰："只在汝心循理便是善，动气便是恶。"[18]

在这个意义上，王阳明又与庄子相区别。因为庄子的审美相对论后面是价值虚无论（"泯是非"），而王阳明的审美相对论后面是良知本体论；对于庄子，审美是指向出世的，对于王阳明，审美却是指向入世的。无疑，这一差别又保证了王阳明美学的儒家精神。

王阳明与庄子，两者都主张审美的核心是主体自我心胸的解放和扩充，而且两者都有极强烈的天地意识，但是，一者归于入世，一者归于出世。可以说，两者的一致和差异都具有重要意义，值得当代美学深入研究。在这里，我们要指出王阳明美学的特别意义是，他把人间性的良知观念注入道家化的"意"（天地意识）中，从而把出世化的自然关注转向入世的生命情怀。这对于中国美学精神内涵的再次深化，对于它的现实化，无疑是一个关键的环节。

三　照心应物

王阳明认为，良知是本体与功夫同一的存在境界。因此，良知的气象，有无之间，见与不见之妙，是不可以言语求知的。即所谓"哑子吃苦瓜，与你说不得。你要知此苦，还须你自吃"[19]。正是对良知这种"不可言求""须自家体认"的境界特征的认知，使审美观照对王阳明哲学具有内在意义。王阳明对审美观照的特殊规定可以概括为"照心应物"。所谓"照心"，即良知之心，其"如明镜然，全体莹澈，略无纤尘染着"[20]；所谓"应物"，即以良知之心感应万物，其"随感随应，变动不居，而亦莫不自有天然之中"[21]。

"照心应物"说，有三个基本来源。一是道家来源。"心明若镜"，这是老庄就有的观念。老子说："涤除玄鉴，能无疵乎？"（《老子·十章》）[22]庄子更是常以"明镜"喻心斋之心。"至人之用心若镜，不将不迎，应而不藏，故能胜物而不伤。"(《庄子·应帝王》)"圣人之心静乎，天地之鉴也，万物之镜也。"(《庄子·天道》)二是佛教来源。王阳明"照心应物"说，直接吸收了《金刚经》"应无所住而生其心"的教义和《坛经》"于一切时中念念自见，万法无滞，一真一切真，万境自如如，如如之心即是真实"的教义。对此，王阳明自己毫不讳言：

  圣人致知之功，至诚无息，其良知之体，皎如明镜，略无纤翳。妍媸之来，随物见形，而明镜曾无留染。所谓情顺万事而无情也。无所住而生其心，佛氏曾有是言，未为非也。明镜之应物，妍者妍，媸者媸，一照而皆真，即是生其心处。妍者妍，媸者媸，一过而不留，即是无所住处。[23]

三是理学的来源。理学来源，又分邵雍和程颢两头。邵雍一头，是"以物观物"的观念。以物观物，亦即观之以理（性）。邵雍说：

  夫鉴之所以能为明者，谓其能不隐万物之形也。虽然鉴之能不隐万物之形，未若水之能一万物之形也。虽然水之能一万物之形，又未若圣人之能一万物之情也。圣人之所以能一万物之情者，谓其圣人之能反观也。所以谓之反观者，不以我观物也。不以我观物者，以物观物之谓也，既能以物观物，又安有我于其间哉？[24]

程颢一头，是"廓然大公，物来顺应"。程颢《定性书》说：

  夫天地之常，以其心普万物而无心；圣人之常，以其情顺万事而无情。故君子之学，莫若廓然而大公，物来而顺应……人之情各有所蔽，故不能适道，大率患在于自私而用智。自私则不能以有为为应迹，用智则不能以明觉为自然。今以恶外物之心，而求照无物之地，是反鉴而索照也……与其非外而是内，不若内外之两忘也。两忘则澄然无事矣。无事则定，定则明，明则尚何应物之为累哉！圣人之喜，以物之当喜；圣人之怒，以物之当怒。是圣人之喜怒不系于心而系于物也。（《二程文集》卷三）

因此，在王阳明的"照心"观念中，构成核心的不是佛教的"出离生死"意志，而是以"仁者以天地万物为一体"（程明道）为内涵的良知。换句话说，王阳明接受了佛教"无所住而生其心"的形式，而充实以"与天地万物为一体"的"仁"的内涵。所以，虽然都以虚无立言，王阳明与佛家之所谓"照心"却是走向不同的人生境界。

王阳明"照心"观念，有四个要点：

第一，照心如日，无心照物而无物不照。王阳明说："无知无不知，本体原是如此。比如日未尝有心照物，而自无物不照。无照无不照，原是日的本体。"

第二，照心照物，当下即得，不滞不迎。王阳明说："圣人之心如明镜，只是一个明，则随感而应，无物不照；未有已往之形尚在，未照之形先具者。"

第三，就本体而言，照心妄心为一。王阳明说："照心非动者，以其发于本体明觉之自然，而未尝有所动也，有所动即妄矣。妄心亦照者，以其本体明觉之自然者，未尝不在于其中，但有所动耳。"[25]

第四，照心本体无物，以与天地万物相感应为体。王阳明说："目无体,以万物之色为体;耳无体,以万物之声为体;鼻无体,以万物之臭为体;口无体,以万物之味为体;心无体,以天地万物感应之是非为体。"[26]

四 与物无对

在王阳明的心学体系中,作为理想的存在境界,"乐"是以天地精神为核心的生命意识的呈现,它的对象是大象无形的天地境界或宇宙生命;在这个境界中,乐的真义就是人我内外、天地万物一气流通,"出入无时,莫知其乡",无限生意中的"与物无对"。这个"与物无对"的境界,乃是王阳明审美精神的最高追求和最终体现。王阳明说:

> 良知是造化的精灵。这些精灵,生天生地,成鬼成帝,皆从此出,真是与物无对。人若复得他完完全全,无少亏欠,自不觉手舞足蹈,不知天地间更有何乐可代。

"与物无对"概念,出自玄学家郭象《庄子注》。郭象注"尧让许由"章说:

> 夫自任者对物,而顺物者与物无对,故尧无对于天下,而许由与稷、契为匹矣。何以言其然邪?夫与物冥者,故群物之所不能离也。是以无心玄应,唯感之从,泛乎若不系之舟,东西之非己也……(《庄子·逍遥游》注)

庄子人生哲学,大意可以"心斋""坐忘""忘物""物化"而至于"天地与我并生,而万物与我为一"(《庄子·齐物论》)来概括。"与物无对"

则是郭象用来阐发庄子大意的基本概念。对这个概念的含义,汤用彤的解释是:

> 循顺自然,玄同彼我。与物无对,任而不助。旷然无累,与物俱化,而无所不应。(一)与物俱化,则任天下之自能,而各当其分,放万物之自尔,而各反其极。所谓圣人无心,与物冥也。(二)无所不应者,因时变不一,故感应无方。无成见,无执着。务自来,而理自应。随其分,故所施无常。所谓圣人无心,随感而应也。[27]

根据汤先生的解释,"与物无对"的要点有二:一是无心则与物冥合一体;二是无心则顺应自然。这两点的核心都是一个"无心"。这是符合郭象意思的。《庄子注》中这些话语,可作为脚注:

> 故无心者与物冥,而未尝有对于天下也。(《齐物论注》)

> 无所藏而都任之,则与物无不冥,与化无不一。(《大宗师注》)

> 夫神全形具而体与物冥者,虽涉至变而未始非我。(《齐物论注》)

郭象"与物无对"观念强调无心应物、随感而应,这是与庄子及先秦道家强调虚静无为、归隐自然是不一致的。但是,正如冯友兰所指出的,郭象《庄子注》的主旨就在于取消无为与有为、人为与自然的对立,以合"内圣外王"之道。[28]在"无心应物"的意义上,有为即是无为,人为就是自然。也就是说,无心应物,就是顺应自然,与天地万物变化为一。这就是"与物无对"的实质所在。

玄学之后，理学用"与物无对"来描述"道"（理）"博厚配地，高明配天"（《中庸》）的境界。程颢《识仁篇》说：

> 学者须先识仁。仁者，浑然与物同体，义、礼、知、信皆仁也。识得此理，以诚敬存之而已，不须防检，不须穷索。若心懈则有防，心苟不懈，何防之有？理有未得，故须穷索。存久自明，安待穷索？此道与物无对，大不足以名之，天地之用皆我之用。孟子言万物皆备于我，须反身而诚，乃为大乐。若反身未诚，则犹是二物有对，以己合彼，终未有之，又安得乐？（《二程遗书》卷二）

不是自我身心与物自然冥合，而是道统括一切，无物可与之相对。理学与玄学观念的差别判然若此。但是，以"万物皆备于我"为本体论前提，又以同于大道的"反身而诚"为人生理想之途，道的"与物无对"又可实现为人的"与物无对"，即实现为人自我同于大道之后的超越——无限的"大乐"。因此，玄学以"无心"而"与物冥化为一"，理学以"合道"而"浑然与物同体"，却又是殊途同归于天人合一的"天地境界"。

王阳明讲"与物无对"，既取玄学与理学之同，又取两者之异。取两者之同，王阳明也是以天人合一的天地境界的实现为立言宗旨。取两者之异，一方面，王阳明从郭象，在自我身心与物合一的意义上讲"与物无对"；另一方面，王阳明从明道，认同个体自我可以通过"反身而诚"而同化于大道的"与物无对"。通过对理学与玄学的"同"和"异"的取舍，王阳明的"与物无对"观念就成为两者的综合和改造。

在前面所引王阳明话语中，所谓"这些精灵，生天生地，成鬼成帝，皆从此出，真是与物无对"是核心。要把握王阳明"与物无对"的独特意义，关键在于对这一句话的分析。这句话中,"生天生地,成鬼成帝",语出《庄子·大宗师》。庄子以这句话描述"道"的创化力量。郭象的注释是:

> 无(道——引者)也,岂能生神哉?不神鬼帝,而鬼帝自神,斯乃不神之神也。不生天地,而天地自生,斯乃不生之生也。

这个注释,是郭象自己"物之生也,莫不块然而自生"观念的阐发,实际上否定了庄子原意。王阳明的使用更近于庄子,即两人都肯定"生"(创化)的意义。但是,王阳明与庄子之间有一个基本立场上的区别:庄子以超人的"道",王阳明却以自我的本心(良知)为这一创化力量的本原。王阳明转换庄子立场的根据是《中庸》的"至诚"观念和孟子的"尽心"观念。[29]《中庸》以"至诚"而成己成物,"与天地参",孟子以"尽心"而知性知天,"上下与天地同流",这是王阳明"与物无对"的内在精神。然而,在良知本心的意义上,王阳明强调了"与天地参""上下与天地同流"创化过程的个体意义,即强调了在这一创化过程中个体生命存在作为主体的当下性和直接性。因此,"与物无对",既不再是玄学的"以无心应物",也不是道的"绝对大全"[30],而是个体自我生命与天地万物浑然一体创化的天地境界。这个境界是流行不息、充实完满而活泼泼的,是无乐可替代的大乐(至乐)。

"与物无对"观念揭示了王阳明美学一个更深的本质,就是王阳明坚持人生境界的始终一贯的统一性和完整性。因此,"与物无对"与"心外无物""心物同体"是同一的。这三者同一的意义是,良知本体论的心物同体,必然实践地展开为存在境界的心外无物,而审美心胸的与物无对则是对这存在境界的直接体认和呈现。王阳明在审美观上坚持审美价值的相对性,其实质就是坚持人生境界的整体性。就此而言,"与物无对",就是不以形相对和拘滞于具体景物。正是在这个意义上,"乐"不限于是"精神境界",也不限定为"审美境界",而是一种本真的存在境界——人生—审美境界。

王阳明审美精神的本质特点在于它以人生境界的整体性为基本原则。这使王阳明与先秦道家,特别是庄子的审美精神相通。[31] 王阳明通过"心外无物"和"与物无对"等观念,综合儒道两家的"参与自然"观念而生成人与自然统一、连续的"人生—审美境界"——天地境界。从这个人生—审美境界的整体性原则出发,王阳明美学的基本精神是反对"审美区别"的。"审美区别"是伽达默尔(H. Gadamer)提出的概念。他用这个概念来说明由康德引导的美学观念。"审美区别"概念说明康德式美学观念的实质是:通过审美意识的抽象,把审美经验和艺术品从它所从中产生的现实整体的连续性中抽象出来,作为纯粹独立的审美体验的对象——"审美存在"[32]。王阳明美学精神所指,恰恰是要恢复人生整体的世界连续性("天地万物一体之仁"),并且把这种连续性扩充为天地整体境界的无限创化。[33]

如果说"参与自然"是中国传统艺术的主导性艺术观念,从而建立了"审美无区别"的"人生—审美境界"的美学精神;那么西方传统艺术的主导观念则是在模仿论的原则下理想化的再创自然,从而建立了"审美区别"的美学精神。在西方艺术史中,"审美无区别"的美学精神要在海德格尔的"艺术即世界"的美学思想体系中才得以确立。海德格尔认为,艺术品的本原是"真理的自我发生"[34]。艺术作为真理的展现(发生),在根本上,不是对现实对象的再现,而是存在真理的诗意的历史性的投射。[35] 根据海德格尔,真理的本质是存在的自我遮蔽和自我显现冲突着的原始统一。这个统一,历史性地展开为世界与大地之间的持续不断的冲突。世界建立并且展开着真理,大地隐藏并且保护着真理。艺术品的真实内容,就是作品的存在构成了世界和大地的永恒冲突。正是在这个意义上，艺术是真理的发生。在真理的发生中，艺术开放了一个领域，一个本真的世界；艺术品作为作品，存在而且只能存在于它所开放的这个世界中。[36]

相对于"审美区别"的美学观念，王阳明的美学观念是"审美无区别"。"审美区别"着眼于审美对象的"有"，即通过审美意识抽象而获得对象的审美特性；"审美无区别"则是指向审美对象（观照对象）的"无"，即同化和超越对象的生命本体——天地境界的创化。"与物无对"就是对这个"无"的观照和体认。也就是说，在以创化为本体的境界中，乐的真义就是人我内外、天地万物一气流通，"出入无时，莫知其乡"，无限生意中的"与物无对"。王阳明美学的深刻意义在这里展现出来，即在先秦道家、魏晋玄学之后，中国美学第三次深刻追问和体认存在之"无"的本体意义。这次追问和体认的特殊意义在于它是在传统中国文化的近世化转型中进行的。在这个时期，精神性和世俗性、普遍原则和个性原则之间的冲突，变得尖锐和明朗。

王阳明在这个冲突中，被置于天人之际的哲学追问中。他无疑是要振奋精神，呼唤一个新时代的到来，但他同时又看到或预感到新时代的可能的危机。具体来讲，他深刻认识到僵化为教条的理对现实人生的束缚，因此推崇思想和情感的共同解放，鼓吹反礼教的"狂者胸次"；然而他又认识到，"欲"的放纵必然会带来另一种束缚，即功名利益和肉体欲望对精神和人格的沦陷，因此他主张复明良知本心，回归淳庞朴素的太古气象。所以，在这个新旧转换的时代，王阳明呼唤着从"理"到"欲"和从"欲"到"理"的双重解放。正是这种双重解放的要求，使王阳明和他的哲学对于这个时代具有双重意义，即反叛和保守的意义。

对于王阳明美学的内涵，我们也必须在这个双重意义上来把握。"与物无对"的天地境界,则是这种双重意义的表现和完成。"与物无对",作为自我生命本真状态的展现,就是对"理"和"欲"的双重超越和解放。在这个超越和解放中,王阳明是以生命的本真展现为目标的;而生命的本真意义,又根源于而且必须展现于宇宙、人生和历史三统一的整体运动中。因为只有这个整体运动本身,才成为生命根本意义和全部可能的达成。无疑,王阳明不否定,相反肯定个体存在在这个整体运动中的意义。但是,他又认识到,这个意义不是一个功利的意义,而是一个自我体认的境界。因此,他批评朱熹以"效验"解读"一日克己复礼,天下归仁焉"(《论语·颜渊》),认为"圣贤只是为己之学,重功夫不重效验"[37]。对于王阳明,个体存在的最高意义在于,自我生命的真正实现直接展开为宇宙无限意义的创化。因此,体认,亦即审美观照具有实践(功夫)的基本意义。

在《易传》"立象尽意"说之后,魏晋提出"神与物游"说(刘勰),唐代又提出"思与境偕"说(司空图)。叶朗指出,从"神与物游",到"思与境偕",表明中国古代美学的审美意识发生了重大变化——审美对象由"象"转为"境",艺术家的想象活动也出现了相应的新特点。[38]在这一变化之后,更重大的变化是以现实情怀和个体意识为主题的明末清初美学、艺术思潮的兴起。这是中国古代美学的本质性变化。王阳明是在这次变化之前,提出"与物无对"的审美观。这一审美观所包含的天地意识和审美无区别原则,使它在复归与前瞻的双重意义上,具有重要的转化作用。也就是说,王阳明审美精神是中国古代美学由古典到现代转换的一个重要环节。具体探讨王阳明美学是怎样起到这一环节作用的,比如,"与物无对"的审美观与明清小说创作和小说美学的关系,则是王阳明美学研究进一步展开所必须做的课题。

(肖鹰博士论文《王阳明美学研究》第四章节选)

注释

[1] 王守仁：《王阳明全集》，上海古籍出版社，1992年版，第155页。

[2] 同上书，第125页。

[3] 庞朴对"象""器（形）""道"三者的关系有很好的阐释，可参阅庞朴《一分为三》，海天出版社，1995年版，"原象"。

[4] 王弼《周易略例·明象》，以《庄子》注《易》，所持"象"的含义与《易传》"象"的含义当有重要差别，这个差别，可说是"形"与"象"，或"象"与"境"（象外之象）的差别。庞朴《一分为三·原象》有关易象的阐释似可证明这个差别。因此，后来的"得意忘象"，"意象"诸观念中的"象"，沿王弼之说而行，而不从《易传》"象"的含义。《易传》"象"义，在唐以来的"境"或"意境"中被阐发。

[5] 王守仁：《王阳明全集》，第106页。

[6] 同上书，第71页。

[7] 同上书，第85页。

[8] 通行本作"听止于耳"，据俞樾校改。

[9] 王守仁：《王阳明全集》，第107页。

[10] 同上。

[11] 同上书，第105页。

[12] 同上书，第100页。

[13] 同上书，第32页。

[14] 当然也与王阳明自己的一些说法不一致，如《传习录》中他关于孔子删郑卫诗的说法。

[15] 王守仁：《王阳明全集》，第210—211页。

[16] 同上书，第106页。

[17] 同上书，第29页。

[18] 同上。

[19] 同上书，第30页。

[20] 同上书，第23页。

[21] 同上书，第969页。

[22] 本文所引《老子》版本为王弼注：《老子》，《古逸丛书》景唐写本。

[23] 王守仁：《王阳明全集》，第70页。

[24] 邵雍：《皇极经世书·观物外篇》，中州古籍出版社，2007年版，第506页。

[25] 王守仁：《王阳明全集》，第12、65—66、109页。

[26] 同上书，第108页。

[27] 汤用彤：《魏晋玄学论稿》，人民出版社，1957年版，第109—110页。

[28] 冯友兰：《贞元六书》，华东师范大学出版社，1996年版，第805页。

[29]《中庸》说至诚"可以赞天地之化育，则可以与天地参也"，"诚者非自成而已，所以成物也"。孟子说"尽其心，知其性，知其性，则知天矣"，"夫君子所过者化，所存者神，上下与天地同流，岂曰小补哉?"(《孟子·尽心上》)

[30] 冯友兰：《中国哲学史新编》第五册，人民出版社，1988年版，第112页。

[31] 徐复观曾指出，老庄哲学所展现的人生境界，本无心于艺术，却不期然而然地会归于今日之所谓艺术精神之上；在概念上只可以他们之所谓道来范围艺术精神，不可以艺术精神去范围他们之所谓道。"所以老、庄的道，只是他们现实地、完整地人生，并不一定要落实而成为艺术品的创造。但此最高的艺术精神［即道的精神——引者］，实是艺术得以成立的最后根据。"(徐复观：《中国艺术精神》，春风文艺出版社，1987年版，第44页)

[32] Gadamer, *Truth and Method*, Sheed and Ward Ltd., 1975, p.76.

[33] 肖鹰：《中西艺术导论》，北京大学出版社，2005年版，第146—147页。

[34] Heidegger, *The Origin of the Work of Art, Poetry, Language Thoaght*, tr. by A. Hofstadter, New York: Harper & Row Publishers, 1975, p.39.

[35] Ibid., p.76.

[36] 根据海德格尔，艺术品打开了一个世界，在其中，有限的器物具有了世界意义，我们的存在也被真实地（历史性地）展开（同上书，第33—34页）。

[37] 王守仁：《王阳明全集》，第110页。

[38] 叶朗：《中国美学史大纲》，上海人民出版社，1985年版，第273页。

"心外无物"解

对圣人气象的体认，即圣人境界的现实生成和呈现。以其完整同一的生命感充盈尽至，圣人境界即是浑然与万物一体同流的天地境界。王阳明讲"心外无物"，实是从这天地境界的无所不含、无所不成而言的。

关于"心外无物"一说，王阳明有两段说解：

先生游南镇，一友指岩中花树问曰："天下无心外之物，如此花树在深山中自开自落，于我心亦何相关？"先生曰："你未看此花时，此花与你心同归于寂。你来看此花时，则此花颜色一时明白起来，便知此花不在你的心外。"[1]

身之主宰便是心，心之所发便是意，意之本体便是知，意之所在便是物。如意在于事亲，即事亲便是一物；意在于事君，即事君便是一物；意在于仁民爱物，即仁民爱物便是一物；意在于视听言动，即视听言动便是一物。所以某说无心外之理，无心外之物。[2]

当今，对王阳明"心外无物"有两种流行的阐释。一是借用胡塞尔现象学意向性理论的解释，即认为王阳明不是在本体世界的构成，而是在意义世界的生成意义上,讲"心外无物",因为根据意向性理论,客体作为意义对象,是主体意向性活动的产物。[3]二是依王阳明诚意格物之说,训物为事,事在人为,人之为事,自然在于心有此意,即有心方有意,有意方有事,所以心外无事,事即物,亦所以心外无物。[4]当然,在实际阐释中,这两种解释并不是对立的,而经常是交叉的。

因为两者都认为主体和客体之间存在内在联系,胡塞尔现象学对阐释王阳明心学无疑有借鉴意义。但是由于胡塞尔所保留的康德主义先验立场,其现象学的还原实际上是主体自我意识的先验抽象("先验现象学家则通过他的绝对普遍的悬搁把心理学纯粹的主体性还原成为先验纯粹的主体性"[5]),并且,这种先验抽象强化了个体主体性原则,因此,现象学对王阳明心学的解释力是非常有限的。这个局限性,学者们都有所认识。对"心外无物"的另一种阐释,即随王阳明训"物"为"事",无疑是有根据的(如我们上面引文所示)。这种阐释,就学理而言,也可以起到修正王阳明在此命题中因"事""物"不分而导致的"形式大于内容"的错误。[6]但是,以现代学理修正王阳明思想是一回事,阐明王阳明思想又是一回事,不当以古人迁就("将迎")今人。

以王阳明思想整体而言,他之所以训《大学》"格物"两字分别为"正"和"事",不仅在于建立知行合一的诚意格物说,而且要成就"无人己之分,物我之间"的人生境界。牟宗三对此有精到的阐发。他说:

> 是故阳明落于《大学》上言"格物",训物为事,训格为正,是就意之所在为物而言。若就明觉之感应而言,则事物兼赅,而"格"字之"正"义在事在物俱转而为"成"义,格者成也。格物者成己成物之谓也。"成"者实现之之谓也。即良知明觉是"实现原理"也。

就成己言，是道德创造之原理，即引生德行之"纯亦不已"。就成物而言，是宇宙生化之原理，亦即道德形上学之存有论的原理，使物物皆如如地得其所而然其然，即良知明觉之同于天命实体而"于穆不已"也。在圆教下，道德创造与宇宙生化是一，一是皆在明觉之感应中朗现。[7]

据此，就王阳明的整体生命觉识而言，事和物都必须包含其中，而且不当事物内外相分。[8]统一事物，即事即物而成之，才是良知彻上彻下、一以贯之的实现。王阳明自己也明确指出："仁者以天地万物为一体，使有一物失所，便是吾仁有未尽处。"[9]总之，王阳明不分"物""事"，是出于其良知觉识的内在要求，尽管有悖学理，但也是"不容已"而为之。依此而论，王阳明训"物"为"事"，当有两重含义：一是以"物"说"事"（即以"物"的名词指称"人事"）；二是以"物"为"事"（即以成万物为己分内事）。因此，心外无物，亦即心外无事；心外无事，即不以一事一物外于己心。这就是王阳明"大学问"章所说的"大人者，以天地万物为一体者也，其视天下犹一家，中国犹一人焉。若夫间形骸而分尔我者，小人矣。大人之能以天地万物为一体也，非意之也，其心之仁本若是，其与天地万物而为一也"[10]。

现在来看"先生游南镇"一章，就可对王阳明"心外无物"说有更透彻的领悟。王阳明说，"你未看此花时，此花与汝同归于寂"，不是就花存在的实在（实然）状态而言，而是就花存在的本真（本然）状态而言。在存在的实在状态上，花与人自然可以两不相关；在存在的本真状态上，花与人是一体不分的，是有此花即有此人，无此花即无此人，反之亦然。王阳明所论的关键是，"此花""此人"，如果"存在"，不能只是作为实在物而存在的此花此人，而是必然在万物一体的本真存在中的此花此人。因此,"你未看此花时,此花与汝同归于寂"。用"看"来喻解"心外无物"的含义,自然只是因问就答,方便的说法。而就王阳明心学精神,这个"看"所隐喻的是"致良知"的"致",也就是牟宗三所说的"成己成物""实现之"的本义。就此而言,杨祖汉对此章的释义值得重视:

> 从阳明的答语,可以知道他也认为一般说的存在物之物,亦不在我的心外。所以在这段话中所说的心外无物,并不是心外无事,而是一切物与心不相离。阳明在答语中,用来说明外物(花)不在心外的说法甚为简单。阳明的答语,是表示花的存在,依于人心的觉,但这存在依于心觉,应并不是依于经验的认知心,而是依于超越的、普遍的良知。良知心觉对于花的知,并不是横摄的认知之,而是创造性的实现之。[11]

以良知灵明为实现原理,即在"创造性的实现之"的意义上来理解和阐释王阳明"心外无物"说,是深得王阳明要旨的。[12]在这个良知之心成物成己而创造性地实现之的意义上,心外无物,也就是心物同体。王阳明对此有明澈的论述:

> 问:"人心与物同体,如吾身原是血气流通的,所以谓之同体;若于人便异体了,禽兽草木益远矣,而何谓之同体?"先生曰:"你只在感应之几上看,岂但禽兽草木,虽天地也与我同体的,鬼神也与我同体的。"请问。先生曰:"你看这个天地中间,甚么是天地的心?"对曰:"尝闻人是天地的心。"曰:"人又甚么教做心?"对曰:"只是一个灵明。""可知充天塞地中间,只有这个灵明,人只为形体自间隔

了。我的灵明，便是天地鬼神的主宰。天没有我的灵明，谁去仰他高？地没有我的灵明，谁去俯他深？鬼神没有我的灵明，谁去辨他吉凶灾祥？天地鬼神万物离却我的灵明，便没有天地鬼神万物了。我的灵明离却天地鬼神万物，亦没有我的灵明。如此，便是一气流通的，如何与他间隔得！"又问："天地鬼神万物，千古见在，何没了我的灵明，便俱无了？"曰："今看死的人，他这些精灵游散了，他的天地万物尚在何处？"[13]

王阳明这段关于"心物同体"意义的阐述，明白、周全。其大意是：第一，心物同体，不是就直观现象而论，而是在存在的本真状态（"感应之几"）上而言；第二，人个体自我的存在是心物同体的现实展开（"人为天地心"）；第三，人与物的本真的存在（意义）必须在个体自我心物一体的生命觉识中才能得到实现（"天地鬼神万物离却我的灵明，便没有天地鬼神万物了；我的灵明离却天地鬼神万物，亦没有我的灵明"）；第四，心物同体的本体基础是上下同流，一以贯之的"元气"（"便是一气流通的，如何与他间隔得"）。

王阳明"心物同体"说，与海德格尔的存在哲学关于此在存在（个体存在）的超越性观念非常相近。海德格尔认为："存在地地道道是 transcendens（超越）。此在存在的超越性是一种与众不同的超越性，因为最激进的个体化的可能性与必然性就在此在存在的超越性之中，存在这种 transcendens 的一切开展都是超越的认识。"[14] 个体存在的超越性就在于"领会"是个体本真的存在方式。"领会，作为此在的展开状态，一向涉及在世的整体。在对世界的每一领会中，生存都被一道领会了，反过来说也是一样。"[15] 领会是对自我存在与世界整体同一的领会，而且，在这种同一中，一切物都不是作为现成东西，而是作为在世界中的"存在者"与个体存在本真地联系着，这无疑是与王阳明"心物同体"意义一致的。但是，在王阳明的"心物同体"说中，并不存在海德格尔所谓"此在是自由地为最本己的能在而自由存在的可能性"[16]。由于"以天地万物一体为仁"的生命觉识和气的一元论本体观，王阳明心学排除了海德格尔式的"最激进的个体化的可能性"[17]。也就是说，在存在结构的意义上，王阳明肯定个体生命作为本体现实化的必要性和意义（"人是天地之心"），但在本体整一性的意义上，王阳明又以这个本体整一性同化和消解了个体生命（"一气流通"）。

（肖鹰博士论文《王阳明美学研究》第四章节选）

注释

[1] 王守仁：《王阳明全集》，上海古籍出版社，1992年版，第107—108页。

[2] 同上书，第6页。

[3] 陈来：《有无之境》，人民出版社，1991年版，第57—58页；杨国荣：《心学之思》，生活·读书·新知三联书店，1997年版，第102—103页。

[4] 陈来：《有无之境》，第50页。

[5] 胡塞尔：《现象学的方法》，倪康梁译，上海译文出版社，1984年版，第179—181页。

[6] 陈来：《有无之境》，第56页。

[7] 牟宗三：《从陆象山到刘蕺山》，台湾学生书局，1982年版，第242页。

[8] 同上书，第240页。

[9] 王守仁：《王阳明全集》，第25页。

[10] 同上书，第968页。

[11] 杨祖汉：《儒家的心学传统》，文津出版社，1992年版，第256页。

[12] "先生游南镇"一章义，对把握审美体验与审美意象的同一关系很有启发。叶朗曾借用此典。叶朗指出："从美学的角度看，我们很欣赏他在这里说的这句话：'你未看此花时，此花与汝同归于寂；你来看此花时，则此花颜色一时明白起来'，这句话可以用来作为对于审

美体验的意向性的一种形象的描绘。"（叶朗主编：《现代美学体系》，北京大学出版社，1988年版，第566页）这是很有创见的借用。但此后，学界似有把此章义局限于美学范畴来阐释的倾向，这无疑是太褊狭了，亦误解了叶朗借用之意。

［13］王守仁：《王阳明全集》，第124页。

［14］海德格尔：《存在与时间》，陈嘉映、王庆节译，生活·读书·新知三联书店，1987年版，第47页。

［15］同上书，第186页。

［16］同上书，第176页。

［17］从《形而上学导论》开始，海德格尔逐渐转化（削弱）自己的主体性立场，在《人道主义通信》中，他对笛卡儿所代表的人道主义传统进行了批判，到后期，在《走向语言之路》等文中，则把主体性的真理意义转化（消解）到作为存在的显现的语言活动中。这使海德格尔与王阳明更为接近。

童心与空观——李贽美学论

一　童心即真心

王阳明的心学经王学后人的弘扬，成为晚明艺术思潮的主要哲学思想来源。在王阳明心学由哲学理念向艺术思想的转换中，李贽（1527—1602）起了重要的作用。

在王学后人中，对李贽产生重要影响的是王畿（1498—1583）和王艮（1483—1541）。王阳明心学，宗旨在于体认"无善无恶心之体"。但因为人的才性有高中低之分，才分高的人"从无处立基""直悟本体"，即"顿悟"；才分不高的人"在有处立基""从有归无"，即"渐悟"。王畿着重发扬王阳明顿悟之学，提出"四无说"。王畿说：

> 体用显微只是一机，心意知物只是一事。若悟得心是无善无恶之心，意即是无善无恶之意，知即是无善无恶之知，物即是无善无恶之物。盖无心之心则藏密，无意之意则应圆，无知之知则体寂，无物之物则用神。（《王门宗旨》卷十一）

"四无说"确实"从无处立基"，以心体本无（"无善无恶心之体"）

为根基，指出"意""知""物"作为"心体"的显一用，也"无善无恶"。"意""知""物"，是因为它们本于良知直觉，是"无将迎、无住着，天机常活"的"一念之微"，换言之，是在纯粹直觉的状态下的"意""知""物"活动，因此是对心体的"无善无恶"的直接体现。王畿说："当下本体，如空中鸟迹，水中月影，若有若无，若沉若浮，拟议即乖，趋向转背，神机妙应。当体本空，从何处识他？于此得个悟入，方是无形象中真面目，不着纤毫力中大着力处也。"[1]

王艮是王学后学泰州学派的创始人，他比王畿年长，但比后者从王阳明问学晚。王艮之子王襞总结其父从学王阳明的精神意旨时说：

> 愚窃以先君之学，有三变焉。其始也，不由师承，天挺独复，会有悟处，直以圣人自任，律身极峻；其中也，见阳明翁而学犹纯粹，觉往持循之过力也，契良知之传，工夫易简，不犯做手，而乐夫天然率性之妙，当处受用。（《新镌王东崖先生遗集》卷上）

王艮从王阳明问学，得到的是从"圣人自任、律身极峻"的状态解放出来、还原"天然率性，当处受用"的自然状态。这种自然状态，是"现现成成，自自在在"的，就是普通寻常的"不须防检"的生活状态。"先生（王艮）言百姓日用是道，初闻多不信。先生指僮仆之往来、视听、持行、泛应动作处，不假安排，俱是顺帝之则，至无而有，至近而神。"[2]

王畿认为"当体本空，从何处识他"，因此，要消除对心体（良知）的"有"的拟议趋向，在"无形象""不着力"的直觉中顿悟心体的"真面目""大着力处"。王艮主张体认本体（良知）不能"着意"，"百姓日用即是道"，悟道就是在现成自在的日常生活常态中，"乐夫天然率性之妙，当处受用"。他们对于王阳明心学的发展，是将之转向了彻底的个人直觉主义。如果说王阳明的"四句教"所张扬的是超自我善恶观的良知本体主义，强调良知对于个体的自觉性、绝对内在性；那么，王畿则以其"四无说"将这种良知本体主义非道德化了，它肯定的是自我心理感知自然——真面目；王艮则更直接肯定了个体生活的现成自在的"当处受用"就是良知本体，实际上是将非道德的个体经验设定为价值中心。

从王阳明心学到泰州学派，关键性的转变是从"天下万物一体之仁"的道德理想主义转向了"百姓日用即是道"的个人经验主义。王艮显然比王畿走得更远——他将"孔颜之乐"的道德内涵完全剥离，取而代之以"现成自在"的个人逸乐和安身，主张"乐是乐此学，学是学此乐""安身者，立天下之大本也"，并且将正统儒家一直反对的"明哲保身"世俗原则正名化。王艮说："明哲保身者，良知良能也……知保身者，则必爱身；如宝能爱身，则不敢不爱人；能爱人，则人必爱我；人爱我，则吾身保矣。能爱人，则不敢恶人，不恶人，则人不恶我。人不恶我，则吾身保矣。"[3] 显然，从王阳明心学的"心体本无"（无善无恶）理念立基，至王艮泰州学派的"明哲保身论"，王学后人为晚明艺术思想确立了以个体自我感性生命为本位的哲学理念。[4] 李贽的生命哲学和艺术思想正是从这个"学乐""爱我"的自我感性生命本位出发的，这就是他的"童心说"的精神内核。

在先秦典籍中，"童心"的基本含义，本来意味着幼稚不成熟的心智状态，如《左传》载："昭公十九年矣，犹有童心，君子是以知其不能终也。"（《春秋左传正义》卷四十）但老子的说法不同。"常德不离，复归于婴儿。"（《老子》第二十八章）"含德之厚，比于赤子。"（《老子》第五十五章）老子不是从心智上看待儿童（赤子），而是从精神品质上看待他们，认为他们纯朴自然的心态更符合万物之本"道"的规定。儒家宗师孟子说："大人者，不失其赤子之心者也。"（《孟子·离娄章句下》）孟子主张"人性本善"，人天生即具有良知本性，即所谓"人性四端"（"恻隐""羞恶""辞让""是非"）；"不失其赤子之心"，是指圣德之人没有丧失他们本来具有的良知本性。孟子的"赤子"观念显然是受了老子的影响，但是，孟子从"性善论"出发，又与老子以纯朴自然为童心本性不同。

李贽提出童心说，首先要否定的就是以"幼稚不成熟"看待"童心"的心智立场。焦竑（龙洞山农）为《西厢》作叙，结尾说："知者勿谓我尚有童心可也。"焦氏的说法，显然是以"童心"为幼稚的心智状态。李贽批评他说："夫童心者，真心也。若以童心为不可，是以真心为不可也。夫童心者，绝假纯真，最初一念之本心也。若失却童心，便失却真心；失却真心，便失却真人。人而非真，全不复有初矣。"[5]李贽认为，"童心"的本质有二：第一是"真"，"绝假纯真"；第二，是人心最本原初始的状态——"初"，"最初一念之本心"。他把"童心"和"真心"等同——"童心即真心"，进而认为失去童心，就失去了"真人"——就是丧失了人之为人的本性。这就是说，在李贽的思想中，绝假纯真的"童心"，就是人的本性所在。

在李贽之前，王畿已经提出："赤子之心，纯一无伪，无智巧无技能，神气自足，智慧自生，才能自长，非有所加也。大人通达万变，惟不失此而已。"[6]李贽所谓"夫童心者，绝假纯真"与王畿所谓"赤子之心，纯一无伪"含义几乎一致，而且，前者师承后者，是不容置疑的。但是，李贽所谓"纯真""最初一念"与王畿所谓"无伪""非有所加也"，显示出了各自对"童心"和"赤子之心"的不同着眼点。应当说，正如与孟子使用"赤子之心"相同，王畿所着眼的是孟子所主张的本性中的纯善，因此是"非有所加也"的；李贽用"童心"，则着眼于其无思无虑的"最初一念"，即人未受知识、规范束缚的纯然自我的感识。

孟子讲人性本善，其良知之心与生俱来。他认为，"良知"作为人的本心，是在后来的功利环境中被引诱而丧失了。孟子说："仁，人心也；义，人路也。舍其路而弗由，放其心而不知求，哀哉！人有鸡犬放，则知求之；有放心而不知求。学问之道无他，求其放心而已矣。"（《孟子·告子章句上》）要用学问之道收回人的"良知"，即王阳明所谓的"发明本心"，就是肯定了教化对于人性培养和完善的必要性。所谓"大人者，不失其赤子之心者也"，实际上是指"大人"完成了"收放心"的自我教化历程。

然而，李贽却认为，童心的丧失，不仅源于人们日常的经验闻见的影响，而且来自知识教化的蒙蔽和控制。他说："盖方其始也，有闻见从耳目而入，而以为主于其内而童心失。其长也，有道理从闻见而入，而以为主于其内而童心失。其久也，道理闻见日以益多，则所知所觉日以益广，于是焉又知美名之可好也，而务欲以扬之而童心失；知不美之名之可丑也，而务欲以掩之而童心失。夫道理闻见，皆自多读书识义理而来也。"[7]将童心丧失（失去人的真心）归咎于知识教化，这不仅违背李贽并不愿公开背叛的"圣人之学"，而且有悖于他爱书读书著书的人生实践。他撰四言长篇《读书乐》，其引言称："天幸生我性，平生不喜见俗人，故自壮至老，无有亲宾往来之扰，得以一意读书。天幸生我情，平生不爱近家人，故终老龙湖，幸免俯仰逼迫之苦，而又得以一意读书。"[8]既然天生性情是避世绝家、读书为乐，又何谈知识教化致使童心丧失呢？李贽说：

> 古之圣人，曷尝不读书哉！然纵不读书，童心固自在也，纵多读书，亦以护此童心而使之勿失焉耳，非若学者反以多读书识义理而反

障之也。夫学者既以多读书识义理障其童心矣，圣人又何用多著书立言以障学人为耶？童心既障，于是发而为言语，则言语不由衷；见而为政事，则政事无根柢；著而为文辞，则文辞不能达。非内含于章美也，非笃实生辉光也，欲求一句有德之言，卒不可得。所以者何？以童心既障，而以从外入者闻见道理为之心也。[9]

李贽坚持"童心固自在"，与读不读书没有必然关系。读书的作用，只在于两点：或者如圣人所为"以护此童心而使之勿失"；或者如学者所为，"以多读书识义理障其童心"。李贽论"童心"，着眼点不在于"圣人"，而在于"学者"，准确讲，在于揭示学者读书识理之害——书本知识遮蔽了真心，而丧失自我（"以童心既障，而以从外入者闻见道理为之心也"）。无自我，言不由衷，形成的就是一个"满场是假、以假湮真"的社会。李贽说："夫既以闻见道理为心矣，则所言者皆闻见道理之言，非童心自出之言也。言虽工，于我何与？岂非以假人言假言，而事假事，文假文乎！盖其人既假，则无所不假矣。由是而以假言与假人言，则假人喜；以假事与假人道，则假人喜；以假文与假人谈，则假人喜；无所不假，则无所不喜。满场是假，矮人何辩也？然则虽有天下之至文，其湮灭于假人而不尽见于后世者，又岂少哉！"[10]

李贽并不完全否定求学，但正如他认为圣人之学是"护此童心不失"，求学的宗旨不是向外学习知识义理，而是走向相反的道路，从知识义理返回自我本心。他在与友人耿定向的辩论中，明确提出了"不以孔子为学"的主张。他说："夫天生一人，自有一人之用，不待取给于孔子而后足也。若必待取足于孔子，则千古以前无孔子，终不得为人乎？故为愿学孔子之说者，乃孟子之所以止于孟子，仆方痛憾其非夫，而公谓我愿之欤？"[11]李贽认为，在性情见识上，人心是各不相同的，应当承认其差异和不可统一的性质（"人各有心，不能皆合"），为学的妙处，就是任其真心自性的发展。"愿作圣者师圣，愿为佛者宗佛。不问在家出家，人知与否，随其资性，一任进道，故得相与共为学耳。"[12] 在这种"非圣任己"的原则下，李贽所推崇的"天下之至文"，就非圣贤教化的"经"，而是真心自发的"文"。李贽说：

> 天下之至文，未有不出于童心焉者也。苟童心常存，则道理不行，闻见不立，无时不文，无人不文，无一样创制体格文字而非文者。诗何必古《选》，文何必先秦。降而为六朝，变而为近体，又变而为传奇，变而为院本，为杂剧，为《西厢曲》，为《水浒传》，为今之举子业，皆古今至文，不可得而时势先后论也。故吾因是而有感于童心者之自文也，更说甚么《六经》，更说甚么《语》《孟》乎！[13]

"童心即真心"，"真心"是"最初一念之本心"。这就是说，出于真心（童心）之言，不是思索安排之言，而是自我心中直接本来的意念情绪。李贽这样定义"童心"，不仅瓦解了孟子以"性善论"为内涵的"赤子之心"——因为李贽的"童心"，要义不在于"善"，而在于"自我本真"；而且也挑战甚至否定了圣学经典的"普遍真理"——圣学经典，既难符合"最初一念"，又不能普遍适用于"人各有心，不能皆合"的社会现实。

李贽说："纵出自圣人，要亦有为而发，不过因病发药，随时处方，以救此一等懵懂弟子，迂阔门徒云耳。药医假病，方难定执，是岂可遽以为万世之至论乎？然则《六经》《语》《孟》，乃道学之口实，假人之渊薮也，断断乎其不可以语于童心之言明矣。"[14] 这则话作为《童心说》的结语，在推崇言情传奇的俗文学代表《西厢曲》《水浒传》为"古今之至文"的背景下，直指《六经》《语》《孟》"乃道学之口实，假人之渊薮"，表明了李贽推崇唯心唯我的反教化美育立场。换言之，"童心说"作为一种美学主张，开辟的是晚明唯情论和自我表现的"革命性"变革。

二 神明即观照

李贽倡导"童心说"，是一种"立"的主张，作为对这个主张的思想支持，他援用并发挥了佛学的"空"的理论。在佛学经典中，李贽最为喜爱的是《般若波罗蜜多心经》（简称《心经》），他对"空"的领会、阐释，也以之为根本依据。《心经》全文如下：

> 观自在菩萨行深般若波罗蜜多时，照见五蕴皆空，渡一切苦厄。舍利子，色不异空，空不异色，色即是空，空即是色，受想行识，亦复如是。舍利子，是诸法空相，不生不灭，不垢不净，不增不减。是故空中无色，无受想行识，无眼耳鼻舌身意，无色声香味触法，无眼界，乃至无意识界。无无明，亦无无明尽，乃至无老死，亦无老死尽。无苦集灭道，无智亦无得。以无所得故，菩提萨埵，依般若波罗蜜多故，心无挂碍。无挂碍故，无有恐怖，远离颠倒梦想，究竟涅磐。三世诸佛，依般若波罗蜜多故，得阿耨多罗三藐三菩提。故知般若波罗蜜多，是大神咒，是大明咒，是无上咒，是无等等咒，能除一切苦，真实不虚。故说般若波罗蜜多咒，即说咒曰：揭谛揭谛，波罗揭谛，波罗僧揭谛，菩提萨婆诃。[15]

《心经》的要义，是要破除人类对有—无、生—灭、人—我等相的区别和执着，因为这些区别和执着是造成人生"不自在"（牵挂、恐怖、颠倒梦想）的根源，使自我心灵达到"观自在"的境界而超越一切苦厄的牵挂和束缚。[16]佛教的宗旨是要人们确立"物无自性"（缘起性空）的观念，在认识到"色即是空、空即是色"的"实相无相"本质的觉悟下，获得对现实的超脱解放意识。《心经》这种觉悟称为"无上正等正觉"（"阿耨多罗三藐三菩提"）的大智慧，是过去、现在、未来三世诸佛的智慧。

李贽解读《心经》，直接从"心"立意。他说："《心经》者，佛说心之径要也。心本无有，而世人妄以为有；亦无无，而学者执以为无。有无分而能、所立，是自挂碍也，自恐怖也，自颠倒也，安得自在？独不观于自在菩萨乎？彼其智慧行深，既到自在彼岸矣，斯时也，自然照见色、受、想、行、识五蕴皆空，本无生死可得，故能出离生死苦海，而度脱一切苦厄焉。"[17]李贽的说法，虽然也是阐发"色即是空，空即是色"的要义，但是与《心经》着眼于"照见五蕴皆空"不同，他着眼于"心本无有"，即破除"心"的迷执。"心"，无有，亦无无，这就将"心"体认为"真空"；"真空的心"，就无有无、人己之分，就无牵挂，是"无所得"的"观自在"。

李贽将这种破除"心执"而得精神解脱的观念称为"真空妙智"。他认为能否达此智慧，就是人生觉悟与否，即菩萨与凡人的区别。他说：

> 然则空之难言也久矣。执色者泥色，说空者滞空，及至两无所依，则又一切拨无因果。不信经中分明赞叹空即是色，更有何空？色即是空，更有何色？无空无色，尚何有有有无，于我挂碍而不得自在耶？然则观者但以自家智慧时常观照，则彼岸当自得之矣。菩萨岂异人哉？但能一观照之焉耳。人人皆菩萨而不自见也，故言菩萨则人人一矣，无圣愚也。言三世诸佛则古今一矣，无先后也。奈之何可使由而不可使知者众也？可使知则为菩萨；不可使知则为凡民，为禽兽，

为木石,卒归于泯泯尔矣![18]

"菩萨岂异人哉?但能一观照之焉耳。"菩萨即觉悟人生真相者,所区别于凡人的,只在于"能一观照",即能"照见五蕴皆空"。凡人的"自家智慧"与菩萨的"真空妙智"的根本差异,就在于凡人不能觉悟到"色即是空"("五蕴皆空"),因此被困厄于"色相的此岸",而不能达到"真空的彼岸"。"空即是色",空不在色相之外,不离色相,它就是色相的本性。所以,"彼岸"就在"此岸",自在就在苦厄中,两者只是迷与觉的一念之差。差于这一念,"人人皆菩萨而不自见也"。

但是,李贽的"空观",并不是对佛家出世精神的推崇。佛家尚"空",主旨是要超越现实执着,达到"无挂碍"的虚寂境界;因此,尽管佛家以"色即是空,空即是色"为觉识的双翼,但侧重仍然在于"空"——色即是空。李贽虽然主张"色外无空,空外无色",即主张色空不离,但他所着重的却是"色"——空即是色。换言之,佛家讲空,目标在于从现实获得解脱;李贽讲空,意图在于为现实作解脱。李贽的"空"是"为现实的",因此,他对"空"做了三个特别认定。

其一,心不离相。"岂知吾之色身洎外而山河,遍而大地,并所见之太虚空等,皆是吾妙明真心中一点物相耳。是皆心相自然,谁能空之耶?心相既总是真心中所现物,真心岂果在色身之内耶?夫诸相总是吾真心中一点物,即浮沤总是大海中一点泡也。使大海可以空却一点泡,则真心亦可空却一点相矣,何自迷乎?"[19]李贽认为,人们日常感知意念的事物,只是"心相",而非"真心"。心相之于真心,犹如海水之于大海。心不离相,也正如大海不离海水。他这样看待心相关系,要证明的是"真心不可空却一点相",即要证明物相对于心的"实在"意义,因此他说:"我所说与佛不同：佛所说以证断灭空耳。"

其二，空不能空。"所谓'空不用空'者，谓是太虚空之性，本非人之所能空也。若人能空之，则不得谓之太虚空矣，有何奇妙，而欲学者专以见性为极则也耶！所谓'终不能空'者，谓若容得一毫人力，便是塞了一分真空，塞了一分真空，便是染了一点尘垢。此一点尘垢便是千劫系驴之橛，永不能出离矣，可不畏乎！"[20]李贽强调空是"太虚空之本性"，即是从另一说法指出"空"是"色"的本性——"空即是色"。因为"空即是色"，所以不须清除色而在色之外去求空——太虚空之性，不是人为求得的。如果有意去求空，就是人为造空，对于"真空"，反而是堵塞。"空不用空"，即指空是人生觉悟的无挂碍、大自在境界；"终不能空"，则强调这种自在境界是根本与人为对立的。李贽用"不用空"和"不能空"界定"空"，实质是在"空"的名义下肯定以"真心"所照见的现实世界的自在性和价值。

其三，本原清净。"若无山河大地，不成清净本原矣。故谓山河大地即清净本原，可也。若无山河大地，则清净本原为顽空无用之物，为断灭空不能生化之物，非万物之母矣，可值半文钱乎？然则无时无处无不是山河大地之生者，岂可以山河大地为作障碍，而欲去之也？清净本原，即所谓本地风光也。"[21]在这段话中，李贽明确肯定了自然世界的本真意义和存在价值，他消除"清净本原"和"山河大地"之间的意义分隔和价值对峙，论证二者的直接同一性。他认为"清净本原"即为"万物之母"，就"非顽空无用之物"，而是以山河大地为存在之体的，这里显然阐发了庄子所谓"道无所不在"的道家本体哲学。佛理认为，山河大地诸相，来自未觉的人心妄念，"无有妄想尘劳，永合清净本然，则不更生山河大地"（释延寿，《宗镜录》卷七十七）。李贽提出"清净本原，即本地风光"，则是对佛教"断灭空"的否定。

三　真心与感动

李贽论空，主旨是为他的"童心说"作形而上论证，他对自然万物说"空不用空"，对圣学教化则说"无人无己"。他说："本来无我，故本来无圣，本来无圣，又安得见己之为圣人，而天下之人之非圣人耶？本来无人，则本来无迹，本来无迹，又安见迹言之不可察，而更有圣人之言之可以察也耶？故曰：'自耕稼陶渔，无非取诸人者。'居深山之中，木石居而鹿豕游，而所闻皆善言，所见皆善行也。此岂强为，法如是故。"[22]《金刚般若波罗蜜经》说："凡所有相，皆是虚妄。若是诸相非相，即见如来。"[23]李贽所论，是借佛经"实相非相"的教义否定圣人圣学的超人价值，以"不着相"的名义将人我圣愚打成一片，并且回归到素朴亲切的自然生活世界，即所谓"居深山之中，木石居而鹿豕游"的境界。

在李贽理想的"自然见善"的生活世界中，生活是不见有己、不见有人，亦无己可舍、无人可从的自在自得状态。他的旨归就在于因此而实现的"本心自得"。他说："能好察则得本心，然非实得本心者决必不能好察。故愚每每大言曰：'如今海内无人。'正谓此也。所以无人者，以世之学者但知欲做无我无人工夫，而不知原来无我无人，自不容做也。若有做作，即有安排，便不能久，不免流入欺己欺人不能诚意之病。欲其自得，终无日矣。"[24]李贽讲"无人无我"，与佛教寂灭人我相的意旨不同，其立意在于解除人我所承受的规范限制，从而使人我（准确讲是"自我"）达到"本心自得"的自由境界。"原来无我无人，自不容做"，对于李贽，"无我无人"是对圣人教化的屏蔽，是手段；"自不容做"是对自我自在价值的肯定，是目的。这是李贽借佛非儒、非儒证我的思想路线。"欲其自得"是李贽思想的中心所在。

以"本心自得"为旨归,李贽的空观,就归于纯粹自然感觉的"第一念"。在一封书信中,李贽指出:"是乃真第一念也,是乃真无二念也;是乃真空也,是乃真纤念不起,方寸皆空之实境也。非谓必如何空之而后可至丹阳境界也。若要如何,便非实际,便不空矣。"[25]在《童心说》中,李贽说"夫童心者,绝假纯真,最初一念之本心也"。由此可见,对于李贽,真空、真心和童心,是同一的,而且都归于非限制性的自然感觉的"第一念"。

由空而证成"自然感发",李贽就将以自我为核心的情感论确立为"问学之第一义",从而确立了晚明的情感主义(唯情论)美学思想。李贽说:

> 夫感应乃天下之常理……亦谓感而不应,非人情耳……呜呼!感为真理,何待于言;感为真心,安能不动!天地如此,万物如此。不然,天下之动,几乎息矣……夫感而动,不动非也,无是理也。感而动,则其动也无思;随而动,则其动也仆妾之役耳。故曰所执下,言若下人之听使令而随动者,非丈夫之概也。呜呼!随而非感,则天下之感废也;动不由己,岂感动之正性!是以圣人贵感不贵随,以感从己出,而随由人兴。人己之辨,学者可不察乎!感而不应,则天下之感虚矣;神感神应,盖神速自然之至理。是以圣人言感不言应,以感于此,即应于彼,彼此一机,学者又可不察乎!夫唯感应一机,则随感随应,而何用憧憧尔思以欺人也!……又孰知万物之所以化生,天下之所以和平,皆此感应者为之乎!天地圣人且不能外,而人乃欲饰情以欺人,吾固深于《咸》有感也。吁!是问学之第一义也。[26]

李贽这段话,是对《周易》"咸"卦的解说。"咸"卦《象》曰:"咸,感也。柔上而刚下,二气感应以相与,止而说,男下女。是以亨利贞,取女吉也。天地感而万物化生，圣人感人心而天下和平，观其所感，而天地万物之情可见矣。"（王弼：《周易注疏》）《周易》对"咸"卦的解释，借男女感应，而进入天地万物的感发作用，终于圣人对人心的体察和感召。"观其所感，而天地万物之情可见"，在《周易》的解释中，关注的是社会—世界的整体认知，个人情感是没有位置的。李贽录陆伯载的解说"情者，天地万物之真机也，非感，其何以见之哉"[27]，其中所谓"情"，只可作"内在真实"解，而非个人情感。

在李贽之前，王畿曾如此解释"咸"卦："咸者，无心之感，所谓何思何虑。何思何虑，非无思无虑也，直心以动，出于自然，终日思虑，而未尝有所思虑。故曰：'天下同归而殊途，一致而百虑。'世之学者，执于途而不知其归，溺于虑而不知其致，则为憧憧之感，而非自然之道矣。"[28] 王氏将"咸"定义为"无心之感"，而"无心"的含义是"直心以动，出于自然"，这个"无心之感"就很接近于李贽主张的"最初一念之本心"。但是，王氏之说，引而不发，李贽却将之铺展开来。

李贽对"咸"卦的解释指出了"感"的如下规定性：第一，"感"是天下事物存在的本性，是真理；第二，"感"是心理活动的真实活动（真心），有感就必有应—动，即不可见的感必须表现为可见的动；第三，感动，是直接自主的活动，它发动于心之感，与"随而非感"的"随动"是不同的。第四，"感应一机"，有感必有应，随感随应，既是天下常理，又是为人应有的诚意。这样规定"感"，实质上是从形而上（宇宙论和生存论）层面肯定了个人情感的自主性及其合理性。其中，"圣人贵感不贵随，以感从己出，而随由人兴"，是主张情感活动的主动性、自主性；"感应一机，则随感随应，而何用憧憧尔思以欺人"，则主张感—应的统一，即主张感于内而应于外——直率无伪的情感表现，而非"饰情以欺人"。由此，作为"问学第一义"的"感",就被李贽诠释为"本心自得"的情感解放的关键词。

（原载《江海学刊》2013 年第 2 期）

注释

[1] 黄宗羲：《明儒学案》，中华书局，1985 年版，第 246 页。

[2] 周汝登辑：《王心斋先生语抄》，载《王门宗旨》卷八。

[3] 同上。

[4] 陈来说："王艮这种以感性生命为本位的思想，在价值观上有什么意义呢？在王艮的这个思想中，保身是良知的基本意义，这样一来，良知就与人的生命冲动没有本质区别了。"（陈来：《宋明理学》，辽宁教育出版社，1991 年版，第 377 页）

[5] 李贽：《李贽文集》第一卷，社会科学文献出版社，2000 年版，第 91—92 页。

[6] 转引自陈来：《宋明理学》，第 390 页。

[7] 李贽：《李贽文集》第一卷，第 92 页。

[8] 同上书，213 页。

[9] 同上书，第 92 页。

[10] 同上。

[11] 同上书，第 15 页。

[12] 同上书，第 10 页。

[13] 同上书，第 92—93 页。

[14] 同上书，第 93 页。

[15] 林世田、李德范编：《佛教经典精华》，宗教文化出版社，1999 年版，第 3 页。

[16] 汤一介说："《般若波罗蜜多心经》只有二百六十字（或多一两个字），但包括佛教教义的各个方面，涉及很多名相，它以观自在为修持的目标，以度一切苦厄为全经纲领。"（汤一介：《佛教与中国文化》，宗教文化出版社，1999 年版，第 265 页）

［17］李贽：《李贽文集》第一卷，第93页。

［18］同上书，第94页。

［19］同上书，第127页。

［20］同上书，第4页。

［21］同上书，第160—161页。

［22］同上书，第36页。

［23］林世田、李德范编：《佛教经典精华》，第8页。

［24］李贽：《李贽文集》第一卷，第37页。

［25］同上书，第9页。

［26］李贽：《李贽文集》第七卷，第170页。

［27］同上书，第171页。

［28］同上书，第171—172页。

《红楼梦》的美学意蕴

在《〈红楼梦〉的意蕴》一文中,叶朗明确将《红楼梦》的意蕴划分为三个层面:第一,《红楼梦》以前所未有的广度和深度反映了清代前期的社会面貌和人情世态;第二,《红楼梦》展示了曹雪芹的审美理想(肯定"情"的价值、追求"情"的解放)被毁灭的悲剧;第三,《红楼梦》处处渗透着曹雪芹对整个人生的一种哲理性的感悟和感叹,即形而上的层面。[1]本文所论《红楼梦》的美学意蕴,就是以该书所蕴含的人生哲学,即形而上层面为研究对象。

对《红楼梦》作美学专论,始于1904年王国维发表的《〈红楼梦〉评论》。在这篇文章中,王国维援用叔本华的禁欲主义美学,并且从佛学的人生立场解读《红楼梦》。他认为《红楼梦》是"悲剧中之悲剧","彼示人生最大之不幸,非例外之事,而人生之所固有故也";"实示此生活、此苦痛之由于自造,又示其解脱之道不可不由自己求之者也"[2]。此后,将《红楼梦》视为一部"从生活欲望中求自我解脱"的小说,即从佛学的立场追求出世的小说,是较为通行的观点。然而,这种观点也遭遇到质疑和批评。张天翼认为,《红楼梦》中的出世观念(主旨),并不是小说真正的立意,"仿佛是一点外加的东西,跟所表现出来的东西没有化合在一块儿,只是各归各地并摆在这里而已"[3]。

20世纪后期以来,对《红楼梦》的美学研究,侧重于以庄子哲学为焦点,探讨曹雪芹的创作观念和精神诉求。陶白认为,曹雪芹受到庄子哲学的深刻影响,两者在挞伐封建等级制度对人性的压抑、摧残和追求个性解放上思想是相通的[4]。徐缉熙推进了《红楼梦》立意于庄子哲学的观点,明确将"庄学与儒学的对立"作为阐述曹雪芹创作意识的立足点。他认为,曹雪芹从魏晋玄学,尤其是信奉老庄的阮籍、嵇康那里接受了庄子哲学所提倡的个人主义思想,并且在贾宝玉这个主角身上将之发扬光大[5]。黄克剑则认为,在《红楼梦》命意、谋篇之"三教"背景下,曹雪芹不仅轻儒教,重佛、道,而且在庄学视域下"几近视佛、道二教若一",使"既已归心佛境"的贾宝玉终于彻底觉悟和解脱,归宿于庄子导示的"逍遥之境",即"鸿蒙太空"。[6]

将《红楼梦》阐释为一部导人出世的"解悟"之书,是拘泥于书中的部分文字和意象而做出的片面之论——尤其是将曹雪芹原著前80回和高鹗续书后40回混为一谈。书中写贾宝玉续庄证禅的"自我解悟",集中于第21、22回。他之所以有这样的行为,并非出于真正的觉悟,而是先后遭到袭人、麝月、黛玉和湘云等人的冷落、埋怨,"无聊之甚,偶以释闷"。[7]第1回,曹雪芹申明作《红楼梦》的立意是"大旨谈情"。脂砚斋亦说《红楼梦》"作者是欲天下人共来哭此情字"。[8] "情"是《红楼梦》全书的核心和动力。舍弃或消解了"情",《红楼梦》就不成其为《红楼梦》。如果说,"解悟"意味着绝情出世,那么,因为执着于"情",《红楼梦》就不可能是一部以"解悟"为主旨的书,而是一部以"不可解悟"为主旨的书。《红楼梦》揭示的人生大悲剧在于此,但这也是它向我们揭示的人生大美之所在。

一 大观园：女儿世界与有情天下

自胡适以来，关于大观园与现实世界关系的问题有多种主张。在20世纪30年代，吴宓视大观园为"现实世界"，即"感知经验与实际生活的世界"；它的对立面是作为"理想世界"的太虚幻境。20世纪70年代，宋淇、余英时皆反其道提出大观园的非现实性，余英时甚至把大观园认定为"乌托邦的世界"，明确表示"大观园就是太虚幻境"。[9]综考曹雪芹撰书立意，我们认为，大观园是理想与现实结合的产物。

大观园是尘世中的一个"清净女儿之境"，除了元妃特许入住的宝玉，居住园中的全是女儿（年轻寡居的李纨例外）。第5回，宝玉梦中"误入"的太虚幻境也是一个"清净女儿之境"。幻境中的仙女们视男子为浊物，初见宝玉时，她们埋怨警幻仙姑"引这浊物来污染这清净女儿之境"。然而，她们不知道，这位含玉而生的贾宝玉天生热爱女儿、蔑视男子。第2回，宝玉七八岁的时候就说："女儿是水作的骨肉，男人是泥作的骨肉。我见了女儿，我便清爽；见了男子，便觉浊臭逼人。"但是，宝玉只推崇女儿，对年长的女性却常带着歧视的眼光。第77回，宝玉撞见迎春的丫鬟司棋被老妈子周瑞家的带人强行拉出去的时候，因无法阻拦，便愤恨地骂道："奇怪，奇怪！怎么这些人只一嫁了汉子，染了男人的气味，就这样混账起来，比男人更可杀了！"在宝玉的心目中，由女儿成长为女人，嫁为人妻，跻身于男人的功利竞逐中，是女儿青春之美和纯正之心的丧失。

《红楼梦》对女儿的推崇，是对纯真、自然而至情的美丽人生的推崇。汤显祖说："世有有情之天下，有有法之天下。"[10]他认为在礼法禁锢的现实中，情感没有自由实现的天地；可是，梦想是不受礼法束缚的，在梦想中可以自由表现至爱真情，故有"梦中之情，何必非真"[11]之说，主张"因情成梦，因梦成戏"[12]的戏剧创作观。汤显祖的《牡丹亭》写的就是杜丽娘和柳梦梅超越生死的"梦中之情"。杜柳相爱的世界是梦想中的"有情之天下"，其所抗衡的是现实中的"有法之天下"。曹雪芹的文学思想直接受到汤显祖的影响。[13]在《红楼梦》中，以宝玉为中心、众女儿为群体，大观园构成了一个"有情之天下"。

在情感与礼法的对立中，大观园与贾府之间，构成了真与假、有与无、是与非相互颠倒和转换的关系。第5回，在太虚幻境的入口处，立着一座书有"太虚幻境"四字的牌坊，两边对联是："假作真时真亦假，无为有处有还无。"贾宝玉在大观园中所追求和体现的情感理想，是与贾政在贾府所奉行的礼法原则相对立的。冷血、专制的贾政是功利的、非人性的，多情、率性的宝玉是自然的、人性的。他们虽是亲生父子，但人生态度实为水火。第33回，忠顺亲王府来人状告宝玉私藏王爷宠爱的戏子琪官（蒋玉菡），贾环又诬告宝玉欲强奸金钏不遂、打其一顿而使其羞愤自杀，贾政恼怒至极，认为宝玉的行为使他成了"上辱先人、下生逆子"的罪人，暴打宝玉致其伤病卧床。第34回，黛玉来看望宝玉，哭泣着对他说："你从此可都改了罢！"宝玉长叹一声，回答道："你放心，别说这样话。就便为这些人死了，也是情愿的！"宝玉的"死不悔改"正是对贾政礼法家教的坚决抵触。这样的颠倒和转换，不仅揭示了理想境界和现实世界的冲突与胶着，而且深刻展现了人生内在冲突的悲剧性——贾宝玉就是这个悲剧性的结晶意象。庄子说："是亦彼也，彼亦是也。彼亦一是非，此亦一是非。"[14]这可引为大观园题义之正解。

"太虚"一词，出自《庄子》："道无问，问无应。无问问之，是问穷也；无应应之，是无内也。以无内待问穷，若是者，外不观乎宇宙，内不知乎大初，是以不过乎昆仑，不游乎太虚。"唐人成玄英疏说："夫道绝名言，不可问答，故问道应道，悉皆不知。"晋人郭象注说："绝学去教，而归于自然之意也。"[15]

曹雪芹以"太虚幻境"作大观园的理念原型，指其"不可问答""归于自然"，其深刻寓意是：这个以情为内核的青春世界是人心中最本真的理想，是人与生俱来而自然而然的企盼。凭借"太虚幻境"这个意象，通过大观园的人生展现，曹雪芹将汤显祖的至情理想拓展为庄子逍遥精神的生命情怀。

二 贾宝玉：无我的生命之爱

在《中国小说史略》中，鲁迅说道："悲凉之雾，遍被华林，然呼吸而领会之者，独宝玉而已。"[16]然而，关于贾宝玉，脂砚斋的"情不情"之说，更为切实。脂砚斋说："按警幻情榜，宝玉系'情不情'。凡世间之无知无识，彼俱有一痴情去体贴。"[17]所谓"痴情"，就是指宝玉情系万物的自然率真和广博无限。

宝玉对大观园中的丫鬟们，无论远近亲疏，甚至无论认识与否，只要遇见她们痛苦、为难，总是给予关照和维护，"每每甘心为丫鬟充役"。他与园中的老妈子历次冲突，都是遇见老妈子欺凌、责罚丫鬟时，他竭尽所能来庇护丫鬟。对于这些孤苦无助的卑微女儿，宝玉就是自太虚幻境降落到大观园中的"神瑛侍者"。第43回，九月初二是凤姐生日，在荣国府和大观园，却找不到宝玉。众人不知，九月初二这一天，也是王夫人的丫鬟金钏的生日。四个月前，因为宝玉当着王夫人面与金钏玩笑，金钏被王夫人赶出贾府，投井自杀了。宝玉冒着极大的危险，从合家为凤姐贺生的贾府偷跑出来，就是为了祭祀她。一如这个兀然而行的举动，宝玉无私地关爱大观园中这些弱势的女儿，无缘无故而用心深细，是凭常人之眼不可测度的。这就难怪在世人眼中，宝玉是一个愚顽怪僻的"混世魔王"。

对于宝玉的关爱、体贴，常有女儿不理解或不领情。因香菱身世特别可怜，宝玉就特别关照她，可以说是贾府中唯一为她的命运担忧的人。但是，在香菱的眼中，宝玉却是"怪道人人说你惯会鬼鬼祟祟使人肉麻的事"（第62回）、"怪不得人人都说你是个亲近不得的人"（第79回）。果然如宝玉所担忧，香菱在薛蟠娶入夏金桂之后，遭受后者极其残暴的迫害，几乎丧命。对于园中女儿们的不领情，宝玉并不责怪、埋怨，他只是"怅然若失"，暗自哀伤。在宝玉的心目中，女儿们为他落下的几滴眼泪，就足以宽慰他所有的身心伤痛，赋予他的人生无限意义（情味）。第34回，宝玉被贾政暴打卧床，众女儿们纷纷含泪探望。他想到："既是他们这样，我便一时死了，得他们如此，一生事业纵然尽付东流，亦无足惜叹，冥冥之中若不怡然自得，亦可谓糊涂鬼祟矣。"

宝玉的情怀，不仅推己及人，而且推己及物。他心目中的世界是人我交流和物我一体的世界。第58回，清明节，病体初愈的宝玉，在袭人督促下，拄着拐杖从怡红院里走出来散心。他走过沁芳桥一带堤上，只见桃红柳绿。在山石之后，一株大杏树，杏花已开过了，翠叶荫浓，树上结了许多豆粒大小的杏子。他就感叹："能病了几天，竟把杏花辜负了！"做这样的感叹，似乎杏花是专为他开放的，他没有及时来，就是他对杏花的辜负，"只管对杏流泪叹息"。不一会儿，飞来一只雀儿落在杏树枝头上啼叫。宝玉就更是呆性大发，想到：

> 这雀儿必定是杏花正开时他曾来过,今见无花空有子叶,故也乱啼。这声韵必是啼哭之声,可恨公冶长不在眼前,不能问他。但不知明年再发时,这个雀儿可还记得飞到这里来与杏花一会了?[18]

公冶长是孔子的女婿,传说他通鸟语。宝玉认定杏树枝头雀儿的啼叫是为其早日见过的杏花哀鸣,并且以公冶长作背书。他还惦记着明年杏花再开时,雀儿能否再来相会。这于人情常理,无疑是痴妄至极的臆想,但这是宝玉的心性自然之态。

惠施问:"子非鱼,安知鱼之乐?"庄子答:"我知之濠上也。"[19]宝玉的心,也正是庄子式的心,它同情地理解世界,以真切的感知向世界开放。在天地间,万物不仅是有灵性而知情爱的,而且必然是与我相关联、具有根本统一性的。正因为这样,宝玉的世界是充满情爱的世界,是诗意的世界。它不免伤心悲恸,但绝不冷漠无情。庄子说:"使日夜无郤而与物为春。"[20]宝玉的生命世界就是一个与万物相通、相互兴发的永恒春天。

三 宝黛悲剧:不可跨越的生命缝隙

宝玉与黛玉青梅竹马,相互之间,有极相知的一面,却又有极不可沟通的一面。第34回,遭贾政暴打的当天晚上,伤痛卧床的宝玉命晴雯送两条自己使用过的手帕给黛玉。黛玉生性多疑,又有洁癖,送两条使用过的旧手帕给她,晴雯担心又要惹恼她。然而,黛玉收到手帕,正如宝玉所预料"他自然知道",体贴出"宝玉这番苦心,能领会我这番苦意"。这是宝黛二人内心深刻契合的相知相觉。第57回,紫鹃用林姑娘"要回苏州"试探宝玉,宝玉"急痛迷心",大病一场。试探宝玉,虽然是紫鹃自作主张的行为，但她作为黛玉进入贾府就陪侍她的贴身丫鬟，实则也是为黛玉作试探，根本上是黛玉对宝玉"不放心"。宝玉闻听紫鹃之言就信以为真，当即犯病，自然也是对黛玉"不放心"。因此，宝黛两人，虽然是天地间绝不可替代的一对知心恋人[21]，但是在心灵深处并没有合二为一，根本性的"不放心"横亘在两人之间。

黛玉的前身是绛珠仙草，经神瑛侍者以甘露灌溉，化身为女儿——绛珠仙子。神瑛侍者动了下凡之心，投胎人间，即衔玉而生的宝玉。绛珠仙子追随神瑛侍者下凡，矢志"把我一生所有的眼泪"偿还他的灌溉之恩。这就是宝黛两人的"木石前盟"。"以泪偿情"，在挚情专一中，黛玉用情的对象具象化为宝玉一身，但她实质上以自我为核心，生息所处的一切都以自我为中心去解释和对待，因而紧紧地将生命束缚在自我窒息的个人天地，终于"泪尽夭亡"（脂砚斋语）。曹雪芹为林黛玉设置一个自幼父母双亡、体弱多病的"命薄人"身世，意图是强化表现她极端性的自我认同感。第35回，她将自己与元代杂剧《西厢记》剧中女主角崔莺莺相比："双文，双文，诚为命薄人矣。然你虽命薄，尚有孀母弱弟；今日林黛玉之命薄，一并连孀母弱弟俱无。"第27回，黛玉吟《葬花词》，其中四句是："尔今死去侬收葬，未卜侬身何日丧？侬今葬花人笑痴，他年葬侬知是谁？"这是她对人生无可依靠、无安全感，因而无归宿地的悲泣心声。

宝玉却天然拥有一个无边无际的情天恨海，沉痛激越而生机蓬勃。第28回，宝玉收拾着一怀落花前来寻找黛玉，在远处听到她吟唱《葬花词》。当听到"一朝春尽红颜老，花落人亡两不知"的时候，宝玉巨大的悲痛袭上心头，恸倒在山坡上，怀里的落花撒满一地。黛玉的"花落人亡两不知"的预感，触发了宝玉对个体生命消亡的终极悲痛。他想到林黛玉等女儿和自己"都将到无可寻觅之时"，继而想到："且自身尚不知何在何往，则斯处、斯园、斯花、斯柳,又不知当属谁姓矣!因此一而二,二而三,反复推求了去,真不知此时此际欲为何等蠢物,杳无所知,逃大造,出尘网,使可解释这段悲伤。"然而,宝玉虽为个体生命必然消亡而哀痛,但并不企求解脱,而且也不因此绝望。写"葬花"一节,曹雪芹用两句诗作结束:"花影不离身左右,鸟声只在耳东西。"这两句诗将无可排解的生命消亡之终极预感,化解到天地自然的生气运行中。这是庄子所谓"天地有大美而不言"[22]的生命境界。宝玉的胸襟具有黛玉所不具有的大世界,胸襟的根本差异,是两人"求近之心,反弄成疏远之意"的根源所在。

脂砚斋说:"宝玉情不情,黛玉情情。"[23]黛玉"情情",以自我为天下;宝玉"情不情",以天下为情意。同样深于情,黛玉是有意而为,宝玉是无心而行。第78回,晴雯死去当夜,"独有宝玉一心凄楚,回至园中,猛然见池上芙蓉,想起小丫鬟说晴雯作了芙蓉之神",即以芙蓉祭晴雯,撰《芙蓉女儿诔》。这就是宝玉的"随分触情"(托物言情)。第79回,当宝玉祭祀完毕,黛玉不期然而出现在芙蓉池畔。她建议宝玉修改诔文中"红绡帐里,公子多情;黄土垄中,女儿薄命"四句。在黛玉的引导下,当宝玉说出"茜纱窗下,我本无缘;黄土垄中,卿何薄命"四句,"黛玉听了,忡然变色"。这是黛玉联想到自己,而且有了不祥之兆。宝玉却对眼前黛玉心中"无限的狐疑乱拟"毫无察觉。[24]这个情节,正是表现黛玉的"有意"与宝玉的"无心"相对照的一个大关节。它表示在通部《红楼梦》中,最为相知的宝黛二人,在生命的根本处,究竟还是隔阂而不相知的。这不相知,归根到底,是宝黛虽生死相恋而不可跨越的生命缝隙。

在这个生命缝隙的两侧,一边是黛玉固守自我的"情情"世界,一边是宝玉通于万物的"情不情"世界。关懿娴说:"黛玉的《葬花词》和宝玉的《芙蓉诔》,为彼此所听而互相感叹,表现了他们两人相知之深。"[25]

然而，也正是在两人的互听互叹之中，披露了两人之间的生命缝隙。薛宝钗的介入，以及贾府上下对"金玉良缘"的暗中推动，一方面是遮蔽了这条生命缝隙，同时也极大限度地扩大了这条生命缝隙。黛玉之所以将宝钗作为她深信不可移去的威胁和障碍，是她把自己对宝玉的根本性的生命疑惧——不放心——移情于宝钗，或具象化于宝钗身上。终究，黛玉只知自己的心，不知宝玉的心。因此，宝黛之恋，最终只能是一曲《枉凝眉》："一个枉自嗟呀，一个空劳牵挂。"

四　以死为生：超生死的生命情怀

在《红楼梦》中，晴雯从心到形，是最具黛玉精神的——黛玉之副。第31回，因为晴雯与袭人口角后赌气，宝玉让晴雯"撕扇子作千金一笑"；第52回，为宝玉免受责备，"勇晴雯病补雀金裘"。这两件事已足见两人之间特别的呵护和珍重。在《红楼梦》前80回中，晴雯的死，是宝玉平生最大的打击和悲痛，是大观园即将春梦云散的惨痛预示。第77回，晴雯在重病中被王夫人强行赶走，宝玉对袭人哭说："我究竟不知晴雯犯了何等滔天大罪！"宝玉偷跑去晴雯栖身的舅兄家看望，两人炽情悲烈的诀别，令人心恸。第78回，晴雯在诀别次日就死去。死去当日，一方面是贾政命宝玉随其出门应酬官贾，一方面是王夫人赏钱、命晴雯舅兄迅即把她的尸体送城外烧化了，使宝玉不仅不得临终一见，而且也不得灵前哀悼。孤立于一片肃杀萧索的大观园中，宝玉沉痛悲叹："天地间竟有这样无情的事！"

宝玉在万般痛楚无奈之中，听从一个小丫鬟情急中的谎称，相信"晴雯作了芙蓉花神"。他说："我就料定他那样的人必有一番事业做的。"如此信谎作真，宝玉为自己的悲愤、沉痛提供了释放通道。他"随分触情"，以芙蓉祭晴雯，夜撰《芙蓉女儿诔》，则把他对晴雯这个可爱女儿的悲惜和眷爱，提升为一曲与天地同运的生命壮歌。《芙蓉女儿诔》之歌结尾如是：

> 期汗漫而无夭阏兮，忍捐弃余于尘埃耶？倩风廉之为余驱车兮，冀联辔而携归耶？余中心为之慨然兮，徒嗷嗷而何为耶？君偃然而长寝兮，岂天运之变于斯耶？既窅冥且安稳兮，反其真而复奚化耶？余犹桎梏而悬附兮，灵格余以嗟来耶！[26]

《芙蓉女儿诔》这段结尾词，整体上是对《庄子》至乐篇"庄子妻死"一则的改写。《庄子·至乐》如是说：

> 庄子妻死，惠子吊之，庄子则方箕踞鼓盆而歌。惠子曰："与人居，长子老身，死不哭亦足矣，又鼓盆而歌，不亦甚乎！"庄子曰："不然。是其始死也，我独何能无概然！察其始而本无生，非徒无生也而本无形，非徒无形也而本无气。杂乎芒芴之间，变而有气，气变而有形，形变而有生，今又变而之死，是相与为春秋冬夏四时行也。人且偃然寝于巨室，而我嗷嗷然随而哭之，自以为不通乎命，故止也。"[27]

庄子主张"万物一气"的宇宙观，并且将人的生命也视为宇宙元气一体运化的现象。人的生死就是自然世界中气的聚散变化现象。因为不懂得这个道理，人之常情是贪生怕死，从而受到种种现实的束缚和困厄。如果人们理解生死是一个持续更替的自然现象，懂得死亡不仅是自然气化运动的一个阶段，而且是复归于自然大气流行的状态，是从被束缚的有限自我归于无束缚的大自然——"人且偃然寝于巨室",那么,人就可以从对死亡的忧虑和悲痛中解脱出来,在现实生活中过着安时顺物的自由生活。"天地与我并生,而万物与我为一。"[28]既体认自我与万物同一、又任性自在于当下存在,就是庄子生命观的精义所在。

第71回,宝玉对尤氏(贾珍妻子)和李纨等人说:"我能够和姊妹们过一日是一日,死了就完了。什么后事不后事!""人事莫定,知道谁死谁活?倘或我在今日明日、今年明年死了,也算是遂心一辈子了。"对于自我的死亡,宝玉是完全庄子式的态度:第36回与袭人,第57回与紫鹃,他都谈到死亡的理想境界就是"随风化了"。他非但不担心死亡,反而把死亡作为人生情感延伸的美妙去处。他对担忧未来终要离别的紫鹃说:"原来是你愁这个,所以你是傻子。从此后再别愁了。我只告诉你一句趸话:活着,咱们一处活着;不活着,咱们一处化灰化烟,如何?"宝玉抱着这样的生命态度,所以能触物生情,以芙蓉祭晴雯,于大悲痛中得大解脱,于彻底的孤独中得到万物慰藉。宝玉的生命境界,是纯粹当下的,和光同尘,与万物相滋润、同光彩。

第5回,太虚幻境中有一副对联:"幽微灵秀地,无可奈何天。"这两句诗,当是从《牡丹亭》中杜丽娘的一曲唱腔《皂罗袍》化出:

> 原来姹紫嫣红开遍,似这般都付与断井颓垣。良辰美景奈何天,赏心乐事谁家院。朝飞暮卷,云霞翠轩;雨丝风片,烟波画船——锦屏人忒看的这韶光贱![29]

汤显祖这曲唱词,写出在春天的美好与家庭的束缚对立中,杜丽娘感春、惊春和伤春的心情,表达一位少女向往自然和自由的理想。曹雪芹的化写，将汤显祖所抒发的女儿春心之情，提升到了对人生根本困棘的体认和表达。[30]

"幽微灵秀地"，直指"太虚幻境"（大观园），实指人心深处，生命根本而美好的境界，一个真情烂漫的世界。"无可奈何天"，这个"天"，就是人与生俱来不可摆脱的束缚和困厄。在现实中，不管是庄子还是宝玉，生而为人，都会有许许多多无奈，而且还有根本性的无奈——死亡。但同时，我们又发现，人之为人，在一切桎梏之下，还有一番来自生命本身、与天地同生长的、无限的美和力量。对此，我们把"幽微灵秀地，无可奈何天"这两句诗，改写为"无可奈何谁说尽，幽微灵秀无人解"。说不尽、无人解是大悲剧，所以脂砚斋说《红楼梦》是让天下人来共哭一个"情"字。然而，这个"情"就是庄子开拓的执着于此在并深沉于自然的生命精神。

在不可解悟与不能解脱的悲剧当中，这生命精神孕育着无限的生机和意蕴。人生的无奈和灿烂，都是生活着的不可解悟，令我们为之歌哭。这就是《红楼梦》的美学意蕴所在。

五　不解之解：宝玉之情的无用之用

后世看不到曹雪芹第 80 回后的书稿，对结局较为普遍的猜测是宝玉终于因解悟而出家。第 21 回，因袭人与之赌气，宝玉心中郁闷，便想到："说不得横心只当他们死了，横竖自然也要过的。便权当他们死了，毫无牵挂，反能恰然自悦。"脂砚斋批语说："宝玉有此世人莫忍为之毒，故后方有'悬崖撒手'一回。若他人得宝钗之妻，麝月之婢，岂能弃而为僧哉？"[31] 若依脂砚斋此说，宝玉的结局是在经历一段以宝钗为妻、麝月为婢的生活后，出家为僧（道）——悬崖撒手。第25回，宝玉中魔症后，第四日忽然睁开眼睛说道："从今以后，我可不在你家了！快收拾了，打发我走吧。"这两则都可作为"宝玉出家"的依据。

然而，在曹雪芹笔下，现实中的僧道之人非贪即伪。贪图钱财，马道婆的恶毒（第25回）、张道士的谄媚（第29回）和王一贴的江湖（第80回），是道人三幅画像。妙玉是一个带发修行的女僧人，"祖上也是读书仕宦之家""文墨也极通""模样儿又极好"。她自标高洁出世，以"槛外人"自许。第41回，在妙玉的拢翠庵，当宝玉笑说她常饮用的一只绿玉斗为"俗器"的时候，她立即抢白说："这是俗器？不是我说狂话，只怕你家里未必找的出这么一个俗器来呢！"宝玉只好找话打圆场。紧接着，因为黛玉不知喝的是五年前采集的梅花上的雪水，问了一句"这也是旧年的雨水"，妙玉便冷笑道："你这么个人，竟是大俗人，连水也尝不出来。"就此一个场景，这位"槛外人"与世争荣之心的本相便跃然纸上。以妙玉的形象，佛家人不过是身在槛外、心在槛内的人。对于他们，出家非但不是解悟，而是变换了一种入世的方式，甚至更加执着。僧道本相如此，也就难怪宝玉有"毁僧谤道"之习。由此可见，曹雪芹是不可能为宝玉规划一个遁入佛道的解悟之路的。

第22回，宝玉因烦恼于身边女儿们的不理解和难调和，并且联想到当晚所看《山门》戏中《寄生草》一曲的唱词"赤条条来去无牵挂"，所以写下了"你证我证，心证意证。是无有证，斯可云证。无可云证，是立足境"这样庄禅混意的偈语。但是，这看似庄禅解悟的偈语，黛玉读后认为是"宝玉一时感忿而作"，"作的是玩意儿，无甚关系"。宝玉怕人不懂，填写了自解其偈语的《寄生草》一曲："无我原非你，从他不解伊。肆行无碍凭来去。茫茫着甚悲愁喜，纷纷说甚亲疏密。从前碌碌却因何，到如今回头试想真无趣!"这首《寄生草》反而印证了黛玉的判断：宝玉作偈填词，只是宣泄郁闷情绪，并非解悟。对于宝玉解庄悟禅的似是而非，脂砚斋有一则批语：

> 余正恐颦、玉从此一悟则无妙文可看矣。不想颦儿视之为漠然，更曰"无关系"，可知宝玉不能悟也……余云恐他二人一悟则无妙文可看，然欲为开我怀，为醒我目，却愿他二人永堕迷津，生出孽障，余心甚不公矣。[32]

在曹雪芹原著80回中，宝玉确实是一个"永堕迷津"的"情种"。倘若第22回宝玉已"解悟"，何来他被贾政暴打之后，还企望自己将来死时女儿们"哭我的眼泪流成大河"（第36回）？又何来他一听说林黛玉必定要被接回苏州，"急痛迷心"（第57回）？再何来他屡屡为小丫鬟庇护（第58—59回）、为司棋不平而恨骂（第77回）、为晴雯悲愤而歌啸（第78回）？

因为陷于诸姐妹的纠葛而郁闷难解的宝玉，"越想越无趣"，便回想到自己日前读过的《庄子》中的"山木自寇"和"巧者劳而智者忧"之说：

> 山木自寇也，膏火自煎也。桂可食，故伐之；漆可用，故割之。人皆知有用之用，而莫知无用之用也。[33]

> 巧者劳而知者忧，无能者无所求，饱食而敖游，泛若不系之舟，虚而敖游者也。[34]

庄子此两则言论告诉人们，在社会生活中追求功名利禄实际是自我束缚和自我伤害——有用即无用。他主张放弃巧智的行为，以自然无为的姿态应对现实,如此则如"不系之舟"一般的逍遥自由——无用之用。庄子立论的主旨是启发人们要消除功利之心和摆脱世俗束缚,从而获得身心自由,与天地万物浑然一体,实现自我人生的"天和"境界。

庄子的人生哲学,是正反悖谬的哲学。一方面,他主张超越一切、体认人与世界的绝对统一——这是无限、无形,因而无规定的世界之"无"(道);另一方面,他又主张坚守个体的自在独立、最大限度实现个性——这是以自我实现为人生目的的"有"(真)。不体认前者,人生不得自由——自我超越;不坚守后者,人生无价值——个性真实。庄子认为,人生的终极目的和最高境界,是实现这两个层面的统一,即"两行"。他说:

> 劳神明为一而不知其同也,谓之朝三。何谓朝三?狙公赋芧,曰:"朝三而暮四。"众狙皆怒。曰:"然则朝四而暮三。"众狙皆悦。名实未亏而喜怒为用,亦因是也。是以圣人和之以是非而休乎天钧,是之谓两行。[35]

庄子认为,人与万物本来是统一的,因此要无区别地看待万物——齐物论;但是,物我之别、是非之对,也是自然存在的,因此要应对是非,顺应自然——逍遥游。齐物论着眼于个体所生息于其中的世界的统一性,逍遥游着眼于生息于世界中的个体的个性自由。"圣人和之以是非而休乎天钧",其中,所谓"和之以是非"就是顺应自然,所谓"休乎天钧"就是归于世界的统一。庄子的人生哲学,可以作消极态度看,也可以作积极态度看。从消极态度看,我们看到一个背弃人世、自我沉寂的人生;从积极态度看,我们看到一个挚情于自然并且生机无限的人生。在《庄子》全书中,化鱼为鸟的鲲鹏,高居远游的真人和畸于人而侔于天的畸人,都是无限自由和生气活跃的生命意象。

针对人们执念于个人情感而遭受束缚和苦痛，庄子主张以"忘我"为人生解脱之路。他不仅塑造了一批超然出世的"真人"，而且塑造了一批在人世间的"畸人"。这两种人的共同特点就是因为"忘我"而得益于自然（"天"），因此他们的人生无限自由快乐。庄子评说这些畸人："有人之形，故群于人，无人之情，故是非不得于身。眇乎小哉，所以属于人也！謷乎大哉，独成其天。"[36]以此而言，"忘我"即"无情"。但是，庄子并不否定人生而有情，也并不主张人应该弃绝情感。在与惠施辩论"人之有情与无情"时，他说："吾所谓无情者，言人之不以好恶内伤其身，常因自然而不益生也。"他批评惠施说：

道与之貌，天与之形，无以好恶内伤其身。今子外乎子之神，劳乎子之精，倚树而吟，据槁梧而瞑。天选子之形，子以坚白鸣！[37]

庄子所描绘的惠施，是一个固执概念、伤精费神的拘泥之人，他的生命对外封闭，对内凝固，因此自我束缚而内伤其身。与惠施的人生状态相反，庄子所推崇的理想人生是"喜怒通四时，与物有宜而莫知其极"的"真人"[38]。"真人"的本质是个体生命是率性自然之心灵自由的纯真体现，它结晶为曹雪芹的文学形象，就是"情种"贾宝玉。宝玉原是那块被遗弃在青埂峰的顽石。"青埂"即"情根"，宝玉原于情根，即天生情种。因为"无材补天"，它才得以入世；因为入世而无用，它得以成就至情纯真的人生。

第5回，《红楼梦引子》的曲词是："开辟鸿蒙，谁为情种？都只为风月情浓。趁着这奈何天，伤怀日，寂寥时，试遣愚衷。因此上，演出这怀金悼玉的《红楼梦》。""鸿蒙"语出《庄子·在宥》："云将东游，过扶摇之枝而适遭鸿蒙。"成玄英疏说："鸿蒙，元气也。"[39]在庄子形象化的笔下，作为宇宙生命的元气，"鸿蒙"是一只无为而自然遨游的神鸟。曹雪芹以宝玉为"情种"，又以宇宙元气（鸿蒙）为其本原，这是与他以大观园为"清洁女儿之境"，又以太虚幻境为其原型相配合的。"鸿蒙"喻宇宙元气的飞腾活跃，"太虚"喻宇宙元气的无限无形。脂砚斋说："怀金悼玉，大有深意。"[40]"怀金悼玉"之所以"大有深意"，正在于曹雪芹将宝玉与大观园众女儿之情，深化和提升到"鸿蒙"与"太虚"的宇宙元气之境。宝玉的人生就是人之为人最纯粹、最深沉，也最苦痛、最烂漫的情怀的体现——开辟鸿蒙的"情种"。

在此境界中，"正言若反"，读《红楼梦》的关键，须从反面着眼——无用之用。这无用之用，就是个体生命的真实和自由，扩大讲，就是世界的生机和无限。这是自我立足于当下的"鸿蒙之游"，也是个体生命真实的"太虚之境"。由此，我们可以坐实《红楼梦》不是关于解悟的书，而是一部关于不可解悟的书。

（原载《学术月刊》2020 年第 9 期）

注释

[1] 叶朗：《〈红楼梦〉的意蕴》，《北京大学学报（哲学社会科学版）》1998 年第 2 期。

[2] 王国维：《红楼梦评论》，一粟编：《红楼梦资料汇编》，中华书局，1964 年版。

[3] 中国艺术研究院红楼梦研究所、人民文学出版社编辑部编：《红楼梦研究稀见资料汇编（增订本）》，人民文学出版社，2006 年版，第 850 页。

[4] 陶白：《曹雪芹与庄子》，《红楼梦学刊》1981 年第 2 辑。

[5] 徐缉熙：《〈红楼梦〉与庄学》，《上海师范大学学报（哲学社会科学版）》1991 年第 2 期。

[6] 黄克剑：《红楼庄韵——〈红楼梦〉之庄子缘契索略》，《曹雪芹研究》2019 年第 2 期。

[7] [清] 曹雪芹、高鹗：《红楼梦》，脂砚斋、王希廉点评，中华书局，2009 年版，第 155 页。

[8][清]曹雪芹、高鹗：《红楼梦》，第63页。

[9]关于大观园与现实世界的关系，自胡适以来，历代学者有"理想"与"现实"之争。20世纪30年代，吴宓视之为"理想世界"（太虚幻境）的对立面——"现实世界"（吴宓：《文学与人生》，王岷源译，第40页，清华大学出版社1993年版）；70年代，余英时把大观园认定"乌托邦的世界"，明确表示"大观园就是太虚幻境"（王慧：《大观园研究综述》，《红楼梦学刊》2005年第2期）。

[10][明]汤显祖：《汤显祖全集》，徐朔方笺校，北京古籍出版社，1999年版，第1174页。

[11]同上书，第1153页。

[12]同上书，第1464页。

[13]已有许多研究证明，曹雪芹在创作《红楼梦》时明显受到了汤显祖的影响。参见徐又良：《试论汤显祖对曹雪芹的影响》，《红楼梦学刊》1992年第1期；王湜华：《论曹雪芹与汤显祖》，《红楼梦学刊》1995年第2期；杨健民：《论汤显祖与曹雪芹写梦》，《福建论坛》（文史哲版)1997年第5期。

[14][清]郭庆藩撰：《庄子集释》，王孝鱼点校，中华书局，2012年版，第71页。

[15]同上书，第753—754页。

[16]鲁迅：《鲁迅全集》第9卷，人民文学出版社，2005年版，第239页。

[17][清]曹雪芹、高鹗：《红楼梦》，第62页。

[18]同上书，第399页。

[19][清]郭庆藩撰：《庄子集释》，第606页。

[20]同上书，第218页。

[21]脂砚斋指出：宝玉是"今古未有之一人"，他究竟是何禀性，是"说不得"的；对于宝玉，"恰恰只有一颦儿（黛玉）可对"（[清]曹雪芹、高鹗：《红楼梦》，第132页）

[22][清]郭庆藩撰：《庄子集释》，第732页。

[23][清]曹雪芹、高鹗：《红楼梦》，第132页。

[24]同上书，第544页。

[25]《红楼梦研究稀见资料汇编（增订本）》，第1071页。

[26][清]曹雪芹、高鹗：《红楼梦》，第543页。

[27][清]郭庆藩撰：《庄子集释》，第613—614页。

[28] 同上书，第 85 页。

[29] [明] 汤显祖：《牡丹亭》，徐朔方、杨笑梅校，人民文学出版社，1997 年版，第 47—48 页。

[30] 《牡丹亭》这曲《皂罗袍》，《红楼梦》第 23 回，林黛玉路过梨香园首次听到，并大为嘉许；第 40 回，大观园夜宴行酒令，她还脱口说出"良辰美景奈何天"一句。可见，曹雪芹对此曲的特别会意和推崇。

[31] [清] 曹雪芹、高鹗：《红楼梦》，第 147 页。

[32] 同上书，第 155、156 页。

[33] [清] 郭庆藩撰：《庄子集释》，第 192 页。

[34] 同上书，第 1034 页。

[35] 同上书，第 75—76 页。

[36] 同上书，第 222 页。

[37] 同上书，第 227 页。

[38] 同上书，第 235 页。

[39] 同上书，第 394 页。

[40] [清] 曹雪芹、高鹗：《红楼梦》，第 38 页。

被误解的王国维"境界"说

长期以来,王国维的"境界"说都被认定为"以叔本华悲观主义美学为本"。这种判断造成了对"境界"说精神内涵的根本误解。可以说,"叔本华"至今仍然是"境界"说研究中的一个巨大的阴影,它笼罩并限制着这个研究领域的突破性发展。为什么"叔本华"有这样持续坚韧的力量呢?这是因为我们在"境界"说研究中,始终没有形成历史研究的态度。我们对王国维美学思想的认识,定位在他的以《〈红楼梦〉评论》为代表的1904年的论著中,而对于他自1905年以后的美学思想转变,我们没有客观地把握和重视。王国维从事美学研究的时间前后仅数年,其间又经历从接受叔本华到接受席勒的剧变。如果没有敏锐的眼光、细致的甄别和足够的胆识,是难以做出正确的判断的。

一 从《〈红楼梦〉评论》到《人间词话》

《〈红楼梦〉评论》(1904)是王国维的第一篇美学专论。写作此文的时候,是王国维自述其对叔本华哲学"大好之"的时候。在此文中,王国维借评《红楼梦》为契机,系统阐发了他从叔本华的《作为意志和表象的世界》中获得并信奉的美学思想,用他自己的话说,此文"立论全在叔氏之立脚地"[1]。

所谓"叔本华的立脚地"是：人作为"意志的个体"就生活在无尽的痛苦中，而解脱之道就是消除自我意志，成为一个纯粹的"认识主体"；艺术的作用就是让人作为纯粹的认识主体来看待世界，因而得到暂时的解脱。他说："生活本身，意志、存在本身，是一种持续的痛苦，它部分是可悲的，部分是可怕的。然而，这同样的事情，当它只是作为表象，单纯被观照，或被艺术再现出来，就摆脱了痛苦，成为一种有趣的景观展现给我们。"[2] 王国维以同样的观点立论，他说："宇宙，一生活之欲而已！而此生活之欲之罪过，即以生活之苦痛罚之：此即宇宙之永远的正义也。自犯罪，自加罚，自忏悔，自解脱。美术之务，在描写人生苦痛与其解脱之道，而使吾侪冯生之徒于此桎梏之世界中，离此生活之欲之争斗，而得其暂时之平和。此一切美术之目的也。"[3]

在上述总的原则一致下，王国维还在如下三个基本方面追随叔本华：第一，艺术天才论。叔本华美学的核心原则就是把艺术的本质界定为超脱利害关系（因果关系）地直观世界，并且认为艺术是天才的事业。王国维也持同样主张，他说："然此物既与吾人有利害之关系，而吾人欲强离其关系而观之，自非天才，岂易及此？于是天才者出，以其所观于自然、人生中者，复现之于美术中，而使中智以下之人亦因其物之与己无关系超然于利害之外。"[4] 第二，艺术理念论。叔本华认为，艺术的资源是直观中的理念的知识，而表现这种知识是艺术唯一的目的。王国维赞同这个观念，他说："夫美术之所写者，非个人之性质，而人类全体之性质也。惟美术之特质，贵具体而不贵抽象，于是，举人类全体之性质，置诸副墨子、洛诵之孙，亦随吾人之所好，名之而已。"[5] 第三，人生悲剧观。叔本华把悲剧置于诗歌的顶峰，认为悲剧的本质就是展示一种巨大的不幸，让我们认识到人生的痛苦本质。王国维根据叔本华的悲剧观,将《红楼梦》定义为第三种悲剧,它向我们揭示的正是"人生最大之不幸非例外之事,而人生之所固有故也",是"悲剧中之悲剧"。[6]

但是,在对叔本华哲学(美学)表示"大好之"的同时,王国维又对之产生了不能排解的疑惑。他说:"后渐觉其有矛盾之处,去夏所作《〈红楼梦〉评论》,其立论虽全在叔氏之立脚地,然于第四章内已提出绝大之疑问。旋悟叔氏之说,半出于其主观的气质,而无关于客观的知识。此意于《叔本华及尼采》一文中始畅发之。"[7]这"绝大的疑问"是什么呢?叔本华认为世界的本原是"意志",而且是一个"不可分割的整体的意志",每一个个体的意志,都是这整体的意志的表现;但他讲"解脱意志",是以消除个人意志、使自身成为"纯粹的认识主体"为途径的。这就是个人解脱的途径。王国维的疑惑是,如果不解脱"整体的意志",个人的解脱怎么可能?他认为是不可能的。"故如叔本华之言一人之解脱,而未言世界之解脱,实与其意志同一之说不能两立者也。"[8]因此,他认为叔本华的学说"半出于其主观的气质,而无关于客观的知识"。这个看法导致了王国维在1905年从叔本华转回到康德。

王国维没有留下关于康德美学的专论。但是,他的《古雅之在美学上之位置》(1907)一文,却可作为他此间研读康德美学的代表作,而且鲜明地表现了他的美学立场的转变。在这篇文章中,他提出了"古雅"概念,并且将之与优美和崇高(壮美)相关联。"古雅"有两个基本意义:第一,"古雅"存在于艺术中,是优美和崇高得以表现的形式,必不可少的"原质";如果说优美与崇高是艺术的第一形式,那么古雅就是第二形式,即"形式美之形式美"。第二,"古雅"的判断,是经验的、后天的,故也是特别的,偶然的;崇高、优美的判断,是先天的,也是普遍的、必然的。"古雅之性质既不存于自然,而其判断亦但由于经验,于是艺术中古雅之部分,不必尽俟天才,而亦得以人力致之。"[9]王国维的"古雅"概念,来源于康德的"鉴赏力"概念,在康德美学中,作为一种美的属性,是纯粹的形式美(不涉及任何对象的属性);作为一种主观能力,则是基于艺术规范的判断力。康德也正是将"鉴赏力"和"原创力"相对的,他认为前者来自后天培养,而后者是天才的属性。康德认为,美的艺术的创作,必须天才和鉴赏力结合。天才运用想象力创造审美观念(审美表象),而鉴赏力给予想象力以规范和指导,使它的创造符合美的理想。[10]

1905—1907年间,在集中研读康德的同时,王国维极大限度地打开了自己的学术文化视野,广泛地涉猎18—19世纪的欧洲学术文化思想,这由他的诸多论著、评介可以看到。浏览这些著述,可以发现两点:第一,从他对莎士比亚、歌德、席勒、拜伦和尼采诸人的关注和赞誉,可见他的文学观念的开放并且倾向于充满激情的文学;第二,他表现出对席勒(希尔列尔)特别的热情,而且席勒的影响渗透到他这三年中撰写的所有美学、文学及教育学的论文中。因此,如果我们说,1905年开始,王国维从叔本华转向了康德,那么,我们还应该进一步指出,他又从康德转向了席勒。实际上,早在1903年的《论教育之宗旨》和1904年的《论孔子之美育主义》两文中,王国维就论及席勒的美育思想。所以,在王国维的美学思想历程中,席勒的影响是一开始就存在的,1905年开始的"转向席勒",实际上是"回归席勒"。

在1905—1907年间的王国维美学、文学论著中,除《古雅之在美学上之位置》外,还有4篇代表性的文章。我们可以把这4篇分为两组:第一,论艺术与人生的关系的,《论哲学家与美术家之天职》(1905)和《人间嗜好之研究》(1907);第二,论文学创作的,《文学小言》(1906)和

《屈子文学之精神》(1906)。

在第一组文章中，王国维用席勒的游戏说来诠释康德的审美无功利的人生价值。席勒认为，游戏是人的自由本质的体现，而游戏的根源在于人的生命力过剩；但游戏又当分为纯粹生物的游戏和审美的游戏，前者只是一种生命力过剩的表现，是动物和幼儿都具备的，后者是人的人性完整发展的表现，是身心和谐状态。[11]王国维说："若夫最尚之嗜好，如文学、美术，亦不外势力之欲之发表。希尔列尔（席勒）即谓儿童之游戏存于用剩余之势力矣。文学、美术亦不过成人之精神的游戏，故其渊源之存于剩余之势力，无可疑也。"但是，艺术作为最高尚的游戏，不仅表现人的"势力之欲"，而且具有伟大的精神内涵，因此具有伟大的人生价值。"若夫真正之大诗人，则又以人类之感情为其一己之感情，彼其势力充实，不可以已，遂不以发表自己之感情为满足，更进而欲发表人类全体之感情。彼之著作，实为人类全体之喉舌，而读者于此得闻其悲欢啼笑之声，遂觉自己之势力亦为之发扬，而不能自已。"[12]

在第二组文章中，王国维仍然明确坚持以席勒的审美游戏论来界定文学，"文学者，游戏的事业也"。王国维强调文学的游戏性质，即非功利性，其目的是主张并维护文学创作的自由和独立。"故民族文化之发达，非达一定之程度，则不能有文学；而个人之汲汲于争存者，决无文学家之资格也。"[13]他依据席勒的定义，把诗歌的主题界定为描写人生。"诗歌者，描写人生者也（用德国大诗人希尔列尔之定义）。"[14]在这个定义下，王国维明确肯定了情感是诗歌的主题，并且强调情感在诗歌境界构成中有着不可缺少的核心作用。他为诗歌表现情感提出双重统一原则：第一，情感与现实（知识）的统一。他说："要之，文学者，不外知识与感情交代之结果而已。苟无敏锐之知识与深邃之感情者，不足与于文学之事。此其所以但为天才游戏之事业,而不能以他道劝者也。"[15]第二,情感与想象的统一。他说:"要之,诗歌者,感情的产物也。虽其中之想象的原质(即知力的原质),亦须有肫挚之感情为之素地,而后此原质乃显。故诗歌者,实北方文学之产物,而非偄薄冷淡之夫所能托也。"[16]王国维所主张的双重统一,是与中国传统诗学的"情景交融"说和"物感神思"说有差别的。相对于前者,王国维扩大了"景"和"情"的概念,"文学中有二原质焉:曰景,曰情。前者以描写自然及人生之事实为主,后者则吾人对此种事实之精神的态度也"[17]。相对于后者,王国维强调诗人真诚执着的人生情怀对想象的基础作用("素地"),而不是景物对想象的激发(如刘勰所谓"思理为妙,神与物游")。王国维这个双重主张,是具有浪漫主义以来的现代诗学属性的,它的直接来源,是席勒在《论素朴的诗和感伤的诗》中提出的相同主张。席勒说:"精神与题材的密切联系、情感与理想的统一,是形成一个作品的审美价值的要素。"[18]

综上所述,1905—1907年间,王国维的思想发生了根本转变。这个转变的途径是"叔本华—康德—席勒"。在1905年前,以《〈红楼梦〉评论》为代表,王国维是服膺叔本华的思想的,认为艺术的目的就是"在描写人生之苦痛与其解脱之道",即使人消除欲望而达到"无我"的境界;而在1905—1907年间,王国维追随席勒的审美游戏论和浪漫(理想)主义诗学,把描写人生作为诗歌的主题,从而在与现实和想象的双重统一中,确立了"情感"作为诗歌的核心和原动力,把情感的表现和提升设定为诗歌的根本目的。

王国维于1907—1908年间撰写了《人间词话》。概括地讲,《人间词话》的主题思想可以归结为两个基本点:第一,推崇情感。王国维说:"古诗云:'谁能思不歌,谁能饥不食?'诗词者,物之不得其平而鸣者也。'故

欢愉之辞难工，愁苦之言易巧。'"（《人间词话未刊手稿》第 11 则）[19]
第二，推崇理想。王国维说："'纷吾既有此内美兮，又重之以修能。'文学之事，于此二者不可缺一。然词乃抒情之作，故尤重内美。"（《人间词话未刊手稿》第 49 则）王国维推崇的理想（"内美"），是作为席勒美学灵魂的人本主义的理想，即人性的统一和完美发展。这个理想，包含着个体与整体的统一、人与自然的统一、情感与精神的统一、内容与形式的统一。这四大统一，正是王国维在《人间词话（手定稿）》前 6 则词话正面阐述和在其余词话中贯彻运用的，而"境界"一词正是这四大统一的体现和理想状态。正是在这个意义上，我们才可理解王国维对"境界"的至高推崇："词以境界为最上。有境界则自成高格，自有名句。五代、北宋之词所以独绝在此。"（《人间词话》第 1 则）

《人间词话》撰写的时期与《文学小言》《屈子文学之精神》撰写的时期前后相续。冯友兰认为《〈红楼梦〉评论》是王国维的第一个美学纲领，这个纲领是在叔本华哲学的影响下提出的；《人间词话》是王国维的第二个美学纲领，"是王国维的美学思想的一个重要发展"[20]。"两个纲领"的提法，对我们正确把握《人间词话》的思想内涵具有定位意义。据此，应当做两个基本对照：第一，《人间词话》与《〈红楼梦〉评论》的对照；第二，《人间词话》与《文学小言》《屈子文学之精神》的对照。通过这两个对照，我们可以确定，在思想观念上，《人间词话》与《〈红楼梦〉评论》相反，而与《文学小言》《屈子文学之精神》一致。因此，我们应当将后面两文作为解读《人间词话》的思想背景，在这个背景上，它的"文约义丰"的主题思想就会明朗展现出来。

在《〈红楼梦〉评论》中，王国维在叔本华美学的指导下提出的是一个反情感的"无我"的美学纲领，这个纲领的宗旨是把艺术作为实现自我的纯认识主体的绝对客观性的工具,即叔本华所谓的"天才的事业"。"天才的禀赋就是最彻底的客观性,即心灵的客观化趋向,它是与指向我们个人,即指向意志的主观趋向相反的。"[21] 在《人间词话》中,王国维在席勒美学的指导下,突破传统诗学的语境,构建了一个表达人本主义理想内涵的新美学大纲,这个大纲的宗旨,不是消除情感,而是提升情感;不是取消个性,而是完善个性。这就是"王国维美学思想的一个重要发展"的实质所在。

二 "境界"说解读中的"叔本华"趋向

在《人间词话》中,王国维提出了他的"境界"说。"境界"说是《人间词话》的核心,也是王国维的"第二个美学纲领"的核心。因此,解读《人间词话》的关键是解读"境界"说。

百年以来,在对"境界"说的解读中,有三个基本方向。第一,传统诗学理论的方向。以传统诗学理论解读"境界"说,很难发现它对中国诗学的新贡献,因为无论肯定还是否定,都被传统的观念束缚了。实际上,在传统诗学的眼光下,正是王国维引入的新的诗学思想被否定和排斥[22];第二,意识形态批判的方向。这个方向在 20 世纪 60 年代初期兴起,一直延续到 80 年代初期。所谓"意识形态批评",就是判定其"唯物""唯心"("姓无""姓资")的意识形态属性,从而给予批判或肯定[23];第三,叔本华哲学的方向。这个方向的特征就是以叔本华哲学(美学)为"境界"说之"本",用《作为意志和表象的世界》作诠释"境界"说的蓝本。

以叔本华哲学解读"境界"说,大约发端于 20 世纪 40 年代初。缪钺的《王静安与叔本华》(1943)一文是一篇代表性文献。在这篇文章中,他从哲学、文学、诗作和人生四个方面论述了叔本华对王国维的影响,认为后者受前者的影响是"自然之巧合""其所思所感,或已有冥合者""必喜其先获我心"。关于"境界"说,缪钺指出:"王静安《人间词话》之论词,精莹澄彻,世多喜之,其见解似亦相当受叔本华哲学之浚发,虽不似《〈红楼梦〉评论》一文有显著之征验,然细读之,亦未尝无迹象可寻也。叔本华在其所著《作为意志和表象的世界》第三卷中论及艺术,颇多精言。叔氏之意,以为人之观物,如能内忘其生活之欲,而为一纯粹观察之主体,外忘物之一切关系,而领略其永恒,物我为一,如镜照形,是即臻于艺术之境界,此种观察,非天才不能。《人间词话》曰:'自然中之物,互相关系,互相限制。然其写之于文学及美术中也,必遗其关系限制之处。'又曰:'无我之境,以物观物,故不知何者为我,何者为物。'皆与叔氏之说有通贯之处。"[24]

《王静安与叔本华》一文不长,仅数千言,却从哲学、文学、诗作和人生四个方面论述叔本华对王国维的影响,对于后来以叔本华哲学阐释"境界"说具有纲领性意义。在这篇文章中,有三个倾向值得注意:第一,以王、叔两人皆具有的"天才而悲观"的心性的"自然巧合"立论。这个"自然巧合"论,在后来的研究中,成为指证"境界"说立足于叔本华哲学的一个当然前提,被所有持此观点的学者利用;第二,以叔本华的"理念"概念对应王国维的"境界"概念,用前者对"理念"的美学规定来解释后者对"境界"的美学规定。这种"理念—境界"对应的方法,是为以叔本华哲学解释"境界"说的学者所通用的,尤其是表现在对"境界"说的基本原则的诠释中;第三,在解释"境界"说中,不对王国维在《〈红楼梦〉评论》中的思想与在《人间词话》中的思想作历史区分,而是混为一谈。这个倾向对后来的学者有严重影响:20世纪60年代以来,《人间词话》研究的一个突出现象就是以《〈红楼梦〉评论》（以及同年的《叔本华之哲学及其教育学说》《孔子的美育思想》）诠释"境界"说的基本原则。

在1949年之后的大陆学者中，周振甫以"振甫"署名发表的《〈人间词话〉初探》一文，是一篇较早具体论述"'境界'说本于叔本华的唯心的美学观点"的文章。在该文的"《人间词话》中的美学观点"一节中，周振甫论述了"境界"说在主体与客体关系（有我与无我）、优美与崇高关系、理想与现实关系、天才论四个方面受到叔本华唯心论的影响，因此判断"境界"说本质上是唯心主义的。周振甫在论述"境界"说受叔本华哲学影响时，引用的论据是1904年的《〈红楼梦〉评论》和《叔本华之哲学及其教育学说》中王国维介绍叔本华美学思想的话语。如在评论《人间词话》第4则时，他说："'悠然见南山'、'寒波澹澹起'，说成优美，可以理解；'泪眼问花'、'杜鹃声里'，说成宏壮，就不好理解了。原来王氏在这里又用了叔本华等人的美学观点。认为优美是人在心境宁静的状态中领略到的外物之美，壮美是人在受到外界事物的压迫而又不能抗拒时所造成的悲剧或悲苦的感情时产生的美。（据王国维《〈红楼梦〉评论》中的说法）'泪眼问花''杜鹃声里'，都是写诗人被压抑中所表达出来的愁苦感情，所以是壮美。这两种美都要使人忘利害关系。"（《文汇报》1962年8月15日）

在《〈人间词话〉初探》中，还有一个观点值得注意。周振甫在将"境界"说界定为受叔本华影响的唯心论美学思想的同时，又指出《人间词话》中的词论"改变了境界说中所包含的美学观点""突破了他所受到的叔本华的美学观点的限制"，成为王国维美学思想的"真正转变"。周振甫说："《人间词话》的价值，像上面所指出的，在于这些错误的美学观点以外的词论。即就《人间词话》中的境界说讲，它虽然本于叔本华的唯心的美学观点，但《人间词话》中有些论点已经和叔本华的美学观点不尽一致，这伏下王氏美学观点转变的根源。"他所肯定的王国维在词论上的贡献，主要在于"像他主张写真景物、真感情，分隔与不隔，要求写得真切自然，反对做作，要讲究格调、气象、感情、韵味，要在豪放中有沉着等"，并认为这些观点都是王国维"放弃了他自矜创获的境界说，改用意境说而主张自然"的表现（《文汇报》1962年8月15日）。

《〈人间词话〉初探》的基本观点是，把《人间词话》的思想分为"境界"说和词论两部分，并认为前者是"本于叔本华的唯心的美学观点"，而后者是突破前者而实现的美学思想转变，"改用意境而主张自然"。因此，周振甫开了一个将《人间词话》的"境界"说与词论分割开来看的先例。"境界"说的主要原则集中在《人间词话》的前5则；而后面的词话是对这些原则的贯彻（对词作品的评价），即他所谓"词论"。后来学者对《人间词话》的诠释，大多作这样两部分划分，而且采取不同的诠释方向：对"境界"说，一般用叔本华的美学思想诠释；对"词论"，则一般用传统诗学（"意境"论）加以诠释。这种二分法的诠释，在滕咸惠的《人间词话新注》中表现得非常明显。在该书中，《人间词话》的前5则，分别按《人间词话（手稿）》顺序编排为：31（1）、32（2）、33（3）、36（4）、37（5）。其中，除了对31（1）则的诠释同时引用了其他学者的观点，对其他4则的诠释都是引注叔本华的《作为意志和表象的世界》中的论述和《〈红楼梦〉评论》《叔本华之哲学及其教育学说》对叔本华思想的转述。如对"36（4）"则词话的注释：

> 叔本华《世界是意志和表象》云："美是纯粹客观的静观心境。""如果物象是与意志对抗，并以其不可抵抗的力量使得意志感到威胁，或者其不可测量的体积使得意志自惭形秽，但是如果欣赏者……默默静

观那些威胁意志的物象……他就充满了崇高感。"

王国维《叔本华之哲学及其教育学说》云:"美之中又有优美与壮美之别。今有一物,令人忘利害之关系,而玩之而不厌者,谓之曰优美之感情。若其物不利于吾人之意志,而意志为之破裂,唯由知识冥想其理念者,谓之曰壮美之感情。"[25]

对于其他词话,《人间词话新注》都引注传统诗学资料,并且持肯定态度。

滕咸惠对《人间词话》的看法,显然受到周振甫的影响。与后者一样,他在把"境界"说界定为"叔本华的主观唯心主义美学"的产物的同时,又充分肯定《人间词话》中的词论思想。"他(王国维)和叔本华主观唯心主义的距离越来越远,和中国古典美学的优良传统就越来越近。他终于不再是叔本华美学思想的传声筒,成了一位富有独创性的美学家和文学思想家。"[26]在这个看法下,滕咸惠又反过来肯定"境界"说的合理内涵。他说:"所谓有境界就是要做到情景交融,要求所描绘的社会生活或自然景色画面鲜明、具体、逼真、传神,文学语言自然本色、不假雕饰。这实际上是中国古典诗词丰富创作经验的总结和概括,对于我们今天的艺术创作仍然有一定的参考价值。"[27]

周振甫认为王国维突破其"境界"说,在其词论中发展了中国传统诗学;滕咸惠则认为,"境界"说本身就包含了王国维美学向传统回归的因素。叶嘉莹则更进一步,认为"境界"说本身就是王国维回归传统诗学的产物。但是,她又认为,王国维对"境界"所做的说明,"如'造境''写境''主观''客观''有我''无我''理想''写实'等区分",则无疑受到了西方文学理论的影响。所谓"西方文学理论的影响",从叶嘉莹在《王国维及其文学批评》中的具体论述来看,主要是指叔本华美学的影响,因为她把《人间词话》中使用的这些概念基本都归于叔本华的美学。她如此评论《人间词话》第5则"自然中之物,互相关系,互相限制。然其写之于文学及美术中也,必遗其关系、限制之处":

> 静安先生在其《叔本华与尼采》一文中,曾译述叔本华《意志及观念之世界》一书中论美术之言曰:"此特别之对象,其在科学中也,则藐然全体之一部分耳,而在美术中……则空间时间之形式对此而失其效,关系之法则至此而穷于用。"这段话显示出从叔本华的美学观点来看,任何一对象当其表现于文学艺术中时,原来就都已超然于现实利害及时空各种关系限制之外了。静安先生在其《〈红楼梦〉评论》一文中,于论及人生及美术之概观时,也曾对这种美学观念加以发挥说:"夫自然界之物,无不与吾人有利害之关系,纵非直接亦必间接相关系者也。苟吾人能忘物与我之关系而观物,则夫自然界之山明水媚鸟飞花落,固无往而非华胥之国极乐之土也。岂独自然界而已,人类之言语动作悲欢啼笑,孰非美之对象乎?然此物既与吾人有利害之关系,而吾人欲强离其关系而观之,自非天才岂易及此!"从这些话来看,可见《人间词话》中所说的"必遗其关系限制之处",原来就正指的是叔本华美学中"强离其关系而观之"的一种直观感受的表现。按这种说法,则任何对象当其写之于文学及艺术中时,纵然是"写境"的作品,也便因其超然于现实利害及时空之限制关系以外,而达到一种"理想"之境地了。[28]

叶嘉莹这段论述,存在三个错误:第一,她不加论证地直接引用王国维在《〈红楼梦〉评论》中的观点来注释《人间词话》的观念,不仅忽略了王国维思想的变化历程,而且违背了她自己在《王国维及其文学批评》

中的观点："其（王国维）较具理论体系的《〈红楼梦〉评论》一文，则是他完全假借西方之哲学理论来从事中国之文学批评的一种尝试之作，其中固不免有许多牵强疏失之处。至于《人间词话》则是他脱离了西方理论之拘限以后的作品，他所致力的乃是运用自己的思想见解，尝试将某些西方思想中之重要概念融会到中国旧有的传统批评中来。"[29]第二，她在这里引证的《〈红楼梦〉评论》中的话语，是王国维谈审美观照的超功利性（"忘物与我之关系"）的话语，而《人间词话》所谓"必遗其关系限制之处"是谈诗词创作中的理想与现实的关系问题，直接用前者来阐释后者显然缺少说服力。第三，就西方文学理论传统而言，理想与现实统一的观念，是由席勒首先提出来并且在《论素朴的诗与感伤的诗》中着重阐发的，它表达的是席勒的人本主义诗歌理想。叔本华的理念论美学，把"理念"设定为艺术观照和传达的唯一对象，而"理念"作为直观把握的事物种类的普遍形式（典型），既排斥现实属性，也排斥理想属性。他说："我在上面描述的认知理念的必要状态，是单纯静观的状态，是被直观吸收，沉没在客体中，忘记一切个性，消除了那种依靠充足理由律而且只掌握关系的知识。正是在这个状态中，同时和不可分割地，被感知的个体被提升为它的种类的纯粹的理念，而认识的个体被提升为无意志单纯的认识主体，因此，这两者都摆脱了时间之流和一切其他关系。这样，我们是在牢房中还是在王宫中看日出，就没有任何区别了。"[30]因此，把理想与现实统一的观念归于叔本华，是一种严重误解。

读周振甫、滕咸惠和叶嘉莹关于王国维的论著，似乎可判定他们并没有直接阅读或系统研读叔本华的原著（无论原文还是译本）。他们所引用的叔本华的话语，周振甫和叶嘉莹主要转引自王国维在1904年的《〈红楼梦〉评论》等文章，个别条目转引自其他学者文献，滕咸惠则从缪灵珠的选译本《意志和表象的世界》引用。当然，还有一个共同点，就是三人引用的叔本华话语基本相同。因此，他们对叔本华美学思想是否有准确和完整的把握，是令人质疑的；而他们用叔本华美学思想来诠释"境界"说，自然就难以避免简单附会之嫌了。

与他们相对比，佛雏是对王国维阅读的《作为意志和表象的世界》的英译本作了完整研读的，而且从他在《王国维诗学研究》中对叔本华此书的大量引用看，他对叔本华的美学思想是有非常细致的了解的。但是，很遗憾的是，佛雏在对"境界"说的解读中，采取的基本观点和方法，都与上述三位学者一致。不同的是，他利用充分掌握的叔、王文献，把"'境界'说本于叔本华美学"的论断推向极端。佛雏的基本观点是："王氏的诗词'境界'跟叔氏的艺术'理念'，是平行的美学范畴。"[31] 以这个观点为指导，他对王国维与叔本华的文献比较"已绵密到了'史无前例'之境，几乎为王国维《人间词话》的每一重要条目都要找一组相对应（或自以为对应）的叔本华语录"[32]。的确，读《王国维诗学研究》，一个强烈的感受是，佛雏积数十年的研究，似乎就是要证明：以"境界"说为核心的《人间词话》从思想到语言都与以"理念"说为核心的《作为意志和表象的世界》不仅"渊源甚深"，而且是"平行"的。因此，尽管掌握了极充实的文献，并且下了极深厚的工夫，佛雏对"境界"说的研究，不仅没有真正学理上的突破，而且"将王国维—叔本华关系简单化了，以至把王国维诗学'理想'等同于叔本华'理念'的东方版"[33]。

夏中义认为佛雏的根本失误在于对"境界"说的研究，只进行了文献学比较研究，而没有进行发生学比较。所谓"发生学比较"，就此而言，就是要历史地看待形成"境界"说的相关文献。这个观点是对的。但是，从夏中义在《王国维：世纪苦魂》中把王国维的艺术和美学思想的发生学史锁定在对叔本华美学的接受和扬弃历程上，可见他自己也没有通过"发生学"的大道突破"境界"说研究中的"叔本华"魔障。夏中义将王国维的美学定义为"人本—艺术美学",这个定义是把握到王国维美学思想的一些实质内容的。众所周知,人本主义美学的真正倡导者是席勒而不是叔本华,而后者的理念论美学恰恰是反人本主义的。然而,令人吃惊的是,在这本标榜"比较发生学"的王国维美学研究专著中,不仅作者把席勒及其美学绝对排斥在视野之外,而且此书第一章标题就赫然宣称"王国维人本—艺术美学的思辨基点源自叔本华"。为什么不能追随王国维从 1904 年走向 1906 年的脚步去看看他在摆脱叔本华的影响后怎样热情地吸收席勒的人本主义美学思想呢?在论及王国维对叔本华美学的扬弃时,夏中义说,"王国维提出生活之欲与势力之欲即异质欲求说来代替叔本华泛意志说,并着重阐释势力之欲,这就把人从物欲横流的叔本华宇宙桎梏中解放出来,使之恢复应有的人性尊严"[34]。所谓"异质欲求"说,实质上就是席勒的"力量过剩游戏"说,王国维自己也多次在文章中指出其来自席勒。它怎么变成了王国维提出的"新说"了呢?

三 席勒诗学:"境界"说的思想资源

大概是因为王国维在其学术自述文章中从未提及席勒,在近百年的王国维研究中,席勒长期被遮蔽或忽视了。在 20 世纪 80 年代中期,陈鸿祥明确提出席勒是对王国维美学思想具有重要影响的人。他说:"若仅以'西方影响'而言,《人间词话》中与'境界'之'真'相关的属于文学方面的观点,诸如'写境'与'造境','主观之诗人'与'客观之诗人','理想'与'写实',决不能归'本'于叔本华,而实出于席勒。"[35]陈鸿祥把这个看法体现在他编著的《〈人间词话〉〈人间词〉注评》中,引用席勒的美学思想评注《人间词话》中的写境与造境、优美与崇高、写实与理想诸概念。[36] 罗钢 2006 年发表了数篇以解读"境界"说为主题的论文，在这些文章中，他表达的一个基本观点是，以叔本华哲学诠释"境界"说，包含着不可解决的矛盾，必须重视席勒对王国维的重要影响，引入席勒美学观念才能解决这些矛盾。他说："他（王国维）在写作《人间词话》时，一只脚仍然留在叔本华的形而上学美学传统里，而另一只脚又踏在席勒等的接近唯物主义经验论的美学基础上，造成了其话语内部的矛盾和紧张。"[37]

陈鸿祥和罗钢的看法对"境界"说研究的"叔本华"模式具有突破意义。但是，我们应当进一步指出的是：第一，席勒美学对"境界"说的影响，不限于"与'境界'之'真'相关的属于文学方面的观点"，而是作为"境界"说的思想资源影响了它的基本精神；第二，"境界"说的提出表明，王国维的美学思想已经在根本上脱离了叔本华美学而奠基在席勒美学基础上。无疑，正如既往研究者的工作所证明的，要辨清"境界"说的思想资源，首要工作是把握《人间词话》前5则中提出的"自然与理想"（"写境与造境"）、"有我与无我"（"以我观物与以物观物"）、"优美与崇高"（"于静中得之和于动之静时得之"）三种核心对待关系的精神意向。将《人间词话》与《论素朴的诗和感伤的诗》相对照，我们可以发现，在这三种核心对待关系的精神意向上，两书是基本一致的，准确地讲，王国维是以席勒为本的。就此，我们简要论述如下：

第一，王国维主张自然与理想的统一，即所谓"因大诗人所造之境，必合乎自然，所写之境，亦必邻于理想故也"（《人间词话》第2则）。这是直接来自席勒所说的素朴的诗歌和感伤的诗歌在人性概念下统一的观念。席勒认为，素朴诗歌模仿自然，感伤诗歌表现理想，体现的是人性的两极，而人性的根本观念是包括这两极的。这两种诗歌在根本上或在最高的层次上是统一的:素朴诗人必须从理想获取资源,给予他的自然题材以生命,使之因为理想的灌注而超越自身的有限性而具有普遍的人类意义;感伤诗人必须从自然获取资源,使他的想象和理想的表达不至于超越人性的界限而沦入空洞和幻想的歧途。两种诗歌具有的诗意的程度越高,它们就越是走向统一和融合,因为"真正的美必然既和自然一致,又和理想一致"[38]。相反,叔本华的"理念"是超自然和反个性的。他说:"我们获得理念的更好的途径是艺术品,而不是自然或现实。这只是因为,艺术家只了解理念而不了解现实,他将理念从现实中分离出来,清除了所有产生干扰的偶然因素,在他的作品中只是清晰地再现它。"[39]

第二,王国维主张在诗歌中诗人与对象(情感与景物)的关系表现为"有我"与"无我"两种类型,即所谓"有我之境,以我观物,故物皆著我之色彩。无我之境,以物观物,故不知何者为我,何者为物"(《人间词话》第3则)。这个观念来自席勒关于诗人对现实的两种关系的思想。"在自然的素朴状态中,当人的所有机能都协调活动的时候,他的存在将自身展示在一个和谐的整体中,因而在他的本质的整体在现实中展现自身的地方,诗人的任务就必然是尽可能完美地模仿现实。相反,在文明状态中,因为人性整体的和谐运作不再是现实,而只是一个观念,诗人的任务就必然是把现实提升为理想,或者,在同样的高度上表现理想。"[40]"完美地模仿现实",即"以物观物,故不知何者为我,何者为物";"把现实提升为理想",即"以我观物,故物皆著我之色彩"。与两者相反,叔本华认为,艺术的力量就是取消自我。他说:"用句富有意味的话说,我们完全消逝在这个对象中;换言之,我们忘记了我们的个性、我们的意愿,而仅仅是作为纯主体继续存在着,是这对象的一面明镜,因而好像对象是在人的感知之外存在的;这样,我们不再能够将直观者与直观活动区分开来,而是两者合为一体了,因为整个意识完全被一个直观的对象充满和占据了。"[41]

第三,王国维认为,优美和崇高是诗歌中人性理想表现的两种类型(心境)。他说:"无我之境,人惟于静中得之。有我之境,于由动之静时得之。故一优美,一宏壮。"(《人间词话》第4则)所谓"惟于静中得之",就是"优美之形式使人心和平";所谓"于由动之静时得之",就是"宏壮之形式,常以不可抵抗之势力,唤起人钦仰之情"。[42]因此,优美和崇高都表现了积极的人本主义意义。这也受到席勒的影响。他认为素朴的诗和感伤的诗都要充分展现人性,它们分别引起的优美与崇高两种心境也具有内在的一致性,它们的差异只是对人性理想不同关系的差异。席勒说:"这就是优美的心灵与崇高的心灵的区别:一个优美的心灵凭借预感就在自身孕育了一切伟大的观念;它们是无拘无束地从它的本性中流溢出来的。至少就其潜能来说,在你能捕捉到它的生涯的任何一个节点上,这是一种无限的本性。一个崇高的心灵可能达到一切伟大品格,但要通过努力;它可以挣脱所有限制和压抑,但必须意志的强劲。所以,崇高的心灵只有凭借努力得到间或的自由,而优美的心灵却是轻松而一贯地处在自由中。"[43]相反,叔本华认为优美和崇高都以"无意志的知识"为本质特征,即以取消人性理想而达到纯粹知性的客观性为特征。他说:"崇高感与优美感在基本方面是一致的,即都是无意志的纯知识,摆脱了一切由充足理由律决定的关系的理念的知识。崇高感与优美感的区别只在于这个附加条件:超越被观照的对象与普遍意志的敌对关系。"[44]

从上述三个方面的比较,我们可以提出本文的基本观点:"境界"说的精神实质是王国维提出了以人本主义理想为核心的诗歌理想——"境界",席勒的《论素朴的诗和感伤的诗》是"境界"说的思想资源。当然,这只是一个粗略的、纲领性的比较,为了充分揭示和论证本文的基本观点,我们还需要系列论文对"境界"说和席勒诗学做系统深入的比较论述。

（原载《文艺研究》2007年第11期）

注释

[1] 王国维：《王国维文集》，第三卷，姚淦铭、王燕编，中国文史出版社，1997年版，第469页。

[2] Schopenhauer, *The World as Will and Representation* (vot. 1), tr. by E. F. J. Payne, Dover Publication, 1966, p. 267.

[3] 王国维：《王国维文选》，姜东赋、刘顺利选注，百花文艺出版社，2006年版，第85页。

[4] 同上书，第79—80页。

[5] 同上书，第95页。

[6] 同上书，第87—88页。

[7] 同上书，第469页。

[8] 同上书，第92—93页。

[9] 同上书，第67页。

[10] Kant, *Critlque of the Power of Judgement*, ed. & tr. by P.Guyer, etc. Cambridge University Press 2000, p.197.

[11] Schiller, *On the Aesthetic Education of Man*, tr. by Reginald Snell, Thoemmes Press, 1994, 27 Letter.

[12] 王国维：《王国维文选》，第74页。

[13] 同上书，第104页。

[14] 同上书，第111页。

[15] 同上书，第104页。

[16] 同上书，第113页。

[17] 同上书，第104页。

[18] Schiller, *Friedrich Schiller's Works*, John C. Nimmo, Ltd., 1903, p.25.

[19] 王国维:《人间词话(插图本)》,上海古籍出版社2004年版。以下本文引用此书内容,只在正文中注明"《人间词话(X稿)》第X则"。

[20] 冯友兰:《中国哲学史新编》,第六册,人民出版社,1989年版,第187页。

[21] Schopenhauer, *The World as Will and Representation* (vot.1), tr. by E. F. J. Payne, Dover Publication, 1966, p. 185.

[22] 参见朱光潜《诗的隐与显》(《人间世》第1期,1934年4月)、唐圭璋《评〈人间词话〉》(《斯文》卷一,第21—22合期,1941年8月)、徐复观《王国维〈人间词话〉境界说试评》(《中国文学精神》,上海书店出版社,2004年版)、饶宗颐《〈人间词话〉评议》(《澄心论萃》,上海文艺出版社,1996年版)等文献。

[23] 参见叶秀山《也谈王国维的"境界"说》(《光明日报》1958年3月16日)、吴奔星《王国维的美学思想——"境界"论》(《江海学刊》1963年第1期)等文献。

[24] 缪钺:《诗词散论》,上海古籍出版社,1982年版,第107页。

[25] 王国维:《人间词话新注(修订本)》,滕咸惠校注,齐鲁社,1986年版,第36—37页。

[26] 同上书,第31—32页。

[27] 同上书,第22页。

[28] 叶嘉莹:《王国维及其文学批评》,河北教育出版社,1997年版,第211—212页。

[29] 王国维:《人间词话新注(修订本)》,第185页。

[30] Schopenhauer, *The World as Will and Representation* (vot.1), pp.196-197.

[31] 佛雏:《王国维诗学研究》,北京大学出版社,1999年版,第218页。

[32] 夏中义:《王国维:世纪苦魂》,北京大学出版社,2006年版,第236页。

[33] 同上书,第225页。

[34] 同上书,第119页。

[35] 陈鸿祥:《王国维与文学》,陕西人民出版社,1988年版,第187页。

[36] 陈鸿祥:《〈人间词话〉〈人间词〉注评》,江苏古籍出版社,2002年版,第4—6页。

[37] 罗钢:《七宝楼台,拆碎不成片断:王国维"有我之境,无我之境"说探源》,《中国现代文学研究丛刊》2006年第2期,第141—172页。

[38] Schiller, *Friedrich Schiller's Works*, p.25.

[39] Schopenhauer, *The World as Will and Representation*, Vol.1, p.195.

[40] Schiller, *Friedrich Schiller's Works*, pp.305-306.

[41] Schopenhauer, *The World as Will and Representation*, Vol.1, pp.178-179.

[42] 王国维:《王国维文选》,第 68 页。

[43] Schiller, *Friedrich Schiller's Works*, p.7.

[44] Schopenhauer, *The World as Will and Representation*, p.202.

"天才"的诗学革命

"天才论"是西方现代美学的一个理论基础,它与自律论、创造论三足鼎立,支撑着现代美学的大厦。王国维首次将"天才论"引进中国诗学,并以"境界"说为核心建立了现代中国的诗学观。"天才论"的引入具有诗学革命的意义。

柏拉图在《理想国》中把诗人称为"神的代言人",认为诗人在创作中,不是凭理性和知识,而是因为"神灵附体"而在迷狂中传达神的旨意;与之相对的是,亚里士多德在《诗学》中提出"诗是一种模仿艺术"的观念,他认为诗人就是具有高超的模仿技艺的人。亚里士多德承认在诗人的才能中有天赋和灵感的因素,甚至说"诗是天资聪颖者或疯迷者的产物",但是,他又认为,技巧是更重要的,"用模仿造就了诗人"[1]:《诗学》的主题就是讲授诗歌(悲剧)创作的技艺。这两种诗人观在西方传统诗学中长期起着重要影响。在启蒙时代,西方萌发了关于文艺创作的"天才观"。康德是艺术"天才论"的确立者。他认为,艺术之作为艺术(美的艺术)必然是天才的活动(产物)。他说:"天才是一个主体自然禀赋的一种自由地运用他的认识诸能力的典范性的原创力。"[2]这个定义充分显示,康德把艺术创作力从根本上归结于或奠基于艺术家的理性自由。换言之,艺术"天才论"是为艺术创作自由原则提供根据和基础的原理。因此,康德的"天才论"对西方传统诗学是一个革命转换，它把绝对的内在的自由赋予了诗人。他说，"天才是艺术家心灵中天生的才能，通过它自然为艺术立法"[3]。显然，这里的"自然"，就是艺术家的内在自由。所谓"自然为艺术立法"，实质上是艺术家的自我立法。这样，康德就将天才从"神性"转变为"人性"。

在中国传统文论中，"天才"一词是在魏晋时代已被使用的一个概念。北朝颜之推说："学问有利钝，文章有巧拙。钝学累功，不妨精熟；拙文研思，终归蚩鄙。但成学士，自足为人；必乏天才，勿强操笔。"[4]但中国传统文论中的"天才"，主要指文人所特有的基于生理资质（血气）的天赋才能，即"天资"。曹丕的"文气说"首倡这种"天资"观念。他说："文以气为主。气之清浊有体，不可力强而致。譬诸音乐，曲度虽均，节奏同检，至于引气不齐，巧拙有素，虽在父兄，不能以移子弟。"[5]后来刘勰对曹丕之说作了引申阐发。他说："若夫八体屡迁，功以学成，才力居中，肇自血气；气以实志，志以定言，吐纳英华，莫非情性。"[6]"血气"，即人的天资，它是文人才力的根本，即"才有天资"。但血气要成为真正的创造力，还需要学习磨炼，即"功以学成"。刘勰此说，为传统诗学的诗人观确立了两极，即天资与学养。天资（血气）的主要作用，是决定文学风格不同，而学养的作用是决定风格的形成及其品质高下。因此，两相比较，学养是比天资更重要的。叶燮论诗人的创造力，主张"才""胆""识""力"的结合。但他明确主张，在四者中，以学养为基础的"识"更加重要。他说："大约才、识、胆、力，四者交相为济，苟一有所歉，则不可登作者之坛。四者无缓急，而要在先之以识；使无识，则三者俱无所托。"[7]既以"识"为首要，则强调诗人的学养更胜于天资（血气）。这就是中国传统诗学的一个特征。

王国维主张"天才论",其根源主要在于西方现代美学。他说:"'美术者,天才之制作也',此自汗德(康德)以来百余年间学者之定论也。"[8] 王国维首先接受的是叔本华的"天才观"。他说:"独天才者,由其知力之伟大,而全离意志之关系。故其观物也,视他人为深;而其创作之也,与自然为一。故美者,实可谓天才之特许物也。"[9] 1905 年之后,他摆脱叔本华的学说,转向康德和席勒的学说,并且接受了席勒的"天才观"。席勒继承了康德的以自由为核心的"天才观",但赋予它以自然与理想结合的人本主义内涵。在《文学小言》《屈子之文学精神》《人间词话》和《宋元戏曲史》诸论中,王国维引进席勒的"天才观",品评诗词并建立新的诗人观,为文学革命(诗学革命)开了先声。[10]

值得注意的是,王国维不仅首先把"天才观"引入中国诗学,而且在他的以"境界"说为核心的诗人观建构中,呈现了传统与现代、中国与西方的诗学文化的深刻复杂的交融活动。因此,以王国维的诗人观为中心,探讨"天才观"在引入中国诗学后带来的革命性变化,是一个深化现代文学革命研究的重要课题。然而,就目前的研究成果来看,其不足有三:第一,没有自觉地辨析康德、席勒和叔本华在"天才观"上的继承与转换关系,因此也就不能把握三者间的深刻区别;第二,没有把握王国维与叔本华、康德、席勒在"天才观"上的离—合关系,导致普遍的认识误区,即将王国维的"天才观"错误地归为叔本华的影响;第三,没有辨清在王国维"天才观"形成中传统诗学与西方诗学的互动关系。[11] 这三个不足,不仅从根本上导致了对王国维"天才观"的误解,也严重影响了对"天才观"在现代文学变革中启蒙意义的认识。因此,把王国维的诗人观作为一个中心,探讨"天才观"引入中国现代诗学的革命性意义,是一个需要进一步开拓的重要课题。

一 天才：想象力、素朴性和直观

西方现代的天才观念是由康德确立的。对王国维先后产生重要影响的叔本华、席勒的天才观念，都来自康德。

康德认为，天才是艺术家天生具有的自由地运用他的认识诸机能的一种原创力。作为艺术的才能，天才是由想象力和理解力的联合构成的：理解力保证艺术品作为一个有目的的产品被实现，也保证它是可以被普遍传达的；想象力使艺术品作为一个直观的表象（审美表象）能够被自由而独立地创造出来。值得注意的是，尽管康德明确规定天才是由想象力和理解力结合构成的，但他又偏重想象力，认为它才是天才的最根本、最核心的力量。他主张，从审美意义上理解想象力，就必须将它始终理解为创造性的、自主的心理能力，即要把适合于审美判断的创造性的想象力与适合于日常生活的符合于联想律的再现性的想象力区别开。[12]作为天才的基本创造力量，想象力的强大在于它能利用现实提供的材料创造出另一自然，即审美观念的世界。他说："诗人冒险将超感性之物的理性观念感性化，如极乐世界、地狱、不朽、创世等；同样也在超经验的领域将经验中的事物直观表现出来，如死亡、嫉妒、各种罪恶、爱、荣耀等，赋予它们超自然的完整性，他凭借的是为了达到无限而与理性的优势竞赛的想象力。正是在诗歌艺术中，审美观念能够最大限度地实现它的机能。无疑，就其实质而言，这种机能实际上只是一种（想象力的）才能。"[13]由此可见，康德推崇想象力，就是推崇艺术家的自由创造力，这种创造力赋予他对感性限制和理性限制的超越力量。

席勒的"天才观"来源于康德。与康德一样，他也认为，艺术能力是一种天才的能力。同时，席勒也认为，艺术家天才的创造力最理想的表现来自想象力与理解力的结合。但是，与康德把创造性的想象力作为天才的核心不同，席勒认为天才的基本特征是"思想方式的素朴性"。他说："真正的天才必须是素朴的，否则它就不是天才。"[14]素朴会表现出一种孩子气的稚拙，但是，真正的素朴不应当属于缺少理智的幼稚，而应当归于理性优越而具有的一种率真自然。"素朴的条件是自然战胜人为。"素朴是人获得理性自由之后的返璞归真，它是"不期而遇的天真无邪"。素朴赋予天才的是天真自然而又自由超越的本性，使天才的世界和谐而透明，他就以这种和谐而透明的心态和眼光面对世界和表现世界。他说："在我们的思想中的素朴方式，必然给予我们素朴的表达方式，它使我们的用语和行为都具有素朴性。优雅就特别存在于这素朴中。天才就用这素朴的优雅表达它的最伟大、最深刻的思想；它们是从一个孩童之口中流露出来的神谕。"[15]

与康德、席勒一样，叔本华也认为艺术是天才的活动。他认为，天才是以"直观中的理念"为对象的人，他的真正本质就在于"具有完善而强大的直观认识能力"。他说："总是在个别中见到普遍是天才的基本品质，相反，普通人只能照样地在个别中见到个别。"[16]这"个别中见到普遍"，就是认识到"直观中的理念"。天才之所以具有这种特别的直观力，一方面是因为他摆脱因果关系（充足理由律）来认识客体，另一方面是因为他能消除自己的意志乃至于遗忘个性，作为纯粹主体观照客体。因此，天才的超常的直观力是以他的超人的纯粹的客观性为前提和动力的。就此而言，对于天才，客观性是比直观力更根本的属性。叔本华说："天才的本性就在于这种卓越的静观能力。这样就要求彻底遗忘自我及其各种关联，因而天才的天资就不是别的，而只是最彻底的客观性，即心灵的客观趋向，这是与以自我为目的，即指向意志的主观趋向相反的。因而，天才是这种能力，它保持在纯粹的静观状态中，让自我遗失在直观中，使原本为意志服务的认知从这种服务中摆脱出来。"[17]一言以蔽之，天才的独特能力就是主体使自我清除意志，从而成为纯粹的认识主体，成为"世界的明亮的眼睛"或"世界内在本质的明亮的镜子"。

把直观能力作为天才的本质力量，与把素朴性作为天才的本质特性有相似之处。因此，我们看到叔本华与席勒在天才观上的近似。但是，两者之间只是近似而已。在叔本华的"天才观"中，直观被规定为非逻辑的对感性对象的纯粹知觉力量，它同时排斥了情感和理性（精神），是一种非人或者超人的理智能力。"因而，天才就在于一种超常的理智，它只能被运用于存在的普遍性。"[18]所以，叔本华的直观概念本是反情感、反个性的，因而也是排斥人性内涵的。相反，席勒的"素朴"观念是包含着深厚的人性理想的。席勒说："我们真正爱的，不是自然物本身，而是由它们表现的观念。我们爱它们展现的生气和隐含的生机、它们的身姿呈现的平和的姿态、适度的生存、事物的内在必然性、它们本性中的永恒的和谐。"[19]对于席勒，"自然"是人性理想的最高境界的"意象"，当它作为素朴的内涵，它就代表着那种和谐完美的人性理想。所以，席勒又说："自然必须战胜人为，但不是使用它的盲目而野蛮的强力，而是凭借它那种作为伟大德性的形式；换言之，它不是作为不足，而是作为内在的必然。"[20]

因为把人性和谐的理想作为素朴的内涵，席勒不仅强调天才创造力中的感受力与想象力结合，而且把思想与情感的结合作为诗歌审美价值实现的必要条件。他说："精神与题材的密切联系、直观感受力与理想表现力的统一，是形成一个作品的审美价值的要素。"[21]就此而言，席勒不仅区别于叔本华，而且区别于康德。叔本华推崇直观，把天才的能力限定为以直观为核心的纯理智能力；康德推崇想象力，把天才的能力限定为想象力对具有理性意蕴的审美观念的创造。然而，两人的共同点是对情感和感性的排斥（抑制）。席勒的"天才观"，则以"素朴"为核心，把"天才"构建为情感与思想结合、自然与理想结合的完美的人性表现。这个表达人本主义理想的天才观念，是王国维为中国现代诗学革命引入的新诗人观的原型。

二 感发、创造与人性

> 山谷云："天下清景，不择贤愚而与之，然吾特疑端为我辈设。"诚哉是言！抑岂独清景而已，一切境界，无不为诗人设。世无诗人，即无此种境界。夫境界之呈于吾心而见于外物者，皆须臾之物。惟诗人能以此须臾之物，镌诸不朽之文字，使读者自得之。遂觉诗人之言，字字为我心中所欲言，而又非我之所能自言，此大诗人之秘妙也。境界有二：有诗人之境界，有常人之境界。诗人之境界，惟诗人能感之而能写之，故读其诗者，亦高举远慕，有遗世之意。而亦有得有不得，且得之者亦各有深浅焉。若夫悲欢离合、羁旅行役之感，常人皆能感之，而惟诗人能写之。故其入于人者至深，而行于世也尤广。（《人间词话附录》第16则）[22]

这是王国维在《清真先生遗事》中写的一段话。这段话集中表达了他关于天才（诗人）的创造性的观念，值得细致分析。

黄庭坚（山谷）说："天下清景，不择贤愚而与之，然吾特疑端为我辈设。"这句话是讲独特的自然景观，只对独特的观赏者有意义。引申来讲，自然事物的景象和意义，需要具有独特才能的人来发现和展示。柳宗元说："夫美不自美，因人而彰。兰亭也，不遭右军，则清湍修竹，芜没于空山矣。是亭也,僻介闽岭,佳境罕到,不书所作,使盛迹郁堙,是贻林涧之愧。故志之。"[23]这话说得更为透彻。自然美存在于自然景物之中,但又不等于自然景物,它需要诗人的发现和再创,兰亭周围风景之美,就是王羲之(右军)对其景物发现和再创的结果。天工须假借人力,才能最后实现它的创化之妙景,这就是"美不自美,因人而彰"之意,当然也是"天下清景端为我辈设"之意。

"夫境界之呈于吾心而见于外物者,皆须臾之物,惟诗人能以此须臾之物,镌诸不朽之文字,使读者自得之。遂觉诗人之言,字字为我心中所欲言。而又非我之所能自言,此大诗人之秘妙也。"王国维这里所说,是自陆机《文赋》以来传统诗学中较为通行的看法。袁枚说:"鸟啼花落,皆与神通。人不能悟,付之飘风。惟我诗人,众妙扶智。但见性情,不着文字。宣尼偶过,童歌《沧浪》。闻之欣然,示我周行。"[24]这则诗话,可作王国维所说的注释,其要义即指诗人之才相比于常人,在其能观、敏感、善写。进而言之,主张诗歌境界的创造来自诗人之心与外物的感动、交流(感触、兴发),是中国诗学的一个重要传统,这个传统至少从《毛诗序》、经钟嵘《诗品》到王夫之《诗广传》。王夫之说:"天地之际,新故之迹,荣落之观,流止之几,欣厌之色,形于吾身以外者,化也;生于吾身以内者,心也;相值而相取,一俯一仰之际,几与为通,而浡然兴矣。"[25]

"抑岂独清景而已,一切境界,无不为诗人设。世无诗人,即无此种境界。"王国维在此提出的是"境界创造"说。此说与王阳明的"心外无物"说有相近处。"先生(王阳明)游南镇,一友指岩中花树问曰:'天下无心外之物,如此花树,在深山中自开自落,于我心亦何相关?'先生曰:'你未看此花时,此花与汝心同归于寂。你来看此花时,则此花颜色一时明白起来。便知此花不在你的心外．'"[26]从思想传统上看，二王的心物观都承袭了佛学的"境由心生"的观念。在王阳明的话中，"你来看此花时"之"花"，是自然存在的物理的花；"此花不在你心外"之"花"，是观看者心境中的"花"。心中之花是由对物理之花的感知而得，必然存在于观看者的心中。准确地讲，王阳明的"心外无物"讲的是人的心境普遍地对自然事物由感知而实现的统摄作用，这种作用扩大即"天人合一"。王国维的"境界创造"说，讲了两个核心原则：第一，"一切境界，无不为诗人设"，即是说"境界"是为诗人所"专有的"（只对诗人有意义）；第二，"世无诗人，即无此种境界"，即是说"境界"完全是由诗人"独创的"。很明显，王国维在这里讲的不是人的心境与自然事物的普遍关系，而是诗人的心境与自然事物的特殊关系。在这两个原则的限定中，王国维既不同于传统诗学的物感观，又不同于王阳明的心物观，而是提出了"境界创造"说，即只有诗人，才能感知和创造"境界"。

"境界创造"说把一切境界都纳入（归结）诗人的创造中，这种绝对化的立论，是在以物感观为主导的中国诗学传统中前所未有，也是不可能出现的。从文化脉络来看，柳宗元、袁枚和王夫之诸人的诗学思想不仅为王国维提供了母语诗学的精神资源，而且其内涵已经非常接近"境界创造"观。但是，从物感观到"境界创造"观，需要一个革命性的突破。这就是确立人本主义的诗学观念。

人本主义的诗学观是由席勒确立的。在人与外在世界的关系上，康德做了消极的和积极的双重界定。消极的界定是，人只能认识世界的现象，而不能认识世界本身（物自身）；积极的界定是，人是通过自己具有的先验直观形式（时间与空间）来认识世界的现象的，因此，世界的现象是由人赋予形式的，即人为自然立法。[27]席勒继承了康德的积极的界定，并且把它转化成为一个人本主义的自由原则。他认为,当人以自然的实在为关注对象,人就受制于自然,只是自然实在的被动的接受者,他就没有自由,他的人性也还没有开始;当人把实在和现象彻底分离开来,使现象成为绝对(独立自由)的现象(审美现象),并将之作为审美游戏的对象的时候,人就表现了他对自然的自由而且开始了他的人性生活。他说:"只要人在他最初的自然状态中只是被动地接受和感受感性世界,他就完全还是与之同一的,而且正因为他就是素朴的世界,就不存在一个属于他的世界。只有当他在审美状态中把世界置于身外并静观它的时候,他自身才与世界明确分离,并且因为他不再与之同一而使世界向他显现。"[28]康德把人所认知的自然现象理解为人所普遍具有的想象力的产品,而席勒认为当人把现象作为现象欣赏的时候,人就是在进行审美游戏,它是人从自然中独立出来、开始其人性存在的标志。把审美现象的创造界定为人性实现的前提和表现,这是人本主义诗学的核心观念。

席勒把人从作为自然实在的被动的接受者到作为自然现象的主动的创造者的转变,称为"人的感觉模式的彻底革命"。他说:"必须在整个感觉模式中进行一次彻底的革命,否则他就永远不能找到通往理想的正确道路。因而,当我们发现一次非功利的欣赏纯粹的现象的迹象,我们就可推断出他的本性的革命和人性的开端。"[29]因此,席勒并不把人性中的审美才能理解为人人天然具有的能力,相反,它作为人的感觉模式革命的产物,是自然赐予天才的幸运礼物,是为理想的艺术服务的,因为抵达这理想之路(把握绝对的现象)需要"超常伟大的抽象力、心灵自由和更坚强的意志"。这就是说,审美现象只有具有天才的人才能创作,诗人都是天才;常人只能感受自然,但是不能把自然作审美表现。

王国维的"境界创造"观,只有以上述席勒人本主义诗学为前提,才能得到合理解释。他之所以把"一切境界"都纳入诗人的创造中，是因为在席勒的影响下，他认为人只有作为一个诗人（获得了审美自由），才可能摆脱自然实在的束缚，而且把自然从实在提升为境界。他说："有诗人之境界，有常人之境界。诗人之境界，惟诗人能感之而能写之，故读其诗者，亦高举远慕，有遗世之意。而亦有得有不得，且得之者亦各有深浅焉。若夫悲欢离合、羁旅行役之感，常人皆能感之，而惟诗人能写之。故其入于人者至深，而行于世也尤广。"对"常人之境界"，为什么常人能感之而不能写之？因为正如席勒所指出的，常人只是被动地接受和感受世界，他没有将自身与其世界分离的自由，他只是作为自然存在属于这个世界，而没有一个属于他自己的世界（境界）。诗人对"常人之世界"不仅"能感之"，而且"能写之"，因为他自由地把自我与物质世界分离开来，以其自由的感受和想象（"入于人者至深，而行于世也尤广"），创建了属于他自己的世界（境界）。

如前文所述，传统诗学对诗人的独创性和超人的创造力，是有深刻认识的。但是，它没有将人力与自然区别、对立的观念，反而把最高的诗歌创作力归于自然（天资）。王国维受到席勒人本主义美学的影响，认为诗人的创作力在根本上是自由的人性力量，它不依附于自然，却是对自然的理想化再创，从而使之展现出属于人的境界。"一切境界，无不为诗人设。世无诗人，即无此种境界。"这个论断的真义就在于它把诗人的独创性提高到人性的自由的高度。

三　胸襟、理想与境界

> 东坡之词旷，稼轩之词豪。无二人之胸襟而学其词，犹东施之效捧心也。（《人间词话》第44则）

所谓"胸襟",是一个人的性情、见识和志趣诸心理因素融合成的代表着个人品格的精神状态,亦即"境界"。胸襟(境界)的核心要素是人生观和世界观,它们决定了自我对人生世界的基本意识和态度。[30]王国维认为,诗词境界的创作,必须以自我胸襟(精神境界)的锻炼、提升为前提。没有相当层次的胸襟,就不能创作出相当水平的诗词境界。"无二人之胸襟而学其词,犹东施之效捧心也",这就是说,没有胸襟(境界),甚至没有学习、借鉴能力。

王国维的"胸襟"观念,应当直接来自叶燮的诗学。叶燮说:

> 诗之基,其人之胸襟是也。有胸襟,然后能载其性情、智慧、聪明、才辨以出,随遇发生,随生即盛。千古诗人推杜甫,其诗随所遇之人、之境、之事、之物,无处不发其思君王、忧祸乱、悲时日、念友朋、吊古人、怀远道,凡欢愉、幽愁、离合、今昔之感,一一触类而起;因遇得题,因题达情,因情敷句,皆因甫有其胸襟以为基。如星宿之海,万源从出;如钻燧之火,无处不发;如肥土沃壤,时雨一过,夭矫百物,随类而兴,生意各别,而无不具足。……不然,虽日诵万言,吟千首,浮响肤辞,不从中出,如剪采之花,根蒂既无,生意自绝,何异乎凭虚而作室也![31]

对于叶燮的"胸襟"概念,叶朗阐释说:"像杜甫《乐游园》和王羲之《兰亭集序》这样的作品,不仅限于描写一个有限的对象或事件,而是由这一有限的对象或事件触发对于整个人生,对于整个人类历史的感受和领悟。这种人生感和历史感,就是作品的深层意蕴,也就是审美意象的哲理性。他(叶燮)认为这是作品的'生意'所在。而这种人生感与历史感,正是由作者的'胸襟'决定的。我们可以这样说,叶燮所以这样强调'胸襟'，正是为了强调作品的人生感和历史感，即作品的深层意蕴。"[32]

叶燮又认为，"胸襟"是诗人在现实人生中自觉锻炼修养的产物，是其生命的结晶。培养"胸襟"，其根本就是陶冶、提升诗人的人生志气，即"造极乎其志"。他说："如晋之陶潜，唐之杜甫、韩愈，宋之苏轼，为能造极乎其诗，实其能造极乎其志。盖其本乎性之高明以为其质，历乎事之常变以坚其学，遭乎境之坎壈郁怫以老其识，而后以无所不可之才出之，此固非号称才人之所可得而几。如是乃为传诗即为传人矣。"[33]叶燮此说，明确地将诗人"胸襟"的完成界定为一个在现实人生中自觉磨砺其"性""学""识"的自我超越和完成的历程。

叶燮的"胸襟"说，在两个方面深刻影响了王国维的诗人观。一方面，王国维认为诗人的精神境界，是他人不可模仿学习的。"学幼安者率祖其粗犷、滑稽，以其粗犷、滑稽处可学，佳处不可学也。幼安之佳处，在有性情，有境界。即以气象论，亦有'横素波、干青云'之概，宁后世龌龊小生所可拟耶？"（《人间词话》第 43 则）另一方面，王国维又认为，天才也必须以后天的学习修养做资助。他说："天才者，或数十年而一出，或数百年而一出，而又须济之以学问、帅之以德性，始能产真正之大文学。此屈子、渊明、子美、子瞻等所以旷世而不一遇也。"[34]天才不可学，因为天才的"胸襟"（境界）是天才的天性与其人生的结合。天才必须来自学，因为他必须切实地从人生世界中获得体会识见，以充实提升他的胸襟。王国维把诗人精神境界的进修之路概括为三个境界的递次发展：

> 古今之成大事业、大学问者，必经过三种之境界："昨夜西风凋碧树。独上高楼，望尽天涯路"，此第一境也。"衣带渐宽终不悔，为伊消得人憔悴"，此第二境也。"众里寻他千百度，回头蓦见（当作[蓦

然回首］），那人正（当作［却］）在灯火阑珊处"，此第三境也。(《人间词话》第 26 则）

这三种境界的进修历程，可说是将叶燮所谓"其本乎性之高明以为其质，历乎事之常变以坚其学，遭乎境之坎壈郁怫以老其识，而后以无所不可之才出之"历时化地表达出来。它是一个从对人生世界的惆怅茫然，经历沉痛执着，最后达到彻悟融合的精神发展历程。

"西（当作［秋］）风吹渭水，落日（当作［叶］）满长安"。美成以之入词，白仁甫以之入曲，此借古人之境界为我之境界者也。然非自有境界，古人亦不为我用。(《人间词话删稿》第 14 则）

在这则词话中，"境界"出现了三次。在"借古人之境界为我之境界"句中，两次出现的"境界"即"诗歌境界"；而在"然非自有境界"句中，"境界"指诗人的"精神境界"（"胸襟"）。值得注意的是，王国维在这里不加限定地使用两种含义的"境界"。这一方面自然导致语义混淆；另一方面它又表明王国维着重于两者的统一（同一）。准确地讲，在诗歌创作中，诗人的精神境界是基础（主题），诗歌境界是其载体（表现）。王国维把两者直接统一起来，不仅强调了精神境界的基础作用，而且强调了它在诗歌境界中的核心作用，即它作为一个核心元素支持并决定了诗歌境界的存在及其品质。他说："言气质，言神韵，不如言境界。有境界，本也。气质、神韵，末也。有境界而二者随之矣。"(《人间词话删稿》第 13 则）他之所以把"境界"推为诗词之根本和核心，其宗旨不限于把"境界"作为艺术品的整体总括全部，而且还在于对"境界"所具有的"精神境界"意义的强化和突出。

王国维这个诗学思想，显然来自席勒的诗学。席勒说："任何一种诗歌都必须包含一种无限的理想意义，这是唯一构成它的真正的诗性的要素。"[35]这就是说，席勒认为，不仅以表达理想为主题的感伤诗，而且以模仿自然为主题的素朴诗，都要以理想为其内在的深刻底蕴，否则，就不具备诗歌的品质。对于席勒，理想的内涵是人自身内在的和谐统一和人与世界、自然的和谐统一。席勒因此将理想理解为人最高的生命真实，即真实的人性自然。他主张，一切真正合格的诗歌，都要把这个理想设置为自己的内在目的和基础。这种理想主义诗学观，不仅要求诗人要在自身达成思想和情感、感性和理性的统一，而且要求诗人在一切诗歌创作中，保持一种以理想为核心的内在的精神的统一性和稳定性。席勒将自然与理想设定为诗人的想象力必须抓住其中之一的两只锚，但是，两相比较，理想无疑是更为根本的。诗歌能否具有真正感人的力量，是否具有真正伟大的品格，根本原因就在于它是否向读者表现一个统一、伟大的理想。正是在这个意义上，席勒非常严厉地批评伏尔泰。席勒说："他无疑能够以他的巧智娱乐我们，但是他绝对不能作为一个诗人感动我们。在他的讽刺下面，你总是难以找到一丝严肃，这使人不得不怀疑他是不是一个称职的诗人。你总是只能遇到他的理智，绝对碰不到他的感情。在这个亮丽的纱罩下我们找不到理想；在其持续的运动中几乎找不到任何固定的东西。"[36]

席勒把诗歌的概念界定为"尽可能完整地表现人性"。王国维接受了这个定义，他说："诗歌者，描写人生者也（用德国大诗人希尔列尔之定义）。"[37]在此定义下，他明确扩展了传统诗学的"情"与"景"概念。"文学中有二原质焉，曰景，曰情。前者以描写自然及人生之事实为主，后者则吾人对此种事实之精神的态度也。故前者客观的，后者主观的也；前者知识的，后者感情的也。……要之，文学者，不外知识与感情交代之结果而已。苟无锐敏之知识与深邃之感情者，不足与于文学之事。此其所以但为天才游戏之事业，而不能以他道劝者也。"[38] 他主张诗歌必须"锐敏之知识与深邃之感情结合"，这是席勒的"思想与情感结合"的诗学原则的表现。更重要的是，因为遵循席勒诗歌必须表现理想的原则，王国维要求诗歌的想象力必须以真挚深厚的感情为基础（素地）。他说："要之，诗歌者，感情的产物也。虽其中之想象的原质（即知力的原质），亦须有肫挚之感情为之素地，而后此原质乃显。故诗歌者，实北方文学之产物，而非儇薄冷淡之夫所能托也。"[39]

正因为以表现人性理想为诗歌的主题，王国维特别推崇有理想境界的诗人。他推崇李白，说："太白纯以气象胜。'西风残照，汉家陵阙'。寥寥八字，遂关千古登临之口。"（《人间词话》第 10 则）在词人中，他特别推崇李煜、苏东坡和辛弃疾。他称赞李煜"真所谓以血书者也……俨有释迦、基督担荷人类罪恶之意"（《人间词话》第 18 则）；又说："读东坡、稼轩词，须观其雅量高致，有伯夷、柳下惠之风。"（《人间词话》第 45 则）同时，他对只注重诗词的格调高雅、描写精巧等审美因素的诗人持严厉的批评态度。比如他评价周邦彦说："美成深远之致不及欧、秦，唯言情体物，穷极工巧，故不失为第一流之作者；但恨创调之才多，创意之才少耳。"（《人间词话》第 33 则）又如他批评姜夔说："古今词人格调之高，无如白石。惜不于意境上用力，故觉无言外之味，弦外之响，终不能与于第一流之作者也。"（《人间词话》第 42 则）"创意之才少""不于意境上用力"，就是缺少精神境界（胸襟）的提炼，其诗词境界没有包含人生世界的深层意蕴，即理想。因为把这种理想表达作为"境界"创作的基本要求，王国维进而提出了诗人对于宇宙人生要"能入能出"的主张：

诗人对宇宙人生，须入乎其内，又须出乎其外。入乎其内，故能写之。出乎其外，故能观之。入乎其内，故有生气。出乎其外，故有

高致。美成能入而不出。白石以降,于此二事皆未梦见。(《人间词话》第60则)

"能入",即诗人对宇宙人生要有深入真切的体验,能写出自然的真实;"能出",即诗人要将对自然真实的描写提升为对人性理想的无限境界的表现。这两方面的结合才可创造"有境界"的诗歌。王国维主张"境界为本",就是主张一切诗歌都要创造这种"能入"与"能出"结合,即"自然与理想结合"的诗歌境界。在传统诗学中,尽管自唐代以来,就开始使用"境界"概念,并且以之评说诗歌;但是,在王国维之前,并没有人提出这个主张。应当说,在王国维之前,传统诗学的基本主张集中于"情景"说,而不是"境界"说。[40] "情景"的核心是"情景交融",而"境界"说的核心是强调人本主义理想的表现,即强调"精神境界"在诗词境界构成中的基础和核心作用。进而言之,王国维对传统诗学的突破性贡献在于:将理想性注入传统诗学的"情景交融"中,从而把表现理想(精神境界)作为对一切诗歌的基本要求。

四 不隔、隐秀与自然

> 境非独谓景物也,喜怒哀乐,亦人心中之一境界。故能写真景物,真感情者,谓之有境界。否则谓之无境界。(《人间词话》第6则)

> 大家之作,其言情也必沁人心脾,其写景也必豁人耳目。其辞脱口而出,无矫揉装束之态。以其所见者真,所知者深也。诗词皆然。持此以衡古今之作者,可无大误矣。(《人间词话》第56则)

王国维为诗人的表现力提出一个标准,即要求诗人在真切深刻地认知人情物理的基础上,明确生动地表现它们。他称这是"大家之作",也就是把这种表现力定义为天才必须具备的能力。同时,他也将这种表现力作为创作诗词境界即"有境界"的基本条件。由此,王国维对诗人提出了两个相关联的要求:一方面,诗人对自然人生要"所见者真,所知者深",即要真实深入地感知现实;另一方面,要"能写真景物、真感情",即要把自己的感知直观生动地表现出来。这两方面的结合,王国维定义为"自然"。他说:"古今之大文学,无不以自然胜。"[41]

诗人怎样实现这种创作的"自然"境界呢?王国维认为这是诗人的特殊生活境遇所赋予他的,是"自然的赠予"。他说:"词人者,不失其赤子之心者也。故生于深宫之中,长于妇人之手,是后主为人君所短处,亦即为词人所长处"(《人间词话》第16则);"纳兰容若以自然之眼观物,以自然之舌言情。此由初入中原,未染汉人风气,故能真切如此。北宋以来,一人而已"(《人间词话》第52则)。李煜之"长于妇人之手",纳兰容若之"初入中原",虽然遭遇不同,但它们的共同点就是,提供给诗人一种与理性相离而更接近于感性、与文明相离而更接近于自然的素朴的生活状态。在这种状态中,诗人自然地保持了与环境的统一,因而自然地感受着他的生活和世界。因此,诗人"以自然之眼观物,以自然之舌言情",即他自然地感受着,也自然地表现着。王国维将这样的诗人称为"主观的诗人",并且说:

> 客观之诗人不可不多阅世。阅世愈深则材料愈丰富愈变化,《水浒传》《红楼梦》之作者是也。主观之诗人不必多阅世。阅世愈浅则性情愈真,李后主是也。(《人间词话》第17则)

王国维认为"阅世愈浅，则性情愈真"，他主张"不必多阅世"，不是如叔本华那样要求天才清除情感，反而是要他保持情感的真纯自然。情感的真纯自然，既是言情诗创作的理想前提，也是文明时代的人性理想。准确地讲，保持纯真的性情，把诗歌作为抵制现代理性对感性压制的行动，让诗人的心灵为人性的自由保存一片自然的圣地。这是与王国维主张"文学是天才游戏之事业"的观点相联系的。"不失其赤子之心"，就是要求诗人保持内心的真纯和自由，并以之为创作诗歌的基础。相对于客观之诗人由外在的题材决定，主观的诗人应当由自己的内在的心灵（性情）决定。王国维这一思想，受到了席勒关于素朴诗人要保持诗歌的诗性，就必须从自己内在自然的必然性出发的观点的影响。席勒说：

> 我将素朴的诗誉为自然的赠礼，以表明它还没有被思想浸淫。它是一口原始的喷泉，一种幸运的灵感，如果它运行得好，无须修正；如果它运行不好，则不能修正。素朴天才的工作，是完全由情感完成的；它的力量和限制都在情感中。……素朴天才必须从自然中获取一切；它凭意愿却什么都得不到，或者几乎一无所获。它要满足这种诗歌观念，就需要它身内的自然以内在的必然性活动。所以，这是事实，通过自然发生的一切都是必然的，而素朴诗人的一切作品，无论幸与不幸，都摆脱了偶然的欲望，也被赋予这种必然的品格。[42]

只有当我们把王国维的"自然"的诗歌理想联系到席勒的人本主义诗学观，即将"自然"与追求人性自由完满发展的"理想"统一起来，我们才可能理解王国维诗学的精神意向。在《人间词话》《文学小言》和《宋元戏曲史》中，他极力推崇"自然"的诗歌，其激烈大胆之至，大有横扫传统诗学规范之势。他说：

"昔为倡家女,今为荡子妇。荡子行不归,空床难独守。""何不策高足,先据要路津。无为久贫(当作[守穷])贱,坎坷长苦辛。"可谓淫鄙之尤。然无视为淫词鄙词者,以其真也。五代北宋之大词人亦然。非无淫词,读之者但觉其亲切动人。非无鄙词,但觉其精力弥满。可知淫词与鄙词之病,非淫与鄙之病,而游词之病也。(《人间词话》第62则)

这样大胆激烈的"自然"诗学主张,无疑是对传统诗学温柔敦厚原则的颠覆。就此而言,我们可以看到李贽的自然主义和袁宏道的"性灵"说的影响。李贽说:"自然发于情性,则自然止乎礼义,非情性之外复有礼义可止也。"[43]袁宏道说:"无闻无识真人所作,故多真声,不效颦于汉、魏,不学步于盛唐,任性而发,尚能通于人之喜怒哀乐嗜好情欲,是可喜也。"[44]可以说,王国维的"自然"观念是与李、袁之说有文化传承关系的。但是,李、袁主张的"自然",是纯粹偶然的情感宣泄(任性而发);而王国维主张的"自然",则包含着以"真"为底蕴。王国维说:

诗人体物之妙,侔于造化,然皆出于离人、孽子、征夫之口,故知感情真者,其观物亦真。[45]

元剧之佳处何在?一言以蔽之,曰:自然而已矣。……彼但摹写其胸中之感想,与时代之情状,而真挚之理,与秀杰之气,时流露于其间。故谓元曲为中国最自然之文学,无不可也。若其文字之自然,则又为其必然之结果,抑其次也。[46]

对于王国维,"自然"的核心是诗人的"真性情",但这"真性情"并不归结为诗人飘忽偶然的情绪欲念,而是他对人生世界"真挚之理,与秀杰之气"的深刻洞见的胸襟（精神境界）。因此，在王国维的诗学中，主张表现自然情感和主张提升精神境界是统一的。用席勒的话说，"真性情"不是任性而发，而是内化在诗人心中的理性必然的自然（自由）活动，它在表现现实的情感活动时，使被表现的对象"摆脱了偶然的欲望，也被赋予这种必然的品格"。

王国维主张"人性之真"都必是自然的，但并不认为一切"自然的"就是人性之真。他说："词之雅郑，在神不在貌。永叔、少游虽作艳语，终有品格。方之美成，便有淑女与倡伎之别。"（《人间词话》第32则）"在神不在貌"，王国维原稿为"在神理不在骨相"。此处的"神理"，即"真挚之理"，也就是人性之真。他赞许词曲中的淫词艳语，甚至给予远高于正规典雅的词语的评价，其宗旨就在于他推崇自然地出于诗人的内心的人性之真。席勒认为，真正的人性必然是高尚的，这是诗人描写实际自然必备的前提。他说："诗人当然可以描绘低俗的自然，这是讽刺诗的应有之义；但是诗歌本质中的一种美必须支持和提高这个对象，而且题材的低俗不能降低诗人。如果在他描写的时候，他自身就是真正的人性，他描绘什么都无可非议；而且，只有在这种情况下，我们可以接受对现实的自然的表现。"[47]显然，王国维正是在席勒所主张的诗人以人性的真实提升自然的意义上，推崇诗人对情感的自然表现。因此，王国维对人的情感的自然表现，仍然是有标准的，这个标准就是要表现"人性的真实"。

王国维"自然"的诗歌观，一方面是内容上的以人性真实为核心的"自然"，另一方面就是语言形式上的真切自由的"自然"。"其言情也必沁人心脾，其写景也必豁人耳目。其辞脱口而出，无矫揉妆束之态。"这就是说，诗人对人情物理的成功表现，要达到的境界是高度的素朴、直观和自由的结合，语言自然地从诗人的胸中流泻出来，完全化成了它们描绘的意象和情感。王国维把诗歌的这种"自然"的表现风格，称为"不隔"。他说："语语都在目前，便是不隔。"（《人间词话》第 40 则）"都在目前"，王国维原稿为"可以直观"。因此，"不隔"可以理解为诗词对景物人事的描写具有高度的直观性。钟嵘说："若乃经国文符，应资博古，撰德驳奏，宜穷往烈。至乎吟咏情性，亦何贵于用事？'思君如流水'，既是即目。'高台多悲风'，亦惟所见。'清晨登陇首'，羌无故实。'明月照积雪'，讵出经史？观古今胜语，多非补假，皆由直寻。"[48]

"不隔"的条件，是诗人对景物人事直观感受的直接表现，即"直寻"；"隔"的原因，是借用典故、援用史事或词语借代，以代指诗中景物人事，人为地造成了诗词语言与表现对象（意象）之间的隔膜。"隔"，在诗人与读者两方面都造成了"不自然"的状态。刘勰在定义诗的本质时说："人禀七情，应物斯感，感物吟志，莫非自然。"[49]"不隔"，就是诗人通过他的诗词境界呈现出来的感受对象和表现对象的自然状态。"渊明诗所以为高，正在不待安排，胸中自然流出。"[50]这"自然流出"，就是"不隔"，也就是"自然"。

在整体上标举诗歌的"自然"品质的同时，刘勰又提出了"隐秀"说。"隐秀"说的主旨是对写景和言情提出不同要求：写景要直观明了，即"显"（秀）；言情要曲折深幽，即"隐"。"情在词外曰隐，状溢目前曰秀。"[51]刘勰此说立足于《易传》"言不尽意，圣人立象以尽意"的观念，对后世的诗学和诗歌都产生了很大的影响，成为诗歌创作的一个传统原则。宋代梅圣俞说："诗家虽率意，而造语亦难。若意新语工，得前人所未道者，斯为善也。必能状难写之景，如在目前，含不尽之意，见于言外，然后为至矣。"[52]司空图所谓"不着一字，尽得风流"，严羽所谓"言有尽而意无穷"，都源自这个诗学原则。叶燮非常充分地发挥了这个诗学原则并将之具体化了。他说：

"作诗者,实写理事情,可以言言,可以解解,即为俗儒之作。惟不可名言之理,不可施见之事,不可径达之情,则幽渺以为理,想象以为事,惝恍以为情,方为理至、事至、情至之语,此岂俗儒耳目心思界分中所有哉?"[53] 诗歌要表现的是不可明言直解的情理(意),因此用语言直白地表现情感(显),就成为诗歌表现的禁忌,被责之为与"隐"相反的"露"。朱光潜说:"深情都必缠绵委婉,显易流于露,露则浅而尽。"[54]

然而,王国维提倡"不隔",并不只要求写景要"不隔"("写景也必豁人耳目"),而且要求言情也要"不隔"("其言情也必沁人心脾")。他说:

> "生年不满百,常怀千岁忧。昼短苦夜长,何不秉烛游","服食求神仙,多为药所误。不如饮美酒,被服纨与素",写情如此,方为不隔。"采菊东篱下,悠然见南山。山气日夕佳,飞鸟相与还","天似穹庐,笼盖四野。天苍苍,野茫茫,风吹草低见牛羊",写景如此,方为不隔。(《人间词话》第41则)

他这样的要求,是有悖于"言情应含蓄"的传统诗学原则的。"含蓄"的基本方法,就是"以景寓情"。更有甚者,他还有意突破这个原则,他说:"词家多以景寓情。其专作情语而绝妙者……此等词古今曾不多见。余《乙稿》中颇于此方面有开拓之功。"[55]因此,他的"不隔"的主张就招来了许多主张传统诗学观念的学者的批评。朱光潜说:

> 王先生论隔与不隔的分别,说隔"如雾里看花",不隔为"语语都在目前",也嫌不很妥当,因为诗原来有"显"和"隐"的分别,王先生的话太偏重"显"了。"显"与"隐"的功用不同,我们不能

要一切诗都"显"。说概括一点，写景的诗要"显"，言情的诗要"隐"。梅圣俞说诗"状难写之景如在目前，含不尽之意见于言外"，就是看到写景宜显写情宜隐的道理。写景不宜隐，隐易流于晦；写情不宜显，显易流于浅。[56]

朱光潜的观点，在传统诗学中是很有代表性的。但是，他没有进一步指出，为什么写情一定要"隐"。概要地讲，在中国诗学传统中，言情要"隐"，可作积极和消极两方面理解。就消极一面讲，"隐"是儒家的诗学原则。刘勰说："诗者，持也，持人情性；三百之蔽，义归无邪，持之为训，有符焉尔。"[57] 儒家诗学的宗旨，即以诗歌教化人心，使其情感"发乎情，止乎礼仪"（《毛诗序》），因此，要求情感的表达"乐而不淫，哀而不伤"，直露过激的情感表达是被限制的，这即"隐"。就积极一面讲，"隐"又是道家的诗学原则。道家以"无"为本，主张"大象无形"（《老子》）、"天地有大美而不言"（《庄子》），追求不可言喻的超逸的人生意味和精神自由，因此，要求情感的表达超越有限的图像和语言，给人幽渺玄远的意味，这也是"隐"。儒家诗学之"隐"，是对自然的限制，即"持"；道家诗学之"隐"，是向自然的超越，即"逸"。

王国维的诗学，以儒道对比，在精神上是偏向道家的。就诗歌要"含不尽之意见于言外"而言，他也是主张"隐"的。如前所述，他赞赏"意远语疏""寄兴深微"的作品，批评"精实有余，超逸不足"的作品。既然如此，他又为什么主张言情也要不隔，推崇直抒胸臆（"专作情语而绝妙"）的诗词呢？这是因为，王国维不仅突破了儒家以诗歌为礼教工具的诗学观念，而且突破了道家追求空虚玄妙的诗学观念。他的诗学是以席勒诗学为思想资源的人本主义诗学，这个诗学的核心是完美人性的自由表达。他要求言情"不隔"，就是要求自由表达真性情（真实的人性）。马致远《任风子》第二折《正宫·端正好》:"添酒力晚风凉,助杀气秋云暮。尚兀自脚趔趄醉眼模糊。他化的我一方之地都食素。单则是俺这杀生的无缘度。"王国维称赞这段唱词:"语语明白如画,而言外有无穷之意。"[58]此处的"无穷之意",绝不是道家所追求的幽玄的"意"("道"),而是切实浑厚的现实人生况味。这种人生意味,不是超言绝象的幽思玄想的结果,而是"其感情真者,其观物亦真"的结果,因此凡夫俗子,也可"体物之妙,侔于造化",虽无意为诗,"但摹写其胸中之感想,与时代之情状,而真挚之理,与秀杰之气,时流露于其间"。

因为主张写景言情都要"不隔",王国维的"不隔"说,就与传统的"隐秀"说不合。但是,它是与席勒关于天才的素朴的表现力的思想一致的。席勒说:"这就是素朴的表达方式:符号完全消逝在它表现的对象中,言语让它表达的思想赤裸地表现出来。与之相对,其他任何表达方式都不可能不在表达思想的同时遮蔽它。这就是在风格中被称为原创性和灵感的东西。"[59]无疑,这种素朴性的思想和情感的表现,呈现的是人性完美和谐的自由与自然状态。这是王国维的"不隔"说所追求的诗歌理想的真义所在。

由此可见,在席勒的启发下,王国维的诗人观完成了包括创作理念、精神境界和诗歌表现力三个基本方面对传统诗学的诗人观的改造,并因此为中国现代诗学建立了一个以人本主义为内涵的诗人观。这种诗人观的提出,正是中国现代文学革命的先声。

(原载《中国社会科学》2008年第1期)

注释

[1] 亚里士多德：《诗学》，陈中梅译，商务印书馆，1999年版，第82页。

[2] Kant, *Critique of the Power of Judgment*, ed. & tr. by Guyer, Cambridge University Press, 2000, p.195.

[3] Ibid., p.186.

[4] 颜之推：《颜氏家训》，梁海明译注，山西古籍出版社，1999年版，第115页。

[5] 曹丕：《曲论·论文》，张明高、郁沅编选，《魏晋南北朝文论选》，人民文学出版社，1996年版，第14页。

[6] 刘勰：《文心雕龙注释》，周振甫注，人民文学出版社，1981年版，第308—309页。

[7] 叶燮：《原诗·内篇下》，霍松林校注，人民文学出版社，1979年版，第29页。

[8] 王国维：《王国维文选》，姜东赋、刘顺利选注，百花文艺出版社，2006年版，第64页。

[9] 同上书，第11页。

[10] 关于王国维美学思想的转变历程，参见肖鹰《被误解的王国维"境界"说》，原载《文艺研究》2007年第11期。

[11] 参见陈元晖《王国维的美学思想（续）》，《哲学研究》1980年第6期；夏中义《"天才说"：从王国维到叔本华》，《社会科学》1994年第1期；蔡钟翔、〔韩〕李哲理《天才·超人·赤子——从王国维的作家论看中西文化的融合》，《社会科学战线》1996年第5期。

[12] Kant, *Critique of the Power of Judgement*, p.124.

[13] Ibid., pp.192-193.

[14] Schiller, *Friedrich Schiller's Works*, Vol.7, John C. Nimmo, Ltd., 1903, p.289.

[15] Ibid., p.291.

[16] Schopenhauer, *The World as Will and Representation*, Vol.2, tr. by E. F. J. Payne, Dover Publication, 1966, p.379.

[17] Ibid., p.185.

[18] Ibid., p.377.

[19] Schiller, *Friedrich Schiller's Works*, Vol.7, p.280.

[20] Ibid., p.284.

[21] Schiller, *Friedrich Schiller's Works*, Vol.8, p.25.

[22] 王国维著，徐调孚、周振甫注：《人间词话》，人民文学出版社，1960年版。以下本文引用此书内容，只在正文中注明"《人间词话（X稿）》第X则"。

[23] 柳宗元：《柳宗元集》第三册，中华书局，1979年版，第730页。

[24] 袁枚：《诗品集解·续诗品注》，郭绍虞辑注，人民文学出版社，1998年版，第171页。

[25] 王夫之：《诗广传·豳风》，《船山全书》卷三，岳麓书社，1996年版，第383—384页。

[26] 王守仁撰，吴光等编校：《王阳明全集》，上海古籍出版社，1992年版，第107—108页。

[27] Kant, *Critique of Pure Reason*（Concise Text）, tr. by Wolfgaig Schwarz, Scientia Verlag Aalen, 1982, p.183.

[28] Schiller, *On the Aesthetic Education of Man*, tr. by E. M. Wilknsor and L. A. Willoughby, Oxford University Press, 1982, p.205.

[29] Ibid., p.132.

[30] 参见叶朗《中国美学史大纲》，上海人民出版社，1985年版，第517页。

[31] 叶燮：《原诗·内篇下》，霍松林校注，第17页。

[32] 参见叶朗《中国美学史大纲》，第518页。

[33] 叶燮：《密游集序》，王运熙、顾易生主编，《清代文论选》，人民文学出版社，1999年版，第258页。

[34] 王国维：《王国维文选》，第105页。

[35] Schiller, *Friedrich Schiller's Words*, Vol.8, p.33.

[36] Ibid., pp.10-11.

[37] 王国维：《王国维文选》，第111页。

[38] 同上书，第104页。

[39] 同上书，第113页。

[40] 参见周振甫《人间词话新注（修订本）·序》，载王国维《人间词话新注（修订本）》，齐鲁书社，1986年版，第3—4页。

[41] 王国维：《宋元戏曲史》，东方出版社，1996年版，第101页。

[42] Schiller, *Friedrich Schiller's Works*, Vol.8, pp.38-39.

[43] 李贽：《读津肤说》，蔡景康编选，《明代文论选》，人民文学出版社，1993年版，第234页。

[44] 袁宏道：《叙小修诗》，同上书，第316页。

[45] 王国维：《王国维文选》，第106页。

[46] 王国维：《宋元戏曲史》，第101—102页。

[47] Schiller, *Friedrich Schiller's Works*, Vol.8, p.41.

[48] 许文雨：《钟嵘诗品讲疏》，成都古籍书店，1983年版，第20页。

[49] 刘勰：《文心雕龙注释》，周振甫注，人民文学出版社，1981年版，第48页。

[50] 北京大学中文系等编：《陶渊明资料汇编》上册，中华书局，1982年版，第76页。

[51] 刘勰：《文心雕龙注释》，第436页。按：此语在现存版本中阙失，出自宋张戒《岁寒堂诗话》。

[52] 转引自欧阳修：《六一诗话》，何文焕辑，《历代诗话》，中华书局，1981年版，第267页。

[53] 叶燮：《原诗·内篇下》，第32页。

[54] 朱光潜：《朱光潜全集》第三卷，安徽教育出版社，1987年版，第357页。

[55] 王国维：《人间词话（插图本）》，上海古籍出版社，2004年版，第84页。

[56] 朱光潜：《朱光潜全集》，第356页。

[57] 刘勰：《文心雕龙注释》，第48页。

[58] 王国维：《宋元戏曲史》，第103页。

[59] Schiller, *Friedrich Schiller's Works*, Vol.7, p.292.

意境论的百年演变与反思

"意境"作为中国古典美学的一个核心范畴,在20世纪百年来的中国美学中经历了盛衰浮沉。在这一百年中,意境范畴的学术史经历了下面四个阶段:20世纪前半期,是"意境"的现代诠释—标举阶段;20世纪50—60年代,是"意境"的意识形态阐释—批判阶段;20世纪70年代末—90年代中期,是"意境"的文化溯源—重构阶段;20世纪90年代后期至今,是在全球化语境中的"意境"的质疑—反思阶段。追溯这四个阶段的演变,我们可以看到,意境范畴的百年学术史深刻地映现了当代中国政治、文化的风云变幻。

一 "意境"的现代诠释—标举阶段

众所周知,意境范畴的专题研究,肇始于王国维在《人间词话》中对"境界"概念的标举。他说:"词以境界为最上。有境界则自成高格,自有名句。"[1]在王国维之后,以朱光潜的《诗论》和宗白华的《中国艺术意境之诞生》为代表,"意境"("境界")被标举为中国诗歌乃至整个中国艺术的核心范畴——艺术本体,"意境"研究则成为中国古典美学研究的主线。

明清以来，评论诗词，学者更频繁使用与"境界"相近似的一个词："意境。"王国维在《人间词话》中仅一次使用"意境"（《人间词话》第42则）。王国维为什么特别标举"境界"？就诗学而言，这出于他对严羽推举"兴趣"、王士禛推举"神韵"的否定。他认为，论诗词，"兴趣"和"神韵"，"犹不过道其面目；不若鄙人拈出'境界'二字，为探其本也"（《人间词话》第9则）。但是，王国维标举"境界"还有更深刻的原因，即他将诗词艺术的创作与作者人生境界的创造和升华相联系，并且认为前者是后者的体现。在《人间词话》等文学论著中，他一再谈到诗人的"胸襟""人格""气象""格调"对诗词境界创造的始基和根本作用。当然，最突出的是他提出了著名的"成大事业、大学问者三境界"说：

> 古今之成大事业、大学问者，必经过三种之境界："昨夜西风凋碧树。独上高楼，望尽天涯路"，此第一境也。"衣带渐宽终不悔，为伊消得人憔悴"，此第二境也。"众里寻他千百度，回头蓦见，那人正在，灯火阑珊处"，此第三境也。（《人间词话》第26则）

冯友兰在评述《人间词话》时说："哲学所能使人达到的全部精神状态应该称为境界，艺术作品所表达的可以称为意境，《词话》所讲的主要是艺术作品所表达的，所以应该称为意境。"[2] 此说表达了冯友兰对"境界"概念在中国传统中的精神本义的充分理解。"境""界"两字原指国界、边疆，汉代开始出现连用，后因魏晋以来佛经翻译的广泛运用而流行。但"境界"一词的社会化流行，当始于宋代理学对这个概念的儒学改造，即将它界定为"哲学达到的全部精神状态"。朱熹曾说："武夷亦不至甚好，但近处无山。随分占取，做自家境界。春间至彼，山高水深，红绿相映，亦自不恶。"[3] 其中所谓"自家境界"，自然是从儒家所追求的人生境界立意。王国维不用"意境"而用"境界",其诗学主旨也是着眼于人生境界。就此而言,冯友兰主张应将《人间词话》中的"境界"调整为"意境",就有违王国维倡导"境界"说的初衷了。

王国维倡导诗词要成为人生境界的提升和彰显,并不是原样祖述中国传统诗学的"诗言志"或"文以载道"观念。他说:"有造境,有写境,此理想与写实二派之所由分。然二者颇难分别,因大诗人所造之境必合乎自然,所写之境亦必邻于理想故也。"(《人间词话》第2则)这直接来自席勒所说的素朴的诗歌和感伤的诗歌在人性概念下统一的观念。席勒认为,素朴诗歌模仿自然,感伤诗歌表现理想,体现的是人性的两极,而人性的根本观念是包括这两极的。两种诗歌具有的诗意的程度越高,它们就越是走向统一和融合,因为"真正的美必然既和自然一致,又和理想一致"[4]。把自然与理想结合的诗学观念引入中国诗学,并且将之作为诗歌境界的核心内涵,这赋予"境界"说在核心处的积极的、理想的人本主义精神,从而使之具有与儒家的"文以载道"诗学和道家的"妙悟体无"诗学相区别的意义。因此,王国维"境界"说明确展示出文学革命先驱的气质。

朱光潜继承了王国维用"境界"概念定义诗歌的观点。他认为诗歌构成的是"一种独立自足的小天地",用"境界"来称呼它,比"兴趣""神韵"和"性灵"都更有概括性[5]。但是,他并没有沿着王国维的"自然与理想结合"的路线定义"境界"。对于诗的"境界",朱光潜给出三个方面的定义:第一,诗的境界是直觉见出的一个独立的整体意象。"一个境界如果不能在直觉中成为一个独立自足的意象,那就还没有完整的形象,就还不成为诗的境界。一首诗如果不能令人当作一个独立自足的意象看,那还有芜杂凑塞或空虚的毛病,不能算是好诗。古典派学者向来主张艺术须有'整一'（unity），实在有一个深理在里面，就是要使在读者心中能成为一种完整的独立自足的境界。"[6]此论是明确地用克罗齐的直觉说论诗。直觉是对客体的全神贯注的直观。因为主张直觉说，朱光潜就将传统诗学所推崇的沉思和联想降低为诗歌的"酝酿"活动而排斥在诗的创造和欣赏之外。第二，诗的境界是意象（景）与情趣（情）的契合。"情景相生而且相契合无间，情恰能称景，景也恰能传情，这便是诗的境界。"[7]以"情景交融"论诗，本是中国诗学的一个传统命题。朱光潜的新贡献是用西方的移情说和内摹仿说来解释"情景交融"，他的解释突出了诗的境界的创造性、个性化和变化的无限性。第三，诗的境界是主观与客观的统一。朱光潜认为，情趣是诗的主观方面，意象是诗的客观方面，诗的境界的创造，就是作者将主观情趣化为客观意象的过程。他借用尼采的悲剧理论来解释，这即是激烈的酒神精神接受沉静的日神洗礼而净化为美的形象的过程。"没有诗能完全是主观的，因为情感的直率流露仅为啼笑嗟叹，如表现为诗，必外射为观照的对象（object）。也没有诗完全是客观的，因为艺术对于自然必有取舍剪裁，就必受作者的情趣影响。"[8]基于这三点，我们可以说，朱光潜的诗学是继王国维之后对传统诗学的深度西化，其成果是将中国诗歌的"境界"转化为立足于西方现代诗学而具有普遍意义的"诗的境界"。

与朱光潜大致同时，宗白华也在运用"境界"概念指称艺术本体，而以"意境"限指艺术家的"意识状态"。但不久后在《中国艺术意境之诞生》一文中，宗白华明确使用"意境"概念指称中国艺术本体（最高境界），反而只是在抽象普遍的意义上使用"境界"于艺术界定，即"艺术境界"[9]。为什么他要在"境界"之外以"意境"特指中国艺术本体，甚至不顾及自己早期对"意境"的限定性使用？他在写于1944年的《中国艺术意境之诞生（修订稿）》中增补了"引言"，说道：

> 现代的中国站在历史的转折点。新的局面必将展开。然而我们对旧文化的检讨，以同情的了解给予新的评价，也更显重要。就中国艺术方面——这中国文化史上最中心最有世界贡献的一方面——研寻其意境的特构，以窥探中国心灵的幽情壮采，也是民族文化的自省工作。希腊哲人对人生指示说："认识你自己！"近代哲人对我们说："改造这世界！"为了改造世界，我们先得认识。[10]

这段话非常明确地表明，宗白华选择"意境"指称中国艺术本体，是出于在现代历史转折点上民族文化自省的初衷。他认为中国艺术意境是中国文化"最有世界贡献的一方面"，主张在改造中国文化之前先要认识到这一点。这种明确的民族文化自省意识奠定了宗白华与朱光潜对待中国艺术截然相反的态度：在王国维之后，朱光潜引用西方资源将中国诗学观念普世化，而宗白华却在中西对峙的语境中越过王国维，对传统中国艺术给予新的评价。这就无怪乎朱光潜在《诗论》中要将其"境界"概念溯宗到王国维不同，宗白华对王国维始终深缄其口。

以《中国艺术意境之诞生（修订稿）》为代表，宗白华对"意境"做了如下论述：第一，意境是艺术家创造的"'情'与'景'（意象）的结晶品"。他说："艺术家以心灵映射万象，代山川而立言，他所表现的是主观的生命情调与客观的自然景象交融互渗，成就一个鸢飞鱼跃，活泼玲珑，渊然而深的灵境；这灵境就是构成艺术之所以为艺术的'意境'。"[11]第二，意境是一个境界层深的创构。"意境不是一个单层的平面的自然的再现，而是一个境界层深的创构。从直观感相的模写，活跃生命的传达，到最高灵境的启示，可以有三层次。"[12]宗白华认为，意境不仅不限于对景物的客观模仿，也不限于生动传神，而是必须达到对宇宙生命（道）的体悟和象征——最高灵境的启示。第三，意境的创构根源于中国人特有的宇宙观。"中国人的最根本的宇宙观是《周易传》上所说的'一阴一阳之谓道'。我们画面的空间感也凭借一虚一实、一明一暗的流动节奏表达出来。"[13]宗白华认为,正是基于这种宇宙观,中国人的空间意识不仅是虚实相生、动静一体,而且是时空合一的。这种空间意识决定了中国人的基本的心灵境界和艺术境界。"所以我们的空间感觉随着我们的时间感觉而节奏化了、音乐化了!画家在画面所欲表现的不只是一个建筑意味的空间'宇',而需同时具有音乐意味的时间节奏'宙'。一个充满音乐情趣的宇宙(时空合一体)是中国画家、诗人的艺术境界。"[14]第四,意境是虚实结合的无限的艺术境界。宗白华特别强调意境构成的虚实结合特征,指出"虚和实的问题,这是一个哲学宇宙观的问题"[15]。他认为,"虚实结合"是超越了儒道对立的中国人共同的宇宙意识。"他们都认为宇宙是虚和实的结合,也就是易经上的阴阳结合。"[16]对于宗白华,意境构成的虚实结合特征的重要意义在于,它是中国艺术境界与西方艺术境界的根本区别。相对于中国意境构成的虚实结合,西方艺术境界是由立体模仿构成的。虚实结合,使中国艺术意境的创构是虚灵而物我浑融的,它呈现全幅的天地;立体模仿,使西方艺术境界的构成是写实而物我对立的,它呈现单个的对象(人体)。

宗白华主张"意境是'情'与'景'(意象)的结晶品",与朱光潜"境界是情趣与意象的契合"相近,两人都秉承传统文论的"情景交融"说。但是,朱光潜所谓"意象",指的是艺术家情趣的外化而成的艺术形象,而宗白华所谓"景"(意象)指的是映射了艺术家心灵的自然景象。宗白华说:"艺术意境的创构,是使客观景物作我主观情思的象征。我人心中情思起伏,波澜变化,仪态万千,不是一个固定的物象轮廓能够如量表出,只有大自然的全幅生动的山川草木,云烟明晦,才足以表象我们胸襟里蓬勃无尽的灵感气韵。"[17]因此,对于宗白华,意境创构的"情景交融",并非普遍的

"情趣与意象的契合",而是特定的中国人的心灵与"大自然的全幅生动的山川草木"的融化。"所以艺术境界的显现,绝不是纯客观地机械地描摹自然,而以'心匠自得为高'(米芾语)。尤其是山川景物,烟云变灭,不可临摹,须凭胸臆的创构,才能把握全景。"[18]正因为这样,意境的创构必须有两个前提:一方面,艺术家要在大自然的万千气象中陶冶胸襟、培植天机;另一方面,艺术家要化景物为情思,化山川草木为心灵的象征(意象)。

与宗白华明确主张意境创造的自然意识不同,朱光潜主张诗境的创造是"作者将主观情趣化为客观意象的过程"。因此诗境的创造有两个要点:第一,感受情趣而能在沉静中回味,即提炼、净化情趣;第二,将情趣外射为观照的对象(意象),即情趣的客观化。因为对诗歌的创造有不同的认识,他们对诗歌存在的形态的认识也是不同的。对于宗白华,艺术意境是一个虚实相生、生气活跃的无限世界。他说:"我们(的)宇宙既是一阴一阳、一虚一实的生命节奏,所以它根本上是虚灵的时空合一体,是流荡着的生动气韵。哲人、诗人、画家,对于这世界是'体尽无穷而游无朕'。"[19]对于朱光潜,诗的境界是一个独立自足的意象:"凝神观照之际,心中只有一个完整的孤立的意象,无比较,无分析,无旁涉,结果常致物我由两忘而同一,不知不觉之中人情与物理互相渗透。"[20]

在20世纪上半期,王国维、朱光潜和宗白华对意境的现代性诠释和标举,出于应对中国文化现代转型的需要。王国维将席勒的理想的浪漫主义诗学注入意境(境界),使之成为新的诗歌精神内涵;朱光潜以克罗齐、尼采和里普斯诸人的美学来改造意境(境界)概念;与此二人不同,宗白华则是在中西对比之中,通过对意境的哲学特质的探寻,揭示出意境的创造是中国文化史上最中心最有世界贡献的一方面。

二 "意境"的意识形态阐释—批判阶段

1949年之后,中国经历了以国家文艺政策的形式推行全国文艺理论的马克思主义化改造。在这种意识形态背景下,源自中国古典美学的意境说被中国学者们小心回避了近十年。这不仅因为意境说包含着浓重的"主观主义"色彩,而且因为它与源自西方的典型理论(更不用说恩格斯进行马克思主义改造后的典型论)并不合辙。但是,在50年代下半期"古为今用,洋为中用""百花齐放,百家争鸣"的政策导向下,对中国古典美学遗产的重新发掘,又成为一个新的学术动向。在此背景下,李泽厚发表了《"意境"杂谈》[21]。

李泽厚在这篇《"意境"杂谈》中以黑格尔式思辨在恩格斯的艺术典型论原理下系统阐释意境论。他说:

> 艺术的生命、美的秘密就在这里。就在:有限的偶然的具体形象里充满了那生活本质的无限、必然的内容,"微尘中有大千,刹那间见终古"。艺术正是这样把美的深广的客观社会性和它的生动的具体形象性两方面,集中提炼到了最高度的和谐统一,而用"意境""典型环境中的典型性格"这样一些美学范畴把它呈现出来。

这是李泽厚关于艺术本质的看法,基于这个看法,他认为诗画中的"意境"与小说戏剧中的"典型环境中的典型性格"是"美学中平行相等的两个基本范畴",原因在于"它们同是'典型化'具体表现的领域,同样不是生活形象简单的摄制,同样不是主观情感单纯的抒发;它们所把握和反映的是生活现象中集中、概括、提炼了的某种本质的深远的真实。在这种深远的生活真实里,艺术家主观的爱憎、理想也就溶在其中"。他指出,"意境"和"典型"都包含两个方面：生活形象的客观反映方面和艺术家情感的主观创造方面。前者是"境",后者是"意","'意境'是在这两方面的有机统一中所反映出来的客观生活的本质真实"。他进一步将"境"分为形与神,"意"分为情与理,并说"在情、理、形、神的互相渗透、互相制约的关系中或可窥破'意境'形成的秘密"。

在用典型论诠释意境论时,李泽厚的黑格尔式思辨表现在三个方面：第一,把传统对"意境"范畴的"意"与"境"二分诠释进一步划分为两对四分的诠释：情—理,形—神。这种四分法的诠释,不仅使"意境"范畴内涵的丰富性和矛盾性得到进一步的阐释,而且无所不包地容纳传统诗学遗产。在具体论述中,李泽厚几乎将自刘勰至袁枚的重要诗学理论都纳入"意境"范畴下,并赋予高度的统一性。第二,把传统对情、理、形、神的论述完全纳入典型论的阐述体系中,认为它们的基本特色是或从创作或从欣赏或从主体或从作品的角度要求艺术"深刻地去反映生活"。在解释传统的形—神观念时,李泽厚说："通过艺术,人们认识的远远不只是'眉睫之前'的那个形象本身,而是获得对实际生活的感受。生活本身的深广的客观社会性质通过眼前的这个生动的具体形象展开出来了,生活的韵味通过这'神似'的形象传出来了。"而对于传统的情—理观念,他则解释为："艺术家的情感等主观因素必须有它的客观规定性,是与生活本质相一致相符合的主观。只有这样的主观,在艺术创作的意境塑造中才能起它可能起和应起的作用——忠实地去把握住客观,反映出客观,把握反映出那种深远的生活的本质、规律和理想。"第三,明确规定以"反映生活本身的深广的客观社会性"为核心的意境四概念（形、神、情、理）的统一性。李泽厚认为,形统一于神,情统一于理,这两对概念又统一于"生活本身的深广的客观社会性"。他用刘勰的话表述这个统一体系说："'神用象通,情变所孕；物以貌求,心以理应。'这四句对创作'神思'

的总结,也可以作为我们这里对艺术'意境'的分析的总结。因为它已把主观的'情''理'('意')与客观的'形''神'('境')的互相渗透制约的辩证关系精练地概括了:生活的风神必须通过形象来表现,主观的情感在这里起了催生的作用;虽然对象仍必须根据事物的外部形貌塑造出来,但其深入的本质却已早为心灵所把握和领会。"

李泽厚对"意境"范畴的典型论诠释,是对它进行彻底的唯物反映论改造。这种改造在为"意境"范畴提供"古为今用"的合理化论证的同时,也清洗掉"意境"范畴原有的中国古典美学的独特内涵。在他的论述中,把刘勰的"神思"说、司空图的"象外"说、严羽的"兴趣"说、王士禛的"神韵"说和袁枚的"性灵"说纳为一体,本身就有很多问题,而且笼统地将这些诗学观念的意旨都归结为"要求深刻地去反映生活",显然是不符合这些观念的传统意义的。李泽厚对刘勰"神用象通,心以理应"一句的解释,也与其原意相悖。"神用象通"之"神",绝不是李泽厚所谓"生活的风神",而是指艺术创作思路,即所谓"神思";"心以理应"之"理",也不是李泽厚所谓"事物的深入的本质"(或"深远的生活的本质、规律和理想"),而是艺术家内心的"神与物游"的心理活动,即所谓"思理"。李泽厚作上述解释是为了赋予这两个概念"客观社会性"从而实现对"意境"范畴的"典型论"改造。这种"古为今用",实质上是以今换古即旧瓶装新酒的做法。李泽厚运用经他改造的"唯物反映—典型论"的意境说对朱光潜境界说的"主观唯心主义"进行了批判。李文的意识形态批判开风气之先,引导了学术界对王国维的"境界说"的唯物反映论批判和典型论改造。[22]

在《"意境"杂谈》中,李泽厚将"意境"的本质等同于艺术的本质。他认为"'意境'是经过艺术家的主观把握而创造出来的艺术存在",

"它们所把握和反映的是生活现象中集中、概括、提炼了的某种本质的深远的真实"。他不仅将意境范畴的独特内涵抽象掉了,而且将意境范畴的外延扩大到整个艺术领域。他指出,对意境范畴的系统分析"不但需要深入到中国古典艺术理论和作品的遗产中去追寻探索,而且还更需要结合今天艺术创作和理论批评工作中的许多问题来论说"。李泽厚在这里阐述的是将"意境"范畴泛艺术化的主张。程至的撰文表示反对这种泛艺术意境论。他说:"以意境作为评价一切文学艺术作品唯一的尺度,那是不对的。这实际上,就是把文学艺术作品中意境的独特性取消了……我们不能要求所有的绘画或别的艺术作品,都有意境。意境只是某种艺术作品的意境,而不是所有艺术作品中共同的不可缺少的要素。"[23] 应当说,在20世纪中期的中国学术背景下,反对用典型论同化意境范畴,反对将意境泛艺术化,主张意境具有与其他艺术类型不同的特点,是难得的艺术见识。但在当时意识形态批判氛围的压力下,更多的学者认同或附和李泽厚以"唯物反映—典型论"为核心原则的泛艺术化意境论,关于意境理论的学术讨论是不可能真正展开的。

三 "意境"的文化溯源—重构阶段

20世纪70年代末期,中国社会进入改革开放的新时期。这个变化为中国学者重新开启了走向学术研究的前提。80年代上半期,意境论研究呈现空前繁荣的景象,不仅发表了数百篇专题论文,而且当时所有重要的美学、文艺理论学者都参与了意境问题讨论;当然,更为重要的是,研究论题从意境范畴的历史根源、意境的文化属性、意境的美学特征,到意境与典型的比较、意境与现当代艺术创作的关系等都有所涉及,并且进行了相当深入的研讨。应当说,80年代中期以后至今的意境研究,主要受惠于这个阶段的研究成果，此后新的研究工作主要是将既有的研究成果细致化、强化或转换性运用。

对意境概念的语义史溯源，在 20 世纪 80 年代早期，较有代表性和影响的是范宁的《关于境界说》[24]一文。这篇文章对"境界"一词的语义史做了考辨，指出"境界三义"：其一，"境界"一词形成于汉代，指"疆土界线"；其二，后来佛经译者借用"境界"，"把一个原指实体的词用以表明抽象的思想意识和幻想"；其三，人们受佛学的影响，把人生经历视为"虚中有实，实中有虚"的"境界"。"把现实的说成非现实的，客观存在变成了主观意像。境界这个词的意义起了变化，诗人和词人也逐渐使用起这个词，这样，境界就闯进文学创作的园地。"范宁特别赞同唐代王昌龄的"诗有三境"说，认为"诗的三境"正符合他说的"境界三义"。他说："他（王昌龄）这里所说的物境和境字的原始意义指疆土范围，自然景物，大致是相同的。情境和境字的引申义人生经历，生活感受，是符合的。意境和想象、幻想中的事物也是一致的。这就是说'诗有三境'和境字的三个意义是对得上号的。"换言之，范宁根据王昌龄，将诗的境界划分为描写景物的"物境"、表达人生感受和情意的"情境"、由想象和虚构形成的"意境"。但他又认为"自唐以来，关于境界，说来说去只是一个实境和虚境的问题"。物境是实境，情境则"有实有虚"，而意境则是虚境。范宁还将他关于实境与虚境的划分与王国维的"写境—造境"说相联系，意谓实境即写境、虚境即造境，并且据此认为"这造境和写境的提出，总结了唐宋以来境界说的基本内容"。

范宁的境界说溯源，试图用自己的"虚实两境界"在王昌龄的"三境界"和王国维的"两境界"之间架设桥梁，包含着对"二王"观念的含混运用，是并不成功的。但是，《关于境界说》特别强调意境与其他诗境的区别，明确主张意境的特质是王昌龄所言"张之于意，而思之于心"，并用"境生象外"（刘禹锡）、"象外之象"（司空图）和"趣远之心"（欧阳修）来解释，这是20世纪80年代继宗白华意境本质论的先声。范文更值得注意的是，作者明确指出，诗境观念在唐时兴起，根本原因不是佛学渗透，而是唐人反对齐梁诗歌"彩丽竞繁，而兴寄都绝"[25]，主张诗歌要表现真情实感，即要有寄兴。"寄兴就是寓思想感情于景物形象之中，也就是兴象。"[26]基于这个认识，范宁特别重视王国维对诗歌境界的情感真实性的要求。王国维说："境非独谓景物也。喜怒哀乐，亦人心中之一境界。故能写真景物、真感情者，谓之有境界。否则谓之无境界。"（《人间词话》第6则）范宁指出，王国维论境界，"把真和境界串结在一起，比前人只讲境界有虚有实，就更深入了一步"，"是王国维在境界说上的一个重要贡献"。范宁还指出，王国维之所以标举"境界"为中国诗词之本，就在于王国维主张境界是真实性与形象性的统一。范宁说："境界是文学的形象性和真实性的结合，才成为'本也'。"[27]范宁从真实性着眼解释王国维境界说，并称其为对境界说的"一个重要贡献"，是真得王国维精髓的，但范宁此论在后来的王国维研究中并没有得到重视，许多对王国维境界说的批评很大程度上都是基于忽视了他关于境界真实性的主张，而不少学者把他的境界说归于叔本华禁欲主义美学，更是因为完全忽视他主张唯有"写真景物、真感情"才可称为"有境界"的论说。

在20世纪80年代的意境理论重构运动中，揭示并强化意境构成中的"虚实结合"和具有超越意蕴的审美特征是学术主流，因此，通过宗白华阐发的意境论的道、易、禅资源被引申和张扬。袁行霈的《论意境》[28]一文，指出"意境是指作者的主观情意与客观物境互相交融而形成的艺术境界"，这是援用传统通行的"情景交融"的诗学理论定义意境，但它得到的回应是批评多于认同。张少康的《论意境的美学特征》[29]一文指出，只讲意境是情景交融、主客观统一的艺术形象，只揭示了意境作为艺术形象的一般规律，还未揭示出意境的特殊规律："我国古代艺术意境的基本特征是：以有形表现无形，以有限表现无限，以实境表现虚境，使有形描写和无形描写相结合，使有限的具体形象和想象中无限丰富形象相统一，使再现真实实景与它所暗示、象征的虚境融为一体，从而造成强烈的空间美、动态美、传神美、给人以最大的真实感和自然感。我国古代艺术意境的这种基本特征的形成是和老庄与佛教的哲学和美学思想的影响有密切关系的。"张少康明确指出，无论依据古代文艺家的论述，还是通过对古代诗歌创作的分析，"诗歌意境的特殊性最主要的就表现在'境生象外'这一点上"。

在20世纪80年代中期以后，作为以"境生象外""虚实结合"界定意境的总结性阐述，叶朗的意境说不仅明确主张将意境的思想根源确定为老子开拓的道家哲学，而且特别强调将作为一般艺术本体的"意象"和作为中国古典美学独特范畴的"意境"作区分。叶朗认为，意象的基本特征就是"情景交融"，是任何艺术作品都应当具有的特征；意境是特殊的意象，在具有一般意象的共同规定的同时，它的独特性是"境生于象外"："'意境'不是表现孤立的物象，而是表现虚实结合的'境'，也就是表现造化自然的气韵生动的图景，表现作为宇宙的本体和生命的道（气）。这就是'意境'的美学本质。意境说是以老子美学（以及庄子美学）为基础的。离开老、庄美学，不可能把握'意境'的美学本质。"[30]叶朗以"境生于象外"定义意境，就是着重揭示意境的本质是以表现宇宙本体生命（道）为目的，"就要突破具体的'象'，因为'象'在时间和空间上都是有限的，而'道'是无限的"[31]。

认为意境主要来自佛学的影响并且形成于唐代,是 80 年代以后对意境范畴史研究的较为流行的看法。许多人都看到唐代既是诗境观念形成并流行的时代,也是佛学昌盛、禅宗中兴的时代,因此不仅认为禅境与诗境在形成方式和表现形式上有共同点,而且认为前者正是后者的催生因素和学术资源。蒋述卓的《佛教境界说与中国艺术意境理论》[32]一文是一篇表达这种看法较有代表性的文章。在该文中,蒋述卓以"佛教教义最基本的观点,是主张宇宙间一切事物都是因缘和合而生,彼此相缘相依而共存的"论点立意,引述自唐代以来学者诗人的言论,论证"(佛学理论)在与中国文化认同与消融的基础上,终于培养出了中国艺术意境理论这朵灿烂的艺术哲学之花","艺术意境是由艺术家心灵与客观物境相融彻之后而产生的一种精神产品"。

佛理中的"心法不二""色空不异"确与中国古代诗境论说可互相借喻,以严羽《沧浪诗话》为代表,宋人"以禅喻诗"采用的即是借喻理路。但是,佛学境界观与中国诗境观有着根本的精神区别,佛学不仅讲"万法唯心",而且讲"万境皆空",而中国诗境不仅讲"思与境偕"(司空图),而且讲"深得其情"(王昌龄)。持意境佛学论者,把王昌龄和皎然的诗论中的"取境"(取相)溯源甚至类同于佛学"取境"。从佛教的根本教义讲,境生于妄执攀缘,是"令心造作""役心为业",是迷误。"外境随情而施设,故非有如识;内识必依因缘生,故非无如境,由此便遮增减二执。"[33]在佛学中,"取境"(取相),即"心外取境""执于心外之境",是一个否定术语,全称为"妄取境界"。"一切法空故无相可取……种种取相皆为虚妄。"[34]佛学修行旨归,不是"取境"(取相),而是心境寂灭。"心寂故无取境,寂故无起。"[35]王昌龄和皎然论诗境创作(取境),所主张的是与佛教境界观相背离的、主动积极的态度,是"置意"之下的"深穿其境"(王昌龄)和"精思"之后的"意静神王"。他们的诗境创作观的哲学渊源，与其说来自于佛学境界观，不如说来自老庄的"凝神静观"和《易传》的"仰观俯察"的体认精神。王昌龄论"诗有三境"和皎然论"辨体有一十九字"，均无一涉及佛学观念（"空""色"等佛学概念均无）。皎然说："为文真于情性，尚于作用，不顾词彩，而风流自然。"[36]这是明显违背佛学"心境寂灭"的境界观的。

21世纪初，张节末的系列文章提出了更为极端的看法，即认为意境就是佛教空观中国化的诗歌产物。他认为佛教空观的介入，直接屏绝了中国诗歌传统的比兴、联想，阻绝了抒情之路，使诗境成为"纯粹现象"的"刹那直观"。他说："在中国古代诗歌中，绝妙、最有深度的诗思不假道于比兴，也不走象征一路。中国古人的诗歌经验，最让人击节叹赏的，是刹那间的感悟。它固然是一种心境，不过，作为纯粹现象，它却建基于针对自然之物声色动静的刹那直观。"[37]我们知道，任何诗歌都不可能真正成为"纯粹现象"的"刹那直观"。皎然说："夫诗者，志之所之也。"[38]"纯粹现象"当然是排除或寂灭一切"志"（情意）的"空境"。张节末以王维小诗为其所主张的"纯粹现象"意境诗作的代表。但是，即使是张节末文中用作特别典范的王维小诗《华子冈》（"飞鸟去不穷，连山复秋色。上下华子冈，惆怅情何极"[39]），不仅在后两句表现了诗人王维难以"寂灭"的意绪，而且前两句以动见静、即色悟空的"立意"（皎然所谓"志之所之"）也是显然可见的。就此我们可以说，张节末以佛教"空观"作诗歌意境的唯一基石，并且以为意境就是"纯粹现象"的"空境"，不仅极度窄化了诗歌意境（依此，绝大多数中国古诗被排斥在意境范畴之外），而且是将诗歌意境抽象为水月镜花式的想象之物。

四 颠覆与反观——王国维意境说再检讨

进入 21 世纪，在王国维倡导意境论（境界论）百年之际，意境论遭到"颠覆性"的挑战。考察这些挑战，我们发现，历经百年现代学术拓展的意境说需要应对三个基本问题的检讨。

其一，意境说的传统属性与现代学术的关系。王一川指出，意境说在现代风行无可否认的是"它适时地满足了现代中国人在全球化时代重新体验古典性文化韵味的特殊需要"，"意境与其说是属于中国古典美学的，不如说是专属于中国现代美学的"，"它的出现，为急于在全球化世界上重新'挣得地位'的中国人，铺设出一条与自身古典性文化传统相沟通的特殊通道"。王一川此说是在传统属性与现代学术的二元对立中，将意境说归入了他试图建立的"通向中国现代性诗学"的叙事体系[40]。针对他的识判，我们要提出的问题是：意境说究竟是在传统与现代的二元对立中立于现代一极，还是现代学术对传统资源的反思创进——因此不是伪今为古？

从解释学的立场看，一切学术研究，无论对象是古是今，均不可能彻底摆脱学者的学术视野的局限，因此解读总是误读——一切历史都是当代史。如果因为意境说显示了倡导者的现代学术视野而将之归判入"现代美学概念"而非"古典美学概念"，这不仅意味着现代学术对古典诗学的研究是不可能的，而且意味着"古典诗学"是不可能有任何发展变化的"永恒之物"。在这个地球上，这种"古典诗学"显然是不存在的。其实，作为现代意境说的开拓者，王国维和宗白华等人对于自己标举意境说的现代学术立场，是具有清醒自觉而且并不讳言的。王国维标举"境界"为诗词本体，明言是"鄙人拈出'境界'二字"，这就是申明他所论意境说并非附庸或挪用古说，而是经历了自己的斟酌提炼的。如本文前述，宗白华在

《中国艺术意境之诞生（修订稿）》中申明他的意境说是立足于"现代的中国站在历史的转折点"，遵循西哲"认识你自己"的精神，检讨旧文化并作出"同情的了解"的新评价。作为意境说的现代倡导者，宗白华所表现的学术自觉本身就回应了对"意境说误解和妄加古人"的质疑。

其二，意境说的"能观"要义究竟是出于中国古典美学，还是西方现代美学？王国维说："原夫文学之所以有意境者，以其能观也。出于观我者，意余于境；而出于观物者，境多于意。"（《人间词话》"附录"第22则）蒋寅认为，"这段话看似脱胎于前人的情景二元论，其实思想基础完全不同。情景二元论着眼于物我的对立与融合……而王国维的'观我''观物'，却有了超乎物和我之上的观者，也就是西方哲学的主体概念"[41]。罗钢则直接指出王国维此处所说的"观"就是叔本华的"直观"的"观"，王氏的意境说是"以叔本华的直观说为核心的认识论美学"[42]。就此我们要提出的问题是："观"或者"能观"是否违背了中国传统诗学精神，而且只能是西方哲学的主体概念？

在中国思想史上，"观"是一个具有重要意义的认知和体认性概念。老子说："万物并作，吾以观其复。"[43]《易传》说："仰则观象于天，俯则取法于地。"[44]程颢诗说"万物静观皆自得"[45]，"观万物生意"则被规定为宋儒治学修身的基本功课。值得注意的是，"观"在中国传统思想中具有自我超越的形上意义。邵雍说："圣人之所以能一万物之情者，谓其圣人之能反观也。所以谓之反观者，不以我观物也。不以我观物者，以物观物之谓也。既能以物观物，又安有我于其间哉？"[46]邵雍的"反观"观念，是可与西方传统的客观主义认识论类同的——客观化并不是西方认识论的特权。中国传统形上意义的"观"思维，对中国诗歌的创作和理论均具有深刻的影响。王昌龄说："欲为山水诗，则张泉石云峰之境，极丽绝秀者，神之于心,处身于境,视境于心,莹然掌中,然后用思,了然境象,故得形似。"[47]皎然说:"夫诗者,众妙之华宝,六经之菁英。虽非圣功,妙均于圣。彼天地日月、元化之渊奥、鬼神之微冥,精思一搜,万象不能藏其巧。"[48]将王、皎之说与王国维在论境界(意境)时的"能观"之说比较,我们可以见到前后精神上的内在传承,而且三者均渊源于中国传统哲学观物思想。

佛教的观照是觉悟性空的"止观"。"无发无碍即是观,其性寂灭即是止。止观即菩提,菩提即止观。""但了能观之心,所观之境各各性离,即妄心自息,此名为止,常作此观不失其照,故名为观。斯则即止即观,即观即止,无能所观是名止观。"[49]叔本华的"直观说",是严重受到佛学"止观"影响而反西方传统认识论的,因为它既不承认观照对象是一个具有客观意义的认识对象,也不同意观照活动中的主客二分。尽管叔本华用柏拉图哲学核心概念"理念"来定义直观对象,但对于叔本华,这个理念因为本性无意义而类同于佛学的"实相无相"。叔本华说:

> 用句富有意味的话说,我们完全消逝在这个对象中;换言之,我们忘记了我们的个性、我们的意愿,而仅仅是作为纯主体继续存在着,是这对象的一面明镜,因而好像对象是在人的感知之外存在的;这样,我们不再能够将直观者与直观活动区分开来,而是两者合为一体了,因为整个意识完全被一个直观的对象充满和占据了。[50]

将王国维的"能观"等同于叔本华的"直观"或西方哲学的主体概念,是缺少学理依据的附会。王国维的"能观"思想,显然是秉承中国传统哲学—美学的,他对诗词"有我之境"与"无我之境"的划分,直接脱胎于邵雍"以我观物"与"以物观物"的划分。邵雍说:"以物观物性也,以我观物情也。性公而明,情偏而暗。"[51]王国维说:"有有我之境,有无我之境……有我之境，以我观物，故物皆著我之色彩。无我之境，以物观物，故不知何者为我，何者为物。"（《人间词话》第3则）当然，与邵雍以物观物求"无我"的性理不同，王国维的无我之境，就表述而言著染了禅宗的"智与理冥，境与神会，不分能证所证"[52]观念，但是究其实质是一种深契道学精神的主客不分、物我融合的诗意境界。

就中国诗歌创作而言，"能观"是"取境"的要件，是意境创造的基础，"原夫文学之所以有意境者，以其能观也"，王国维此说是抓住了意境理论的要害之论，而且切合了中国诗学传统的命脉。"能观"的实质，就是从日常叙述和表达飞跃到诗歌艺术表现，即意境（境界）的创造。正是在这个意义上，王国维才主张"境非独谓景物也。喜怒哀乐，亦人心中之一境界"（《人间词话》第6则）。"能观"，当然必须有一个超越对象的观者作为前提；但"能观"的目的却又是创作"意与境浑"的诗境。王昌龄、苏东坡等前人和王国维都深刻认识并且揭示了意境创作中的"能入能出"的辩证关系："入乎其内，故能写之。出乎其外，故能观之。"（《人间词话》第60则）蒋寅因为王国维的意境论"有了超乎物和我之上的观者"而认定王氏持西方哲学的主体概念，由此表现的正是对中国传统诗歌创作和诗学理论"无我说"的理想抽象和严重曲解。

其三，"意境"的本质是什么？它能否成为中国传统诗学的核心概念（"本"）？蒋寅说："这种基于西方哲学思想的文学观，不仅给王国维的文学理论带来主体性的视角，还促使他从本体论的立场来把握意境，赋予它以文学生命的价值。所谓'文学之工不工，亦视其意境之有无，与其深浅而已'。前人用'意境'论诗，言意境高卑广狭深浅，而不言有无意境，以有无意境论文学，即赋予'意境'以价值。这正是王国维对'意境'概念最大的改造或者说曲解。"[53]蒋寅此说除了从"意境西来"立论否定意境说外,还根本否定了"意境"具有中国诗学内涵(价值)。在这里我们面对的问题是:以中国传统诗学着眼,究竟应当怎样认识和定义"意境"?

考察王国维以前古人论诗对"意境"一词的使用,大概可归结为四个层面。其一,指称诗人的胸襟气度。纪昀说:"古人培养其根柢,陶镕其意境,而后得其神明变化。"[54] 其二,评点诗句。陆时雍说:"每读韦(应物)诗觉其如兰之喷,'海上风雨至,逍遥池阁凉',意境何其清旷。"[55] 其三,对诗词整体评价。万时华说:"此诗(《蒹葭》)意境空旷,寄托玄澹,秦川咫尺已宛然,三山云气,竹影风声,邈焉如仙。"[56] 其四,对诗人创作风格的整体评价。杨伦说:"放笔为直干,抒写淋漓,势若江河之决,子美晚年五古另有一种意境。"[57] 自唐至明清,"意境"不仅逐渐成为中国诗学的一个熟语,而且具有日益发展为一个中国诗学核心范畴的趋势——在与"声律""文气""格调""气魄""风骨"等诗学概念的对举中,意境被赋予更高的诗学价值,甚至具有诗词美学价值的统率意义。陆时雍说:"大略意境既成,则神色自传,声调即不烦而合矣。此第一上流。"[58] 尤其值得注意的是,"意境"具有的多层面的精神意蕴被揭示出来。潘德舆说:"神理意境者何?有关系寄托一也,直抒己见二也,纯任天机三也,言有尽而意无穷四也。"[59] 以前人的意境论说作对照,我们可以明确判定王国维境界(意境)说是真正秉承中国诗学—美学传统的现代学术产物,而绝不是如蒋寅所说"以古代术语命名了一个外来概念"。

张少康在批评袁行霈"只讲意境是情景交融、主客观统一的艺术形象,还并没有揭示出意境的特殊本质来"时,将袁行霈的意境观念的最早渊源上推到王国维。[60] 王国维说:"文学之事,其内足以摅己而外足以感人者,意与境二者而已。上焉者意与境浑,其次或以境胜,或以意胜,苟缺其一，不足以言文学。"(《人间词话》"附录"第 22 则）张少康及许多学者都以此作为王国维只认识到意境的普通诗歌属性而没有认识到意境的独特属性的代表性论述，王国维所提出的"意与境浑"则被识同为"情景交融"，并被作为与这些学者所认定的意境基本特征"境生象外"相对立的观念。针对张少康所代表的学术批评，厘清"意与境浑"与"情景交融"的学理关系，把握"意与境浑"的真实内涵，就涉及对王国维意境理论的基本认识，进而言之，也涉及对意境本质的认识和界定。

在中国诗学传统中，以道家"大象无形"（老子）和"唯道集虚"（庄子）的哲学观念为引导，中国诗学衍生出追求超越言象的意蕴。这种意蕴的审美特征，用严羽所言就是"羚羊挂角，无迹可求"[61]的虚灵境界，也就是"境生于象外"。明清学者以"意境"评诗，通常有"意境超旷""意境深微""意境闲远""意境清远""意境旷逸"等评述。这些说法，都是揭示意境的超越虚灵的意味。王国维说："古今词人格调之高无如白石，惜不于意境上用力，故觉无言外之味，弦外之响，终不能与于第一流之作者也。"(《人间词话》第 42 则）"格调"是指诗词的声律音韵等形式美品格，与之相对，"意境"是以精神寄兴为核心的诗词境界。王国维批评姜夔"不于意境上用力"，实质是指姜氏徒于诗词形式美追求，而缺少精神意蕴开拓。这是《人间词话》中唯一直接使用"意境"一词的一则词话。从这则词话可见，王国维对于意境具有超越直观形象的意蕴是有明确意识的，所谓"言外之味，弦外之响"，当然就是"境生象外"的意境。那么，王国维为什么不援用既有的"境生象外"而独自提出"意与境浑"作为意境的核心定义呢？

要回答这个问题，我们须先回顾古人的相关论述。举例如下。列子："心凝形释，骨肉都融，不觉形之所倚，足之所履，随风东西，犹木叶干壳，竟不知风乘我邪？我乘风乎？"[62]柳宗元："洋洋乎与造物者游，而不知其所穷，引觞满酌，颓然就醉，不知日之入。苍然暮色，自远而至，至无所见，而犹不欲归，心凝形释，与万化冥合。"[63]权德舆："凡所赋诗，皆意与境会，疏导情性，含写飞动，得之于静，故所趣皆远。"[64]苏东坡："陶潜诗'采菊东篱下，悠然见南山'，采菊之次，偶然见山，初不用意，而境与意会，故可喜也。"[65]"心凝形释，与万化冥合"，是出于道家哲学的天人观念，它倡导的是物我两忘而复归于天人一体的浑然境界。正是经由这种天人观念的孕育，中国诗学追求"意与境会—境与意会"的诗歌境界。意境的本质就是王国维在《人间词乙稿序》中所揭示的"意境两忘，物我一体"，即"意与境浑"（《人间词话》"附录"第22则）。王国维用"意与境浑"定义意境的核心本质（最高品格），不仅是对中国诗学核心精神的张扬，进而言之，也是对中国天人观念的张扬。由此可见，王国维的批评者将"意与境浑"等同于一般诗歌具有的"情景交融"（以及"主客统一"）属性，是缺少细致深入的学术辨析的看法。

刘禹锡说："诗者其文章之蕴邪，义得而言丧，故微而难能；境生于象外，故精而寡和。"[66]引文可见，刘禹锡论诗的美学特征（文章之蕴），是意（义）和境并举的，进而言之，是主张意境统一的。明代朱承爵说："作诗之妙全在意境融彻，出音声之外，乃得真味。"[67]朱说秉承刘论而发挥。当代学者论意境，单独标榜"境生于象外"而偏废"义得而言丧"，是对刘禹锡诗说观的割裂。本文前面述及，范宁指出王国维境界说的重要进步是把"真实性"作为境界的核心。王国维强调意境中真实性的核心意义，实质是弘扬中国诗学的"寄兴"传统，这是与唐宋以来意境说兴发的深层动机一脉相承的。从其《人间词话》等著作可见，王国维坚持主张，意境的超越性是与其真实性统一的，两者统一于人生的理想境界。王国维自述诗词创作时说："余自谓才不若古人，但于力争第一义处，古人亦当不如我用意耳。"[68]"力争第一义"就是对人生理想境界的诗意开创（这与他批评姜夔"不于意境上用力"一致）。"意与境浑"，是中国天人合一精神背景下的超越性和真实性统一的诗歌境界；"境生象外"，则是对诗歌意境"有虚有实"的表象的描述。象以本生，本以象显，意与境浑，则自然境生象外。陶渊明诗名句"此中有真意，欲辩已忘言"，就其本体而言是"意与境浑"——"此中有真意"，就其表象而言是"境生象外"——"欲辩已忘言"。王国维论意境，立意于"意与境浑"而不言"境生象外"，乃是因为"意与境浑"才是直探意境之本，而"境生象外"不过"道其面目"。对于中国传统诗学的独特精神，王国维以"意与境浑"概括诗歌意境的本质，既是方法论意义上，又是价值论意义上的探本求源。范宁说王国维意境（境界）说"比前人只讲境界有虚有实更深入了一步"，其深刻真义就在此。从《人间词话》标举"境界为本"，到《人间词乙稿序》申明"意与境浑"，以"意境"替代"境界"，王国维在范畴和义理双至的意义上完成了意境说建构。王国维意境说是中国诗学—美学从传统向现代转型的奠基之作。

总结本文研讨可见，经过后世学界百年努力，由王国维开启的意境理论研究，得到了很大程度的丰富和深化。但从基本学理阐发看，真正超越王国维论述的意境理论似未出现。回顾百年学术历程，我们应当更谨慎地对待王国维在百年前的学术创见，对其境界（意境）理论的认识，还有诸多需要纠正的严重误解。更准确地说，21世纪的中国诗学乃至于中国美学研究，有一个从王国维再出发的必要课题。

（原载《文艺研究》2015年第11期）

注释

[1] 王国维:《人间词话》,徐调孚注,见王幼安校订《蕙风词话·人间词话》,人民文学出版社,1960年版,第191页。

[2] 冯友兰:《中国哲学史新编》第六册,人民出版社,1989年版,第191—192页。

[3] 朱熹:《晦庵集》第三十六卷,台湾商务印书馆,1983年版,第687页。

[4] Schiller, *Friedrich Schiller's Works*, Vol.8, John C. Nimmo, Ltd., 1903, p.25.

[5] 朱光潜:《朱光潜全集》第三卷,安徽教育出版社,1987年版,第50页。

[6] 同上书,第52页。

[7] 同上书,第54页。

[8] 同上书,第65页。

[9] 在后期论著中,如《中国诗画中所表现的空间意识》《中国古代的音乐寓言与音乐思想》,宗白华又有以"境界"指称中国艺术本体的现象;然而在《中国美学史中重要问题的初步探索》中,则"意境"与"境界"混用。可见,在宗白华看来,"意境"与"境界"并无严格区别。

[10] 宗白华:《宗白华全集》第二卷,安徽教育出版社,1994年版,第356—357页。

[11] 同上书,第358页。

[12] 同上书,第362页。

[13] 同上书,第434页。

[14] 同上书,第431页。

[15] 宗白华:《宗白华全集》第三卷,第455页。

[16] 同上。

[17] 宗白华:《宗白华全集》第二卷,第360页。

[18] 同上书,第361页。

[19] 同上书,第438页。

[20] 朱光潜:《朱光潜全集》第三卷,第53页。

[21] 李泽厚:《美学旧作集》,天津社会科学院出版社,2002年版,第300—316页。

[22] 张文勋:《从〈人间词话〉看王国维的美学思想实质》。参见姚柯夫编:《〈人间词话〉及评论汇编》,书目文献出版社,1983年版,第252—269页。此文是20世纪50—60年代

之交对王国维意境说作意识形态批判的代表性文章之一。

[23] 程至的：《关于意境》，《美术》1963 年第 4 期，第 24—28 页。

[24] 范宁：《关于境界说》，《文学评论》1982 年第 1 期，第 114—121 页。

[25] 陈子昂：《与东方左史虬修竹篇序》，周祖譔编选，《隋唐五代文论选》，人民文学出版社，1990 年版，第 70 页。

[26] 范宁：《关于境界说》，《文学评论》1982 年第 1 期，第 114—121 页。

[27] 同上。

[28] 袁行霈：《论意境》，《文学评论》1980 年第 4 期，第 134—142 页。

[29] 张少康：《论意境的美学特征》，《北京大学学报（哲学社会科学版）》1983 年第 4 期，第 49—60 页。

[30] 叶朗：《中国美学史大纲》，上海人民出版社，1985 年版，第 276 页。

[31] 叶朗：《说意境》，《文艺研究》1998 年第 1 期，第 17—22 页。

[32] 蒋述卓：《佛教境界说与中国艺术意境理论》，《中国社会科学》1991 年第 2 期，第 131—146 页。

[33] 玄奘：《成唯识论》卷一，《大正新修大藏经本》，河北省佛教协会，2009 年版。

[34] 龙树菩萨：《大智度论》卷四三，同上书。

[35] 释法藏：《大方广佛华严探玄记》卷二，同上书。

[36] 皎然著，李壮鹰校注：《诗式校注》，人民文学出版社，2003 年版，第 118 页。

[37] 张节末：《比兴，物感与刹那直观——先秦至唐诗思方式的演变》，《社会科学战线》2002 年第 4 期，第 110—117 页。

[38] 皎然著，李壮鹰校注：《诗式校注》，第 140 页。

[39] 陈铁民：《王维集校注》第 2 册，中华书局，1997 年版，第 415 页

[40] 王一川：《通向中国现代性诗学》，《北京师范大学学报（社会科学版）》2001 年第 3 期，第 25—33 页。

[41] 蒋寅：《原始与会通："意境"概念的古与今——兼论王国维对"意境"的曲解》，《北京大学学报（哲学社会科学版）》2007 年第 3 期，第 12—25 页。

[42] 罗钢：《意境说是德国美学的中国变体》，《南京大学学报（哲学、人文科学、社会科学版）》2011 年第 5 期，第 38—58 页。

［43］朱谦之：《老子校释》，中华书局，1984年版，第65页。

［44］高亨：《周易大传今注》，齐鲁书社，1979年版，第559页。

［45］程颐、程颢：《二程集》，中华书局，1981年版，第482页。

［46］邵雍：《皇极经世书》，卫绍生校注，中州古籍出版社，2007年版，第506页。

［47］陈应行：《吟窗杂录》卷四，中华书局，1997年版，第207页。

［48］皎然著，李壮鹰校注：《诗式校注》，第1页。

［49］释延寿：《宗镜录》，三秦出版社，1994年版，第102、220页。

［50］Schopenhauer, The World as Will and Representation, Vol.1, tr. by E. F. J. Payne, Dover Publication, 1966, pp.178-179.

［51］邵雍：《皇极经世书》，第529页。

［52］普济：《五灯会元》，苏渊雷点校，中华书局，1984年版，第1239页。

［53］蒋寅：《原始与会通："意境"概念的古与今——兼论王国维对"意境"的曲解》，《北京大学学报（哲学社会科学版）》2007年第3期，第12—25页。

［54］纪昀：《纪文达公遗集》卷九，上海古籍出版社，2003年版，第357页。

［55］陆时雍：《唐诗镜》，台湾商务印书馆，1986年版，第609页。

［56］万时华：《诗经偶笺》卷四，上海古籍出版社，2003年版，第181页。

［57］杨伦：《杜诗镜铨》卷十九，中华书局，1962年版，第942页。

［58］陆时雍：《唐诗镜》，第385页。

［59］潘德舆：《养一斋诗话》卷一，朱德慈辑校，中华书局，2010年版，第7页。

［60］张少康：《论意境的美学特征》，《北京大学学报（哲学社会科学版）》1983年第4期，第49—60页。

［61］郭绍虞：《沧浪诗话校释》，人民文学出版社，1983年版，第26页。

［62］列御寇：《列子》卷二，张湛注，中华书局，1985年版，第18页。

［63］柳宗元：《柳宗元集》第三册，中华书局，1979年版，第763页。

［64］权德舆：《权德舆诗文集》，郭广伟校点，上海古籍出版社，2008年版，第527页。

［65］苏轼：《苏轼文集》，孔凡礼点校，中华书局，1986年版，第2099页。

［66］刘禹锡：《董氏武陵集纪》，周祖诜编选，《隋唐五代文论选》，人民文学出版社，1990

年版,第229页。

[67] 朱承爵:《存余堂诗话》,何文焕辑,《历代诗话》下卷,中华书局,2004年版,第792页。

[68] 王国维:《〈人间词话〉新注(修订本)》,滕成惠校注,齐鲁书社,1986年版,第27页。

从风骨到神韵：再探中国诗学之本

20世纪初，王国维撰《人间词话》标榜"境界"（"意境"）。他称："词以境界为最上"[1]，"然沧浪所谓兴趣，阮亭所谓神韵，犹不过道其面目；不若鄙人拈出'境界'二字，为探其本也"；"文学之工不工，亦视其意境之有无，与其深浅而已"[2]。

王国维将其所倡"境界"和严羽的"兴趣"、王士禛的"神韵"放在一个层面上，探论诗词本体，包含了两个误解。其一，严羽固然主张作诗从兴趣出发，推崇"盛唐诸人惟在兴趣"[3]，但严羽论诗并不以"兴趣"为本，而是以"气象"为本。他说："唐人与本朝人诗，未论工拙，直是气象不同"，"建安之作，全在气象，不可寻枝摘叶"[4]。王国维忽视严羽的气象论而否定其兴趣说，是误作针对。其二，王国维以"境界"指称诗词作品整体。所谓"有写境，有造境"，"有有我之境，有无我之境"[5]，即是从诗词作品整体作判断。与"境界"不同，"神韵"不是对诗词整体作判断，而是指诗词内在的亦即形而上的美学特质和感染力。王国维以"境界"否定或取代"神韵"，也失于针对。

"境界"一词出现于汉代，意指"疆界"。郑玄《毛诗正义》多用"境界"一词指州国疆土。"此下八州发首言山川者，皆谓境界所及也。"[6]"意

"境"一词，出现较晚，早见于隋代释吉藏《中观论疏》，其中说："意境既如此，在心亦然。未曾心，未曾不心。心者为心，不心者为不心。故肇师云：'心生于有心，像出于有像。'"[7]因为唐代佛学兴盛，以"境界"与"意境"传译佛经成为盛事，也促发了诗论以"境"论诗，即所谓"诗境"概念的提出和建构。但值得注意的是，唐人论诗，只言"境"，偶或言"诗境"，绝少言"境界"或"意境"。几位于诗境理论建构提出了重要命题的作者，皎然、权德舆、刘禹锡、司空图诸人，论诗均只言"境"。王昌龄是史上首次以"意境"论诗的作者，但也仅在《诗格》中两次使用。即，唐人论诗，是以单字词"境"或双字词"诗境"为通例。

以"境界"论诗，滥觞于宋而流行于明清之际。但是，在明清诗论中，境界、意境与气象、意象等概念是被混合使用的，无论境界还是意境，都没有获得重要地位，实际上，明清诗论家关注并纷争的是气象、神韵、性灵和格调等诗学范畴，而境界或意境并未进入他们的焦点。王夫之的《姜斋诗话》未使用"境界""意境""意象"和"神韵"诸词汇，但他以"神韵"和"境界"评诗。在《古诗评选》《唐诗评选》和《明诗评选》三书中，"神韵"出现16次，"境界"出现4次。细读文意，在王夫之的诗评中，"境界"的使用，有趋同于"神韵"之义，可用后者替换前者。王夫之评赵南星《秋胡行》说："虽云创获，要自有渊渟之度，方令咏叹者警心。汉、魏人邈不可及者此尔……读至复叠处，居然若初见。李于鳞以声腔放《铙歌》，唯未涉此境界，遂觉无故截鹤补凫。"[8]此处所用"境界"，是着眼于诗作的声势气度，而非诗作整体，是与王夫之以"神韵"评诗一致的。他评谢赫《从斤竹涧越岭溪行》说："谢诗亦往往分两层说。且如此诗，用'想见'两字，不换气直下，是何等蕴藉！抑知诗无定体，存乎神韵而已。"[9]但王夫之使用"境界"，也有明确不与"神韵"同义处。他评石珤《拟古》说："文不弱，质不沉，韬束不迫，骀宕不奔，真古诗也。论者谓公诗出自西涯（李东阳），西涯何尝至此境界。"[10]此处所用"境界"，是着眼于从诗作的整体品质作品评，是不可用"神韵"替换的。

20世纪初，王国维基于误解而对"兴趣"和"神韵"排斥，并且标举"境界"（"意境"）为诗词之本，开启了后世学者对"境界"的过度推崇。百十年来的中国诗学研究，在将"境界"作为诗学本体加以核心化，并以之为囊括中国诗学理论的最高范畴作体系化建构的同时，极大限度地忽视并排斥了风骨、气象和神韵三个更为根本且更具传统意蕴的诗学范畴的研究。在经历曲折之后，我们应当尊重历史的原则，重新探讨中国诗学本体。中国诗学本体，不是一个静态的完成之物，而是一个历史运动之物。从风骨奠基，经气象深化，到神韵定型，这是中国诗学本体建构的文脉深厚的历史进程。

一 "风骨"：刘勰对中国诗学本体的奠基

风骨一词，出于魏晋人物品评。在刘义庆撰《世说新语》中，刘孝标注称："《晋安帝纪》曰：'羲之风骨清举也。'"[11]在沈约撰《宋书》中，称南朝宋高祖刘裕："高祖以晋哀帝兴宁元年岁次癸亥三月壬寅夜生。及长，身长七尺六寸，风骨奇特。"[12]将"风骨"用作文学批评术语，当自南朝梁时刘勰撰写《文心雕龙》始。更为重要的是，刘勰是在其文学理论的整体建构中引用"风骨"概念，并且设置专章对之做系统阐释。

> 诗总六义，风冠其首，斯乃化感之本源，志气之符契也。是以怊怅述情，必始乎风；沉吟铺辞，莫先于骨。故辞之待骨，如体之树

骸，情之含风，犹形之包气。结言端直，则文骨成焉；意气骏爽，则文风清焉。若丰藻克赡，风骨不飞，则振采失鲜，负声无力。是以缀虑裁篇，务盈守气，刚健既实，辉光乃新，其为文用，譬征鸟之使翼也。[13]

这段话，是刘勰风骨论的总纲。它包含四层意思：第一，将"风"溯源于中国的诗教传统，认为它是一种感化教育力量，但又将之延伸为情志的表现。第二，认为情志表现要以"风"为前提，"风"对于情，犹如生气对于形体；而遣词造句则以"骨"为前提，"骨"对于文辞犹如形体的骨骼。第三，以"意气骏爽"和"结言端直"分指"风"和"骨"的表征，并且指出辞藻丰繁，缺少风骨，则没有生机和活力。第四，铸造风骨的关键，是"务盈守气"，气为风骨之本，若劲飞之鸟振奋羽翼。

《文心雕龙·风骨》说："若风骨乏采，则鸷集翰林；采乏风骨，则雉窜文囿；唯藻耀而高翔，固文笔之鸣凤也。"[14]刘勰在"风""骨"两词之外，又提出第三个词"采"。《左传·襄公二十五年》称孔子之言说："《志》有之：'言以足志，文以足言。'不言，谁知其志？言之无文，行而不远。"[15]"言"（文章），是表达和传播"志"（情意）的；没有文章（"不言"），就无法表达情意（"谁知其意"）。但是，文章（"言"）若欲得到广泛传播，需要富有文采（"文"）；没有文采，文章就不能广泛传播（"行而不远"）。《左传》这则话表达了传统儒家文质论的基本原则，即主张"质本文末"，并要求"文质相符"。刘勰在《情采》篇中称"言以文远"，在《征圣》篇中称"志足而言文"，并在《风骨》篇主张风骨与文采既为本末关系、又是相辅相成的。因此，刘勰所论"风骨"与"采"的关系，是以儒家关于"言""志"和"文"三者关系的文质论为前提的。

《文心雕龙·风骨》说:"昔潘勖锡魏,思摹经典,群才韬笔,乃其骨髓峻也;相如赋仙,气号凌云,蔚为辞宗,乃其风力遒也。"[16]"潘勖锡魏",指汉献帝时,曹操自封魏公、加九锡,尚书郎潘勖撰《册魏公九锡文》为曹操篡夺汉室歌功颂德。潘文模仿《尚书》典诰,文辞雅重、刚健,为九锡文之首选,刘勰将之作为文辞骨力高昂的典范("骨髓峻")。汉武帝思慕神仙之游,司马相如以劝阻为目的作《大人赋》,因其文对海外神仙世界的神奇描绘,"天子大说,飘飘有陵云气游天地之闲意"(《汉书·司马相如传》)。刘勰将《大人赋》作为文意风力强劲的典范("风力遒"),称赞它文气高妙("气号凌云"),有高度的感染力。这两个典范,潘文"其事鄙悖而文足称者"[17],司马文"赋劝而不止明矣"[18]。潘文的内容不足称道,"其事鄙";司马文的效果是适得其反,"劝而不止"。

关于刘勰分别以《册魏公九锡文》和《大人赋》为"骨髓峻"和"风力遒"的范例,学界有不同评论。周振甫说:"刘勰是只要内容有新意,写得生动,文辞精练,就认为有风骨。至于内容的思想性高不高,可以不管。"[19]因为这两个范例,认定刘勰以"风骨"评文章,而"至于内容的思想性高不高,可以不管",是不符合刘勰撰写《文心雕龙》的主旨和全书实际的。刘勰特举这两个在立意或效果上有偏失的文章做范例,并非是对文章内容的思想性"可以不管",而是突出展示"风"与"骨"超越文章的具体思想内容和意图的本体性特征,它们赋予文意和文辞刚健飞扬的表现力和感染力,但它们并不属于具体的文意和文辞。"'风'是对作品内容方面的美学要求","'骨'是对作品文辞方面的美学要求"[20]。这就是说,刘勰风骨论超越文体学要求,成为对文章的美学要求。因此,对风骨的研讨应当深入到中国诗学的美学层面,而不能局限于文章学。

明人曹学佺评说:"风骨二字虽是分重,然毕竟以风为主,风可以包骨，而骨必待乎风也；故此篇以风发端，而归重于气，气属风也。"[21]清人黄树琳直接指出："'气'是风骨之本。"而纪昀更正道："'气'即风骨，更无本末，此评未是。"[22]对于纪昀"气即风骨"之说，黄侃批评说："风骨即意与辞，气即风骨，故气即意与辞，斯不可通矣。"[23]黄侃对纪昀的批评，建立在自己"风骨即意与辞"立论之上，将"气即风骨"曲解为"气即意与辞"，明显错误。"气即风骨"包含两层意义：其一，强调"风"与"骨"的统一性；其二，揭示"风骨"的基础和前提是"气"。归而言之，黄侃的"风骨即意与辞"，是对"风骨"的分说，解释了刘勰"风骨论"的文章论的层面，或者说是"技"的层面；纪昀的"气即风骨"，申明的是刘勰"风骨论"的形而上义理，或者说是"道"的层面。

在"技"的层面，刘勰说：

若夫镕铸经典之范，翔集子史之术，洞晓情变，曲昭文体，然后能孚甲新意，雕画奇辞。昭体故意新而不乱，晓变故辞奇而不黩。

故练于骨者，析辞必精；深乎风者，述情必显。捶字坚而难移，结响凝而不滞，此风骨之力也。[24]

这两则要求，一是针对文体风格的，即要求通过经典的范式学习，掌握文体风格；二是针对文辞提炼和情感表现的，即要求精炼言辞和升华情感。

在"道"的层面，刘勰说：

是以缀虑裁篇，务盈守气，刚健既实，辉光乃新。其为文用，譬征鸟之使翼也。[25]

这一要求针对"缀虑裁篇",因此"务盈守气"是论文的统率性要求。风骨论两个层面,"技"的层面是文章论,"道"的层面是美学。

《风骨》开篇一段结尾说"缀虑裁篇,务盈守气",其全篇结尾说"赞曰:情与气偕,辞共体并"。如此首尾一贯,刘勰风骨论以"气"为本,是不容置疑的。在《文心雕龙》中,风骨论并非独立成论。刘勰自谓《文心雕龙》全书五十章,分上下篇,上篇"原始以表末""纲领明矣",下篇"剖情析采""毛目显矣"[26]。范文澜说:"《文心》上篇剖析文体,为辨章篇制之论;下篇商榷文术,为提挈纲维之言。上篇分区别囿,恢宏而明约;下篇探幽索隐,精微而畅朗。"[27]对风骨论的美学阐发,必须联系全书各章的论述。概括地讲,刘勰以"气"为本的"风骨论",其美学意旨包含四个层面:自然、性情、神思和风骨。

《文心雕龙》的"自然"文道观,认为文章与天地都以道为本原。天象地形是"道之文",而人作为天地两材化育的第三材,"性灵所钟""为五行之秀气",必然要产生文章"实天地之心"。"心生而言立,言立而文明,自然之道也。"[28]这种"自然"文道观对文章创作,具有两重意义。其一,提供了一个"自然"的形而上前提,即出于共同的本原,人与物具有深刻的关联性和交互性。"人禀七情,应物斯感。感物吟志,莫非自然。"[29]"情以物兴,故义必明雅;物以情睹,故词必巧丽。"[30]"是以诗人感物,联类不穷。流连万象之际,沉吟视听之区;写气图貌,既随物以宛转;属采附声,亦与心而徘徊。"[31]因此,外部世界不仅是作为文章的无限对象,而且是作为自我性情的触发和参育之无限力源存在于文章中。其二,设立了一个"自然"的文章美学理念。"凡文集胜篇,不盈十一;篇章秀句,裁可百二:并思合而自逢,非研虑之所求也。或有晦塞为深,虽奥非隐,雕削取巧,虽美非秀矣。故自然会妙,譬卉木之耀英华;润色取美,譬缯帛之染朱绿。朱绿染缯，深而繁鲜；英华曜树，浅而炜烨；秀句所以照文苑，盖以此也。"[32]以"自然会妙"为文章的理想，赏本色而厌敷染，这是上接老庄自然哲学精神的美学理念。

在"原道"的前提下，刘勰主张"征圣""宗经"，以"陶铸性情"。"三极彝训，其书言经。经也者，恒久之至道，不刊之鸿教也……义既极乎性情，辞亦匠于文理，故能开学养正，昭明有融。"[33]刘勰强调从圣人和经籍接受引导和培养，根本目的是"陶铸性情"，亦即"开学养正"，而学养的旨归，则是"养气"。"夫耳目鼻口，生之役也；心虑言辞，神之用也。率志委和，则理融而情畅；钻砺过分，则神疲而气衰；此性情之数也。"[34]旨在宣扬"从容率情，优柔适合"，因此他不从孟子"养浩然之气"立论，而是祖述王充的养气，并归旨于庄子养气的自然态度，即"清和其心，调畅其气"，从而赋予作文者最好的感觉力和创作力，"使刃发如新，凑理无滞"。

刘勰论"神思"，如郭绍虞指出"远出庄子，而近受《文赋》的影响"[35]。陆机《文赋》论想象称："其始也，皆收视反听，耽思傍讯，精骛八极，心游万仞……谢朝华于已披，启夕秀于未振。观古今于须臾，抚四海于一瞬"[36]；"罄澄心以凝思，眇众虑而为言，笼天地于形内，挫万物于笔端"[37]；"课虚无以责有，叩寂寞而求音。函绵邈于尺素，吐滂沛于寸心"[38]。这种迁想妙得（顾恺之语）、时空纵横、物我交感的想象观念，在《神思》中得到了张扬和深化。刘勰说：

> 古人云：形在江海之上，心存魏阙之下。神思之谓也。文之思也，其神远矣。故寂然凝虑，思接千载；悄焉动容，视通万里；吟咏之间，吐纳珠玉之声；眉睫之前，卷舒风云之色：其思理之致乎。故思理

为妙，神与物游。神居胸臆，而志气统其关键；物沿耳目，而辞令管其枢机。枢机方通，则物无隐貌；关键将塞，则神有遁心。是以陶钧文思，贵在虚静，疏瀹五藏，澡雪精神。积学以储宝，酌理以富才，研阅以穷照，驯致以绎辞，然后使玄解之宰，寻声律而定墨；独照之匠，窥意象而运斤：此盖驭文之首术，谋篇之大端。[39]

刘勰的阐发，不仅使陆机关于文学想象的论说更加集中和突出，而且提炼出"神与物游""神用象通"等命题，这些命题是以庄子的"神化"论为精神前提的。"以神遇而不以目视"[40]，"用志不分，乃凝于神"，"以天合天，器之所以疑神"，"气也者，虚而待物者也"。[41]庄子论"神"，旨不在于文艺，刘勰将这些观念镕铸在神思论中，为文学提出了"自然神妙"的创作论和作品标准。

在《文心雕龙》中，自然、性情、神思诸范畴的义理是相互交织、互为内涵的，而风骨则是以三者为前提和内涵的，气作为一个更高的范畴，统一了四者。刘勰提倡风骨论，直接的目的是矫正晋宋以来的绮靡文风，主张文章须具备"刚健既实"（文明以健）[42]的"风骨"。但是，他并不主张单一风格，而是主张风格的多样性。在《体性》中，他归纳出八大类风格，所谓"八体"，"若夫八体屡迁，功以学成；才力居中，肇自血气……岂非自然之恒资，才气之大略哉"！[43]在《风骨》章之后，刘勰进一步阐述文风变化的必要性，"文辞气力，通变则久……凭情以会通，负气以适变"[44]。因此，文章的气势运化也是"莫不因情立体，即体成势也。势者，乘利而为制也；如机发矢直，涧曲湍回，自然之趣也……譬激水不漪，槁木无阴，自然之势也"。[45]风骨论是建立在风格多样性和自然变化性基础之上的。"洞晓情变，曲昭文体……昭体，故意新而不乱；晓变，故辞奇而不黩。"正是在风格多样性的前提下，风骨论归结为"情与气谐，辞共体并。'文明以健',珪璋乃聘"。这"文明以健"("刚健笃实")的风骨,是镕铸了自然、性情、神思的文章才力,它深入一切风格而为文章之本,赋予文章"风清骨峻,篇体光华"的品质。

包含自然、性情和神思之义,以"风清骨峻"为目标,以"文明以健"为鹄的,风骨论为中国诗学确立了形而上本体观[46]。风骨论反对晋宋绮靡文风,主张文采须以风骨为本。因为既具有现实针对性,又是本于"文明以健"的文学本体的设立,风骨论对后世文学在理论和实践两个层面都具有深刻影响。它最直接的影响是为唐代文学复古运动提供了美学基础。陈子昂是"在齐梁文学的流风余韵未尽捐弃之时,而于诗国首先竖革命的旗帜,以复古为号召者"[47]。他在《与东方左史虬修竹篇序》中说:

> 文章道弊五百年矣!汉魏风骨,晋宋莫传。然而文献有可征者。仆尝暇时观齐、梁间诗,采丽竞繁,而兴寄都绝,每以永叹!思古人常恐逶迤颓靡,风雅不作,以耿耿也。[48]

陈子昂追慕"汉魏风骨",反对"采丽竞繁,兴寄都绝"的齐梁诗风,是秉承刘勰风骨论宗旨的。陈子昂的先声,赢得了盛唐诗人的呼应,终于由对汉魏风骨的追慕,缔造了诗歌创作的盛唐气象。

二 "兴象":殷璠对刘勰"兴会"论的推进

殷璠编选盛唐诗集成《河岳英灵集》二卷,其自述选诗标准,"既闲新声,复晓古体。文质半取,风骚两挟。言气骨则建安为传,论宫商则太康不逮"。相比陈子昂,殷璠不仅标举风骨论,而且做了系统的阐述[49]:

夫文有神来、气来、情来，有雅体、野体、鄙体、俗体。编纪者能审鉴诸体，委详所来，方可定其优劣，论其取舍。至如曹、刘诗多直语，少切对，或五字并侧，或十字俱平，而逸驾终存。然挈瓶庸受之流，责古人不辨宫商徵羽，词句质素，耻相师范。于是攻异端，妄穿凿，理则不足，言常有余，都无兴象，但贵轻艳。虽满箧笥，将何用之？自萧氏以还，尤增矫饰。武德初，微波尚在。贞观末，标格渐高。景云中，颇通远调。开元十五年后，声律风骨始备矣。实由主上恶华好朴，去伪从真，使海内词场，翕然尊古，南风周雅，称阐今日。

殷璠论文，不仅立意于"恶华好朴，去伪存真"，反对"攻异端，妄穿凿"和过重辞采（贵轻艳、矫饰）的文风，而且推崇"声律风骨兼备"的文风。但是，更为重要的是，他以神、气、情论文章之来源，并且提出了"兴象"观念，并以之作为与风骨并行的评诗观念。"历代词人，诗笔双美者鲜矣。今陶生（陶翰）实谓兼之，既多兴象，复备风骨，三百年以前，方可论其体裁也。"[50]

"兴象"一词，早出于《易纬通卦验》，其称："苍精作易，无书以尽序。验曰：矩衡神，五铃兴象，出亡徵应。"郑玄注说："矩，法也。铃，犹要也。虑戏时质道朴，作易以为政令而不书，但以画见其事之形象而已矣。"[51]《周易·系辞》说："古者庖牺氏之王天下也，仰则观相于天，俯则观法于地。观鸟兽之文，与地之宜。近取诸身，远取诸物。于是始作八卦，以通神明之德，以类万物之情。"[52]苍精、虑戏、包牺氏均指伏羲。这两则文章，讲的都是伏羲观察天地万物，拟画八卦之事。《易纬通卦验》所谓"兴象"，即是《周易·系辞》所谓"卦象"。在《文心雕龙》中，刘勰使用了"意象"一词。这个词首先出现在王充《论衡》中。"夫画布为熊麋之象，名布为侯，礼贵意象，示义取名也。"[53]以《文心雕龙·养气》

对《论衡》养气观念的引述可见,刘勰使用"意象",当源自《论衡》。刘勰说:"独照之匠,窥意象而运斤。"以其对刘勰风骨论的标举,为何殷璠没有采用"意象"而采用"兴象"呢?

尽管一出《易纬》,一出《论衡》,在文理上,"兴象"与"意象"大义是相通的。"圣人有以见天下之赜,而拟诸其形容,象其物宜,是故谓之象。"[54]《周易·系辞》对卦象的释义,是可通用于《易纬》的"兴象"与《论衡》的"意象"的,二者都是以"立象以尽意"为本义。但是,虽然均立意于"义",二者相比,"兴"更着眼于情义的感发,而"意"更着眼于义理的传达。

刘勰论"比""兴"说:

> 诗文弘奥,包韫六义;毛公述传,独标兴体,岂不以风通而赋同,比显而兴隐哉?故比者,附也;兴者,起也。附理者切类以指事,起情者依微以拟议。起情故兴体以立,附理故比例以生。比则畜愤以斥言,兴则环譬以托讽。盖随时之义不一,故诗人之志有二也。[55]

在《周礼·大师》正义中,关于"六诗"中的"比""兴",汉人郑众注说:"曰比曰兴,比者,比方于物也。兴者,托事于物也。"[56]而汉人郑玄注说:"比,见今之失,不敢斥言,取比类以言之;兴,见今之美,嫌于媚谀,取善事以喻劝之。"[57]刘勰论"比兴",是合两郑之说而阐说新意。"比显而兴隐","比"是"附理","兴"是"起情",即指出"比"旨在对理(义)的表达,是直切的,"显";"兴"旨在激发情感,是幽微的,即"隐"。[58]此说,揭示了"比""兴"的美学区别。

"原夫登高之旨,盖睹物兴情。情以物兴,故义必明雅;物以情观,故词必巧丽。"[59] 刘勰论"兴"尤重"情""物"关系,其《物色》,其实是以《神思》为精神,对"兴"的美学内涵作系统阐述。《神思》以"神与物游""神用象通"为文学想象的主体,《物色》则提出"情以物迁,辞以情发"为枢机。刘勰说:

> 是以四序纷回,而入兴贵闲;物色虽繁,而析辞尚简;使味飘飘而轻举,情晔晔而更新。古来辞人,异代接武,莫不参伍以相变,因革以为功,物色尽而情有馀者,晓会通也。若乃山林皋壤,实文思之奥府,略语则阙,详说则繁。然则屈平所以能洞监《风》《骚》之情者,抑亦江山之助乎?[60]

"闲"是指空灵自在的心境,它与陶渊明诗句"虚室有余闲"[61]中的"余闲"同义。"入兴贵闲",与《神思》中的"陶钧文思,贵在虚静"是一脉相承的。"闲"或"虚静",是"会通"的前提。"物色尽而情有余者",这是会通的效用,也是"兴"的本质。"兴"就是在人与物的交互感发中的无限会通。

> 赞曰:山沓水匝,树杂云合。目既往还,心亦吐纳。春日迟迟,秋风飒飒,情往似赠,兴来如答。[62]

准确讲,"兴"就是"兴会"。在兴会中,心与目,情与物,是交互往还的。"兴会,情兴所会也。"[63]刘勰没有使用"兴会"一词[64],但是,他的论述已经透彻地界定了"兴会"作为文论术语的基本含义。

殷璠以"兴象"论诗,并且"兴象"与"风骨"并举,是对刘勰"兴会"和"风骨"思想的引申采用。陈子昂在鼓吹魏晋风骨时,已采用"兴寄"一词。[65] 这应该对殷璠有所影响。殷、陈共同的是反对轻艳文风，主张有风骨的文章。但是，陈子昂的"兴寄"着眼于"寄"，即义理的表达，相近于刘勰之所谓"比"，"切类以指事"；殷璠的"兴象"着眼于"兴"，亦即刘勰所谓"依微以拟议"。"依微"不是直言式的，而是感发兴会的，因此，着眼于"兴"就要诉求于"象"。

刘勰在《文心雕龙》中对易学的"象"观做了深刻阐述。"幽赞神明，易象为先"（《文心雕龙·原道》），"四象精义以曲隐"（《文心雕龙·原道》），"神用象通"（《文心雕龙·神思》），"流连万象之际"（《文心雕龙·物色》），"圆照之象，务先博观"（《文心雕龙·知音》）。这些关于"象"的论述，不仅建立在周易哲学的"象也者，像也"的象学观基础上，即"象"为天地形象的模拟。"天生神物，圣人则之；天地变化，圣人效之。天垂象，见吉凶，圣人象之。"[66] 而且，刘勰的"象"观还将周易哲学关于"象"的"神"和"几"的观念作了阐发。"阴阳不测之谓神。"[67] "神也者，妙万物而为言者也。"[68] "几者，动之微，吉之先见者也。"[69] "神"指"变化之极"，而"几"指"微阳初动"。《易传》讲"精义入神""知几其神"。孔颖达疏曰：前章讲"精义入神"，此言"知几其神"，盖知几为入神之事[70]。

"知几入神"，是《易传》的"象"哲学的核心。它确认了"象"的精幽深微之义（几）和无限变化之态（神）。易象的"神"与"几"之义，确定"象"与"兴"的同一：象不是固定确切之物，"神无方而易无体"；因此，对"象"的体认，就不是规范知识的提取，而是入于幽微的感兴，"感而遂通天下"，即"穷神知化"。[71]

殷璠以"兴象"而不是"意象"或"兴寄"论诗，是深得刘勰"兴""象"观的三昧的。不从刘勰的"兴""象"观着眼，很难解透殷璠标举"兴象"的意旨。在《河岳英灵集》中，殷璠评诗与诗人，处处表现了刘勰的"兴象"和"风骨"的影响。"(刘)眘虚诗,情幽兴远,思苦词奇,忽有所得,便惊众听。顷东南高唱者十数人,然声律婉态,无出其右。唯气骨不逮诸公。"[72]"情幽兴远",是就"兴象"而论;"气骨不逮",是就"风骨"而论。这与其评陶翰诗"既多兴象,复备风骨"是一致的,即"兴象"与"风骨"兼论。

受到佛学的影响,唐代诗学开始了诗境理论建构,并在晚唐臻于鼎盛。作为一个新出的诗学术语,"兴象"并没在唐代获得广泛应用。但是,"兴象"的义理是渗透在晚唐诗境理论中的。就诗境理论建构而言,司空图的《二十四诗品》是王昌龄的《诗格》关于"诗有三境"论说的系统化表述。王昌龄将诗境分列为三类:物境、情境、意境;物境"故得形似",情境"深得其情",意境"则得其真"[73]。与之比较,司空图的"二十四诗品"大概可以相应地分为三类:其一,物境,"俱道适往,着手成春"(《自然》);其二,情境,"不着一字,尽得风流"(《含蓄》);其三,意境,"超以象外,得其环中"(《雄浑》)[74]。细读《二十四诗品》,可以发现这部诗体化的诗境论,以诗化语言和形象比喻,不仅深化阐发了王昌龄关于"诗歌三境"和"取境"的思想,而且也将刘勰的"风骨""神思""隐秀"和"物色"等观念作了基于唐诗创作经验的引申、提炼。概言之,司空图诗境理论是以刘勰风骨论、神思论和王昌龄诗境论为诗学根基的;但与刘、王相比,他因更明确的老庄哲学观念,而更加强化诗思的神妙和诗境的空灵。

三 "气象":严羽对中国诗学本体的深化

"气象"早出于先秦,用于指称天气现象。但入唐之后,入于诗文。杜甫诗有"彩笔昔曾干气象,白头今望苦低垂"[75],"赋诗分气象,佳句莫频频"[76]等句。此两诗中"气象",均指天气或天象。西晋左思《魏都赋》说:"乾坤交泰而絪缊,嘉祥徽显而豫作。是以兆朕振古,萌柢畴昔。藏气谶纬,闳象竹帛。迥时世而渊默,应期运而光赫。暨圣武之龙飞,肇受命而光宅。"在《六臣注文选》中,唐人刘渊林注说:"古人所以书言'王者气象',皆藏密于谶纬竹帛之上。"[77]所谓"气象",是指"藏气谶纬,闳象竹帛"的缩写,本是指魏都之址的地貌预兆此处可为魏国兴都建业之地。但是,"王者气象"之说,也开始了"气象"由指天象地形,转向人物品评,并用于诗论。

在诗学史上,皎然《诗式》似首次以"气象"论诗。他说:

诗有四深。气象氤氲,由深于体势;意度盘礴,由深于作用;用律不滞,由深于声对;用事不直,由深于义类。[78]

在皎然之后,韩愈明确以"气象"评诗风。他的《荐士》诗说:

周诗三百篇,雅丽理训诰。曾经圣人手,议论安敢到。五言出汉时,苏李首更号。东都渐弥漫,派别百川导。建安能者七,卓荦变风操。逶迤抵晋宋,气象日凋耗……国朝盛文章,子昂始高蹈。勃兴得李杜,万类困陵暴。后来相继生,亦各臻阃奥。有穷者孟郊,受材实雄骜。冥观洞古今,象外逐幽好。横空盘硬语,妥帖力排奡,敷柔肆纡余,奋猛卷海潦。荣华肖天秀,捷疾逾响报。[79]

在《诗式》中,皎然称"气象氤氲,由深于体势"。在此句中,"气象氤氲",有左思"乾坤交泰而絪缊"的痕迹;"体势"当分解为"体"与

"势"。《文心雕龙》有"体性"与"定势"两篇,并说:"夫情致异区,文变殊术,莫不因情立体,即体成势。"[80]皎然所谓"体势",当从刘勰此论而来。由此推之,"气象氤氲,由深于体势",则此"气象"实为刘勰所谓"风骨"。在《荐士》诗中,韩愈所谓"建安能者七,卓荦变风操。逶迤抵晋宋,气象日凋耗",从中不难得出其"建安气象"与陈子昂"汉魏风骨"的呼应。与《文心雕龙·风骨》中的文字比较,可以发现两者义理的内在相通性,甚至可以说,"气象"就是"风骨"的别称。这就是说,从刘勰,经陈子昂,到韩愈,"风骨"的旨意被传承下来,但其称谓却获得了"气象"的别称。

进入宋代,因为儒门理学家的倡导,以"气象"品评人物蔚然成风。这是从自然生机的体认,到圣人之学的修行的心性培养过程。周敦颐窗前草不锄,"云与自家意思一般"[81],"又曰观天地生物气象"[82];二程教人学圣人,"须是熟玩圣人气象"[83]。在这样的理学观念下,不仅体认"圣人气象"成为圣人之学的终极目标,而且也使"气象"代替晋人的"风骨"成为品评人物的核心标尺。在朱熹看来,因为人人皆自有其气象,子路、颜回、孔子,各有自己的气象。气象不同,自然有先天差异,但根本在于涵养功夫的差别。识人先识气象,这是宋代理学对人物品评的一大贡献。

宋人以"气象"论诗,或以叶梦得(1077—1148)为先。他说:

> 七言难于气象雄浑,句中有力而纤徐不失言外之意。自老杜"锦江春色来天地,玉垒浮云变古今",与"五更鼓角声悲壮,三峡星河影动摇"等句之后,常恨无复继者。韩退之笔力最为杰出,然每苦意与语俱尽。《和裴晋公破蔡州回诗》所谓"将军旧压三司贵,相国新

兼五等崇",非不壮也,然意亦尽于此矣。不若刘禹锡《贺晋公留守东都》云:"天子旌旗分一半,八方风雨会中州",语远而体大也。[84]

在严羽之前,姜夔(1154—1221)已将"气象"作为诗的第一要素。他说:"大凡诗,自有气象、体面、血脉、韵度。气象欲其浑厚,其失也俗;体面欲其宏大,其失也狂;血脉欲其贯穿,其失也露;韵度欲其飘逸,其失也轻。"[85]姜夔此论,与皎然的"诗有四深"之说是非常接近的。前者的"气象欲其浑厚"与后者的"气象氤氲",显然可见传承关系。严羽在《沧浪诗话》中提出:"诗之法有五:曰体制,曰格力,曰气象,曰兴趣,曰音节。"[86]与姜夔的"诗有四深"相比,严羽的"五诗法"的重要改变是:其一,气象由第一换为第三;增加了兴趣一项。体面与体制、血脉与格力/韵度与音节是分别相近似的。严羽对"五法"的排列,似对顺序无考究。

在《沧浪诗话》中,妙悟、入神、兴趣和气象是备受关注的四个概念。在该书第一篇《诗辨》中,这四个概念均出现。"气象"条已录于上文,兹录"妙悟""入神""兴趣"[87]三条如下:

> 大抵禅道惟在妙悟,诗道亦在妙悟。且孟襄阳学力下韩退之远甚,而其诗独出退之之上者,一味妙悟而已。惟悟乃为当行,乃为本色。
>
> 诗之极致有一,曰入神。诗而入神,至矣,尽矣,蔑以加矣,惟李杜得之,他人得之盖寡也。
>
> 诗者,吟咏情性也,盛唐诸人,惟在兴趣;羚羊挂角,无迹可求。故其妙处,透彻玲珑,不可凑泊。如空中之音,相中之色,水中

之月，镜中之象，言有尽而意无穷。

这三条是有内在联系的，应当综合考虑。严羽以禅喻诗，认为两者的本色均在于"妙悟"。读书穷理有助于妙悟，但妙悟不是读书穷理的直接产物，而是对其超越。这种超越的最高状态，就是"入神"。"入神"是诗人达到自我无限自由而且与世界彻底圆融的创作状态。因为入神，诗歌的创作就是在一种类似于自然生发的状态中完成的，是感发神会，即"兴趣"，由此而创作的诗境则是透彻玲珑、意味无穷的。在《文心雕龙》中，刘勰未用"妙悟"一词，但多用"妙"字，并有"思理为妙""自然会妙"之说；"入神"本于《周易》，刘勰首度将之引入文论，并铸造"神思"概念；刘勰未用"兴趣"，但有"入兴"一词，并说"入兴贵闲"。因此，虽然不是直接本于刘勰，严羽的妙悟、入神和兴趣三概念，是可以追溯到刘勰的。就描述诗境的玲珑空灵而言，严羽与司空图近似。司空图的"俱道适往，着手成春""空潭泻春，古镜照神""脱有形似，握手已违""不着一字，尽得风流"[88]，是浸透在严羽诗论中的。但是，在《沧浪诗话》中，严羽对刘勰和司空图均未提及。

相比于妙悟、入神、兴趣，气象在严羽诗论中具有更为重要的位置。在《沧浪诗话（附答吴景仙书）》中，气象出现9次，妙悟出现3次，入神出现2次，兴趣出现2次。尽管严羽说"诗道亦在妙悟""诗而入神，至矣""盛唐诸人，惟在兴趣"，但是，此三说之外，他并不用妙语、入神和兴趣作诗评范畴。气象是严羽评诗的核心范畴。

唐人与本朝人诗，未论工拙，直是气象不同。

汉魏古诗，气象混沌，难以句摘。晋以还，方有佳句……谢（灵运）所以不及陶者，康乐之诗精工，渊明之诗质而自然耳。

> 建安之作，全在气象，不可寻枝摘叶。灵运之诗已是彻首尾成对句矣，是以不及建安也。
>
> 予谓此篇诚佳。然其体制气象与渊明不类，得非太白逸诗，后人谩取以入陶集耳。
>
> "迎旦东风骑蹇驴"绝句，决非盛唐人气象，只似白乐天言语。[89]

从上可见，无论评诗人个体诗作，还是评时代诗风，严羽都以"气象"为一个核心范畴，一个基本的评判标准。从他的评议中，出现了汉魏气象、建安气象、盛唐气象诸概念，其中"盛唐气象"系首出，并在后世文论中与"建安风骨"对称，成为对建安诗风与盛唐诗风区别的基本判词。从这些引语可以看出严羽的"气象"概念的三点含义：其一，气象是充溢诗境整体而不可名言的灵魂与韵致，"气象混沌""不可寻枝摘叶"；其二，气象又是从诗歌语言风格表现出来的，或从诗歌语言可以辨析，"决非盛唐人气象，只似白乐天言语"；其三，诗人拘束诗句工整、对句等文辞功夫，不仅无益于提整气象，而且伤损气象。这三点表明，严羽对"气象"与诗语复杂而微妙的关系，有深刻的认识。因此，他在《诗辨》章中所言"故其妙处，透彻玲珑，不可凑泊"诸语，应在诗语与气象的复杂、微妙关系中来理解和评议，后世批评"沧浪（严羽）论诗，止是浮光掠影，如有所见，其实脚跟未曾点地"[90]，实则是未把握严羽论诗的内在理路。

严羽没有正面阐述何为"气象"，因为他以禅喻诗，不仅主张"妙悟"，而且将理想的诗境描述为"羚羊挂角，无迹可求""水中之月，镜中之花"，后世则斥之为"元（玄）妙恍惚语"[91]。然而，严羽讲诗之"不涉理路不落言筌"（《沧浪诗话·诗辨》），是从义理、言辞与诗境的关系层面立论。诗境的构成，自然需要以义理、言辞为要素，但是诗境之成为诗境，却又是以超越义理、言辞为前提的。"诗有词理意兴。南朝人尚词而病于理，本朝人尚理而病于意兴，唐人尚意兴而理在其中。汉魏之诗，词理意兴，无迹可求。"[92]严羽在这则诗话中说得明白，在营造的种种要素中，词、理、意、兴四要素应当融合为一个整体，理想的诗境，则是四者彻底化合，乃至于"无迹可求"。因此，"以禅喻诗"，只是因诗、禅都以妙悟为道，讲诗境的创作与抵达禅境，都需要一个超越言象的"顿悟"契机，并不意味着主张以蹈入空灵的禅境为诗境。关于诗境，严羽有"诗有九品""诗大概有二"之说：

> 诗之品有九：曰高，曰古，曰深，曰远，曰长，曰雄浑，曰飘逸，曰悲壮，曰凄婉。……其大概有二：曰优游不迫，曰沉着痛快。[93]

这两则诗话，不仅表明严羽是主张多种风格的诗境的，而且表明他对诗境在气度、韵致上的两极差异有深刻的洞见，从而将之概括为"优游不迫"和"沉着痛快"。

要理解严羽关于气象的主张，须特别就他对盛唐诗的极力推崇和对宋诗的拒斥着眼。在盛唐诗人中，严羽以李杜为至尊，"诗而入神，至矣，尽矣，蔑以加矣，惟李杜得之"。在《答吴景仙书》中，严羽为自己"以禅喻诗"的诗论作了严词辩护，并以"参诗精子"自许。在此书信中，尤其值得注意的是，他对吴陵（字景仙）来信中以"雄深雅健"评唐诗的批评。严羽说：

> 又谓盛唐之诗"雄深雅健"，仆谓此四字但可评文，于诗则用"健"字不得，不若《诗辨》"雄浑悲壮"之语为得诗之体也。毫厘之差，

不可不辨。坡谷诸公之诗，如米元章之字，虽笔力劲健，终有子路事夫子时气象；盛唐诸公之诗如颜鲁公书，既笔力雄壮，又气象浑厚，其不同如此。只此一字，便见吾叔脚根未点地处也。[94]

严羽为何容不得以"健"字说盛唐诗？因为"笔力劲健"只有尖锐气象，而"笔力雄壮"，才能达到"气象浑厚"的境界——这正是盛唐诗真正的气象。郭绍虞说：

沧浪论诗，谓"其大概有二：曰优游不迫，曰沉着痛快"。他所说这两大界限，确可把古今诗体，包举无遗……以入神为诗之极致，原是不错，然以李、杜为入神，则所指的似乎只是沉着痛快的诗而不是优游不迫的诗。这大概因为优游不迫的诗其入神较易，而沉着痛快的诗其入神较难。逸品之神易得，神品之神难求……如苏、黄之诗，才情奔放，只见痛快，不同见沉着，仍不能说为入神。其《答吴景仙书》中争辩雄浑与雄健的区别，即在一是沉着痛快而一是痛快而不沉着的关系。此所以入神之难。李、杜之中，尤其是杜，真能做到这种境界，所以为入神。[95]

郭绍虞的评述很好地揭示了严羽诗论对于"入神"的理想要求。但"气象浑厚"正是入神的诗境，也是严羽关于气象的理想含义。此义郭论未予阐明。

就文论源流而言，严羽标举气象，很可能是由韩愈而来。韩愈《荐士》说："建安能者七，卓荦变风操。逶迤抵晋宋，气象日凋耗。"严羽《诗评》说："建安之作，全在气象，不可寻枝摘叶。"以气象论建安，严羽以前，似仅韩愈一人。另一个重要证据是，严羽对韩愈这首《荐士》诗作了批评回应，表明他对该诗内容的了解。他说：

> 孟郊之诗憔悴枯槁，其气局促不伸，退之许之如此，何耶？诗道本正大，孟郊自为之艰阻耳。[96]

在严羽看来，孟郊的诗是远未达到"气象浑厚"的，没有走上正大之道。当然，严羽不仅对孟郊不看好，而且对韩愈也不看好——韩愈是《沧浪诗话》开篇就贬抑的第一人，因为他作诗不合"妙悟"之道。"孟郊之诗憔悴枯槁，其气局促不伸"，严羽这样的批评，自然令人想到刘勰关于风骨的主张。刘勰说："若瘠义肥辞，繁杂失统，则无骨之征也。若思不环周，索莫乏气，则无风之验也。"[97]严羽大概是持了同样的标准来审视孟郊的诗作的。

"风骨"一词在《沧浪诗话》两次出现：

> 黄初之后，惟阮籍咏怀之作极为高古，有建安风骨。晋人舍陶渊明阮籍嗣宗外，惟左太冲高出一时，陆士衡独在诸公之下。颜不如鲍，鲍不如谢，文中子独取颜，非也。建安之作全在气象，不可寻枝摘叶；灵运之诗已是彻首尾成对句矣，是以不及建安也。谢朓之诗已有全篇似唐人者，当观其集方知之。戎昱在盛唐为最下，已滥觞晚唐矣。戎昱之诗有绝似晚唐者，权德舆之诗却有绝似盛唐者，权德舆或有似韦苏州刘长卿处。顾况诗多在元白之上，稍有盛唐风骨处。[98]

在这段引文中，先后出现"建安风骨""盛唐风骨"，但中间又出现"建安气象"，后文中还出现"盛唐（人）气象"。这说明，对于严羽，"风骨"和"气象"是两个可通用的词汇。准确地讲，通过唐代诗境理论的深化开拓,"气象"成为"风骨"的转语。在严羽等人使用中的通用情况,表明的是二者的历史传承。

从风骨到气象,亦是从神思到妙悟。神思是"思理为妙,神与物游","神用象通,情变所孕",风骨则是"情与气偕,辞共体并"。妙悟是"不涉理路,不落言诠""透彻玲珑,不可凑泊",气象则是"笔力雄壮,气象浑厚"。

四 "神韵":从耿定向到王夫之

"神韵""气韵"是南北朝时期流行的人物品评概念。《宋书·王敬弘传》载,宋顺帝刘准于昇明二年(478)下诏书,称王敬弘(本名王裕之)"神韵冲简,识宇标峻"[99]。这是"神韵"一词最早出现。"气韵"一词略为晚出,早见梁朝释慧皎撰《高僧传》,称竺潜、支遁等僧人"气韵高华,风道清裕"[100]。但更早的《世说新语》说:"阮浑长成,风气韵度似父,亦欲作达。"[101]"气韵"一词,当是源自对"风气韵度"的略写。

谢赫(齐梁画家,生卒年不详)在《古画品录》一书中,将"神韵"与"气韵"混合使用,开启两词进入画评的历史。谢赫在《古画品录》中说:

> 六法者何?一,气韵生动是也;二,骨法用笔是也;三,应物象形是也;四,随类赋彩是也;五,经营位置是也;六,传移模写是也。唯陆探微、卫协备该之矣。
>
> (陆探微)穷理尽性,事绝言象。包前孕后,古今独立。
>
> (曹不兴)不兴之迹,殆莫复传,唯秘阁之内一龙而已。观其风

骨，名岂虚成。

（卫协）六法之中，迨为兼善。虽不说备形妙，颇得壮气。陵跨群雄，旷代绝笔。

（张墨、荀勖）风范气候，极妙参神。但取精灵，遗其骨法。若拘以体物，则未见精粹；若取之象外，方厌高腴，可谓微妙也。[102]

谢赫推崇"绘画六法"，并以之鉴品画家。陆探微、曹不兴、卫协及张墨、荀勖五人，是谢赫评为第一品的五位画家，其中，陆探微、卫协则被定为兼备"六法"的画家。以其对这五位画家的评语看，谢赫画论的基本主张是：其一，正如以"气韵生动"为六法之首，绘画的宗旨和鉴品标准是"气韵生动"；其二，所谓"气韵生动"，就是要赋予绘画形象超凡入神的生气和魅力；其三，因此，虽然以骨法用笔、应物象形、随类赋彩、经营位置、传移模写五法为要件，气韵生动既作为前提，又作为统领，决定了绘画的品格，准确讲，对于五法，它既是内在的，又是超越的品格；其四，气韵生动的实现，归根到底，是性理与言象、精神和体貌、神气与笔法诸矛盾的高度统一，谢赫主张的是"穷理尽性，事绝言象""风范气候，极妙参神"，"取之象外"而达到高妙入微的"神韵气力"。张彦远在《历代名画记》中立专章阐释"谢赫六法"。张彦远说："古之画，或能移其形似，而尚其骨气。以形似之外求其画，此难可与俗人道也；今之画，纵得形似，而气韵不生，以气韵求其画，则形似在其间矣。"[103] 这是深得谢赫气韵说的主旨的。

在《古画品录》中，谢赫仅使用"气韵"1次，即所谓"气韵生动是也"；使用"风骨""神韵""气候""壮气""生气""神气"各1次；使用"气力"2次。这几个词，在谢赫的使用中，当是近似词汇，大概讲可以归并为"气韵"范畴,至少气韵、神韵和风骨是通用的。"神韵"一词出现在谢赫品评顾骏之的评语中,称其"神韵气力,不逮前贤;精微谨细,有过往哲"[104]。在此处,"神韵气力"显然是"气韵生动"的代称。张彦远在"论画六法"章中,7次使用"气韵",1次使用"神韵"。他说:

> 顾恺之曰:"画人最难,次山水,次狗马,其台阁,一定器耳,差易为也。"斯言得之。至于鬼神人物,有生动之可状,须神韵而后全。若气韵不周,空陈形似;笔力未遒,空善赋彩,谓非妙也。[105]

显然,在此段引文中,张彦远是将"神韵"与"气韵"通用的。张彦远沿袭了谢赫对这两个词汇"同指"的用法。但是,在《历代名画记》中,除引用谢赫外,他16次使用"气韵",仅1次使用"神韵",其对前者的偏爱是无疑的。

钱锺书说:"'神韵'与'气韵'同指。谈艺之拈'神韵',实自赫始……严羽所倡神韵不啻自谢赫传移而光大之。"[106]严羽并没有使用"神韵"一词,钱锺书称其"所倡神韵",依据的是严羽在《沧浪诗话·诗辨》中所提倡的"诗有五法""诗有九品""诗大概有二"和"诗极致有一"的诗学观。钱锺书说:"必备五法而后可以列品,必列九品而后可以入神。优游痛快,各有神韵。"[107]这样的说法,是将严羽的"入神"概念等同于"神韵"。如本文上篇所述,"优游不迫"和"沉着痛快"是严羽的"气象"观念所概括的两种相反的风格。钱锺书忽略了严羽诗论的核心范畴"气象",所以将"入神"混同为"神韵"。郭绍虞说:"我常以为沧浪论诗只举神字,渔洋论诗才讲神韵。"[108]无疑,郭绍虞之说是准确的。

以"气韵""神韵"论诗文是由书画论转化而来。南朝梁代萧子显

（487—537）撰《南齐书·文学传》说："文章者，盖情性之风标、神明之律吕也。蕴思含毫，游心内运，放言落纸，气韵天成。"[109]这是早见的以"气韵"论文章的例子。宋人吕午（1179—1255）于淳祐三年（1243）撰《程珌行状》，赞程珌"于书无所不读，发而为文，自成机杼，神韵绝出"[110]。这是早见的以"神韵"论文章的例子。

"神韵"作为诗论的核心范畴，以之指诗歌的本体，兴于明代晚期。在现存可见文献中，耿定向（1524—1596）的《与胡庐山书·其九》于1562年[111]、薛蕙（1490—1539）的《西原先生遗书》于1563年[112]、孔天胤的《园中赏花赋诗事宜》于1564年[113]先后出现以"神韵"论诗的文字。[114]耿定向说：

> 近日讲学者，只是模索要眇处，譬之作头巾诗者耳。至于滞形气、帮格式者，又似作诗者只在声调语句上求工，未解神韵也。深于诗者，风云月露孰非道体哉！然此等处不容思议、见解，不容言说，须人灵识。故曰："厥彰厥微，匪灵勿莹。"兄深于诗者，故弟又借诗商学如此云云。[115]

在这段话中，耿定向虽称"借诗商学"，却对"神韵"的义理作了三个层面的阐释：其一，相对于声调语句等外在层面，神韵是诗的内核；其二，神韵的内涵是诗借自然万象表现本真之道（"风云月露孰非道体"）；其三，指明"神韵"的特性是不容思议、言说，"须人灵识"。应当说，耿定向对"神韵"的阐说是神韵理论的建基性定义。这是现存文献前所未见的。耿定向是王阳明心学后人，并非诗坛名流。他"借诗商学"，以"神韵"为喻，自然是当时"神韵"用于论诗文已成风气，而非由他创始——应当说，他的说法代表了当时已有一定流行程度的"神韵"观念。

明末，诗论、诗评已出现对"神韵"的广泛使用和论述，较有代表性的是胡应麟和陆时雍。胡应麟在《诗薮》中反复使用"神韵"评诗、论诗，有"神韵迥出""神韵超然""神韵超玄""神韵轩举"等提法。据这些提法，神韵是诗歌内在的一种具有超越意味的品性和意蕴，所以，胡应麟时常以"风神"代指"神韵"。他说："作诗大要不过二端，体格声调，兴象风神而已。体格声调，有则可循；兴象风神，无方可执。"[116]胡应麟的说法，揭示的是神韵（风神）的体验性、感悟性和非实体性、非概念性的属性。相对于胡应麟论诗神韵并举，陆时雍论神韵的一个特点是"神"与"韵"分说："有意无神，有声无韵，只死语耳……《别范安成》是不乏意，而苦无佳趣，以神韵之未生也。故诗不可以力求，不可以意索，有不知然而自然之妙。"作诗反对"力求""意索"，主张"自然之妙"，是陆时雍神韵诗论的要旨，这就是他所谓"非力非意，自然神韵"[117]。"非力非意"与"无方可执"，胡、陆二人论神韵的要旨是相通的，这也正是明清之际神韵诗论的共同出发点。

由明入清，非常重要的诗论家是王夫之。他的《姜斋诗话》是有清以来学界公认的最重要的诗学著作，而他的《古诗评选》《唐诗评选》和《明诗评选》亦被认为是评诗的扛鼎之作。《姜斋诗话》未使用"神韵"一词，但在王氏的三部诗评著作中，却积十数次使用"神韵"评诗，尤以《古诗评选》使用为多。在评诗时，王夫之说，"虽体似风雅，而神韵自别"[118]；"抑知诗无定体，存乎神韵而已"（《船山全书》，第739页）；"其高下正在神韵间耳"（《船山全书》，第878页）；"虚实在神韵，不以兴比有无为别"（《船山全书》，第1116页）。这些说法表明，如严羽将"气象"作为评诗的核心范畴一样，王夫之将"神韵"作为评诗的核心范畴。王夫之也主张"神"与"韵"分说。他说："杜得古韵，李得古神。神韵之分，亦李杜之品次也。"（《船山全书》，第951页）显然，神、韵相较，王夫之重神轻韵。王夫之评诗,还有"深达之至,别有神韵"(《船山全书》,第601页);"转速则气为之伤,而凄清之在神韵者,合初终为一律,遂忘其累"(《船山全书》,第542页);"一泓万顷,神韵奔赴"(《船山全书》,第1284页)。王夫之以"深达""凄清""奔赴"等词汇定义神韵,表明神韵观念内涵的多样性。

王夫之在《古诗评选》开篇评的第一首诗是汉高帝刘邦的《大风歌》。刘邦率兵击破淮南王英布叛乱之后,凯旋途经故里沛县,大宴乡亲,酒酣自歌:"大风起兮云飞扬,威加海内兮归故乡,安得猛士兮守四方。"[119]皎然《诗式》评此诗,仅两字:"气也。"[120]这是简评《大风歌》气势雄壮,以气胜。王夫之对《大风歌》的评语是:"神韵所不待论。三句三意,不须承传,一比一赋,脱然自致,绝不入文士映带。岂亦非天授也哉!"(《船山全书》,第483页)所谓"神韵所不待论",自然是肯定《大风歌》是极具神韵的。以"神韵"评气势雄壮的《大风歌》,表明王夫之的神韵观念是包含雄壮风格的。王夫之论诗,强调"势"。王夫之解释说:"以意为主,势次之。势者,意中之神理也。唯谢康乐为能取势,宛转屈伸,以求尽其意,意已尽则止,殆无剩语;夭矫连蜷,烟云缭绕,乃真龙,非画龙也。"[121]称"势"为"意中之神理",并且以真龙之态比喻诗中优势,王夫之的"势"的观念相近于刘勰风骨观念。刘勰认为,有风骨的文章,如鹰隼"翰飞戾天",若施以丹采,则如凤凰"藻耀而高翔"。在《姜斋诗话》中,王夫之说:

> 论画者曰:"咫尺有万里之势。"一"势"字宜着眼。若不论势,则缩万里于咫尺,直是《广舆记》前一天下图耳。五言绝句,以此为落想时第一义,唯盛唐人能得其妙。如"君家住何处?妾住在横塘。停船暂借问,或恐是同乡",墨气所射,四表无穷,无字处皆其意也。[122]

郭绍虞认为，王夫之论势，所谓"夭矫连蜷，烟云缭绕"，已有神韵的意思；这段借画势喻诗势的诗话，"而尤其与渔洋神韵之说相类似"，"渔洋论诗最推重白石言尽而意不尽之语，实则也即是咫尺有万里之势的意思"。[123]

王夫之的神韵观念，集中表现在他对陆云《谷风赠郑曼季》一诗的评论中。王夫之说：

> 四言之制，实惟《诗》始。广引充志以穆耳者，《雅》之徒也。微动含情以送意者，《风》之徒也……自汉以降，凡诸作者，神韵易穷，以辞补之。故引之而五，伸之而七，藏者不足，显者有余，亦势之自然，非有变也……入隐拾秀，神腴而韵远者，清河（陆云）而已。既不貌取列《风》，亦不偏资二《雅》，以风入雅，雅乃不疲；以雅得风，风亦不佻。字里之合有方，而言外之思尤远。[124]

"广引充志以穆耳"，指《雅》是规范、典雅的培养，即所谓"穆耳"；"微动含情以送意"，指《风》是性情、情趣的激发，即所谓"送意"。神韵是诗中内在的"自然之势"，不能依靠文辞充斥。"神韵易穷，以辞补之"，则必然造成"藏者不足，显者有余"的相反效果。王夫之认为，作诗欲得神韵深远，必须是《风》《雅》兼得，互为生机。"入隐拾秀"是对刘勰"隐秀说"的发挥。刘勰说："隐也者，文外之重旨者也；秀也者，篇中之独拔者也。隐以复意为工，秀以卓绝为巧，斯乃旧章之懿绩，才情之嘉会也。"（《文心雕龙·隐秀》）"入隐"，即意蕴深厚；"拾秀"，即文采斐然。王夫之认为，"入隐拾秀"即可达到理想的神韵境界，即"神腴韵远"。

"势之自然",是王夫之论"诗势"的着眼点。《古诗评选》说:"曲折不浮,鼓如巨帆因风,自然千里。"(《船山全书》,第698页)《唐诗评选》说:"其自然独绝处,则在顺手积去,宛尔成章。"(《船山全书》,第893页)《明诗评选》说:"看他一起一住,得自然之妙。"(《船山全书》,第1299页)王夫之所谓"势之自然",即刘勰所谓"自然之势"(《文心雕龙·定势》)。从刘勰到王夫之,对诗歌创作的"自然之势"的本体性强调,是从风骨论,经气象论,到神韵论一以贯之的诗学精神。"自然之势"的诗学精神,强调诗境的创作决定于诗人自我的情性铸造,主张任势自然,而不着意牵强。因此,"势"是"风骨"或"神韵"的基本体现。

五 "清远":一个后世学界附会王士禛的诗学观念

在清代,标举神韵论的代表人物是王士禛——他对神韵论推广的影响最大,但招致的批评也最多。清人赵执信撰《谈龙录》,指责王士禛的神韵说和"神韵诗""拘于所见""诗中无人"[125],激烈排诋王士禛。在《四库全书总目》中,永瑢为王士禛辩护说:"诗自太仓、历下以雄浑博丽为主,其失也肤;公安、竟陵以清新幽渺为宗,其失也诡。学者两途并穷,而不得不折而入宋,其弊也滞而不灵,直而好尽,语录史论,皆可成篇。于是士禛等重申严羽之说,独主神韵以矫之。盖亦救弊补偏,各明一义。"[126]据永瑢之论,王士禛诗学的主旨是"重申严羽之说,独主神韵",以矫正清初诗界以学宋诗为尚而导致的板滞之弊("滞而不灵,直而好尽")。应当注意的是,永瑢指出,清诗之弊又是以"雄浑博丽"之"肤廓"和"清新幽渺"之"诡幻"两途之困为背景。对王士禛诗学主旨的把握,永瑢的立论是切中肯綮的。这给予我们解读王士禛神韵诗论的重要启发是:应当在矫正"板滞""肤廓"和"诡幻"三弊的主旨下诠释神韵论。

在编选《唐贤三昧集》的次年，1689 年，王士禛撰《池北偶谈》。在这部杂记文集中，56 岁的王士禛对自己数十年诗学讨论集中进行了梳理。该书中的《神韵》一则说：

> 汾阳孔文谷云：诗以达性，然须清远为尚。薛西原论诗，独取谢康乐、王摩诘、孟浩然、韦应物，言"白云抱幽石，绿篠媚清涟"，清也；"表灵物莫赏，蕴真谁为传"，远也；"何必丝与竹，山水有清音""景昃鸣禽集，水木湛清华"，清远兼之也。总其妙在神韵矣。"神韵"二字，予向论诗，首为学人拈出，不知先见于此。[127]

孔天胤对薛蕙论"清远"诗话的引述，出自孔氏撰于 1564 年的《园中赏花赋诗事宜》。在该文中，孔天胤说：

> 诗以达性，然须清远为尚。西原薛子论诗，独有取于谢康乐、王摩诘、孟浩然、韦应物。言"白云抱幽石，绿篠媚清涟"，清也；"表灵物莫赏，蕴真谁为传"，远也；"非必丝与竹，山水有清音""景昃鸣禽集，水木湛清华"，清远兼之也。总其妙在神韵矣。[128]

将王士禛的《神韵》诗话与孔天胤此段文字比较，可以确认两点：其一，自"诗以达性"始，至"总其妙在神韵矣"止，除将"西原薛子"改为"薛西原"、"非必丝与竹"改为"何必丝与竹"外，王士禛完全是原文抄录孔天胤文字；其二，王士禛指出"'神韵'二字，予向论诗，首为学人拈出，不知先见于此"，这就是明确告知读者，他以"神韵"论诗，远在得知孔天胤相关文字之前，因此绝非来自孔天胤的启发和影响。[129]

孔天胤所引用的薛蕙论"清远"诗话，原载于《西原先生遗书》[130]，

系该书"论诗"一目中的第6则诗话,其原文如是:

> 曰清、曰远,乃诗之至美者也。灵运以之,王、孟、韦、柳,抑其次也。"白云抱幽石,绿筱媚清涟",清也;"表灵物莫赏,蕴真谁为传",远也;"岂必丝与竹,山水有清音","景昃鸣禽集,水木湛清华",清远兼之也。[131]

比较薛蕙、孔天胤和王士禛三人对这则诗话的叙述,可以看到他们之间的同异:其一,孔天胤忠实地转述了薛蕙以"清远"论诗的诗话,但是附加了"总其妙在神韵矣"一语作概括;其二,王士禛忠实地转述了孔天胤对薛蕙诗话的转述和概括;其三,薛蕙主张"曰清、曰远,乃诗之至美者也",孔天胤主张"诗以达性,然须清远为尚",两人论诗均推崇"清远"风格是无疑的;其四,王士禛转述孔天胤这段文字,旨在说明他标举神韵始于早年,而且是出于独自体悟、思考,晚年才从孔天胤文章中知道前人已有此说,对于薛、孔二人标举"清远"、孔氏以"神韵"论"清远",王士禛未予评议。

在《西原先生遗书·论诗》中,以"白云抱幽石,绿筱媚清涟"(谢灵运)为"清"的范例,所谓"清"是清幽、清丽的诗境;以"表灵物莫赏,蕴真谁为传"(谢灵运)为"远"的范例,所谓"远"是意隐趣妙的诗境;"何必丝与竹,山水有清音"(左思),"景昃鸣禽集,水木湛清华"(谢混),以此两联诗句为"清远兼之"的范例,所意指的则是景况清丽而意味幽妙的诗境。据此分析,薛蕙论诗,"清"的要义在于景况,而"远"之主旨在于意味,"清远兼之"则是清丽之景含蕴幽妙的趣味。就其举例而言,在薛蕙看来,左思、谢混诗"清远兼之",而谢灵运诗则"清""远"分野。"曰清、曰远,乃诗之至美者也。"薛蕙推崇"清""远"诗境,是以此两单字为评诗范畴,这就是孔天胤所转述的"诗须以清远为尚"。

王士禛论诗直接将"清""远"[132]并列,仅有一次,即在《居易录》中以"清真简远"评诗。他说:"杨梦山先生五言古诗清真简远,陶韦嫡派也。"[133]另外,他评诗还使用了组合词"清逸出尘""清迥自异""清新俊逸"等,其中的"逸""迥"可视为"远"的近义词或同义词。除这些为数不多的几次直接或间接"清""远"关联外,"清""远"两词分别使用,是王士禛论诗的普遍情况。此外,与薛蕙使用单字"清""远"分别作独立评诗范畴不同,王士禛评诗总是将此两单字运用于双字词中,比如:清丽、清新、清华、清婉、清峻、清拔、清挺、清深、清迥,淡远、浸远、闲远、虚远等。"清""远"相比,王士禛使用"清"字多于"远"字。更值得注意的是,清丽、清新、清华、清婉系列词组,意指的是雅致、婉约的诗境;而清峻、清拔、清挺、清警系列词组,意指的是挺峻、坚锐的诗境。但是,王士禛也使用"清新尖刻"和"清新绵婉"评诗,这意味着,"清新"可以与截然相反的风格融会,从而创造意蕴丰厚的诗境。王士禛诗论中的"清""远"概念,显然不是薛蕙和孔天胤的"清远"诗话所能概括的。

钱仲联说:"诗家言神韵,以王士禛之说为准则。其含义不外是'兴会神到'(《池北偶谈》),'得意忘言',有'味外味'(《香祖笔记》),'不着一字,尽得风流'(《诗品》),'色相俱空'(《分甘余话》),'神到不可凑泊'(《香祖笔记》)等。"[134]钱仲联此说的确汇集了王士禛论诗、评诗的常用话语。但是,在王士禛的诗论中,这些话语只是其用以表述作诗如何创造"神韵"的诗境,而非阐释"神韵"的含义。这些话语,"兴会神到""味外之味""不可凑泊""言外之意"等,尤其是"不著一字,尽得风流",王士禛将之纳入他一再宣称的"诗家三昧"。"吾所谓三昧者，以直臻诗家之上乘，宿世词客当不令辋川独有千古矣。"[135] 掌握了"诗家三昧"，作诗可达上乘，与王维（辋川）比肩。这是明确指出"三昧"是作诗的真诀或至高原则。

在《分甘余话》中，晚年王士禛与门人有一则问答。

> 或问"不著一字，尽得风流"之说。答曰：太白诗："牛渚西江夜，青天无片云；登高望秋月，空忆谢将军。余亦能高咏，斯人不可闻；明朝挂帆去，枫叶落纷纷。"襄阳诗："挂席几千里，名山都未逢；泊舟浔阳郭，始见香炉峰。常读远公传，永怀尘外踪；东林不可见，日暮空闻钟。"诗至此，色相俱空，政如羚羊挂角，无迹可求，画家所谓逸品是也。[136]

在这则诗话中，王士禛引用的两首诗是李白《夜泊牛渚怀古》和孟浩然《晚泊浔阳望庐山》。参照薛蕙的"清远"之说，以诗解诗，对李白、孟浩然这两首诗可以作这样的评说："牛渚西江夜，青天无片云"，近于"白云抱幽石，绿篠媚清涟"，可以说"清"，但不能说"远"；"挂席几千里，名山都未逢"，景象可说是"远"，但并非"表灵物莫赏，蕴真谁为传"之"远"；"明朝挂帆去，枫叶落纷纷"，或近于"水木湛清华"，但不谐于"景昃鸣禽集"；"东林不可见，日暮空闻钟"，或近于"山水有清音"，但与"何必丝与竹"韵致相殊。这就是说，这两首诗是不可以"清远"论评的。"诗至此，色相俱空，政如羚羊挂角，无迹可求，画家所谓逸品是也。"王士禛借这两首诗喻释司空图的"不著一字，尽得风流"诗论，着眼点并不在于诗境风格的"清远"与否，而在于李白和孟浩然尽管诗风殊异（在传统诗论中两人有"豪放"与"清淡"之别）却同样达到了诗歌表达的高度自然化（即严羽所谓"入神"），即"不落言筌""意在言外"的诗境创作。

李、孟的这两首诗，虽然是大轮廓的书写，但呈现的景象清晰明确，而且是有质感的。王士禛之所以将此两诗归结为"色相俱空""无迹可求"的"逸品"之作，用王夫之诗论所言，它们不仅是"情中景""景中情"，"情景妙合无垠"，而且是"心情兴会""神理凑合"的化工之作。王夫之说：

> 含情而能达，会景而生心，体物而得神，则自有灵通之句，参化工之妙。若但于句求巧，则性情先为外荡，生意索然矣。"松陵体"永堕小乘者，以无句不巧也。然皮、陆二子，差有兴会，犹堪讽咏。若韩退之以险韵、奇字、古句、方言矜其饾饤之巧；巧诚巧矣，而于心情兴会，一无所涉。适可为酒令而已。[137]

反对文字雕琢、作意取巧，主张会景生心、体物得神，正是王士禛张扬司空图"不著一字，尽得风流"的宗旨所在。所谓"唐人五言绝句，往往入禅，有得意忘言之妙"，又所谓"皆一时伫兴之言，知味外之味者当自得之"，再所谓"律句有神韵天然，不可凑泊者"等[138]，均是揭示作诗在写情状景中要以"自然兴会"为触机，"伫兴而就""偶然欲书"，从而使语言与性情、景物达到"神韵天然"的融洽。

在《跋门人程友声近诗卷后》中，王士禛说：

> 予尝观荆浩论山水，而悟诗家三昧矣。其言曰："远人无目，远水无波，远山无皴。"又王楙《野客丛书》有云："太史公如郭忠恕画，天外数峰，略有笔墨，意在笔墨之外。"诗文之道，大抵皆然。[139]

这则诗话，常被后世学者作为王士禛标举"清远"诗风的范例。然而，持此论的学者忽视了王士禛在《香祖笔记》中撰有一则以"不著一字，尽得风流"释王楙此说的诗话。王士禛说："《新唐书》如近日许道宁辈画山水，是真画也。《史记》如郭忠恕画，天外数峰，略有笔墨，然而使人见而心服者，在笔墨之外也。右王楙《野客丛书》中语，得诗文三昧，司空表圣所谓'不著一字，尽得风流'者也。"[140] 王楙借画喻史，王士禛借画喻诗，所谓"真画"，是指拘于史料或景物的史、诗；所谓"意在笔墨之外"，是指文与意高度统一、"不落言筌""神韵天然"的史、诗。因此，王士禛从荆浩山水画三远之说和王楙论郭熙（忠恕）画作"意在笔墨之外"所悟诗文之道（"诗家三昧"），其要旨不是关于诗歌风格，而是关于诗歌创作中文意关系。他所理想的诗作是文与意高度统一、从而达到"无迹可求"的化境。"拾筏登岸，禅家以为悟境，诗家以为化境，诗禅一致，等无差别。"[141] 所谓"拾筏登岸"，就是诗境对文字的超越，这就是"不著一字，尽得风流"。

在《书黄子思诗集后》中，苏轼说：

予尝论书，以谓钟、王之迹，萧散简远，妙在笔画之外。至唐颜、柳，始集古今笔法而尽发之，极书之变，天下翕然以为宗师，而钟王之法益微。至于诗亦然。苏、李之天成，曹、刘之自得，陶、谢之超然，盖亦至矣。而李太白、杜子美，以英玮绝世之姿，凌跨百代，古今诗人尽废；然魏、晋以来高风绝尘，亦少衰矣。李杜之后，诗人继作，虽间有远韵，而才不逮意。独韦应物、柳宗元，发纤秾于简古，寄至味于澹泊，非余子所及也。唐末司空图，崎岖兵乱之间，而诗文高雅，犹有承平之遗风。其诗论曰："梅止于酸，盐止于咸，饮食不可无盐、梅，而其美常在咸酸之外。"盖自列其诗之有得于文字之表者二十四韵，恨当时不识其妙，予三复其言而悲之。[142]

苏轼借书喻诗，以"远"立论，正非从诗境风格着眼，而是立意于诗人超越自由的胸襟，所谓"萧散简远，妙在笔画之外"。苏轼此论正可证明，王士禛借画喻诗，所倡导的"远"并非诗境风格，而是诗歌创作的高度自由和自然状态。正是在这种自由和自然状态下，诗歌创作成为"不著一字，尽得风流"的诗人生命展现。

以"远"论作文，始于刘勰。"文之思也，其神远矣。"（《文心雕龙·神思》）刘勰是从文（包含诗歌）的创作之道立意，其本于庄子之"神"论，故命名为"神思"。王士禛以"远"论诗文之道，从严羽而苏轼，由苏轼而司空图，源头在于刘勰。溯源于刘勰的"神思"论，不是从风格论，而是从创作论解读王士禛以"远"论诗，才是正确解读其神韵奥义之途。

六　"神韵"：王士禛对中国诗学本体的定型

在俞兆晟撰写的《渔洋诗话序》中，记载了王士禛晚年自述其诗学道路说：

> 少年初筮仕时，惟务博综该洽，以求兼长。文章江左，烟月扬州，人海花场，比肩接迹。入吾室者，俱操唐音；韵胜于才，推为祭酒。然而空存昔梦，何堪涉想？中岁越三唐而事两宋，良由物情厌故，笔意喜生，耳目为之顿新，心思于焉避熟。明知长庆以后，已有滥觞；而淳熙以前，俱奉为正的。当其燕市逢人，征途揖客，争相提倡，远近翕然宗之。既而清利流为空疏，新灵浸以佶屈，顾瞻世道，怃然心忱。于是以大音希声，药淫哇锢习，《唐贤三昧》之选，所谓

乃造平淡时也,然而境亦从兹老矣。[143]

从这则自述可见,王士禛青年时代"惟务博综该洽,以求兼长",中年经历了"耳目为之顿新,心思于焉避熟"的阶段,而晚年感知"清利流为空疏,新灵浸以佶屈","于是以大音希声,药淫哇锢习"。在青年、中年和晚年的三个阶段中,他先后经历了从崇摹唐诗的"韵胜于才",到仿袭宋诗的"笔意喜生",再到回归唐诗的"乃造平淡"。"《唐贤三昧》之选,所谓乃造平淡时也。"无疑,编选《唐贤三昧集》,是王士禛诗学走向完成、定型的一个转折点。这是康熙二十七年,公元1688年,王士禛55岁。

据王士禛自叙,他的诗学思想早年曾受钟嵘、司空图、姜夔、严羽、徐祯卿诸人影响。但在《唐贤三昧集序》中,他只引述了司空图和严羽两人的诗话,而且这两则诗话是他一再称引的。他说:

> 严沧浪论诗云:"盛唐诸人,惟在兴趣,羚羊挂角,无迹可求,透彻玲珑,不可凑泊,如空中之音,水中之色,镜中之象,言有尽而意无穷。"司空表圣论诗亦云:"味在酸咸之外。"康熙戊辰春杪,日取开元、天宝诸公篇什读之,于二家之言,别有会心。[144]

"于二家之言,别有会心",这表明了王士禛最终确认严羽和司空图两人诗论为自己诗学的理论前提。这个"晚年确认"的意义在于,王士禛梳理自己早年"惟务博综该洽,以求兼长"的学术吸收,对原来"兼收"的诗学理论做了甄别、取舍,从而准确定位自己的诗学根基、明确自己的诗学理路。因此,充分理解王士禛这个"晚年确认"对于正确把握他的神韵思想是非常重要的。然而,学界对此似乎没有意识。这是导致学界阐释王士祯神韵思想产生误解和偏执的原因之一。

在收录于《蚕尾集》、撰于57岁后的《鬲津草堂诗集序》文中,王士祯说:"唐有诗不必建安、黄初也;元和以后有诗,不必神龙、开元也;北宋有诗,不必李、杜、高、岑也……司空表圣作《诗品》,凡二十四,有谓'冲淡'者,曰:'遇之匪深,即之愈稀。'有谓'自然'者,曰:'俯拾即是,不取诸邻。'有谓'清奇'者,曰:'神出古异,淡不可收。'是品之最上乘者。"[145] 钱仲联认为,王士祯在这篇序的前半部分主张开放的诗史观,"士祯的参之宋、元以博其趣,并非排斥神韵。而只是扩大了神韵的范围,不拘于王、孟的古淡清音一路";但是,因为对于司空图的《二十四诗品》只标举"冲淡""自然"和"清奇",而不取"雄浑""沉着""劲健""豪放""悲慨"诸品,"于是,士祯晚年论神韵,又滑到了王、孟、韦、柳'不著一字,尽得风流'的一边去。"[146] 王士祯以"是品之最上乘者"论"冲淡""自然"和"清奇"三品,自然表现了对这三品的特别赞赏,也可以认为这三品最能体现"不著一字,尽得风流"的"诗家三昧"。但是,因此而认为王士祯不取"雄浑"诸品,并且"滑到了王、孟、韦、柳一边去",是片面的看法,与王士祯晚年诗论精神不符。

在晚年,王士祯诗学思想的一个重要转变,是对钟嵘论诗的批判性反思。在汇集其1695—1704年间文章的《蚕尾续集》中,王士祯在《诗品辩》说:

> 钟嵘《诗品》,余少时深喜之,今始知其踳谬不少。嵘以三品铨叙作者,自譬诸九品论人,七略裁士。乃以刘桢与陈思并称,以为"文章之圣"。夫桢之视植,岂但斥鴳之与鲲鹏耶?又置曹孟德下品,而桢与王粲反居上品。他如上品之陆机、潘岳,宜在中品;中品之刘

琨、郭璞、陶潜、鲍照、谢朓、江淹,下品之魏武,宜在上品;下品之徐幹、谢庄、王融、帛道猷、汤惠休宜在中品。而位置颠错,黑白淆讹,千秋定论,谓之何哉?建安诸子,伟长实胜公幹,而嵘讥其"以莛扣钟",乖反弥甚。至以陶潜出于应璩,郭璞出于潘岳,鲍照出于二张,尤陋矣,又不足深辨也。[147]

王士禛这篇评诗文章对钟嵘评诗论品做颠覆性的调整,并且以"乖反弥甚""尤陋矣"称钟嵘之论。他对于将刘桢与曹植并立,是完全不能接受的。在撰于康熙四十年辛巳(1701)的《香祖笔记》中,他也说:"古人同调齐名,大抵不甚相远。独刘桢与思王并称,予所不解……钟嵘又谓其'仗气爱奇,动多振绝;思王而下,桢为独步',殊似呓语。"[148]

在对钟嵘评品诗歌作否定性批评的同时,晚年王士禛特别申明他与严羽评诗的"不谋而合"。在撰于1689年的《池北偶谈》中,王士禛在"魏晋宋诗"一章说:

予撰五言诗,于魏独取阮籍为一卷,而别于邺中诸子;晋取左思、郭璞、刘琨为一卷,而别于三张二陆之属,陶渊明自为一卷;宋取谢灵运为一卷,附以诸谢。鲍照为一卷,附以颜延之之属:盖予之独见如此。偶读《严沧浪诗话》云:"黄初之后,唯阮公《咏怀》极为高古,有建安风骨。晋人舍阮嗣宗、陶渊明外,唯左太冲高出一时。陆士衡独在诸人之下。"又云:"颜不如鲍,鲍不如谢。"与予意略同。[149]

这则诗话,除了表示自己与严羽评诗旨趣相同外,王士禛还向读者透露了一个值得注意的消息:他与严羽有着共同的对"建安风骨"的推崇。

因为偏执于"王士禛论神韵,以清远为尚",今日学者普遍忽略他对雄壮诗风的肯定和推举。然而,晚年王士禛明确致力于阐发"幽淡"与"雄健"的内在统一。在1694年撰写的《芝廛集序》[150]中,61岁的王士禛记载了他与画家王原祁关于诗画的一则对话。王原祁系王士禛宗侄,时任礼科都给事中。两人对话摘录如下:

> (给事)又曰:凡为画者,始贵能入,继贵能出,要以沉着痛快为极致。予难之曰:吾子于元推云林,于明推文敏。彼二家者,画家所谓逸品也,所云沉着痛快者安在?给事笑曰:否,否。是以为古澹闲远,而中实沉着痛快,此非流俗所能知也。予曰:子之论画至矣。虽然,非独画也,古今风骚流别之道,固不越此……入之出之,其诗家之舍筏登岸乎!沉着痛快,非唯李、杜、昌黎有之,乃陶、谢、王、孟而下莫不有之。子之论,论画也,而通于诗矣。[151]

"是以为古澹闲远,而中实沉着痛快",王原祁以之论画,王士禛引以为论诗。王原祁认为"古澹闲远"是绘画给人的意象表现,而"沉着痛快"是绘画达到极致的内在精神,"始贵能入,继贵能出,要以沉着痛快为极致"。王士禛则将王原祁所论推进而言,"入之出之,其诗家之舍筏登岸"。"入之出之",即"始贵能入,继贵能出"。所谓"能入",即是深切的体验;所谓"能出",即是超越的感悟。"沉着痛快"是"能入能出"的极致境界,因此是一切诗歌最深刻内在的精神,不论风格悬殊,概莫能外。

在写于1697年的《跋陈说严太宰丁丑诗卷》一文中,王士禛说:"自昔称诗者,尚雄浑则鲜风调,擅神韵则乏豪健,二者交讥;唯今太宰说严先生之诗,能去其二短,而兼其两长。"[152]这里指出了雄浑与风调、神韵与豪健难以兼得,但并非不可兼得;其所推崇的是"能去其二短,而兼其两长"的诗作。因此,神韵不是专于幽淡而排斥豪健的[153]。郭绍虞说:"神韵也,风调也,二而一也。他便想于神韵风调之中,内含雄浑豪健之力,于雄浑豪健之中,别具神韵风调之致。这才是他理想的诗境,这才是所谓神韵的标准。"[154]在神韵风调与雄浑豪健,亦即古淡闲远和沉着痛快的内在统一中来理解王士禛的神韵观念,我们就可以理解正是出于晚年定型的神韵观念,他对钟嵘《诗品》作了批判性反思,也因此更明确了自己与严羽诗论的深刻一致性。王士禛在《芝廛集序》中借绘画谈诗,是与严羽在《答吴景仙书》中借书法谈诗一脉相承的。王士禛主张"是以为古澹闲远,而中实沉着痛快",正与严羽主张"既笔力雄壮,又气象浑厚"同旨趣。

对于王士禛晚年诗学思想具有纲领意义的论述,出现在《突星阁诗集序》中。据这篇序文叙述,并参照《王士禛年谱》[155]等文献,可定该文撰于1689年秋冬之际,时年王氏56岁。王士禛在该序文中说:

> 夫诗之道,有根底焉,有兴会焉,二者率不可得兼。镜中之象,水中之月,相中之色,羚羊挂角,无迹可求,此兴会也。本之《风》《雅》以导其源,溯之楚《骚》、汉魏乐府诗以达其流,博之《九经》《三史》、诸子以穷其变,此根底也。根底原于学问,兴会发于性情。于斯二者兼之,又斡以风骨,润以丹青,谐以金石,故能衔华佩实,大放厥词,自名一家。[156]

晚年论诗,王士禛力主兴会:"古人诗只取兴会超妙,不似后人章句,但作记里鼓也。""大抵古人诗画,只取兴会神到,若刻舟缘木求之,失其指矣。"[157]但是,王士禛的诗学理想,于作诗是根底与兴会兼得,于诗人则是学问与性情皆备。他晚年与学生问答时,说得更为明确。他说:"司空表圣云'不著一字，尽得风流'，此性情之说也；扬子云'读千赋则能赋'，此学问之说也。二者相辅而行，不可偏废。若无性情而侈言学问，则昔人有讥点鬼簿、獭祭鱼者矣。学力深始能见性情，此一语是造微破的之论。"[158] 以这则诗话，王士禛要求的是性情与学问"二者相辅而行，不可偏废"。"学力深始能见性情"，是提问的学生所言。王士禛特别嘉许，称之为"造彻破的之论"。因此，在倡导性情兴会的同时，以学问为根底，是王士禛神韵论的必有之义。赵执信及后世以"空寂""飘缈"定论"神韵"，显然是未见王士禛神韵论之"全龙"。

> 诗者，吟咏情性也，盛唐诸人，惟在兴趣；羚羊挂角，无迹可求。故其妙处，透彻玲珑，不可凑泊。如空中之音，相中之色，水中之月，镜中之象，言有尽而意无穷。[159]

对严羽这则诗话，王士禛分别使用了"妙悟"和"兴会"作界定。《池北偶谈》说："严沧浪《诗话》借禅喻诗，归于妙悟。如谓盛唐诸家诗，如镜中之花，水中之月，相中之色，镜中之象，如羚羊挂角，无迹可求，乃不易之论。"[160]《突星阁诗集序》说："镜中之象，水中之月，相中之色，羚羊挂角，无迹可求，此兴会也。"

宋人陈仁子说："兴趣云者，景物所触悠然入咏，若郢人操斤，不假锯削，自中规矩。"[161] 陈氏所释"兴趣"义，是与王士禛的"兴会"同义的。陈仁子的诠释揭示了严羽的"兴趣"概念的"兴会"义，王士禛则明确以"兴会"名之。后世学者论严羽诗话，绝少能以"兴会"义解其"兴趣"概念，而普泛以"兴致""情趣"释之，因此与其宗旨悖谬。王国维斥"沧浪所谓'兴趣'不过道其面目"，不仅误会严羽诗学之本，而且也是未明白其"兴趣"之特别义理。王士禛的"兴会"义是以刘勰"情往似赠,兴来如答"的兴会论为思想源头的。他所谓"只取兴会超妙""只取兴会神到"要义也正是着眼于往来赠答的"情兴所会"。进而言之,通过"妙悟"和"兴会"的同义共指,王士禛不仅给予严羽的"兴趣"概念以明晰厘定,而且将严羽所论"妙悟"义理定位于"兴象"层面,从而使"神韵"的义理获得更具内在意义的申明。[162]

王士禛承认作诗之道,有"兴会"与"根底"两个途径,但他的诗歌理想是"二者兼之"。在此基础上,他还提出了进一步的要求:"又斡以风骨,润以丹青,谐以金石,故能衔华佩实,大放厥词。""斡以风骨,润以丹青"[163],语出钟嵘《诗品·序》。古直指出:"《文心雕龙》特标《风骨》《情采》二篇,仲伟所云'风力''丹彩',盖彦和之'风骨''情采'也。"[164]刘勰论风骨,本就主张风骨与文采的统一。他说:"若风骨乏采,则鸷集翰林;采乏风骨,则雉窜文囿。唯藻耀而高翔,固文笔之鸣凤也。"(《文心雕龙·风骨》)因此,王士禛是借用钟嵘的语句表达刘勰的文义。此处"衔华佩实",也出自刘勰。刘勰说:"然则圣文之雅丽,因衔华而佩实者也"(《文心雕龙·征圣》)。这是最早将"衔华佩实"引入文论,并且作为文质相符的概念。"文质相符",是刘勰风骨论的根基。"刚健既实,辉光乃新。"(《文心雕龙·风骨》)在这里,所谓"实",就是风骨;所谓"辉光",即指"文采"。由此可见,王士禛神韵论,最终落脚到刘勰风骨论的根基上。

在1680年前后、近50岁撰写的《陶庵诗选序》一文中,王士禛概述自《诗经》至唐时李、杜、韦、柳诗史之后,说道:

> 综而论之,则刘勰所谓"结体散文,直而不野",汉人之作,复不可追;"慷慨磊落,清峻遥深",魏晋作者,抑其次也;"极貌写物,

穷力追新",宋初以还,文胜而质衰矣。昭明称陶诗跌宕昭彰,抑扬爽朗,莫之与京,故后之论者以为外枯中腴,未为知陶者也。[165]

这段综述文字,是对《文心雕龙·明诗》中自汉魏至晋宋诗史追述文字的缩写。刘勰评述两汉文章"结体散文、直而不野",建安诗人曹丕、曹植、王粲、徐幹、应玚、刘桢诸人"慷慨以任气,磊落以使才";称"嵇志清峻,阮旨遥深",又指宋齐时代"情必极貌以写物,辞必穷力而追新"[166]。对于王士禛此则诗话,有三点值得注意。第一,王士禛的"综论"不仅完全遵循刘勰《明诗》的思想、观念,而且还针对宋以还的"极貌追新"补充了一句"文胜而质衰矣"的贬斥性断语。补充此断语,表明了他对刘勰以文质统一为内核的风骨论的深刻认同。第二,王士禛以"慷慨磊落,清峻遥深"统论汉魏作者[167],对陈子昂的"汉魏风骨"概念的义指作了精要的诠释。刘勰论"风骨",要义是"文风清""骨髓峻",即所谓"风清骨峻"。"清峻遥深"实是"风清骨峻"的转语,虽语出于刘勰词语组合,王氏此说于"风骨"本义更为彰耀[168]。第三,王士禛赞萧统(昭明)评陶诗"跌宕昭彰,抑扬爽朗"之论,斥苏轼评陶诗"外枯而中腴,若淡而实美"[169]之论。王士禛取萧否苏,其评陶诗的立意不在于陶诗体貌风格,而在于陶诗的精神风骨。"跌宕昭彰,抑扬爽朗"之义,正合于"慷慨磊落,清峻遥深"之旨。因此,王士禛论诗标举神韵,实以刘勰风骨论为本义。

王士禛晚年论诗,即其神韵论思想成熟、定型期的诗论在向严羽定位的同时,是明确转入刘勰风骨论的思想轨道的,而且他所特别认同于严羽的也正是这个轨道上的思想拓展。因此,我们看到对中国诗歌本体的确立从风骨经气象而至神韵的一脉相承的轨迹。郭绍虞说:"一般人只以三昧兴象云云,为渔洋之所谓神韵,不免堕入空寂。"[170]所谓"三昧兴象",

也就是王士禛通常称引的严羽的"妙悟""入神"和司空图的"味外之味""象外之象"诸说。限于"三昧兴象",自然不能掌握王士禛神韵的基本精神,既不能从兴象与神韵的内外关系理解神韵,也不能理解神韵所蕴含的古淡闲远与雄浑豪健的统一。因此,论王士禛神韵说,只能看到"清远",甚至于堕入空寂。

吴调公说:"要明了神韵之于艺术,正可以借用歌德关于论艺术整体的名言。歌德认为,艺术'要通过一种完整体向世界说话',而这种完整体,不是纯粹客观自然的化身,它是作者用'一种丰产的神圣的精神灌注生气的结果'。"[171] 清人郑方坤评王士禛诗学说:"盖自来论诗者或尚风格,或矜才调,或崇法律,而先生独标神韵。神韵得而风格、才调数者悉举诸此矣。"[172] 郑氏的评论[173]是符合王士禛论诗宗旨的。

> 赵处女与勾践论剑术,曰:"妾非受于人也,而忽自有之。"司马相如答盛览曰:"赋家之心,得之于内,不可得而传。"云门禅师曰:"汝等不记己语,反记吾语,异日稗贩我耶?"数语皆诗家三昧。
>
> 《庄子》:"宋元君将画图,众史皆至,受揖而立,舐笔和墨。有一史后至者,儃儃然不趋,受揖不立,之舍。公使人视之,则解衣般礴臝。君曰:'可矣,是真画者也。'"诗文须悟此旨。[174]

总结王士禛的诗论,所谓"非受于人""得之于内""真画者"等诗文之道(诗家三昧),若从诗文的创作状态而言,是与"兴会神到"同义的;但是,王士禛借用这些喻说,更根本的目的是要申明"神韵"诗论,不仅不是立意于诗境风格(不是后世论者所附会于神韵论的"以清远为尚"!),而且也不是止于倡导以"兴会"(或"妙悟")为核心概念的诗作技巧。

王士禛标举神韵论，其宗旨是在筑建自风骨创始、经气象开拓、而以神韵定型的中国诗学之本。通过上下两篇的研讨，我们可以说，神韵作为中国诗学之本，其核心义理在于以性情与学问为两大资源培育并且内植于诗人心智的原创力和表现力。正因为是"内植"的，它是"非受于人"的，是"得之于内"的，是诗人内在生命本身的结晶（"真画者"）。

王士禛自述说："曹颂嘉祭酒常语余：杜、李、韩、苏四家歌行，千古绝调，然语句时有利钝。先生长句，乃句句用意，无瑕可攻，拟之前人，殆无不及。余曰：唯句句作意，此其所以不及前人也。四公之诗，如万斛泉源，不择地而出，行乎其所不得不行，止乎其所不得不止。余诗如《鉴湖》一曲，若放翁、遗山已下，或庶几耳。"[175] 王士禛以"万斛泉流，不择地而流"喻作诗，出于苏轼《文说》："我文如万斛泉源，不择地而出……常行于所当行，常止于不可不止，如是而已矣。"[176] 苏轼此说，则是本于刘勰论文章的"定势"之说。刘勰说："夫情致异区，文变殊术，莫不因情立体，即体成势也。势者，乘利而为制也。如机发矢直，涧曲湍回，自然之趣……譬激水不漪，槁木无阴，自然之势也。"[177] 自然之势，是诗人自我与世界的高度融合，也是诗人生命的高度自由。风骨、气象和神韵，根本在于此。

从刘勰倡导风骨、严羽标举气象、王士禛推崇神韵，我们应该认识到，中国诗学之本，既不是关于诗境风格，也不是关于诗作技巧，而是以诗人之为诗人（理想的诗人）的培养、升华为宗旨的。从刘勰风骨论讲"神思"，经严羽气象论讲"妙悟"，到王士禛神韵论讲"兴会"，一条根本的诗学路线是探寻和建构以"人"为本的诗学路线。正因为"人"的情性铸造，诗歌创作才成为文思奔放、神韵天然的"自然之势"。可惜，既往对"诗学之本"的研讨并未坚持遵循这个以人为本的诗学路线。这是本文的写作致力于纠正的严重偏失。

（原文分为上下两篇分别刊载于《贵州社会科学》
2021年第12期、2022年第1期）

注释

［1］王国维：《人间词话》，徐调孚、周振甫注，人民文学出版社，1960年版，第191页。

［2］同上书，第194、256页。

［3］严羽：《沧浪诗话》，何文焕辑，《历代诗话》下册，中华书局，1981年版，第668页。

［4］同上书，第685页。

［5］王国维：《人间词话》，第191页。

［6］孔安国：《尚书注疏》卷六，孔颖达疏，清嘉庆二十年南昌学府重刊宋本十三经注疏本。

［7］释吉藏：《中观论疏》卷三，民国四年金陵刻经处刻本。

［8］王夫之：《船山全书》第十四册，船山全书编辑委员会编，岳麓书社，1996年版，第1178页。

［9］同上书，第739页。

［10］同上书，第1298页。

［11］刘义庆：《世说新语笺疏》中册，刘孝标注，余嘉锡笺疏，中华书局，2015年版，第526页。

［12］沈约：《宋书》第一册，中华书局，2019年版，第1页。

［13］刘勰：《文心雕龙》，范文澜注，商周出版，2002年版，第498页。

［14］同上。

［15］杨伯峻：《春秋左传（修订本）》，中华书局，1990年版，第1106页。

［16］刘勰：《文心雕龙》，范文澜注，第498页。

［17］同上书，第501页。

［18］刘勰：《文心雕龙义证》，詹锳义证，上海古籍出版社，1989年版，第1058页。

［19］周振甫：《文心雕龙注释》，人民文学出版社，1981年版，第328页。

［20］郭绍虞：《中国文学批评史》，商务印书馆，2017年版，第325—326页。

［21］转引自周振甫著：《文心雕龙注释》，人民文学出版社，1981年版，第321页。罗宗强说，"风与气密不可分，故彦和谓：'情与气谐。'"。他论风骨而引刘桢与曹丕论气为例，正说明在他看来，风与气的不可分的关系。在解释彦和的风骨论时，此点深可注意。参见罗宗强《魏晋南北朝文学思想史》，中华书局，2019年版，第393页。罗说可谓对曹学伶说的阐发。

［22］刘勰：《文心雕龙》，纪昀评，上海古籍出版社，2015年版，第183页。

［23］黄侃：《文心雕龙札记》，上海古籍出版社，2000年版，第103页。

［24］刘勰：《文心雕龙》，范文澜注，第498、499页。

［25］同上书，第498页。

［26］同上书，第696页。

［27］同上书，第481页。

［28］同上书，第34页。

［29］同上书，第94页。

［30］同上书，第158页。

［31］同上书，第666页。

［32］同上书，第608页。

［33］同上书，第52页。

［34］同上书，第622页。

［35］郭绍虞：《中国文学批评史》，第143页。

［36］同上。

［37］陆机：《文赋集释》，张少康集释，人民文学出版社，2002年版，第36页。

［38］同上书，第89页。

［39］刘勰：《文心雕龙》，范文澜注，第480页。

［40］郭庆藩：《庄子集释》上册，王孝鱼点校，中华书局，2012年版，第124页。

［41］同上书，第639、657、152页。

［42］《周易·大畜·象辞》："大畜。刚健笃实，辉光日新。"《周易·同人·象辞》："文明以健，中正而应，君子正也。"见〔清〕李道平撰《周易集解纂疏》，中华书局，1994年版，第276、181页。

［43］刘勰：《文心雕龙》，范文澜注，第491页。

［44］同上书，第594页。

［45］同上书，第49、594、514页。

［46］美国学者刘若愚指出："文学的形上概念在刘勰的《文心雕龙》中表现得最透彻；此书是以中文讨论文学的著作中最博大精深的，完成于公元502年之前。"见〔美〕刘若愚《中国文学理论》，杜国清译，江苏教育出版社，2006年版，第29—30页。

［47］郭绍虞：《中国文学批评史》，第215页。

［48］周祖譔：《隋唐五代论文选》，人民文学出版社，1990年版，第70页。

［49］殷璠：《河岳英灵集》，傅璇琮等编，《唐人选唐诗新编》，中华书局，2014年版，第156、157页。

［50］同上书，第197页。

［51］郑玄：《易纬通卦验》，安居香山、中村璋八辑，《纬书集成》上册，河北人民出版社，1994年版，第191页。

［52］李道平：《周易集解纂疏》，第621—623页。

［53］王充：《论衡校注》，张宗祥校注，郑绍昌标点，上海古籍出版社，2010年版，第328页。

［54］李道平：《周易集解纂疏》，第566—567页。

［55］刘勰：《文心雕龙》，范文澜注，第580页。

［56］孙诒让：《周礼正义》第七册，王文锦、陈玉霞点校，中华书局，1987年版，第1843页。

［57］同上书，第1842页。

［58］宋人李仲蒙说："索物以托情谓之比，情附物者也；触物以起情谓之兴，物动情者也。"见〔宋〕胡寅《斐然集》卷十八，清文渊阁《四库全书》补配清文津阁《四库全书》本。

［59］刘勰：《文心雕龙》，范文澜注，第158页。

［60］同上书，第667页。

［61］陶渊明：《陶渊明集校笺》上册，龚斌校笺，上海古籍出版社，2019年版，第92页。

［62］刘勰：《文心雕龙》，范文澜注，第667页。

[63] 萧统：《六臣注文选》，李善等注，中华书局，2012年版，第946页。

[64] "兴会"一词，早出于《宋书·谢灵运传》，"爰逮宋氏，颜、谢腾声。灵运之兴会标举，延年之体裁明密，并方轨前秀，垂范后昆。"见〔梁〕沈约《宋书》第六册，中华书局，2019年版，第1945页。

[65] "兴寄"早出于东晋僧肇的《肇论》。"咸道人致，得君《念佛三昧咏》，并得远法师《三昧咏》及《序》。此作兴寄即高，辞致清婉，能文之士率称其美，可谓游涉圣门，扣玄关之唱也。"见〔东晋〕僧肇《肇论校释》，张春波校释，中华书局，2010年版，第144页。

[66] 李道平：《周易集解纂疏》，第562页。

[67] 李道平：《周易集解纂疏》，第605—606页。

[68] 同上书，第649页。

[69] 殷璠：《河岳英灵集》，第649页。

[70] 李道平：《周易集解纂疏》，第650页。

[71] 同上书，第558页。

[72] 殷璠：《河岳英灵集》，第186页。

[73] 王昌龄：《诗格》，陈应行编，《吟窗杂录》，明嘉靖崇文书堂刻本，第25页。

[74] 司空图：《二十四诗品》，何文焕辑，《历代诗话》上册，中华书局，1981年版，第38—44页。

[75] 严羽：《沧浪诗话》，第1497页。

[76] 杜甫：《杜诗详注》第四册，仇兆鳌注，中华书局，1979年版，第1731页。

[77] 萧统：《六臣注文选》，李善等注，中华书局，2012年版，第123页。

[78] 何文焕辑：《历代诗话》上册，第27页。

[79] 中华书局编辑部：《全唐诗（增订本）》第五册，中华书局，1991年版，第3786页。

[80] 刘勰：《文心雕龙》，范文澜注，第514页。

[81] 程颢、程颐：《二程集》上册，中华书局，1981年版，第60页。

[82] 周敦颐：《周元公集》卷六，宋刻本。

[83] 程颢、程颐：《二程外书》卷十，明弘治陈宣刻本。

[84] 何文焕辑：《历代诗话》，第432页。

［85］同上书，第 680 页。

［86］同上书，第 687 页。

［87］同上书，第 686—687 页。

［88］同上书，第 38—40 页。

［89］同上书，第 695、696、703 页。

［90］冯班：《严氏纠谬》，《钝吟杂录》卷五，清借月山房录钞本。

［91］吴乔：《围炉诗话》卷四，清借月山房录钞本。

［92］何文焕辑：《历代诗话》，第 696 页。

［93］同上书，第 687 页。

［94］同上书，第 707—708 页。

［95］郭绍虞：《中国文学批评史》，第 83 页。

［96］何文焕辑：《历代诗话》，第 699 页。

［97］刘勰：《文心雕龙》，范文澜注，第 498 页。

［98］何文焕辑：《历代诗话》，第 696 页。

［99］沈约：《宋书》第六册，中华书局，2019 年版，第 1895 页。

［100］释慧皎：《高僧传》，汤用彤校注，汤一玄整理，中华书局，1992 年版，第 343 页。

［101］刘义庆：《世说新语笺疏》下册，刘孝标校，余嘉锡笺疏，中华书局，2015 年版，第 810 页。

［102］谢赫：《古画品录·外二十一种》，上海古籍出版社，1991 年版，第 3—4 页。

［103］张彦远：《历代名画记》，浙江人民出版社，2019 年版，第 6 页。

［104］谢赫：《古画品录》，第 4 页。

［105］张彦远：《历代名画记》，第 16—17 页。

［106］钱锺书：《管锥编》第四册，生活·读书·新知三联书店，2001 年版，第 234 页。

［107］钱锺书：《谈艺录·补订本》，中华书局，1984 年版，第 41 页。

［108］郭绍虞：《中国文学批评史》下册，第 83 页。

［109］萧子显：《南齐书·文学传》，清乾隆武英殿刻本。

［110］程敏政：《新安文献志》卷九十四，清文渊阁《四库全书》本。

［111］耿定向：《耿定向集》上册，傅秋涛点校，华东师范大学出版社，2015年版，第93页。

［112］薛蕙：《西原先生遗书》卷下，嘉庆四十二年王廷刻本。

［113］孔天胤：《孔文谷集》第十三卷，张勇耀等点校，三晋出版社，2018年版，第243页。

［114］关于薛蕙《西原先生遗书》、孔天胤《园中赏花赋诗事宜》和《与胡庐山书》三个文献问世时间考辨，参见肖鹰《"神韵"进入诗学考源》一文，《光明日报》2021年9月17日"雅趣"版。

［115］耿定向：《耿定向集》上册，第93页。

［116］胡应麟：《诗薮》，上海古籍出版社，1979年版，第100页。

［117］陆时雍：《古诗镜》卷十九，清文渊阁《四库全书》本。

［118］王夫之：《船山全书》第十四册，船山全书编辑委员会，岳麓书社，1996年版，第579页。

［119］班固：《汉书》卷一，清乾隆武英殿刻本。

［120］释皎然：《诗式》，商务印书馆，1940年版，第14页。

［121］王夫之：《清诗话》上册，丁福保辑，上海古籍出版社，2015年版，第7页。

［122］同上书，第19页。

［123］郭绍虞：《中国文学批评史》，第553—554页。

［124］王夫之：《船山全书》，第590页。

［125］王夫之：《清诗话》，第318—319页。

［126］永瑢：《四库全书总目》卷一百九十集部四十三，清乾隆武英殿刻本。

［127］王士禛：《带经堂诗话》上册，戴鸿森校点，人民文学出版社，1963年版，第73页。

［128］孔天胤：《孔文谷集》，第243页。

［129］郭绍虞评论这则诗话说："（《池北偶谈》）书中引汾阳孔文谷说，论诗以清远为尚，而其妙则在神韵。《池北偶谈》之成书，在康熙二十八年，时渔洋已五十六岁，此在他选《唐贤三昧集》之后。若参以俞兆晟《渔洋诗话序》所言，则此神韵，实可视为晚年定论。"（见郭绍虞《中国文学批评史》下册，第559页）后世学者王小舒，则将郭绍虞的评说作了更为"明确"的推进。王小舒说："作者于这段话中正式提出了'神韵'二字，把它

作为论诗的核心观念,而且首次对之作出了解释。这段话里面借用了明代孔天胤、薛蕙的话语,其继承明代理论成果的地方是很明显的。但是,它又基本上代表了渔洋本人的思想。此段话语之所以重要,不仅在于作者以'神韵'二字涵盖全部诗学观点,还在于用'清远'这一概念来诠解神韵。"(见王小舒《神韵诗学》,山东人民出版社,2006年版,第305页)郭、王之论,显然违背王士禛《池北偶谈·神韵》章本义。

［130］王小舒、蒋寅等诸多学者主张"薛蕙首倡神韵说",并经孔天胤传播于王士禛等后世学者。这是一个缺少史实支持、而且明显错误的论断。参见肖鹰《神韵非神游》(《中华读书报》2021年11月24日"家园"版)一文对此论断的驳议。

［131］薛蕙:《西原先生遗书》卷下,嘉庆四十二年王廷刻本。

［132］以"清真简远"论诗,先见于明人姚西孟撰《文选集》卷五,明清閟全集本。

［133］王士禛:《带经堂诗话》上册,第64页。

［134］钱仲联:《王船山诗论后案》,《文艺理论研究》1980年第1期,第90—94页。

［135］王士禛:《带经堂集》卷九十二,清康熙五十年程哲七略书堂刻本。

［136］王士禛:《带经堂诗话》,第70—71页。

［137］王夫之:《清诗话》上册,第13页。

［138］王士禛:《带经堂诗话》上册,第69、71页。

［139］同上书,第86页。

［140］同上书,第85—86页。

［141］同上书,第83页。

［142］苏轼:《苏轼文集》第五册,孔凡礼点校,中华书局,1986年版,第2124页。

［143］王夫之:《清诗话》上册,第65页。

［144］王士禛:《带经堂诗话》上册,第97—98页。

［145］王士禛:《带经堂集》卷六十五,清康熙五十年程哲七略书堂刻本。

［146］钱仲联:《清人诗文论十一评》,《江苏师院学报(中国语文　政治教育版)》1962年第6期,第1—14页。

［147］王士禛:《带经堂诗话》上册,第58页。

［148］同上。

［149］同上书,第36页。

［150］据《居易录》记述，可定此文作于1694年（康熙三十三年甲戌）农历10月下旬。参见[清]王士祯《居易录》卷二十六，清文渊阁《四库全书》本。

［151］王士祯：《带经堂诗话》上册，第87页。

［152］同上书，第161页。

［153］《四库全书总目·精华录十卷》："士祯谈诗，大抵源出严羽，以神韵为宗。其在扬州作《论诗绝句》三十首，前二十八首皆品藻古人，末二首为士祯自述。其一曰：'曾听巴渝里社词，三闾哀怨此中遗。诗情合在空舲峡，冷雁哀猿和竹枝。'平生大指具在是矣。"（见[清]永瑢《四库全书总目》卷一百九十集部四十三，清乾隆武英殿刻本）足见王士祯此诗论，其诗旨是沉痛哀怨，自不可归于"清虚"或"清远"。

［154］郭绍虞：《中国文学批评史》，第568页。

［155］王士祯：《王士祯年谱》，孔言诚点校，中华书局，1992年版，第43页。

［156］王士祯：《带经堂诗话》上册，第78页。

［157］同上书，第68页。

［158］同上书，第822—823页。

［159］何文焕辑：《历代诗话》下册，第688页。

［160］王士祯：《带经堂诗话》上册，第65页。

［161］陈仁子：《牧莱胜语》卷七，清初景元钞本。

［162］在撰于1690年后的《梅氏诗略序》中，王士祯说："唐末五代诗人之作，卑下蒐琐，不复自振，非唯无开元、元和作者豪放之格，至神韵兴象之妙，以视陈隋之季，盖百不及一焉。"将"神韵"与"兴象"并举，表明对两个概念是有区分的。这与胡应麟将"兴象""风神"并举，称"风神兴象"相近似，两者的源头都在于殷璠的"既多兴象，复备风骨"之说。在"兴象"与"风骨"对举中，殷璠指出了"兴象"与"风骨"属于诗歌显与隐不同层面的区别。王士祯以"兴会"论诗，也是着眼于"兴象"的营造的。

［163］钟嵘：《诗品》，古直笺，许文雨讲疏，杨焄辑校，上海古籍出版社，2020年版，第2页。

［164］同上书，第9页。

［165］王士祯：《带经堂诗话》上册，第20页。

［166］刘勰：《文心雕龙》，范文澜注，第95页。

［167］据刘勰原文，王士祯所称"魏晋作者"，应是汉建安时期和魏正始时期的作者，即"汉魏作者"。

［168］晚年王士禛告诫门人说："作诗要清挺。纤巧浓丽，总无取处。"（见［清］王夫之《清诗话》上册，丁福保辑，上海古籍出版社，2015年版，第123页。）此"清挺"，当以"清峻遥深"释义。

［169］赵与时：《宾退录》卷六，宋刻本。

［170］郭绍虞：《中国文学批评史》，第570页。

［171］吴调公：《神韵论》，人民文学出版社，1991年版，第24页。

［172］郑方坤：《国朝名家诗抄小传》，钱仲联主编，《清诗纪事（四）》顺治朝卷，江苏古籍出版社，1987年版，第1995页。

［173］郑方坤此说法得到了后世翁方纲的呼应。翁方纲说："神韵无所不该……有于实际见神韵者，亦有虚处见神韵者，有于高古浑朴见神韵者，亦有于情致见神韵者，非可执一以名之也。"（见王镇远、邬国平编选《清代文论选（下册）》，人民文学出版社，1999年版，第587页）

［174］王夫之：《清诗话》上册，第182页。

［175］王士禛：《带经堂诗话》上册，第75页。

［176］陶秋英：《宋金元文论选》，卢行校订，人民出版社，1999年版，第174页。

［177］刘勰：《文心雕龙》，范文澜注，第514页。

文化整体主义：比较美学的陷阱

——以宗白华、方东美为例

在今日中国美学的话语体系中，中西艺术比较是一个具有基因意义的观念和课题——讲中国艺术，必须对着西方艺术讲。这个"基因意义"的成因，可以在19、20世纪之交中国文化的国际境遇中寻找。在中西交汇与冲突的复杂历史运动中，其成因是复杂的。

我们知道，美学作为一个学科概念，是由王国维在20世纪的第一个十年中引进中国的。但王国维持"学无中西"的普世文化立场，他没有为后世提供"中西艺术比较"的观念及论说。中西艺术比较的学术意识是由20世纪20—30年代留学欧美且回归中国的一代学人确立的，宗白华和方东美是两位旗帜性的人物。他们赴西方留学，受到西方传统与现代文化的冲突性影响，这为他们提供了"文化反流"的现代文化意识。他们在西方留学数年即归国，在20世纪西方反传统的潮流中获得了反观中国文化和艺术的灵感及学术资源。

首先，作为中西比较美学的两位奠基者，宗白华和方东美的文化比较意识是由德国哲学家斯宾格勒的《西方的没落》启发并确立的。与斯宾格勒一样，他们在坚持世界文化多元化的同时，坚持各文化的整体观。这种文化整体观的核心意义是：每种文化具有一个统一的文化心灵，这个文化心灵的意义决定了该文化统一的原始空间形式（原始象征），艺术就是这原始空间象征的具体表现。奉守这一由斯宾格勒确立的文化整体观，宗白华和方东美在中西艺术比较中将中国艺术与西方艺术视作两个对峙的文化整体板块的象征表现。

其次，他们对中国传统艺术的观念和判断，还受到费舍尔和比恩尼等20世纪早期研究中国古代艺术的汉学家的深刻影响与制约——这些汉学家的共同倾向是以奇观化的视角看待中国古代艺术，在他们的眼中，中国古代器物纹样全是飞动悦人之美。

再次，宗白华、方东美服膺柏格森—怀特海的生命主义—有机哲学，但缺少文化反思，错误地将作为现代西方自由主义精神奠基的柏格森生命主义与中国《周易》哲学的阴阳观念嫁接。

基于这三个基本原因，他们概括出所谓中国艺术是表现的、生命的、灵动的，西方艺术是再现的、数理的、静态的。他们对中西艺术的对比论断，不仅有悖于艺术哲学的基本原理，而且严重违背中西艺术的历史事实。

宗白华和方东美的中西艺术比较，对于过去八九十年间的中国美学和艺术研究产生了深刻影响。他们在跨文化艺术比较中的"中西对着讲"的比较原则，逐渐沉淀为一系列中西艺术比较的观念和范畴，为后世数代学人普遍援用。作为他们的后代学者，我们必须努力认识和充分肯定他们的学术贡献和文化价值。但是，在经历了一个多世纪的现代美学探索之后，作为他们的后代学人，在更为深广的学术背景上反思他们在20世纪初期的学术思想，推陈出新，同样是我们的学术使命应有之义。

一　奠基于斯宾格勒文化整体观的中西艺术比较

作为学科范畴的"美学"是由王国维在20世纪初年引进中国的。王国维没有比较美学的观念（立场）。在他的《孔子之美育主义》（1904）一文

中,在热切宣扬德人(叔本华、席勒诸人)的美学、美育思想的同时,却发感慨说:

> 呜呼!我中国非美术之国也!一切学业,以利用之大宗旨贯注之。治一学,必质其有用与否;为一事,必问其有益与否。美之为物,为世人所不顾久矣!故我国建筑、雕刻之术,无可言者。至图画一技,宋元以后,生面特开,其淡远幽雅实有非西人所能梦见者。诗词亦代有作者。而世之贱儒辄援"玩物丧志"之说相诋。故一切美术皆不能达完全之域。美之为物,为世人所不顾久矣!庸讵知无用之用,有胜于有用之用者乎?以我国人审美之趣味之缺乏如此,则其朝夕营营,逐一己之利害而不知返者,安足怪哉!安足怪哉!庸讵知吾国所尊为"大圣"者,其教育固异于彼贱儒之所为乎?故备举孔子美育之说,且诠其所以然之理。世之言教育者,可以观焉。[1]

在王国维如上感慨中,有两点值得注意。其一,他所主张的艺术(美术)和美育观,是超功利的,即由康德美学所确立的现代美学的艺术观,这个艺术观由席勒发展为以人的完整性为目标的自由游戏的美育观。其二,在这个超功利的美学-美育观下,他不仅痛斥异于"大圣"教育的"贱儒",而且做出"我中国非美术之国也""我国人审美之趣味之缺乏如此"的判断。在《〈红楼梦〉评论》(1904)中,他完全采用叔本华的禁欲主义美学观念评论《红楼梦》,认为"吾国人之精神,世间的也,乐天的也""此书之精神大背于吾国人之性质,及吾人之沉溺于生活之欲而乏美术之知识有如此也";"《红楼梦》一书与一切喜剧相反,彻头彻尾之悲剧也"[2]。20世纪初,作为引荐现代西方文化的人物,王国维的学术主张是跨文化的、普世性的,即所谓"学无中西"[3]。他1908年发表的《人间词话》，尽管采用了中国传统的诗话体裁，却明确援引席勒的人本主义美学—诗学理论作为美学思想，对中国传统诗学思想做了现代性转换，因此成为中国现代美学 - 诗学的奠基著作。[4]

王国维论中国文艺，只讲"一时代有一时代的文艺"，对诗、词、戏曲的评价，只在体裁兴衰的时代转换中作论述。他说："元曲之佳处何在？一言以蔽之，曰：自然而已。古今之大文学，无不以自然胜，而莫著于元曲……彼但摹写其胸中之感想，故谓元曲为中国最自然之文学，无不可也。"[5] 王国维称"元曲为中国最自然之文学"，但并不将这"自然"的判断上升到中西艺术（文学）的对比评价中。不以对比的眼光看待中西文艺，而是持普世的学术态度衡量古今文艺，这是王国维所主张的"学无中西"的学术原则所使然。

然而，历史进入 20 世纪 20 年代，这个时代对于中国文化具有两个重要的新契机。其一，伴随着第一次世界大战的结束，不仅斯宾格勒的《西方的没落》全本出版并流行，而且有怀特海的《科学和现代世界》（1925）等多种反思和批判西方近代科学文化的重要著作出现，使自 19 世纪末尼采开拓的从根本上怀疑和否定西方文化的学术思潮成为主流。其二，中国辛亥革命之后，赴欧美留学成为中国学界新趋势，进入 1920 年代，一批批年轻学子求学欧美并且陆续归国。与王国维在 20 世纪初的经历见闻大不同的是，宗白华、方东美等新一代中国学子见识的是"畅论欧洲文化的破产，盛夸东方文化的优美"的时风。[6] 这个新的见识，启示了他们不同于王国维对中西文化的态度和评价，并且抱持"寻出新文化建设的真道路来"的使命和向往。宗白华说：

> 我以为中国将来的文化决不是把欧美文化搬了来就成功。中国

旧文化中实有伟大优美的，万不可消灭。譬如中国的画，在世界中独辟蹊径，比较西洋画，其价值不易论定，到欧后才觉得。所以有许多人，到欧美反而"顽固"了，我或者也是卷在东西对流的潮流中，受了反流的影响了。但是我实在极尊崇西洋的学术艺术，不过不复敢藐视中国的文化罢了。并且主张中国以后的文化发展，还是极力发挥中国民族文化的"个性"，不专门模仿，模仿的东西是没有创造的结果的。但是现在却是不可不借些西洋的血脉和精神来，使我们病体复苏。几十年内仍是以介西学为第一要务。[7]

"中国旧文化中实有伟大优美的，万不可消灭""中国的画，在世界中独辟蹊径"，主张中国以后的文化发展，还是极力发挥中国民族文化的"个性"，"模仿的东西是没有创造的结果的"，这些观点和主张，是与王国维20世纪初的文化观念完全不同的。

在《西方的没落》中，斯宾格勒表达的文化-历史哲学观是各种文化之间不可通约的差异性。他认为每一种文化都具有审视和掌握属于其自身的"那个作为自然的世界"（the world-as-Nature）的完整独特的途径，具有其他文化不能准确掌握的独特形式，因而在更高的层次上，具有其独特的历史。[8]进而言之，斯宾格勒认为，文化作为其所属的文化心灵整体的表现，产生并奠基于其特有的原始象征，即其原始空间形式。他将这种原始空间形式的意识觉悟作为各文化整体产生和个体产生的标志。根据他所定义的不同原始空间形式，斯宾格勒划分并界定了古典文化、浮士德文化和以阿拉伯文化为代表的神秘文化。他说：

> 每种文化都设置了它自己的物理进程的图像，这些图像仅对于它自身具有真实性，而且只有当它生活着的时候才具有活力。古典文化

的"自然"只有在裸体雕像中才找到它的最高程度的艺术表现,而且从中产生出形体的静力学,一个"近"的物理学。阿拉伯文化只能用清真寺的阿拉伯模式和其洞穴式的穹顶来表现……而浮士德文化自然观的产物则是一个无限扩张的动力学,一个"远"的物理学。因而,物质和形式的概念属于古典文化,具有可见或隐秘属性的实体观念属于阿拉伯文化(非常斯宾洛莎式),而强力和体积的观念属于浮士德文化。[9]

斯宾格勒认为,每一种文化如一个自然人一样,都必然经历出生、成长、成熟和没落的历程。在这个文化历史观下,"西方的没落"揭示西方文化现在进入浮士德文化高度发展(扩张)之后的衰竭期。他将古典文化、埃及文化、印度文化、巴比伦文化、中国文化和西方文化进行平行比较,旨在展示西方文化独属于西方人的世界史画面,而非着眼于为"西方文化没落"唱挽歌。值得注意的是,斯宾格勒认为他的多元文化比较观念是对既往的西方文化优越论的"哥白尼式革命"——他否定任何文化优越论。[10]

宗白华和方东美均服膺斯宾格勒的文化-历史哲学及其文化差异论,并以之作为他们中西比较美学的理论基础。宗白华在《介绍两本关于中国画学的书并论中国的绘画》(1932)一文中说:"现代德国哲学家斯宾格勒(O. Spengler)在他的名著《西方文化之衰落》里面曾经阐明每一种独立的文化都有它的基本象征物,具体地表象它的基本精神。在埃及是'路',在希腊是'立体',在近代欧洲文化是'无尽的空间'。这三种基本象征都是取之于空间境界,而它们最具体的表现是在艺术里面。埃及金字塔里的甬道、希腊的雕像、近代欧洲的最大油画家伦勃朗(Rembrandt)的风景,是我们领悟这三种文化的最深的灵魂之媒介。"[11]方东美在《生命情调与美感》（1931）一文中多处直接或间接引述斯宾格勒《西方的没落》的重要论述并表示赞同。他说："每种民族各有其文化，每种文化又各有其形态，吾人苟欲密察一种民族文化之内容，往往因中外异地、古今异时，不能尽窥其间所蕴蓄之生命活动及其意向。无已，则唯有考核其文化符号之性质而征知其意义焉。空间者，文化之基本符号也，吾人苟于一民族之空间观念彻底了悟，则其文化之意义可思过半矣。"[12] 方东美这段论述来自《西方的没落》英文版第1卷第176页，是对其中段落的英译汉和概括改写，而其原文是斯宾格勒关于文化差异与象征理论的结论性表述。

斯宾格勒给予作为西方文化原始象征的浮士德空间意象的描绘是："一个无限的人类聚合体，在一无涯的河流中涌流；上游是一个黑暗的过去，在其中，我们丧失了确定的时间感，无休止的幻想联结到那些隐匿着一个永恒不解之谜的地质时代；下游是一个如此黑暗而没有时间的未来。这就是人类历史中的浮士德画面的基底。"[13] 这个浮士德画面恰成为宗白华和方东美借以对照并彰显中国艺术的幽妙而且完美的"基底"。宗白华说：

> 中国人不是像浮士德"追求"着"无限"，乃是在一丘一壑、一花一鸟中发现了无限，表现了无限，所以他的态度是悠然意远而又怡然自足的。他是超脱的，但又不是出世的。他的画是讲求空灵的，但又是极写实的。他以气韵生动为理想，但又要充满着静气。一言蔽之，他是最超越自然而又最切近自然，是世界最心灵化的艺术（德国艺术学者 O. Fischer 的批评），而同时是自然的本身。表现这种微妙艺术的工具是那最抽象最灵活的笔与墨。笔墨的运用，神妙无穷，也是千余年来各个画家的秘密，无数画学理论所发挥的。[14]

斯宾格勒指出:"对于中国觉醒的意识,天和地构成宇宙的两半,它们不是相互对立的,而是相互映照的图像。在这幅画面中,既不存在神秘的二元论,也不存在浮士德主动强力的统一。在两种原理的无限互动中,生成获得展现,即阴与阳不被认为是极端性的而是周期性的……这一切都被集中于这个基本概念:道。在人之中的阴阳冲突就是他生命之道;他身外的精灵云聚之经纬就是自然之道。世界拥有道,只要它拥有节拍、节奏和周期性。"[15]宗白华将中国绘画的基本特征设定在《周易》的阴阳哲学基础上,并且强调中国绘画的主题就是"生命的节奏"或"有节奏的生命",很显然是受到斯宾格勒对中国文化精神的简略概述的影响。[16]

宗白华将中国艺术(绘画)的空间界定为一个"生命的节奏"的空间,并认为这是一个"似乎主观而实一片客观的全整的宇宙";与之相对,他认为西方艺术(绘画)的空间是一个由实相组合的几何空间,并认定其"貌似客观实颇主观的境界"。他的理由是,西方艺术不仅受制于数理几何,而且采取一固定的、对立平视的立场看待对象;而中国艺术不仅突破数理几何的束缚,而且以超然自由的立场观照自然整体。在主观与客观、主客对立与主观统一、科学态度与生命同情诸二元对立下,宗白华不仅对中西艺术做出了风格对立的评述,而且做出了价值高下的评判。他认为,西方绘画,无论希腊古典绘画,还是文艺复兴绘画,都以正面对立的态度"暗示着物与我中间一种紧张,一种分裂,不能忘怀物我,浑化为一",巴洛克艺术"更是驰情入幻,炫艳逞奇,摘葩织藻,以寄托这徬徨落漠、苦闷失望的空虚";"而中国人对于这空间和生命的态度却不是正视的抗衡,紧张的对立,而是纵身大化,与物推移"。[17]当然,宗白华在中西艺术对比中所表现的价值对比判断显然与斯宾格勒的文化多元平行差异观相左。

相比于宗白华对中西艺术作品做有限的对比分析,方东美对中西艺术的认知和概括,更加笼统抽象,在其论著中通常是在不做任何分析的前提下对两种文化作出二元对立的"比较"论断。正是在这种抽象笼统的文化整体比较中,方东美"发现"了中国艺术对立于西方艺术的文化精神资源,他说:

> 要之,中国人是有史以来所有民族中,最能生活在盎然趣机之中的,所以最能放旷慧眼,流眄万物,而与大化流行融镕合一。又因我们深悟广大和谐之道,所以绝以不恶性二分法来看自然;我们与自然一向是水乳交融,毫无仇隙的,所以精神才能自由饱满,既无沾滞,更无牵拘,如此以盎然生机点化一切,自感内心充实欢畅无比,所谓"超以象外""得其环中",自能冥同万物,以爱悦之情玄览一切。[18]

如这段引文,方东美使用情感色彩强烈、语调高亢的词汇,并且以全称判断论断中西艺术特征和精神。在他高度重复形容词而缺少义理的论断中,除了感受到其极度渲染的"文化对比"激情外(例如,他所谓的"最能……"种种),很难捕捉到中国艺术精神和特性之真义何在。准确地讲,方东美在坚持文化整体观和中西文化二元对立的前提下,其所谓中西艺术比较不过是将艺术作为简单表述他的文化精神对立观的抽象术语。在贯彻斯宾格勒的文化整体主义立场上,方东美比宗白华更加简单、抽象和极端。

斯宾格勒说:"风格并不是随波逐流之物。它不是创作这些风格的艺术家的个性、意志或观念,相反,风格塑造了艺术家这个类型。"[19]宗白华、方东美的中西艺术比较观是完全信奉斯宾格勒这个文化哲学理论的,他们将"中国艺术家"视为一个单一化的整体,与同样视之为单一化整体的"西方艺术家"作比较,自然免不了得出以偏概全的结论。从其文章具体叙述来看，两人（尤其是宗白华）对于中西艺术各自内部的差异性和多样性并非完全不了解。但是，在"文化整体"这个大观念的桎梏下，他们一旦进入比较立论的语境中，就将中西文化的多样性和差异性简单抹杀了。

斯宾格勒虽然主张文化整体观，但他不仅将西方文化分为古典文化与现代文化，即希腊文化与浮士德文化两个阶段，而且在浮士德文化中也细分了哥特式、文艺复兴和巴洛克三个阶段，肯定它们的相互差异。他将达·芬奇、米开朗琪罗和拉斐尔三人归为文艺复兴的"制胜者"，但对三者的精神目标和艺术理想都有深刻的剖析和区别。拉斐尔以壮丽的线条在他的形式世界达到了艺术的最高可能（轮廓将作品的全部内容纳入自身），米开朗琪罗追求不断将生命逼进一个死亡的形式世界，而达·芬奇则感觉到一个未来的新的形式世界。[20]宗白华、方东美在使用诸多中国艺术家作案例表述中国艺术的美学精神和特征的文章中，缺少对他们的多样性和差异的剖析，而是将他们熔铸为一个整一的文化铁板，因此使所评述的中国艺术家的精神面貌笼统抽象并趋于同质化。

二 "动"的迷信与"静"的错置：对西方艺术的割裂

在《论中西画法的源渊与基础》（1934）一文中，宗白华将中西绘画的不同境界（空间意象）总结为：

（一）中国画所表现的境界特征，可以说是根基于中国民族的基本哲学，即《易经》的宇宙观：阴阳二气化生万物，万物皆禀天地之气以生，一切物体可以说是一种"气积"（庄子：天，积气也）。这生生不已的阴阳二气织成一种有节奏的生命。中国画的主题"气韵生动",就是"生命的节奏"或"有节奏的生命"。

（二）西洋绘画的境界，其渊源基础在于希腊的雕刻与建筑（其远祖尤在埃及浮雕及容貌画）。以目睹的具体实相融合于和谐整齐的形式，是他们的理想……近代绘风更由古典主义的雕刻风格进展为色彩主义的绘画风格，虽象征了古典精神向近代精神的转变，然而它们的宇宙观点仍是一贯的，即"人"与"物"，"心"与"境"的对立相视。[21]

在这篇文章的标题下，宗白华专门注释说："德国学者菲歇尔博士（Dr. Otto Fisher）《中国汉代绘画艺术》一书，极有价值。拙文颇得暗示与兴感，特在此介绍于国人。"[22] 费舍尔（菲歇尔）此书通过对数十幅汉代绘画作细节的分析和阐释，揭示出"汉画的真正主题"是作为具体物象之内在本质、真实生命的无限的运动和节奏。他说：

汉代绘画是一种纯粹的对象性表现艺术。其主要表达手段是线条，主要兴趣在于运动。其对象是神话和历史、教益性寓言和现实生活、妖魔鬼怪与真实动物、植物与风景。它展现了惊人的清晰观察力和奇妙的创造能力。汉代绘画以线条描绘，将轮廓曲线和身体的透视收缩以如此精确的方式概括为线性的公式，以至于达到了塑造独特形象的程度。它创造了一种封闭内部空间的透视表现，其原理是俯视和斜向平行透视。它还熟悉根据深度缩小物体的表现手法。

特别是这些画作的风格，无限的自由创作的丰富多样性，无处不在地展现出来。用暗示性的轮廓语言，概括出每个动物的独特本质以及它们瞬息的动作，用简洁的线条公式表达出来，完全是中国式的。它完全融入到汉代绘画的整体画面中，是其重要组成部分。我们甚至在汉代中国艺术及其影响的东亚艺术中,直到最晚的时期,都能找到对动物生命的这种最内在的感受,捕捉其最轻盈的动作,这在不断涌现的新作品中得以延续。汉代绘画为这一切奠定了基础。[23]

宗白华在中西艺术比较的系列文章中强化并充分发挥了费舍尔对中国汉画的"动"和"线"的两个特征的论述,并且视之为中西对比中的中国绘画艺术的基本特征。他认为,中国画的特点应当在中国古代的钟鼎彝器盘鉴的花纹图案及汉代壁画中寻找。他说:

> 在这些花纹中人物、禽兽、虫鱼、龙凤等飞动的形象,跳跃宛转,活泼异常。但它们完全溶化浑合于全幅图案的流动花纹线条里面。物象融于花纹,花纹亦即原本于物象形线的蜕化、僵化。每一个动物形象是一组飞动线纹之节奏的交织,而融合在全幅花纹的交响曲中。它们个个生动,而个个抽象化,不雕凿凹凸立体的形似,而注重飞动姿态之节奏和韵律的表现。这内部的运动,用线纹表达出来的,就是物的"骨气"(张彦远《历代名画记》云:古之画或遗其形似而尚其骨气)。骨是主持"动"的肢体,写骨气即是写着动的核心。中国绘画六法中之"骨法用笔",即系运用笔法把捉物的骨气以表现生命动象。所谓"气韵生动"是骨法用笔的目标与结果。[24]

这是宗白华中西艺术比较和论中国绘画非常具有代表性的一段话,在多篇文章中多次重复,文字虽有差异,但基本意思不变。

与宗白华一样,方东美也是在 20 世纪初期多位东方学研究专家的"启发"下,认识并推崇钟鼎彝器盘鉴的花纹图案对于中国绘画及美学的独特价值。他说:"值得注意的是,中国人自古以来,即对生命有特别的尊重：像仰韶文化中，白陶上的血红线条，夹于两行线中，即所以象征生命的畅然流行与盎然创意。又如殷墟安阳出土的骨器玉器，其上线条美也在表现同气化运、频率相等、周始无穷的生命流行。"[25] 在《中国人生哲学》第六章"艺术理想"中，方东美举出了J. G. Anderson、B. Kenlgren、H. Rydh、O. Siren、O. Fisher、L. Binyon六位西方学者对中国古代艺术的生命意识和意象的特别发现，并说道："中国艺术家正因能参赞化育，与此宇宙生命浑然同体，浩然同流，所以能昂然不朽于美的乐园之中。综观中国艺术，即使在技术'语言'的系统中，不论色彩、线条、轮廓、音质、距离与气韵，也都在尽情地表达这种宇宙观念，'它是对其整体性的一种观点，也是对人类私欲偏见的一种超脱，对精神怡然自得的一种提升'。"[26] 方东美这段对中国艺术的"技术语言系统"的综述是对比尼恩（L.Binyon）文字的概述，结尾一句则直接引用比氏文句。

值得注意的是，宗白华、方东美受其深刻影响并着重引用的这批20世纪早期汉学家对中国古代钟鼎彝器盘鉴的解读偏向于外观、器形的审美——装饰风格，而且普遍激赏这些古代器物图形的"华美"与"活力"。中国现代考古学奠基者李济说："以往研究中国青铜器的学者们完全迷醉于这些礼器的华丽，无暇去思考这些古物可能有着相对朴实的历史。但是中国的青铜业，如同任何的工艺及制度一样，不是天赐的；它是逐渐地生长起来，又一步一步发展下去的。至少现代的考古学证明正是如此。"[27] 费舍尔和比尼恩正是李济所批评的"迷醉于这些礼器的华丽"的汉学家，他们是以一种跨文化猎奇的态度和兴趣审视中国古代艺术图像（图纹）。比恩尼说：

> 早期青铜器压倒性的特征是它们表现的厚重和强力，然而它们的曲线的活力同时令人注意。我要指出的是，赋予中国图案普遍特征的

是对作为生命展示的运动的喜好。我们看到,当艺术家不是创作一个圆体形式而是做平面设计时,无论绘画、石刻、漆艺,还是浅浮雕造型,这个特征尤其突出。至少,从汉代以来,在公元纪年开端,中国设计都具有这个特征。形式充满生气运动,线条奔跃、涌流。[28]

中国青铜时代跨越1500年(前2000—前500),经历夏、商、周三代。对于这1500年中青铜造型风格的演变,汉学家高本汉(B.Karlgren)将之分为古典式、中周式与淮式三个时期,汉学家罗越(Max Loehr)则将之分为连续发展的"五式"。高本汉的分类是以青铜器的纹饰主题作依据的,罗越则以青铜器的纹饰图样为依据。这两种分别以主题和纹样为研究依据的分类法曾经引起长期争议。张光直倾向于高本汉的三段式分类法,主张将商周青铜时代分为古典时期、中周时期和晚周时期。与高罗二人不同的是,他坚持宗教和政治对青铜器纹样设计和制造的主导作用,青铜器三期风格的演变基于商周时代宗教和政治观念的演变。张光直认为,在青铜器中动物纹样占据主体地位,它们以饕餮为代表,是人神交通的神异动物。从商代到战国,人对神异动物的态度经历了从敬畏到挑战的转换,表现在青铜器的纹样上,一是作为主要动物纹饰的饕餮纹从古典时代的兴盛到晚周时代的衰微;二是动物纹饰在风格上逐渐丧失了早期的"神秘""神奇""生动""有力""感人"的气质,不再具有"令人生畏"的感觉,丧失了它们从神话中得来的强大力量。他说:

> 我想如说在较早期的神话中人对动物的态度为密切、尊敬与畏惧,恐怕是不中亦不远的。在东周时代的神话,这种态度不复为支配的态度。这时,动物不但不复为祖先诞生的帮忙者,且成为降祸于人世的恶魔,或为祖先英雄所驱除斩擒以立功勋的敌人。这些英雄之

中之最熟知的,是羿,羿不但斩除地上吃人的蛇兽,且射了日中的金乌,因而解除了尧时的一大旱灾。[29]

与张光直的"宗教、政治决定风格"的立场不同,罗越持一种技术—自律的立场。他说:"对装饰风格材料的研究不能单独依靠题材而必须考虑器物的整体效果。这个效果依靠下面因素:器物的形状、装饰(组合题材、题材形式、题材的布置)和技术特征。然而,一种风格一旦被确认,即使是一个碎片或细节(作为一个有机组合的整体的部分)就可以充分展示它的(历史)位置。"[30]罗越对安阳青铜器纹样风格的分类建立在纯粹客观、技术解析的立场上。他精细选择20件青铜器分成5组,以之为典范归纳出5种风格范式。他以型态、形制、纹样、构图等物质和技术性的因素作器物风格分类,以一种近于科学检测的理性态度界定这五种风格,不仅摒弃了张光直所要求的"宗教、政治和艺术统一"的原则,还实质性地将高本汉的题材原则摒弃了。在评析第三风格的图8时,针对那些难以辨识描绘物象的纹样,他说:"这些纹样是自由创作,是由规范性的线性图案构成。这样的图案不呈现而在最好情况只是暗示现实。"[31]值得注意的是,基于他的纯纹样的风格观,罗越也摒弃了青铜器鉴赏具有情感价值的审美判断,他不像比恩尼那样对青铜器纹样风格作宏观统一的审美判断,而只使用诸如垂直、水平、对称、均衡等形式美学范畴;他不会使用"生动""优雅""愉悦"这样的情感性形容词。他1953年设计的五范式分类法中的前三类风格由数年后郑州地区的考古发现所印证。追随费舍尔和比尼恩,宗白华和方东美当然不会理会罗越式的客观、理性的青铜风格论。

在此需要指出的,对动物纹样和植物花纹进行抽象和夸张表现,以形成飞动旋转的动势,是古代文明普遍的艺术形式。古代埃及艺术造型以几何抽象和高度对称为主要特征，但是在现存的中王朝和新王朝时期的神庙和陵墓中的雕绘却具有大量气势撼人的飞动纹样和线描。在希腊古代文明中，克里特和迈锡尼两个时代的陶艺和壁画也以线纹飞旋为普遍形式语汇。中国佛教艺术中的"飞天"造型，虽然以西亚佛教艺术为近亲，其真正的始祖则是公元前 5 世纪流行的希腊胜利女神雕像。[32] 为什么跨文化的古代文明普遍采用飞动线纹？这绝不是宗白华、方东美所津津乐道的抽象的"生命精神象征"，而是以原始宗教精神，即对超自然力的神秘崇拜为基本动机的——这也是张光直从殷周青铜器动物纹样"令人生畏"的审美特征中发现的造型动机。李济指出古代器物"有着相对朴实的历史"，意义正在于此。

将西方艺术视作几何的、静态的形式，宗白华对西方绘画持有一个支持性论断，即古希腊雕塑的形体意识决定了后世西方绘画的形体观和空间结构。他说：

> 西洋自埃及、希腊以来传统的画风，是在一幅幻现立体空间的画境中描出圆雕式的物体。特重透视法、解剖学、光影凸凹的晕染。画境似可走进，似可手摩，它们的渊源与背景是埃及、希腊的雕刻艺术与建筑空间。[33]

宗白华认为，作为雕刻的对象，人体是"具体而微、近而静"的，因此本于雕塑的绘画艺术"进一步研究透视术和解剖学自是当然之事"。基于这种对希腊雕塑和西方绘画的认识，宗白华自然认为西方绘画的空间是一个无机的数理空间，而"近而静"的人体则如立体圆雕一样被设置在"透视的建筑空间"中。宗白华作出这个"移雕塑入绘画"的西方绘画史判断的时候，忽视了绘画在西方艺术史成为主导性艺术门类是 15 世纪文艺复兴运动的历史产物，而不是简单地从所谓绘画模仿雕塑而来。

绘画在文艺复兴运动中超越其他艺术成为一个旗帜性的艺术门类，与这场开拓了现代西方文明的文化运动对科学、自然和人文观念的确立和发展密切相关。更准确地讲，以科学和人文作支柱的新兴的"自然"观念，奠基并推动了15世纪下半叶至19世纪上半叶400年间西方绘画的主流化运动。正是在这个意义上，"自然"，而不是任何范本或其他艺术形式成为绘画的第一教师。阿尔伯蒂在其为西方画论的奠基专著《论画》（1435）中说："让我们永远从自然中获取我们想要绘画的一切"；数十年后，达·芬奇在《笔记》中重申了这一主张。达·芬奇说："画家最好的办法永远是向自然求教。"[34] 他们都反对以模仿既往大师的作品及其风格作为学画之道，主张以细致观察和用心思考去研究自然是学习绘画的首要和根本途径。他们分别建议使用透明纱榻或透视玻璃观看景物，以获得对形体透视规则的认知，但他们从未建议将雕塑作为绘画训练的基本方式。

阿尔伯蒂和达·芬奇都视绘画为最高的艺术。阿尔伯蒂在明确指出绘画是艺术之花的前提下，承认绘画与雕塑同源，是被相同的天才哺育的。"但是，我将永远偏爱画家的天才，因为它追求迄今为止最高超的技艺。"[35] 达·芬奇对绘画与雕塑做了专门比较，他认为绘画比雕塑需要更多的思想和技巧，是更加神奇的艺术，"事实上，绘画具备无限的可能性，这是雕塑不能驾驭的"[36]。而关于这一点，宗白华说：

> 当时大天才（画家、雕刻家、科学家）达·芬奇（L. da Vinci）在他著名的《画论》中说："最可夸奖的绘画是最能形似的绘画。"他们所描摹的自然以人体为中心，人体的造像又以希腊的雕刻为范本。所以达·芬奇又说："圆描（即立体的雕塑式的描绘法）是绘画的主体

与灵魂。"达·芬奇这句话道出了西洋画的特点。移雕刻入画面是西洋画传统的立场。[37]

在这段引文中，宗白华所译为"圆描"（即立体的雕塑式的描绘法）的单词，达·芬奇《笔记》原文为意大利语"rilievo"。现代英语一般使用"relief"翻译达·芬奇《笔记》中的"rilievo"。作为一个艺术学术语，"relief"主要含义是"浮雕"，亦指广义的"雕像"。但是，在意大利文艺复兴艺术语境中，"rilievo"是一个绘画术语，而不是一个雕塑术语。对于阿尔伯蒂和达·芬奇，"rilievo"就是画家在二维平面上创造三维图像。阿尔伯蒂认为这是画家必备的艺术能力，达·芬奇则认为这是绘画艺术高于其他艺术形式的伟大奇迹，所以他说："这 relievo 是绘画最重要的因素和灵魂。"（This relief is the most important element in the soul of painting.）[38] "relievo"（relief）被联系于雕塑并且最终成为一个流行的雕塑分类术语"浮雕"，是16世纪中期以后的现象。[39]宗白华将达·芬奇使用的"rilievo"译为"圆描（即立体的雕塑式的描绘法）"，这无疑是援用"relief"的后于文艺复兴艺术的现代艺术学术语含义。

绘画为何并且如何在二维平面上创造三维图像，即使图像从平面上凸现出来？阿尔伯蒂和达·芬奇都认为对物体明暗（光线和阴影）的研究和运用是在平面上投射物体的立体形象的基本技术。"rilievo"就是制造绘画物体在平面上呈现的体积感（volume）。他们都认为，体积感的程度越高，画家的绘画技艺就越高。掌握明暗技术，把握物像的光、影，既是绘画训练的基础，同时又是难度极高的技能。阿尔伯蒂认为，一个绘画学生在不能直接从自然学习掌握物像的光影的前提下，可以借助一个平庸的雕像做视觉训练——因为雕像具有比必然自然物像（尤其是人体）更好的稳定感。但是，达·芬奇明确反对绘画向雕塑学习明暗技术，从而掌握

"rilievo"。他说:"光和影在雕塑中是重要的事物,但是,就是在这些事物中,雕塑家依靠自然,而且只能产生自然存在的 rilievo。画家凭借他的艺术才能,依据其存在于自然的可能场景,艺术性地创造 rilievo。"[40]达·芬奇明白,画家无论多么有才能和多么努力,绝不可能在画面上完全实现物像在自然中的"rilievo",而雕塑却自然地达到了它的"rilievo"。然而,对于达·芬奇,这不是雕塑的优势,正好是它低于绘画的原因——因为它只是依赖自然,而不是凭借心智的优越和勤奋达到目的。正是在这个意义上,达·芬奇在歌颂绘画是科学的同时,坚决否定雕塑是一门科学,并轻蔑地认为它是一种主要依靠体力的技能。

然而,针对于阿尔伯蒂和达·芬奇扬绘画、贬雕塑,米开朗琪罗却表达了雕塑高于绘画的观念。在著名的《致 Benedetto Varchi》(1547)中,米开朗琪罗说:

> 我认为,绘画的精妙是与它的立体感相当的。而雕塑的失败则与其表现出绘画效果相配。我曾经认为雕塑是绘画的明灯,两者之间的区别正如太阳与月亮的区别。我现在阅读了你以哲人的智慧写作的著作,你指出,目的相同的事物具有同等价值。我改变我的看法,现在我认为,绘画和雕塑是同样的事物,更为尊贵者则在于更敏锐的判断、操作的更大难度、更严格的限制和更艰巨的工作。[41]

尽管米开朗琪罗对自己扬雕塑、贬绘画的观点有所缓和,但他针对达·芬奇的态度是非常明显的——不言而喻的是,米开朗琪罗批评达·芬奇所代表的对雕塑的艺术性和艰巨与难度缺少理解。米开朗琪罗首先以雕塑名世,而且是文艺复兴时期无与伦比的伟大雕塑家。在他继《西斯廷穹顶画》之后的《最后的审判》中,耶稣的画像造型明显受到《贝尔韦德里的阿波罗》的影响，而圣巴多罗买（Saint Bartholomew）的造型则是以收藏在梵蒂冈博物馆中的《贝尔韦德里的躯体》为原型。因此，称米开朗琪罗"移雕塑入绘画"是有据可依的。

但是，同样作为文艺复兴时期最杰出的艺术大师，关于绘画与雕塑的观念，米开朗琪罗与达·芬奇是针锋相对的，以米开朗琪罗的个案认定文艺复兴绘画是"移雕塑入绘画"是不能成立的，更遑论对西方绘画作"移希腊雕塑入绘画"的普遍判断。进而言之，达·芬奇对雕塑的贬抑自然不能排除他作为文艺复兴最伟大的画家（肖像画家）的个人认同，但是，他的创作和理论都证明了一个基本的西方艺术史事实：从古希腊到文艺复兴，造型艺术的一个革命性变化就是绘画取代雕塑成为旗帜性的艺术形式。

黑格尔在《美学讲演录》中将艺术史分为象征艺术（古代埃及代表）、古典艺术（古代希腊代表）、浪漫主义艺术（文艺复兴以来的现代西方代表）。黑格尔认为，雕塑是古典艺术的典型形式、绘画是浪漫主义的典型形式。雕塑以形体与精神的和谐为要义，绘画则超越形体而深入精神的表现。达·芬奇强调绘画的科学性和精神性，认为绘画高于雕塑正在于它需要更高度的精神创造性。这是符合西方艺术的历史演变历程的。宗白华称"西方绘画是移希腊雕塑入绘画"，完全忽视了文艺复兴引导的西方造型艺术的深刻变革。这不仅是历史事实的忽视，更是艺术理论的误解。

因为强调空间几何性和形体雕塑化，宗白华在中西绘画对比中否定西方绘画对"动"的研究和追求，认为西方绘画是"死"的空间和"静"的形象。这显然不符合西方艺术史变化丰富的历史事实。就理论而言，西方绘画理论的开山鼻祖阿尔伯蒂在为透视法奠基的《论画》中，就非常明确地指出："画家必须完整了解身体的运动，我相信这是他可以运用高超的技艺从自然中获得的。极其困难的是,将几乎无限的心理活动与身体运动的变化多样协调一致。"[42]作为他的继承者,达·芬奇在其《笔记》中留下了极其丰富的对人体运动的研究和图例。达·芬奇说:"在绘画中最重要的考虑是,每个人物的运动要表现他的心理状态,如欲望、轻蔑、愤怒、怜悯,等等。""最值得称赞的形象是通过它的动作最好地表现其情感,而其情感赋予它生气。"[43]对于阿尔伯蒂和达·芬奇,人体绝不是一个"近而静"的固定的形体,而是一个具有丰富变化的心灵活动的运动变化的生命体。在《论画》中,阿尔伯蒂将"historia"作为绘画的最高理念,"在画家的作品中'historia'是最重要的元素"。"historia"蕴含并赋予绘画作品描绘景物的独特丰富的人文内涵。[44]

在中西艺术比较中,宗白华认为西方艺术基于数理和谐与几何透视,就必然失于有机生趣,而造成主客对立和紧张抗衡。这个判断忽视了自古希腊以来西方艺术史的历史阶段性和多样性。透视学及几何透视在15世纪上半期才得以建立,它们普遍运用并主导西方绘画构图则始于15世纪下半期的文艺复兴时代,而至印象派运动就遭遇挑战和瓦解——透视技法统治西方绘画不过400年,绝不能代表西方2500—3000年绘画史的全部。即使同样以透视作为构图的基本原则,文艺复兴绘画与巴洛克绘画也具有不同的空间意向。潘诺夫斯基认为,对于绘画,透视并非是一个抽象、客观的几何学法则,而是一种"象征形式"。他说:"因而有理由指出,对透视意义的解释,文艺复兴完全不同于巴洛克,意大利完全不同于北方:在前者中,更为基本的感受是表达非常普遍、客观的意义;在后者中,则是其更主观的意义。"[45]沃尔夫林对文艺复兴和巴洛克两种风格绘画的研究得出的结论是,两者之间产生了从线性绘画风格到图像性绘画风格的转变。线性绘画风格着眼于物象轮廓和封闭形体的描绘,追求对具有物理触感的事物的把握,而图像性绘画风格更趋向于绘画图像的视觉印象——

为了单纯的视觉印象而牺牲物理触感,因而更趋向于主观感受。沃尔夫林说:"对于古典观照,本质存在于固定、持续的形象,这形象是由最高程度的限定性和圆整的明确性来界定的;对于绘画性观照,生命的兴趣和保证存在于运动中。"[46]他认为古典(线性)绘画与图像性绘画的区别,是眼睛与视觉、嘴唇与呼吸的区别。相对于古典的文艺复兴绘画具有触感、完整独立的形象,巴洛克的形体在呼吸,整个画面充满着运动。

中国绘画没有形成西方文艺复兴确立的数学几何意义的透视法,但是也并非如宗白华所主张的"中国画的透视法是提神太虚,从世外鸟瞰的立场观照全整的律动的大自然"[47]。宋代画家郭熙总结出山水绘画透视的"三远法"。他说:

> 山有三远。自山下而仰山颠谓之高远,自山前而窥山后谓之深远,自近山而望远山谓之平远。高远之色清明,深远之色重晦,平远之色有明有晦。高远之势突兀,深远之意重叠,平远之意冲融而缥缥缈缈。其人物之在三远也,高远者明了,深远者细碎,平远者冲淡。明了者不短,细碎者不长,冲淡者不大,此三远也。[48]

此三远分别以仰望、平视和俯瞰三种视角观察和构图。宗白华所讲的"从世外鸟瞰的立场观照"源自宋代沈括所提出的"大都山水之法,盖以大观小,如人观假山耳"[49]。这只是郭熙所指的"深远",即仅是郭熙所论"三远"之一。以郭熙的画作对照其理论,"三远"并非本于"提神太虚",而是来自切实的观察和细致的构思。郭熙说:"学画花者以一株花置深坑中,临其上而瞰之,则花之四面得矣。学画竹者,取一枝竹,因月夜照其影于素壁之上,则竹之真形出矣。学画山水者何以异此?盖身即山川而取之,则山水之意度见矣。真山水之川谷,远望之以取其深,近游之以取其浅；真山水之岩石，远望之以取其势，近看之以取其质。"[50] 从郭熙此论可知，中国古代画家观物的立场，是视景物的属性而多样变化的，观花俯瞰，观竹对照，观山水则"身即山川而取之"，亦如《易传》所谓"仰观俯察，远近取譬"，而非一味独作"提神太虚，以大观小"姿态。

郭熙明确指出，绘画描绘的景物不同，学画的方式和描绘视角也须相应改变。观山水远近不同，则获得深浅、势质的区别。郭熙"身即山川而取之"明确指出了对自然的深入观察和细心体会的绘画原则。"三远"正是基于观察自然和绘画提炼而确定了高远、深远和平远三种不同视角所形成的自然空间体验和描绘，即透视感。"高远之色清明，深远之色重晦，平远之色有明有晦"，这是兼论光线透视与空气透视；"高远之势突兀，深远之意重叠，平远之意冲融而缥缥缈缈"，这是论几何透视或物理透视。郭熙的"三远法"与西方透视的空气、光线和几何透视三原则并无二致——如果不要求严格的数学几何尺度。"透视"，无论是否严格几何化，均是在一定立场从而采取"主客对立"的视角。因为不是严格的几何透视，我们或可说郭熙的"三远法"比西方透视更具有主观性，但是因此即在中西对比的意义上称中国画或"三远法"是"主客交融"既不合乎郭熙之意，也不符合五代、两宋山水绘画史实。

宗白华在对西方艺术作整体评价的时候，就绘画而言，主要针对15世纪后期的高度文艺复兴绘画，摒弃了之前的拜占庭绘画和之后的巴洛克艺术，因为前者绝非透视构图，后者是却以"动"而非"静"为旨趣。作为巴洛克绘画的代表性人物，卡拉瓦乔的绘画和鲁本斯的绘画自然不是高度文艺复兴绘画精神和风格所能涵括的，他们的图像无论是空间视觉，还是图像造型，都超出和谐与均衡所能规范的运动形式。然而，更重要的是，不仅属于高度文艺复兴的提香的绘画已经将"呼吸"与"运动"的强力作为画面构成的主要动力,文艺复兴三杰之一的米开朗琪罗也早在 16 世纪初期就以他的《西斯廷天顶画》和《最后的审判》打破了古典的和谐与明晰,赋予画面震撼动荡的气势。

宗白华认为"西洋画在一个近立方形的框里幻出一个锥形的透视空间由近至远,层层推出,以至于目极难穷的远天""中国画则喜欢在一竖立方形的直幅里,令人抬头先见远山,然后由远至近,逐渐返于画家或观者所流连盘桓的水边林下"。[51] 追随斯宾格勒,宗白华举伦勃朗的画作为西方绘画"追寻空间的深度和无穷"的代表。[52] 但是,以风景画论,"流连盘桓的空间"与"目极难穷的远天"作对比,当以北宋范宽的《溪山行旅图》、郭熙的《早春图》与 17 纪法国画家克劳德·诺兰(Claude Lorrain)所创作的风景画模式作比较则更为典型。然而,如果将米开朗琪罗的《最后的审判》、拉斐尔的《变形》和提香的《圣母升天图》作为西方绘画的案例,与范宽、郭熙的画作比较,就难以得出西画是"一个锥形的透视空间由近至远"的结论,而不得不承认西画的空间也具有运动视觉,观赏视线也是高下远近、往返运动的。基于观念、视角和手法的深刻差异,英国艺术史家肯尼斯·克拉克(Keneth Clark)将西方风景画分为象征性、事件性、幻想性和理想性四大类,作为乔尔乔纳(Giorgione)古典诗意画派的追随者,诺兰的风景画只属于理想性风景画一类。[53] 在四类风景画中,如果说理想性风景画基本遵循透视原则、以平视的视角构造一个"由近及远的锥形空间",那么,象征性、事件性和幻想性风景画则不在平视 – 透视视角的限制中,构图和视角变化多端,而且不乏采取"提神太虚,从世外鸟瞰"立场的作品。宗白华对中西绘画空间的对比论断显然不符合历史事实。

透视法是从一个观察位置聚焦于一个视点的视觉(vision)技术。几何透视给予绘画一种普遍和可重复的呈现景物的方法。但是，这种方法并不具有所谓"主客对立"的客观性和绝对性。因为不仅视点和距离的选择是主观决定的，而且即使在设定距离和视点条件下，画家仍然有无限多样的选择性和变换可能。换言之，透视法提供了一种图像和空间描绘方法，但不可能决定绘画的图像和空间呈现。透视法的非确定性不仅可以从文艺复兴到巴洛克艺术的转变见出，同时可以在文艺复兴绘画内部见出。以达·芬奇、米开朗琪罗和拉斐尔三位大师为例，我们可以看到三人各自不同的画作，都充分展示出他们并未使透视法成为规范他们绘画创作的戒律，而是自由运用多样变化的手法。柏格森说：

> 画家站在画布前，颜料放在调色盘中，模特就坐——这一切我们都看到，而且我们也知道画家的风格：我们能预测画布上将出现什么吗？我们掌握这个问题的要素；我们在抽象的意义上知道它将怎么解决，因为画家确实将呈现这个模特的形象，也确实将表现画家的风格。但是，这个问题的具体解决所产生的不可预见之"无"才是一个艺术作品中真正的一切。[54]

郑燮有一段与柏格森意思相通的话。他说："江馆清秋，晨起看竹。烟光、日影、露气皆浮动于疏枝密叶之间。胸中勃勃，遂有画意。其实胸中之竹并不是眼中之竹。因而磨墨展纸，落笔倏作变相，手中之竹又不是胸中之竹也。意在笔先者定则也，趣在法外者化机也，独画云乎哉！"[55]柏格森所指出的艺术创作中"产生的不可预见之'无'"，如同郑燮所指出的"手中之竹"，是艺术家生命整体的创作产品，即作品整体。"无"即不可规定和限定的"趣在法外者化机也"。这是一切真正的艺术创作所共同追求并且是一切原创艺术必然具有的基质。

对于这"无"的艺术灵质，宗白华、方东美当未及会心。

三 从生命主义到阴阳之道：文化错位的中国艺术论

宗白华、方东美从柏格森那里获得了生命哲学的观念，从而"反流"以中国古代文化为世界独具生命精神的文化，一个相应的工作就是将儒道释等诸家观念铸造为一个整体的"中国文化心灵"。他们两人不约而同地将这个文化心灵的始基定位在《周易》哲学的阴阳之道。然而，在中国文化历史运动中，以儒、道、释为代表的多元文化精神，真的可与"生命"甚至"阴阳之道"统一起来吗？尽管宋明理学曾试图以"三教合一"实现孔孟儒学的一统天下，但是，历史的张力运动并没有给予一个肯定答案。当然，在宗白华和方东美的观念中这并不是一个需要探究的问题。他们抓住了两个龙头，一是"生命"，一是"阴阳"，就认定这种斯宾格勒式的文化心灵统一是自然而且必然的。

方东美从生命主义立场出发，以直言判断的方式看到了儒道两家的根本统一：从道家看来，生命在宇宙间流行贯注着，是一切创造之原，而大道弥漫其中；在孔子看来，宇宙之所以伟大，即在大化流衍，生生不息，天是大生之德。[56] 在方东美看来，《易传》的"一阴一阳之谓道"和"生生之谓易"两个命题正是中国哲学（生命）精神的核心概括。他早年的《生命情调与美感》（1931）和晚年的《中国人的人生观》的第六章"艺术理想"（1957），都将《易传》中的这两个命题作为中国文化生命精神的核心要义反复推崇。如果说前者还着重于对《易传》阴阳、生息观念的阐述，那么后者则是连篇累牍陈述其"昭昭朗朗，弥纶天地"的宏义，并以此"昭示"他所主张的"中国艺术的根本特性"或"积健为雄的艺术精神"。方东美说：

> 要之，深远敦厚的仁心昭昭朗朗，弥纶天地，其中生生不息的自由精神更是驰骤奔放，芳菲蓊勃，蔚成诗艺般的化境，举凡理智之饱满清新、思想之空灵活泼、幻想之绮丽多采、情韵之雄奇多姿，莫不都在此中充分表露，了无遗蕴，所以才能美感丰赡，机趣灿溢，包天含地，浩荡充周，这些深微奥妙之处书不尽言，言不尽意，只能透过艺术而曲为表达，挚情入幻，这就是中国艺术的根本特性。[57]

与方东美一致，宗白华也将中国文化的哲学精神在儒道会通的前提下归结为《周易》哲学的阴阳之道。他说："中国人的最根本的宇宙观是《周易传》上所说的'一阴一阳之谓道'。我们画面的空间感也凭借一虚一实、一明一暗的流动节奏表达出来。"[58]这个以《周易》为宗源的"中国文化观"作为核心观念和基本精神贯穿了20世纪20年代以后宗白华论中国艺术（美学）的全部论著。在持续强化表达"阴阳节奏"时空观的前提下，宗白华更将"舞"作为中国文化心灵与艺术表现的核心意象。他说：

> 中国画，真像一种舞蹈，画家解衣盘礴，任意挥洒。他的精神与着重点在全幅的节奏生命而不沾滞于个体形象的刻画。画家用笔墨的浓淡，点线的交错，明暗虚实的互映，形体气势的开合，谱成一幅如音乐如舞蹈的图案。物体形象固宛然在目，然而飞动摇曳，似真似幻，完全溶解浑化在笔墨点线的互流交错之中！[59]

> 人类这种最高的精神活动，艺术境界与哲理境界，是诞生于一个最自由最充沛的深心的自我。这充沛的自我，真力弥满，万象在旁，掉臂游行，超脱自在，需要空间，供他活动（参见拙作《中西画法所

表现的空间意识》。)于是"舞"是它最直接、最具体的自然流露。"舞"是中国一切艺术境界的典型。[60]

针对方东美和宗白华将中国艺术精神（特征）界定为基于《周易》哲学的"与生命的普遍流行浩然同流"和"飞动摇曳，似真似幻"之"舞"，有两个基本问题需要探讨：第一，以绘画而言，"舞"真是中国艺术境界的典型或区别于西方艺术的基本特征吗？第二，《周易》哲学的"阴阳之道"是否蕴含着宗白华、方东美津津乐道的"生生不息的自由精神"和"最自由最充沛的深心的自我"？

"中国画，真像一种舞蹈，画家解衣盘礴，任意挥洒。"这所谓"绘画之舞"或"舞之绘画"，是自唐宋以来关于绘画的一种具有广泛影响的画史叙事。"画家解衣盘礴"源自《庄子》外篇《田子方》："宋元君将画图，众史皆至，受揖而立；舐笔和墨，在外者半。有一史后至者，儃儃然不趋，受揖不立，因之舍。公使人视之，则解衣般礴臝。君曰：'可矣，是真画者也。'"据检索，"画图"二字首见于汉人王充《论衡》，而非先秦用语，以故这则故事不仅绝非庄子所撰，而且也非汉代以前人氏所撰。这则汉人撰写故事显然是模仿《庄子》内篇的"庖丁解牛"寓言。庖丁解牛技艺高超，"合于桑林之舞，乃中经首之会"，以此而言，或可以"舞"喻神化之技。然而，即使庖丁技艺已达神化之境，其解牛活动仍然是："依乎天理，批大郤，导大窾，因其固然""每至于族，吾见其难为，怵然为戒，视为止，行为迟，动刀甚微"。"依乎天理"且不免"怵然为戒"，即使以庖丁之技，也非全然以"舞"可概括之。

在中国画史叙事中，唐代画师吴道子与张璪可视为"解衣般礴臝"之"真画者"的典型。吴道子观斐旻舞剑而"援毫图壁，飒然风起，为天下之壮观"，张璪"投笔而起，为之四顾，若雷雨之澄霁，见万物之情性"，可以作为绘画之"舞"的壮景。但是，这"舞"的典型只是中国古代画史的一面。在中国最早的画史和画论著作《古画品录》中已记载顾骏之"结构层楼以为画所，风雨炎燠之时，故不操笔；天和气爽之日方乃染毫"。这种追求清明宁静的绘画场景和身心状态，自然不可以率性随意之"舞"作典型。顾骏之作画状态，并非孤例。郭思忆父亲郭熙作画情景说道：

> 凡落笔之日，必明窗净几，焚香左右，精笔妙墨，盥手涤砚，如见大宾，必神闲意定，然后为之。岂非所谓不敢以轻心挑之者乎？已营之，又彻之；已增之，又润之。一之可矣，又再之；再之可矣，又复之。每一图必重复终始，如戒严敌，然后毕。此岂非所谓不敢以慢心忽之者乎？[61]

郭熙作画情状，显然与所谓"解衣盘礴臝"的"真画者"大异其道。顾骏之和郭熙画作，属于"精微谨细"一派，与之相对，吴道子和张璪属于"气韵雄壮"一派。张彦远论画说："顾、陆之神，不可见其盻际，所谓笔迹周密也。张、吴之妙，笔才一二，像已应焉。离披点画，时见缺落，此虽笔不周而意周也。若知画有疏密二体，方可议乎画。"[62]疏密之别，岂可以飞旋狂放之"舞"通论之？宗白华常引杜甫论诗名句"精微穿溟涬，飞动摧霹雳"作绘画之"舞"的脚注，殊不知杜甫用心正在于"精微"与"飞动"双举，而与张彦远所谓知画有"疏密二体"才可以"议乎画"同宗旨。"精微"不同于"飞动"，正如"必神闲意定"不同于"解衣般礴，裸"。[63]郭思述其父郭熙作画"不敢以慢心忽之"，无论方东美所谓"生生不息的自由精神更是驰骤奔放"或宗白华所谓"真力弥满，万象在旁,掉臂游行,超脱自在"都不可为之作论。因此,以"舞"为中国绘画(更遑论"中国艺术")之典型是不可成立的。

宗白华和方东美共同推崇《周易》哲学,以为其时空观念蕴含着自由活跃而且充沛无尽的生命精神。他们所引为论据的主要是《系辞传》中的"生生之谓易""天地之大德曰生""刚柔相推而生变化""往来不穷谓之通"等命题。这些命题在脱离《周易》文本语境的前提下,抽象地看,自然可以作为《周易》哲学具有主张"自由生命"和推崇"无限变化"的思想。但是,不能忽视的是,不仅《周易》是一部周人占卜之书,其宗旨是测求未来吉凶福祸,而且作为《周易》哲学表述的《系辞传》也并没有摆脱占卜宗旨。《系辞上》第三章说:

> 圣人设卦,观象系辞焉,而明吉凶。刚柔相推,而生变化。是故吉凶者,失得之象也。悔吝者,忧虞之象也。变化者,进退之象也。刚柔者,昼夜之象也。六爻之动,三极之道也。是故君子所居而安者,易之象也。所变而玩者,爻之辞也。是故君子居则观其象而玩其辞,动则观其变而玩其占,是以"自天右之,吉无不利"。[64]

这段话明确指出《周易》的作用是君子据圣人所设易卦明吉凶、知进退,以求安全之计。"变化者,进退之象也。"可见《易传》所谓"变化"并非立意于生命的发展丰富,而是得失功利的进退之举。观象玩辞而"刚柔相推而生变化","往来不穷谓之通",其旨也不是追求人生的自由发展或生命张扬,而是"君子所居而安者"。

> 《易》之为书也,不可远。为道也,屡迁。变动不居,周流六虚。上下无常,刚柔相易。不可为典要,唯变所适。其出入以度,外内使

知惧，又明于忧患与故。无有师保，如临父母。初帅其辞而揆其方，既有典常。苟非其人，道不虚行。[65]

这是《系辞下》中的一段话，宗白华和方东美喜欢引用前半段作为《周易》以"生命变动"为义旨的依据。但是，在认定天下、世道迁变不定的前提下，这段话整体揭示《周易》的主旨是要求人们（君子）懂得并恪守"出入以度，外内使知惧"之道。"作《易》者，其有忧患乎。"[66]这个"忧患"的前提决定了《周易》哲学的以"戒惧"为本，审时度势。对于这段话，东晋干宝注说："言《易》道以戒惧为本，所谓'惧以终始'，归无咎也。外为丈夫之从王事，则'夕惕若厉'。内为妇人之居室，则'无攸遂'也。虽无师宝切磋之训，其心敬戒，常如父母之临己者也。"[67]《周易》的教训义旨是使丈夫"夕惕若厉"（朝夕戒惧）、妇人"无攸遂"（不谋室外之事），所要成就的生命状态自然就与"变动不居，周流六虚"的天地境界相反了。

《周易》哲学讲时论变，其极核心的义理是以"位"来衡定的。《系辞上》第一段开宗明义说：

天尊地卑，乾坤定矣。卑高以陈，贵贱位矣。动静有常，刚柔断矣。方以类聚，物以群分，吉凶生矣。在天成象，在地成形，变化见矣。是故刚柔相摩，八卦相荡。鼓之以雷霆，润之以风雨。日月运行，一寒一暑。乾道成男，坤道成女。[68]

如这段话所言，在《易经》和《易传》中，天地、君臣、男女、夫妇的高低、尊卑之位是贯穿一致的。这就是"一阴一阳之谓道"，亦即"刚柔相推，而生变化"。一卦六爻，一、三、五为阳位，二、四、六为阴位。阴、阳二爻,若各在阴、阳位,则位正,否则即"不在其位",就有"凶"和"咎"。对"位"的释义,还有"时"与"中"两个维度予以调解,但"位"是决定性的。如果"位不正","时"与"中"的调解则需要迂回、曲折,以求吉避凶。《周易》哲学在历史演变中经历了由中古占卜到近期古代"借占筮发明诲人的道理"——朱熹所谓"以开天下之愚"。如果占筮之旨在于明吉凶,那么诲人之义则是知正位。其实,"时"与"中"的调解之义,归根到底是"正位"。"正位"就是孔子仁教旨归的"正名",即君臣、父子、夫妇各正其位。《周易》得到孔子及其儒门的特别尊崇,实在是因为"正位"的核心义理正是其"仁义"之根基和旨归所在。"天地之大德曰生,圣人之大宝曰位。"[69]

宗白华和方东美虽然特别钟情于《周易》的阴阳之道,却有意或无意淡化了阴阳之道归于高下、尊卑之位的义理。子曰:"知变化之道者,其知神之所为乎!"(《系辞上》)汉末虞翻说:"在阳称变,乾二之坤。在阴称化,坤五之乾。"[70]按照《周易》对"位"的规定,乾卦九二爻,是阳爻居阴爻之位,"乾二之坤",谓之变;坤卦六五爻,是阴爻居阳爻之位,"坤五之乾",谓之化。此句"变化"的本义,绝非今日通用"变化"之义。就本义讲,在《周易》中,变化的本义是阴阳变位,即"刚柔相推而生变化"。因此,在脱离《周易》语境的前提下谈其"变化之道",从而将其做广义诠释和利用,是"今日适越而昔至"(庄子语)。

《易经》以"—"和"--"两个符号分别代表"阳"和"阴",构成八经卦和六十四重卦,以代表天地万物的存在和变化,"简易之道"。以50根蓍草占卜,用49根,一卦六爻,需十八变完成。乾卦使用216根,坤卦使用144根,共用360根;六十四卦共用11520根。360是一年的天数,11520则"当万物之数"。在六十四卦中,"—"和"--"共出现384次,根据位、时、中的不同，被解释为384个不同寓意的爻象，其变化莫测，"阴阳不测之谓神"；但是，在阴阳往来无穷的变化中，最终揭示的又是"天下之动，贞夫一者也"[71]。这个"一"就是"大哉，乾元"，是天，是君。《易传》要求君子"穷神知化"，"神"指乾，"化"指坤。乾神坤化，即"贞夫一"。《序卦》阐述六十四卦序列之义，以"有天地，然后万物生焉"开篇，以"物不可穷也，故受之以《未济》，终焉"结尾。这个卦序以乾卦始、未济卦终，但"物不可穷"，"未济"又指向开始"万物生焉"的"乾元"。因此，"一阴一阳之谓道""生生之谓易"还有一个更根本的始基"一"。这个"一"就是《系辞传》所谓"易有太极"之"太极"。

> 圣人有以见天下之赜，而拟诸其形容，象其物宜，是故谓之象。圣人有以见天下之动，而观其会通，以行其典礼，系辞焉以断其吉凶，是故谓之爻。[72]

易象（八卦）是缔造者（圣人）观察、体悟天地人生的产物。它将天地万物极度抽象简化为"—"和"--"两个符号代表的两极交合运动。它赋予这个运动生生不息、往来无穷的机制。但是，它使用复杂奇巧的象数规则不仅将这个运动制约在"阴阳相推"的轨道中，而且以"正位"和"贞一"预设了这个运动以起点为终点的固定路线图。"《易》无思也，无为也，寂然不动，感而遂通天下之故。非天下之至神，其孰能与于此？"对于这则话，韩康伯注释说："非忘象者，则无以制象。非遗数者，则无以极数。至精者，无筹策而不可乱。至变者，体一而无不周。至神者，寂然而无不应。斯盖功用之母，象数所由立，故曰非至精、至变、至神，则不能与于此也。"[73]从圣人观物制象到君子观象悟道，殊途同归的是"体一而无不周"的"神寂"境界——这个"神寂"境界的实质，就是"贞一",是对"乾元",即对"君阳"的敬畏和臣服。

郭熙说:"大山堂堂为众山之主,所以分布以次冈阜林壑,为远近大小之宗主也。其象若大君赫然当阳,而百辟奔走朝会,无偃蹇背却之势也。"[74]其后韩拙进而言之:"山有主客尊卑之序阴阳逆顺之仪,其山各有形体,亦各有名。习山水之士、好学之流,切要知也。主者,众山中高而大也。有雄气敦厚,旁有辅峰丛围者,岳也。大者尊也,小者卑也。"[75]郭熙、韩拙先后为北宋宫廷画家,两人对绘画中山体阴阳、尊卑的定位正表明孔子的"正名"与《周易》之"正位"是统一于君王政治的。这就是《周易》哲学的"贞一"原则对山水画的精神规定和制约的实质所在。因此,宗白华、方东美在《周易》的阴阳之道中掘出所谓"生命的自由奔放",不啻于郢书燕说。

宗白华和方东美对于对中国艺术的生命精神的高标张扬,是以20世纪早期西方盛极一时的柏格森的生命哲学为思想先导的。柏格森认为,西方传统世界观限于机械论和目的论而将事物放置在时间抽象的广延的空间中,无论其出发点如何,都以一种无机的确定论否定了生命的创造性和意志自由。他主张,生命不是存在于被空间化的机械时间中,而是存在于生命与现象相互渗透差异的具体绵延中。他说:

> 假使专注的意识能够感受到这些真正的绵延的瞬间,即认识到它们是相互渗透,而非相互外在的;如果这些瞬间在相互关系中构成了一种多样性,在其中必然的确定性失去了任何意义,那么被意识掌握的自我就将是一个自由的动因,我们也会对自身具有绝对的认知。而且,在另一方面,正因为这个绝对持续地与现象交织,同时在将它们充实自己的时候渗透其中,这些现象本身并非如所宣称那样服从数学

推理。[76]

柏格森认为，只有在交互渗透而不可通约的具体绵延中，生命的真实性才得到确认和实现。这就是，生命的本质是无限创造的冲动或意志。他将生命的创造性提升到宇宙的本体性高度。"宇宙绵延着。我们越多研究时间的本质，我们将越加理解绵延意味着创化，形式的创造，绝对新颖的持续创造。"[77] 在创造的本原性意义上，柏格森认为，宇宙和生命都具有未来的不确定性和结果的超目的性。他认为，作为真正的创造活动，艺术与生命的本质是一致的——两者都以不可预见性在时间的绵延中实现创造。一个孩子完成一个预先设计好的图画拼图，可能因为熟练程度耗费不同时间，但是，无论时间长短，他完成的拼图不会造成图画的差异。

> 但是，对于一个出自内心创造一幅绘画的艺术家，时间不再是一个外在的条件；它不是一个随意延长或缩短而不改变内容的插曲。他的工作时长是他的作品的构成部分。压缩和扩大时间，将同时改变其心理活动和创作意图。创作花费的时间是与创作本身同一的。它是一个创作得以实现的思想程度和手法变化的过程。它是一个生命进程，犹如一个观念的成熟一样的事物。[78]

柏格森的生命哲学及其本于生命自由和创造的艺术观，显然不同于宗白华和方东美归宗于《周易》哲学的艺术观。《周易》之"一阴一阳之谓道"可以视为一种对艺术形式或意境的节奏的要求，宗白华也特别强调中国艺术意境是"节奏化的"或"音乐性的"。"节奏"在柏格森生命哲学中具有本质意义，他认为时间作为生命的绵延和自由意志的实现，是具有节奏并且必然以节奏表现生命的价值：作为节奏的独特性体现，时间不是没有价值的量，而是有价值的质。对于柏格森，节奏属于生命运动，它出于内在的创造力，并且标志着不可同化的个性。现实中不存在单一的节奏；只能想象不同的节奏，或快或慢，测试着不同意识的张弛，因而也在存在的范围中确定它们相应的位置。[79] 与之相反，"一阴一阳之谓道"则是周质化、普遍化的节奏晶体化之物。"夫乾，其静也专，其动也直，是以大生焉。夫坤，其静也翕，其动也辟，是以广生焉。广大配天地，变通配四时，阴阳之义配日月，易简之善配至德。"[80] 这就是《系辞传》对"易"的节奏结晶性最概括的表达。

四　水仙花神话的误读：跨文化艺术比较的批评视野

宗白华发表于1944年的《中国艺术意境之诞生（增订稿）》一文，是对其发表于1943年《中国艺术意境之诞生》一文的"增订稿"。这篇文章是宗白华对《论中西画法的渊源与基础》《中西画法所表现的空间意识》等系列比较中西艺术的文章的提炼总结，是其论述中国艺术特征和意境的结晶性和代表性文章，而且对后世的影响非常广泛深入。《中国艺术意境之诞生（增订稿）》中有这样一段话：

　　空寂中生气流行，鸢飞鱼跃，是中国人艺术心灵与宇宙意象"两镜相入"互摄互映的华严境界。倪云林有一绝句，最能写出此境："兰生幽谷中，倒影还自照。无人作妍媛，春风发微笑。"希腊神话里水仙之神（Narcise）临水自鉴，眷恋着自己的仙姿，无限相思，憔悴以死。中国的兰生幽谷，倒影自照，孤芳自赏，虽感空寂，却有春风微笑相伴，一呼一吸，宇宙息息相关，悦怿风神，悠然自足。（中西精神的差别相）[81]

纳西塞斯（Narcissus）是河神西非苏斯（Cephisus）和林神莉里欧佩（Liriope）生的儿子。莉里欧佩曾询问预言家特瑞西阿斯（Teiresias），她儿子纳西塞斯是否能活到老年。特瑞西阿斯说："可以，只要他绝不认识自己。"逐渐长大的纳西塞斯在林中过着狩猎生活。到16岁的时候，他从一个美貌少年长成一个英俊的男子，森林中的男子和女子都热烈爱恋着他。但他冷酷地拒绝了所有爱慕者。一位被拒绝的爱慕者向天诅咒说："我祈祷纳西塞斯坠入爱情，但永远不能得到他所爱！"一天，纳西塞斯来到一个没有牧羊人和山羊羔来过的泉水边。泉水清澈明丽，没有被任何飞鸟和动物扰乱过。饥渴的纳西塞斯俯身喝水，却惊奇地看到了一个从未见过的绝美少年——他不知道这是自己的倒影。从此，他为这泉水中的美少年日思夜想，而且不愿离开泉水——他一转身，这美少年就同时消逝。然而，他也不能触及这水中美少年，他的手一触到水面，荡起的波纹就搅散了水中少年的影像。终于，日夜守候在泉水边的纳西塞斯因爱而不得的焦渴和痛楚而死在泉水边。在他死亡的地方，没有找到尸体，只有一朵带着金色和白色花瓣的花朵开放——这朵花被命名为水仙花（Narcissus）。[82]

自古希腊以后，在西方文化传统中，纳西塞斯通常被用作自恋或同性恋的象征。精神分析学家弗洛伊德将纳西塞斯与俄底普斯相对照，以前者为自恋情结、后者为他恋情结。但是，分析流传最广的奥维德文本，纳西塞斯的故事表现着多重寓意，其中有三点是最突出的。其一，活着而绝不能认识自己。这是预言家对纳西塞斯生命的预言。其二，爱而不得，即绝不可能获得自己所爱或所欲望的对象。这是被纳西塞斯拒绝的爱慕者对他的诅咒。其三，爱是无言者的回声。回声女神艾可（Echo）也是被纳西塞斯残酷拒绝的爱慕者之一，她因为得不到他的爱化成了岩石，只留下声音回响他的自语。这三点构成了纳西塞斯寓意的复杂性。纳西塞斯爱上自己的倒影而不能自拔，是出于他对自己的无知——他不认识自己，因此，如果说他自恋,这自恋是被动的,即无意识的。他拒绝回声女神艾可的爱恋,理由是在她亲近他的身体之前他就要死去。艾可因为纳西塞斯的拒绝而衰亡,身体化成石头,只留下声音回应纳西塞斯的自语。在其复杂的困境中,我们不能直接将纳西塞斯指认为一个自恋者,而必须将他理解为一个无法认识因此无法摆脱自我影像的爱的渴望者。自恋者具有明确的自我意识,而纳西塞斯作为一个爱的渴望者,却不能认识自己。我们可以在这个意义上认定纳西塞斯是一个自恋者,他因为不能认识自我而成为自我致死的囚徒。[83]

古希腊文化精神是西方理性觉醒的摇篮,自我认识是这个觉醒的奠基石。在德尔斐阿波罗神庙入口处门额上的阿波罗神谕就是"认识你自己"。亚里斯多德用"过失说"解释希腊悲剧主人公的命运悲剧:"主人公沦入逆境,不是因为罪恶或堕落,而是因为他的某种过失。"(falls into adversity not through vice or depravity but because he errs in some way.)他认为,悲剧的主题和灵魂是人物行动而不是人物性格,后者是次要的。悲剧效果"通过演员的舞台表演,借怜悯和恐惧之感实现对这些情感的净化效果(effecting, through pity and fear, the purification of such emotions)"[84]。实现悲剧效果的重要途径是剧情中的 "逆转"(reversal)和"发现"(discovery)——最好的悲剧剧情是由逆转和发现混合构成的"复杂剧情"。亚里士多德尤其重视"发现"的戏剧意义。他说:"如这个术语的含义,发现是一个从无知到认知的转换,从而依据好、坏命运而转向爱或恨。发现在与逆转的结合中获得最好形式,如在《俄底普斯王》中。"[85]在索福克勒斯的著名悲剧《俄底普斯王》中,因无知而犯下弑父娶母之罪的俄底普斯在真相大白的剧终挖掉了自己的双眼,并自我谴责说:"你们,你们将不再能看到我承受的痛苦,所有我自作的痛苦!太久了,你们看了你们绝不应该看的人,却对你们渴望看的人盲目无知!瞎掉吧,从现在开始!

在这黑暗中瞎眼——瞎眼！"[86]因为无知的过失而犯下乱伦的重罪，又以挖掉眼睛惩罚自己的盲目，俄底普斯悲剧的核心意义是对人类自我认识能力的根本局限性的揭示和警诫。

亚里士多德对悲剧剧情（行动、故事）及其逆转与发现的基础、核心意义的主张，是与他关于悲剧的"整一性"美学原则相关联和一致的。在关于悲剧的定义中，他强调悲剧所表现行动在精神上的重大和在结构上的完整。然而，正如他将剧情作为悲剧的首要因素，他更加强调悲剧结构的"整一性"。他说："悲剧是对一个统一、完整而且基于适当尺度的行动的表现。"[87]他将悲剧视为一个有机体，而其"适当尺度"则是以观众对悲剧的"整一性"的感受和把握能力为准则的。基于整一性原则，他指出悲剧优于史诗。然而，"整一性"原则还有一个更内在的意义，就是对悲剧的普遍、必然性的要求。亚里士多德认为悲剧与历史不同，因为前者依据"应当发生"创作，而后者依据"实际发生"书写。"应当发生"是基于可能性和必然性原则。亚里士多德主张悲剧的美感必须来自它的形式的整一性，悲剧是通过恐惧和怜悯而净化情感，最终的目标是要通过悲剧达到对世界（神）的永恒整一秩序的沉思（静观）。在《形而上学》中，亚里士多德指出超越现实感性事物，"神的自足的现实性是生命存在于其永恒的最高完美状态"，"因此神就是无终止、持续和不朽的生命"。[88]在《尼各马可伦理学》中，他认为"神的现实性必然是沉思"，沉思是人最接近于神性的品质，"因而，幸福必然是沉思的形式"。[89]由此可明确，在其形而上学与伦理学统一的基础上，亚里士多德将古希腊悲剧的基础和灵魂指向了被定义为"神性"的绝对永恒的自然秩序。

怀特海在《科学与现代世界》中，将西方科学思维的起源追溯到古希腊悲剧文化，是对亚里士多德悲剧哲学的现代注脚。他说：

如果考虑到它直接影响中世纪思想的种种途径，希腊悲剧文学的作用是多元的。至今所存的科学想象力的始祖是艾斯库罗斯、索福克勒斯和欧里彼得斯等古代雅典的伟大悲剧家。他们对命运、冷酷和无情的洞察赋予悲剧事件不可避免的结局。科学具有同样的洞见。在希腊悲剧中的命运在现代思想中变成了自然秩序……戏剧悲剧的本质不是不幸。它存在于事物无情运动的庄严。命运的不可避免只能借不幸的事件以人的生活方式展现出来。因为正是凭借这些不幸事件，逃避它们的徒劳在戏剧中得到证实。正是这无情的不可避免浸透在科学思想中。物理学的规律是命运的法令。[90]

宗白华将纳西塞斯指认为西方精神的表象（象征）的时候，不仅将这个神话形象简单化理解，而且没有意识到以多元神话为母体的古希腊悲剧代表着一种对"永恒而无情的自然秩序"渴望与追求的理性精神的觉醒。这个新精神正是要打破纳西塞斯式的自我意象的囚牢而探索具有神性意味的永恒整一的秩序——这是现代欧洲科学主义的传统精神根源。在《俄底普斯王》中，当剧情发展到俄底普斯的身世真相将被最后揭露（发现），也是他弑父娶母之罪将被揭穿的时候，已明了俄底普斯就是自己亲生儿子的时候，王后伊俄卡斯特痛苦地向俄底普斯祈求："哦，别，听我的，我求你，别再查问！"俄底普斯说："听你的？绝不！我必须彻底了解，必须看到最终真相！"[91] 从怀特海对西方科学主义的历史溯源的意义上，俄底普斯具有西方文化精神原型的意义，即他是追求真实和本原的科学精神的原型。但是，正如作为西方文化精神发端的希腊神话是一个多神的奥林普斯世界，俄底普斯意识只是西方传统精神的一种元素，准确地讲，他追求真相而自我突破（毁灭），与纳西塞斯误迷自我倒影而死亡相对立，从而构成冲突的文化张力。

倪瓒诗中的兰花确可以宗白华所言作论:"倒影自照,孤芳自赏,虽感空寂,却有春风微笑相伴,一呼一吸,宇宙息息相关,悦怿风神,悠然自足。"这样的境界,以诗而言,自然以陶渊明的"采菊东篱下,悠然见南山""此中有真意,欲辨已忘言"(《饮酒》)为发端;就哲学而言,亦可说是庄子的"畸人者,畸于人而侔于天"(《庄子·大宗师》)的人格精神的诗化意境。顾影自怜、孤芳自赏,至少自庄子、屈原而下,衮衮声誉卓卓的中国文人墨客都可以归宗其下。《世说新语·品藻》载桓温、殷浩问答故事:"桓公少与殷侯齐名,常有竞心。桓问殷:'卿何如我?'殷云:'我与我周旋久,宁作我。'"[92]陶渊明《归去来兮辞》说:"倚南窗以寄傲,审容膝之易安,园日涉以成趣,门虽设而常关。策扶老以流憩,时矫首而遐观。云无心以出岫,鸟倦飞而知还。景翳翳以将入,抚孤松而盘桓。"[93]如果说殷浩的"宁作我"还只是一个负气的自我宣告,陶渊明之"门虽设而常关""抚孤松而盘桓"是很确切的顾影自怜了。然而,非如此,恐怕不仅宋代苏轼撰《和陶诗》无望,今人也于高士陶渊明无可梦见。"审容膝之易安"无疑是倪瓒画作《容膝斋图》的题义源头,由此可见"春风发微笑"的倪瓒与"倚南窗以寄傲"的陶渊明是千载之隔而意气相投的。所以投缘,自然在于他们二人共同具有的孤傲气节,说是纳西塞斯式的顾影自怜,当也不外于史实。

针对宗白华之论,还有两点需要指出。其一,以中国文化传统而论,"倒影自照,孤芳自赏"未必就可达到"悦怿风神,悠然自足"的胜景。现实中的庄子、屈原大概都不是那么"悦怿"和"悠然"。陶渊明悠然见了南山,但诗酒中仍然未泯灭五味杂陈的困窘和苦楚。至于倪瓒本人,除了在空谷幽兰的枝叶摇曳中体会到"春风发微笑"外,也会在别的时节于这些花蕙上产生泪血的感触。他的《题郑所南兰》诗说:"秋风兰蕙化为茅,南国凄凉气已消。只有所南心不改,泪泉和墨写《离骚》。"其二,"无限相思,憔悴以死",这恐怕是相思者"爱而不得"走向极端的通病,而并非只是"恋上自己的仙姿"如纳西塞斯式的自恋者的特别症候。汤显祖笔下的杜丽娘在后花园中做一场春梦,遂为梦中情人柳梦梅"无限相思,憔悴以死"。在世俗的态度审视下,杜丽娘自然是天下至痴之人。但汤显祖却赞杜丽娘才是真正"至情之人"。以杜丽娘比纳西塞斯,他恋与自恋,至情至爱,至幻至真,情之一也。总结这两个问题,可以证明的是,以一个艺术形象来解释一个文化的"整体精神",是失于简单草率的。

关于中西对比,宗白华有一个结论性的论断:"中、西画法所表现的'境界层'根本不同:一为写实的,一为虚灵的;一物我对立的,一为物我浑融的。"[94]从艺术哲学层面讲,写实与虚灵,正如呈现与表现,绝非二元对立,将之作为跨文化艺术比较概念,正是表现了二元对立的思维。从艺术风格层面讲,在具象与抽象的相对意义上,确可以作"写实"与"虚灵"的划分。比如,中国山水画长卷有两个传世的代表作品,一是北宋末年王希孟的《千里江山图》,二是元代后期黄公望的《富春山居图》,前者是写实风格,后者是虚灵风格。

针对宗白华这个论断,应当指出的是,在中国绘画传统中,对写实的重视是一个持续贯彻的基本观念。韩非说:

> 客有为齐王画者,齐王问曰:"画孰最难者?"曰:"犬马最难。""孰最易者?"曰:"鬼魅最易。"夫犬马,人所知也,旦暮罄于前,不可类之,故难。鬼魅无形者,不罄于前,故易之也。[95]

画犬马难,因为它们是现实中可见的事物,是人们熟悉的,难以达到高度的真实性,"不可类之";画鬼神易,因为它们是虚幻之物,人既未有实见,"无形者",就可凭空想象描绘。韩非之说,张彦远称赞"斯言得之",在后世画论中产生深远影响。唐代画师韩干以善画马传世。他初入宫廷时,唐玄宗命其以当时宫廷画马名家陈闳为师。韩干对答说:"臣自有师,今陛下内厩马皆臣师也。"(《图绘宝鉴》)韩干"以马为师"而"画马真是马"(苏轼诗语),是韩非论画最好的印证。中西古代画史中流传着许多"写实"的奇闻轶事,就文化心理学而言,可知"写实"是一种人们基于生活经验而对绘画的基本诉求——跨文化诉求。

在其《中国的人生观》一书中,方东美引述三国时曹不兴为孙权作画妙改误笔为蝇、使孙权误作真蝇等赞誉写实技艺的中国画史轶事后说:"上述这些故事,不是在讲中国艺术家专重写实,而是强调中国艺术注重跃然生意,因为中国的艺术家,尤其是画家,最注重钩深致远,直透内在的生命精神,发为外在的生命气象。"[96]方东美如此论说,立意是要证明他所谓"中国艺术的方法是真正的表现"的论断,而其前提则是西方艺术只是再现或写实的艺术。然而,方东美的前提是错误的。阿尔伯蒂和达·芬奇都强调写实即逼真性、真实感对绘画艺术的根本意义。但是,他们绝不以写实为绘画最终目的。对于达·芬奇,写实无疑是作为眼睛的艺术的绘画的基础和根本意义,所以他说:"最值得称赞的绘画是那种与它所要模仿的对象最高程度一致的绘画。"[97]然而,绘画的最高目的是借真实如第二自然的形象表现情感和精神。他说:"我们的身体归于天国,而天国归于精神。"[98]在达·芬奇的绘画思想中,呈现(representation)和表现(expression)是统一的,而且统一于以呈现为基础、表现为宗旨。[99]他的《蒙娜·丽莎》向人类世界无可置疑地证明了这个统一的艺术哲学原则。方东美的错误在于,他不承认(或未认识)这个统一的艺术哲学原则是人类艺术共同的原则。相反,达·芬奇的艺术思想和创作都证实,不惟中国艺术家,而是人类所有伟大的艺术家,都不是"专重写实",而是"最注重钩深致远,直透内在的生命精神,发为外在的生命气象"。

至于"物我对立"与"物我浑融",是一种非常主观和臆想性的判断。达·芬奇视绘画为"科学之科学",他集多种科学研究成果于绘画。但是,以《蒙娜·丽莎》为例,可否以"物我对立"与"物我浑融"之分裂论断达·芬奇?在《笔记》中,达·芬奇这样论述画家与作品的关系:

> 画家是人和万物之主。如果画家希望看见令他倾心爱恋的美,他是一个有能力创造它们的主宰;而且如果他希望令人恐惧的怪物,或者那些怪异、可笑之物,或者那些激发真实情感的事物,他是它们的主宰和创造者……确实,在这个世界的一切存在之物,无论是以本质、现象,还是想象,画家首先用头脑,然后用双手,创造它们。这是如此精奇,它们可以呈现一个合比例而和谐的整体景象,它们可以在一眼之下同时被观看,正如在自然中的事物一样。[100]

与达·芬奇以造物者的身份自视不同,米开朗琪罗的艺术人生表现了心灵与作品非常深刻的纠缠和冲突。他的学生瓦萨里在著名的《艺术家的生活》中这样论述道:"米开朗琪罗具有如此明确而完美的想象力,而他创作的作品是如此自然,他认为用双手表现如此雄壮和令人敬畏的观念是不可能的。他经常抛弃他的作品,或者摧毁它们。就我所知,临死之前,他烧毁了自己的大量画稿和草图,以防止窥见他的辛劳和他尝试其天才的途径,害怕被识破其缺陷……"[101]达·芬奇与米开朗琪罗虽性情、风格和艺术理想殊异,但他们无疑同样表现了与其作品深刻(复杂)的生命关联。因此,以"物我对立"概括达·芬奇和米开朗琪罗所代表的西方绘画,是出于对西方绘画背后的艺术家生命活动的忽视或无知。

希腊神话有关于雕塑家的"皮格马利翁"(Pygmalion)传说。独身未婚的皮格马利翁用象牙雕刻了一个肤白如雪的美丽少女雕像。这个天仙似的少女如此真实,你感到她具有生命,将要活动。"皮格马利翁惊奇的心灵充满了对一个身体的外表的渴望。他的双手反复摩挲着他的作品、探寻着它。肉体,还是象牙?不,它现在不是象牙!他亲吻她,认为她也亲吻他。他对她说话,把握着她,想象他的手指沉浸入他触摸的四肢;当他紧紧抓住它们的时候,害怕挫伤这雪白的双臂。"他爱上了这个雕像,把它打扮成一个待婚的少女,将它放在床上如一个恬睡的美人。在维纳斯节,皮格马利翁祈求爱神赐予他一个婚姻,赐予他"一个像我的象牙少女一样的女子"。爱神为其至爱和虔诚感动,就将这个象牙雕像化身为女人,成全了皮格马利翁的意愿。[102] 达·芬奇和米开朗琪罗,不都以各自的性格和精神传承、体现皮格马利翁神话的艺术想象力和至爱渴求吗?贡布利希说:"这个神话自然主宰了艺术家的想象力……没有这个神话的根本承诺,伴随着艺术创造的隐秘希望和恐惧,就没有我们所知的艺术。"[103] 贡布利希这个论断不仅适用达·芬奇、米开朗琪罗所代表的西方艺术,也适用于吴道子、郭熙所代表的中国艺术。

中国古代画论,就艺术创作精神取向而言,大概有两个主要方向,一是张彦远传承"谢赫六法""以气韵求其画"的方向;二是荆浩"度物象而取其真"和郭熙"身即山川而取之"的方向。用宗白华的概念讲,谢赫—张彦远是"虚灵"的路线,荆浩—郭熙是"写实"的路线。

> 古之画,或能移其形似而尚其骨气,以形似之外求其画,此难可与俗人道也。今之画,纵得形似而气韵不生。以气韵求其画,则形似在其间矣。[104]

> 画者，画也，度物象而取其真。物之华，取其华，物之实，取其实。不可执华为实。若不知术，苟似可也，图真不可及也。[105]

或许是受到宗白华论述的影响，当代学者讲古代画论津津乐道的是主气韵的谢赫—张彦远的"虚灵路线"，而且对宗炳《画山水序》攀附玄学的"澄怀味道"画说推崇备至。然而，荆浩—郭熙的"写实路线"却被忽略。荆浩论"绘画六要"，自然是承接"谢赫六法"。但是，荆浩深化开拓了谢赫略而不彰的绘画要义。他说："气者心随笔运，取象不惑。韵者隐迹立形，备遗不俗。思者删拨大要，凝想形物。景者制度时因，搜妙创真。笔者虽依法则，运转变通，不质不形，如飞如动。墨者高低晕淡，品物浅深，文采自然，似非因笔。"[106] 荆浩的"绘画六要"是身心、物我、形神、技意兼论，相对于谢赫—张彦远的气韵路线，它更综合地考虑了艺术创作的多层面的矛盾因素。荆浩的"绘画六要"论，是对庄子以庖丁解牛所寓言的"技—道观"的实践和发挥。"好乎道，进乎技"不是一个由技入道、得道弃技的超越过程，而是技道相助、交融迁化的生化过程。道与技的张力是持续存在的，而且正是这种张力的永恒绵延，才实现生命创造的无限性，并达到以这无限性为内涵的自由。[107]

对这种无限性和自由，宋元以后做了概念化和套路化的理解与阐释。以董其昌为代表，明清画论家普遍进入了这样的俗套中。罗越认为对被标举为"风格"的套路的追寻主流化之后，中国绘画从宋画向明画的转变就是逐渐抛弃对客观现实的科学性呈现，转为以范式化的主观表现为主流。他说：

> 后来，在明代，出现了另一种偏向：过去时代的风格被主题化、作为本原现实被采用。换言之，明画是一种被权力或本质上历史化导向的艺术，是完全被预控的理性（而非感性）事物。这样，中国绘画

自我沉冥从而变成它自身的艺术史。结果是，它不再是单纯的绘画而是一种人文学术，一种与教养交织的艺术；它是关于绘画的绘画，含蓄、品评和日益抽象，因为它的内容就是思想。[108]

对于中国绘画的这种基于观念的范式性萎缩和僵化，陷于文化整体主义的宗白华和方东美自然不会思及。相反，他们在费舍尔和比恩尼的指引下，看到的是一条从商周直到明清、数千年亘古不变的中国绘画的"活力"红线。比恩尼在表达他对明十三陵的欣赏和沉思时说道："但是，在中国北部遥远的山谷中，这个心灵没有陷入抽象的思辨，厌弃大地，而是进入了庄严的接受。它不需要跨越栅栏。它发现了它自我的生命和自然生命的和谐；内外交流。这就是中国的创造性艺术的主旨。"[109]比恩尼式的空洞、抽象的"生命和谐"是宗白华、方东美对中国艺术一言以蔽之的不二观念。

从其引述看，宗白华、方东美均深受怀特海《科学与现代世界》（1925）一书的影响。在宗白华的讲义《形上学——中西哲学之比较》（1928—1930）和方东美的讲义《科学哲学与人生》（1927）中，不仅充斥大量对《科学与现代世界》文字的引用，而且在对中西科学观念、精神的基本判断、叙述框架诸方面，两人也多有援用。在《科学与现代世界》中，怀特海对17世纪至19世纪被西方数学化的科学精神统治的西方文化进行了批判性反思。怀特海继承和发展了柏格森的创造进化的生命哲学，认为在过去三个世纪中无情的科学主义不仅将物质与精神二分，而且使一切现实之物都被作为科学解析的对象从而致使现实丧失价值。他主张有机地即直觉同情地看待世界。这就是在科学理性统治的世界复活直觉感性的价值。柏格森在《创造进化论》中已经明确指出，基于本能的直觉是一种与理性相对的审美能力——真正属于艺术家的能力。直觉以同情的感知打破理性设置的物我对立,将自我重新放置到对象中。它不是掌握普遍理性对象,而是获得感性个体。"真实在于此,如一个外在的知觉,审美直觉只达到个体。"[110]直觉对感性个体的掌握恢复我们对世界作为生命创化的有机过程的意识。怀特海也正是在"重获感性个体"的意义上将直觉作为医治过去三个世纪欧洲科学文化之病的方剂。他认为,文化改进的社会治理的重力中心是培养直觉能力而非扩展与整体环境分离的分析。"归根到底是欣赏变化的多样性,这是一种审美的增长。"他说:

> 我们缺少的是对一个有机体在它相适的环境中获得的生活价值的无限多样的欣赏。虽然你理解天文地理,但你仍然可能错失落日的霞光。在它的现实情景中直观一件事物的真实景象是无可替代的。我们需要对一束投射在某个确切之物上的光芒的真实感受。[111]

如果从柏格森和怀特海的生命哲学(有机哲学)出发探讨古代文化,目标所向不是某种文化的整体景观(这是被普遍理性抽象之物),而是不同文化内在的生机活跃的多元景象。在《科学与现代世界》中,怀特海在对过去三个世纪欧洲科学主义的文化统治做批判反思的同时,并没有将这三个世纪的西方文化视作一个一元化的整体。他不仅阐释了在三个世纪中科学与哲学的矛盾关系,而且特别分析了文学艺术的多元化运动,该书第五章"浪漫主义的反动"通过对多位英国诗人的分析,展示了文学艺术与科学的深刻冲突。在分析华兹华斯诗歌时,怀特海说:

> 如此,浪漫主义的反动既不是从上帝出发,也不是从鲍宁布罗克公爵出发,而是从自然出发。我们在此见识了对19世纪整体基调的有意识反动。这个世纪用抽象的科学分析处理自然,相反,华兹华斯

却用他的完满的具体经验反对科学抽象。[112]

与柏格森、怀特海相反，宗白华和方东美在高扬生命主义旗帜的时候，无论是中西艺术比较，还是对中国艺术的具体评述，都以一个文化整体主义的景观和价值为旨归。对于宗白华和方东美，中国艺术就是在一阴一阳之谓道的《周易》哲学精神轨道上的所谓"提神太虚"的生命常景。如此，不仅在中西对比中简化西方艺术精神，而且也在对中国艺术的具体阐述中抹掉中国艺术精神的多元化和丰富性。

> 根据诗人之说，绘画的缔造者是纳西塞斯。他变成了一朵花，因为正如绘画是一切艺术之花一样，纳西塞斯的传说完全适合我们的目的。[113]

阿尔伯蒂将"变成一朵花"作为绘画的目的。他对纳西塞斯神话的解读，既不是一个观者的立场，也不是一个被观者的立场，换言之，他不是以自恋或他恋解读这个神话，而是以"变成"为旨归。宗白华和方东美都没有这个"变成"的视角——这个视角是生命的，感性的，是创造的，当然也是个性的和多元的。相反，他们是以超越感性的抽象普遍性看待中西艺术，并且将两者对着讲。

人类文化是多元的，每一种文化自身内部也是多元的。多元性是生命的特性，也是文化无限生机的根源。反思宗白华、方东美在20世纪早期的比较美学，我们要更新发展的课题，不应再是文化整体主义的、简单片面地"对着讲"，而是深化文化差异，在文化和跨文化的多元化运动中揭示中西艺术的"同中之异，异中之同"，即"参照讲"。因此，比较美学不仅必将深化理论研究，而且必将接近历史事实而为文化创进提供富有生机的学术论断。

每一个艺术，都是一朵文化之花。它是文化的表现，但不是文化的全部。我们应该这样来理解阿尔伯蒂的"水仙花"画论，这也是我们应该持的文化多元性的比较美学观。

（定稿于 2024 年 7 月，北京大学本科毕业 40 周年之际，
原载《探索与争鸣》2024 年第 9 期、第 10 期）

注释

［1］方麟选编：《王国维文存》，江苏人民出版社，2014 年版，第 102 页。

［2］同上书，第 142、143 页。

［3］同上书，第 102 页。

［4］参见肖鹰《被误解的王国维"境界"说——论〈人间词话〉的思想根源》，《文艺研究》2007 年第 11 期。

［5］方麟选编：《王国维文存》，第 259 页。

［6］宗白华：《宗白华全集》第一卷，安徽教育出版社，2008 年第 2 版，第 321 页。

［7］同上。

［8］Oswald Spengler, *The Decline of The West* (an abridged edition), tr. Charles Francis Atkinson, Oxford University Press, 1991, p.78.

［9］Ibid., pp.190–191.

［10］Ibid., p.14.

［11］宗白华：《宗白华全集》第一卷，第 420 页。

［12］方东美：《生生之德：哲学论文集》，中华书局，2013 年版，第 93 页。

［13］Oswald Spengler, *The Decline of The West*, pp.179–180.

［14］宗白华：《宗白华全集》第二卷，第 46 页。

[15] Oswald Spengler, *The Decline of The West*, pp.329-330.

[16] 在《自德见寄书》中，1921年初旅德的宗白华认为中国文化包含其中的东方的精神思想是以"静观"为代表的，"这种东方的'静观'和西方的'进取'实是东西文化的两大根本差点"（《宗白华全集》第一卷，第321页）。他进入1930年代后的东西文化观的"逆流"转变，与斯宾格勒主张的合拍，受其影响是不可忽视的。

[17] 宗白华：《宗白华全集》第二卷，第146、148页。

[18] 方东美：《中国人生哲学》，中华书局，2012年版，第211页。

[19] Oswald Spengler, *The Decline of The West*, p.110.

[20] Ibid. pp.147-148.

[21] 宗白华：《宗白华全集》第二卷，第102页。

[22] 同上书，第99、110页。

[23] Otto Fischer, *Die Chinesische Malerei Der Han-Dynastie*, Paul Neff Verlag, 1930, p.123, p.115.

[24] 宗白华：《宗白华全集》第二卷，第100—101页。

[25] 方东美：《中国人生哲学》，第205页。

[26] 同上书，第201—202页。

[27] 李济：《中国文明的开始》，外语教学与研究出版社，2011年版，第53页。

[28] Laurence Binyon, *The Spirit of Man in Asian Art*, Harvard University Press, 1935, p.17.

[29] 张光直：《中国青铜时代》，生活·读书·新知三联书店，2013年版，第416页。

[30] Max Loehr, "The Bronze Styles of the Anyang Period", *Archives of the Chinese Art Society of America*, 1953, Vol. 7（1953）, p. 42.

[31] Ibid., p.46.

[32] 伊斯坦布尔土耳其国家考古博物馆收藏：Frieze Depicting a Flying Nike, Limestone, 1st half of the 5th century BCE, Xanthus (Kinik, Antalya), Env. 5449（V）。

[33] 宗白华：《宗白华全集》第二卷，第100页。

[34] Leonardo da Vinci, *A Treatise on Painting*, Dover Publications, 2005, p.152.

[35] Leon B. Alberti, *On Painting*, tr. Cecil Grayson, Penguin Books, p.91.

[36] Leonardo da Vinci, *Notebooks*, tr. Thereza Wells, Oxford University Press, 1952, p.196.

[37] 宗白华:《宗白华全集》第二卷，第 106 页。

[38] Leonardo da Vinci，*Treatise: on Painting*, V. 1, tr. A. Philip McMahon, Princeton University Press, 1956, p.63.

[39] Luba Freedman, "Rilievo as an Artistic Term in Renaissance Art Theory", *Rinascimento* 29 (1989), pp.217-247.

[40] Leonardo da Vinci，*Treatise: on Painting*, V. 1, p.32.

[41] E. G. Holt (ed.), *A Documentary History of Art*, Vol. II, Princeton University Press, 1982, pp. 15-16.

[42] Leon B. Alberti, *On Painting*, p.77.

[43] Leonardo da Vinci, *Notebooks,* p.169.

[44] Leon B. Alberti, *On Painting*, p.77.

[45] Erwin Panofsky, *Perspective as Symbolic Form*, Zone Book, 1997, pp.68-69.

[46] Heinrich Wölfflin, *Principles of Art History*, tr. M. D. Hotteinger, Dover Publications, 1950, p.228.

[47] 宗白华:《宗白华全集》第二卷，第 110 页。

[48] [清] 王原祁等编纂:《佩文斋书画谱》卷十五，《论画·宋郭熙山水训》。

[49] [北宋] 沈括:《梦溪笔谈》，金良年点校，中华书局，2020 年版，第 143 页。

[50] [清] 王原祁等编纂:《佩文斋书画谱》卷十五，《论画·宋郭熙山水训》。

[51] 宗白华:《宗白华全集》第二卷，第 148 页。

[52] 同上书，第 146 页。

[53] Keneth Clark, *Landscape into Art*, revised edition, Icon Editions, 1979, pp.122-129.

[54] Henri Bergson, *Creative Evolution*, tr. Arthur Mitchell, Dover Publications, 1998, pp.340-341.

[55] [清] 郑燮:《板桥集》卷六，题画，清晖书屋刻本。

[56] 方东美:《中国人生哲学》，第 198 页。

[57] 同上书，第 204—205 页。

[58] 宗白华:《宗白华全集》第二卷，第 434 页。

［59］同上书，第 100 页。

［60］同上书，第 368—369 页。

［61］［清］王原祁等编纂：《佩文斋书画谱》卷十五，《论画·宋郭思论画》。

［62］［唐］张彦远：《历代名画记》卷二，嘉庆十年虞山张氏照旷阁刻学津讨原本。

［63］宗白华说："诗人杜甫形容诗的最高境界说：'精微穿溟滓，飞动摧霹雳。'（《夜听许十一诵诗爱而有作》）前句是写沉冥中的探索，透进造化的精微的机缄，后句是指大气盘旋的创造，具象而成飞舞。"（《宗白华全集》第二卷，第 367 页）按：宗白华将杜甫这两句诗释为"形容诗的最高境界"显然为误解。杜甫此诗后两句是："陶谢不枝梧，风骚共推激。"与之联系，"精微穿溟滓，飞动摧霹雳"确切指"精微"和"飞动"两种风格迥异的诗风。

［64］李道平：《周易集解纂疏》，中华书局，1994 年版，第 547—550 页。

［65］同上书，第 665—669 页。

［66］同上书，第 660 页。

［67］同上书，第 668 页。

［68］同上书，第 541—544 页。

［69］同上书，第 619 页。

［70］同上书，第 588 页。

［71］同上书，第 617 页。

［72］同上书，第 566—568 页。

［73］同上书，第 592 页。

［74］［清］王原祁等编纂：《佩文斋书画谱》卷十三，《论画·宋郭熙山水训》。

［75］同上书，卷十三，《论画·宋韩拙山水纯全论》。

［76］Henri Bergson, *Time and Free Will*, F. L. Pogson, Dover Publications, 2001, p.235.

［77］Henri Bergson, *Creative Evolution*, p.11.

［78］Ibid, p.340.

［79］Henri Bergson, *Matter and Memory*, tr. N. M. Paul and W. S. Palmer, Zone Books, 1991, p.207.

［80］李道平：《周易集解纂疏》，第 564—565 页。

［81］宗白华：《宗白华全集》第二卷，第 372—373 页。

［82］Ovid, "Narcissus and Echo", in *Metamorphoses*, tr. David Raeburn, Penguin Books, Book 3, 2004.

［83］Ibid., pp.109-116.

［84］Aristotle, *Poetics*, tr. Anthony kenny, Oxford University Press, 2013, p.23.

［85］Ibid., p.30.

［86］Sophocles, *The Three Theban Plays*, tr. Robert Fagles, Penguin Books, 1982, p.237.

［87］Aristotle, *Poetics*, p.26.

［88］Aristotle, *Metaphysics*, tr. Richard Hope, Columbia University Press, 1952, p.260.

［89］Aristotle, *The Nicomachean Ethics*, Oxford University Press, 2009, p.197.

［90］Alfred North Whitehead, *Science and The Modern World*, Martino Fine Books, 2024, p.17.

［91］Sophocles, *The Three Theban Plays*, p.222.

［92］［南朝宋］刘义庆著，［南朝梁］刘孝标注，余嘉锡笺疏：《世说新语笺疏》，中华书局，2015 年版，第 576 页。

［93］［晋］陶渊明著，龚斌校笺：《陶渊明集校笺》，上海古籍出版社，2019 年版，第 454 页。

［94］宗白华：《宗白华全集》第二卷，第 102 页。

［95］［清］王先慎撰、钟哲点校：《韩非子集解》，中华书局，2013 年第 2 版，第 292 页。

［96］方东美：《中国人生哲学》，第 209 页。

［97］Leonardo da Vinci, *A Treatise on Painting*, Dover Publications, 2005, p.150.

［98］Leonardo da Vinci, *Notebooks*, tr. Thereza Wells, p.168.

［99］在中文翻译中，普遍将 "representation" 译为 "再现"。这个源于拉丁语的英文单词是多义的。在西方美学和艺术理论中，对于强调其模仿含义，可译为 "再现"。但自文艺复兴以来，在创造性艺术观念下，这个词应译为 "呈现"，并与 "表现"（expression）相对。详见肖鹰：《从再现到存在——现代西方创造性艺术观的哲学阐释》，《中国社会科学》1999 年第 6 期。

［100］Leonardo da Vinci, *Notebooks*, tr. Thereza Wells, p.185.

［101］Giorgio I. Vasari, *The Lives of the Artists*, tr. C. Bondanella & Peter. Bondanella, Oxford University Press, 1991, p.472.

[102] Ovid, "Orpheus' Song: Pygmalion", in *Metamorphoses*, Book 10, pp. 394–396.

[103] E. H. Gomberich, *Art and Illusion*, Princeton University Press, 2000, p.94.

[104][唐]张彦远:《历代名画记》卷一,嘉庆十年虞山张氏照旷阁刻学津讨原本。

[105][清]秦祖永辑:《画学心印》卷一,《五代荆浩记异》,清光绪四年刻本。

[106]同上。

[107]参见肖鹰:《庄子美学辨正》,《文学评论》2023 年第 5 期。

[108] Max Loehr, "Some Fundamental Issues in the History of Chinese Painting", *The Journal of Asian Studies*, Feb., 1964, Vol. 23, No. 2 (Feb., 1964), pp.192–193.

[109] Laurence Binyon, *The Spirit of Man in Asian Art*, Harvard University Press,1935, p.15.

[110] Henri Bergson, *Creative Evolution,* p.177.

[111] Alfred North Whitehead, *Science and The Modern World*, Martino Fine Books, 2024, p.178.

[112] Ibid, p.78.

[113] Leon B. Alberti, *On Painting*, tr. *Cecil Grayson,* Penguin Books, 1991, p.61.

从再现到存在

一 现代艺术哲学的奠基

康德对于现代文化的意义,在于他以形而上学的方式,把先验主体性确立为认识(哲学)的基础,从而确立了认识的主体性原则。康德认为,人类的理性能力及其形式是独立于外在世界、先于经验而存在的,是"先验认识"。先验认识不依靠对客体的直观感受,反而先验地规定了它的客体。[1]正因为理性先验地规定了客体,因此,"理性是自然界普遍秩序的来源"。认识的主体性原则,就是理性为自然立法的原则。[2]

认识的先验主体性原则的确立,在形而上学基础上,把传统"以主体符合于客体"的轴心转换为现代"以客体符合于主体"的轴心。[3]海德格尔指出,在这个重新奠定形而上学基础的工程中,先验想象力是最基本的,"本体论知识的内在可能性和形而上学整体的内在可能性都是建立在它之上的"[4]。先验想象力是人的心灵直接赋有的根本性的创形机能。时间和空间,作为纯直观的两种形式,本身就是由先验想象力构成的。纯知性(纯思想)是主体自我先天具有的,也是主体直接赋有的构成力量,归根结底也是先验想象力的作用。所以,不仅纯直观,而且纯知性,都是以先验想象力为基础的。根据海德格尔的阐释,康德赋予认识能力先验性的同时,也就把先验性还原到想象力的双重属性的统一基础上。想象力的双重属性是直接的接受和主动的创造。因此可以说,先验想象力,就是理性的先验性与想象力的混合物。在康德的形而上学基础上,作为这个混合物,先验想象力一再把自己表现为构成的可能性,表现为对人类有限自我的本质的超越性的构成。[5]

康德把想象力定义为"一种无须对象在场而在直观中展现对象的能力"[6]。想象,就是在直观中把杂多的感性材料综合为一个有形式的整体对象,从而把对象展现出来,展现的结果即"表象"。想象力本质上是创造性的综合能力。想象力的活动是以先验想象力为基础的。通过先验想象力,想象不仅使直接接受对象的多样属性成为可能,而且使"直接接受"本身就成为把先验的时间和空间形式赋予对象的能力,即感性的接受同时就是先验的构成。因此,想象对对象的展现(形成对象的表象),本身就是一个先验的综合认识。根据康德,形而上学的基本任务是确立先验的综合知识的可能性。无疑,这种可能性的确立首先是以想象力的创造性活动为基础的。在这个意义上,康德说,"创造性的综合只是想象力的产品"。[7]

以先验想象力作为认识的基础,在本体论意义上,决定了作为客体本身的物自体和作为经验对象的事物(现象)的区别,即确定了物自体的不可知。根据康德,认识的起点是对客体的直观表象。表象就是想象力对客体的现象进行创造性综合的结果。但是,因为先验想象力的根本性作用,在一个物体的表象中,所包含的不是物体本身,而只是它的现象和我们对它的感受(想象)方式。准确地讲,表象展现的根本内容是直观感受的主体与对象的关系。我们对客体的认识,永远不能达到客体本身,而只能终止于客体呈现于我们的现象。确定物自体不可知,无疑是确定了对理性认识能力(知性)的基本限制。因为物自体与现象的本体论区别,使人的意志与自然的关系在两个层次上展开:第一,在感性—现象层次,人作为认识的主体按照知性的原则服从于自然的必然性;第二,在理性—本体层次上,人作为理性的主体完全独立于自然,成为绝对自由的存在。[8]

但是,奠定自然与自由(感性与理性)本体论分离的先验想象力,同时是实现两者统一的前提或原动力。这根源于想象力既属于感性又属于知性的双重属性。就想象力在直观中展现对象而言,它属于感性;就想象力先验地规定着对象,而对它形成一个适合于知性概念的综合(表象)而言,它属于知性。感性与知性的双重统一,也就是感受性和主动性的双重统一,使想象力成为自然与自由(感性与理性)相统一的原动力。对于康德,这个统一的目标是自由(理性)对自然(感性)的综合和超越。就此,无疑想象力的主动性和创造力要被强化。这个强化明确表现在康德对创造性想象(Productive imagination)和再现性想象(Reproductive imagination)的区分。创造性想象是以主动性为本质特征的,属于先验哲学;再现性想象被动地服从于经验的联想律,属于心理学。不言而喻,只有创造性想象才能实现自然与自由、感性与理性的统一。

创造性想象的运用,即先验想象力的自由运用,就是审美判断(活动)。康德认为美(审美观念)是一个不可解说的想象力的表象,审美判断的根据则是"形式的主观的合目的性"。审美判断,既无关于感性的满足,也无关于概念的一致,只是在对对象的表象中展现了主体心意诸能力的协调一致的情感。在这个统一感中,想象力在与知性(理解力)的协调中的自由运用,是动力和核心。"主观合目的性建基于想象力在其自由中的游戏。"[9] 也就是说，主观的合目的性的本质是在对对象的表象中想象力的自由的合规律性。自由与合规律，是知性中的一对矛盾。但这对矛盾，消解在想象力与知性的先验统一中，即两者都统一于先验想象力的本原性创造。康德强调，想象力必然是在其自由中活动的，自始至终都不能把想象视作服从于联想律的再现，而是必须被视作创造性的和自发性的表象（展现）。[10] 由此，审美判断的先验根据，即它的主观的普遍性在先验想象力的自由本质中被确定。

关于艺术，康德明确指出，只有在以理性为基础的有意识的行为中，通过自由产生的产品，才能称为艺术。根据这个标准，艺术同时与自然产品、科学和手工艺产品相区别。艺术是以自身为目的表象，是一个事物的美的表象。艺术的创造性在于，作为创造性的认识机能，想象力从现实自然提供的材料创造出仿佛是第二自然的作品。以自由为本质，艺术与自然的关系是双重的。一方面，作为自由的创造，艺术具有它对自然的优越性：无论对象美丑，艺术总是美丽地描绘自然事物；另一方面，一个艺术品要够得上被称为艺术，必须让我们意识到它是艺术又同时让我们看起来像似自然。[11]

"像似自然"，有两层含义：第一，艺术的形式的合目的性必须显示出摆脱了一切确定法规的束缚，仿佛它只是自然的产品；第二，进一步讲，艺术品应当像有生命的自然物一样，是一个完整独立的有机体，因为它是一个被精神赋予生命的产品。因此，对艺术"像似自然"的要求，与模仿（无论是对自然，还是对典范的模仿）无关，它是艺术创造原则与自由原则的体现。在这个意义上，美的艺术只有作为天才的作品才是可能的。"天才是一个主体自然禀赋的典范式的独创性。"[12] 独创性使天才与模仿的原则相对立，而成为美的艺术的原创者。

以先验想象力为前提，康德确立了现代美学的创造原则和自由原则，并且赋予这两大原则先验的主体性根据。正是在此基础上，康德美学真正奠定并且确立了艺术哲学从传统的模仿论向现代的创造论转换。构成艺术创造论基础的，就是想象力自由创造的美/艺术的表象。在康德之后，创造论变成了西方艺术哲学的基本主张，论证艺术的创造性本质、消除艺术模仿论观念，成为艺术哲学的主题。黑格尔的美学，则是建立在艺术创造观念基础上的。在艺术与自然的关系上，他比康德更进一步，不仅认为艺术不能模仿自然，而且认为自然美相对于艺术美具有本质缺陷，是更低一级的。黑格尔也认为艺术作为心灵的产品，必须显得很自然，才能使人感到快乐。但是，这不是因为艺术具有更多的自然属性，而是因为"它被制作得很自然"[13]。

二　再现神话的破除

在西方艺术史中，长期占据统治地位的，是柏拉图提出的艺术模仿论。进入文艺复兴以后，艺术观念发生变革，只是把柏拉图式的否定性的模仿论转换为文艺复兴式的肯定性的模仿论。柏拉图认为，艺术模仿现实事物，现实事物只是真理的影子，艺术就是一个背离真理的模仿影子的活动；文艺复兴艺术家们却认为，艺术模仿现实事物，是通过模仿达到展现（再现）自然真实的科学活动。新的模仿观念推动文艺复兴艺术家把艺术作为一项科学事业来进行，结果是，不仅科学发现被积极用于艺术技法的变革；而且确立了"艺术如一面窗口，能够真实地展现（再现）自然"的幻觉主义观念（阿尔伯特[Alberti L.B.]、达·芬奇）。启示幻觉主义的是绘画透视技术的发明。文艺复兴以后，幻觉主义作为绘画艺术的经典理论一直影响到印象主义绘画。

艺术模仿论由否定性向肯定性的转换，是以西方哲学精神由古代的形而上学向近代的经验主义转换为基础的。经验主义相信感觉和实证，它为现代文化生产了两个要素：感觉主义心理学和实证主义方法论。感觉主义心理学，把意识分析为感觉，肯定感觉的纯粹性和单元性；实证主义方法论，把一切事件都作为不可理解的、无意义的纯事实纳入经验实证的技术系统。幻觉主义艺术的科学性是以感觉和知觉，亦即"看"和"知"的严格区分为前提的（罗杰·弗莱 [R. Fry]）。感觉主义和实证主义共同提供了这个幻觉主义的前提。也是在这个意义上，幻觉主义艺术（绘画）才被确立为"视觉的科学"。但是，幻觉主义艺术的传统方法是否真实地再现了可见世界？更进一步，艺术家是否能有一双"纯洁之眼"（罗斯金 [J. Ruskin]）真实地看见这个世界？

进入 20 世纪以后，代替感觉心理学成为主流的知觉心理学，特别是其中的格式塔心理学，否定了幻觉艺术的心理学前提。格式塔心理学指出，意识活动的基本形式是知觉，而不是感觉；知觉的本质是有机体的组织活动；组织则意味着意识主体自我与环境在运动中构成心—物场，并在这个场的动力中展现和解释对象。用库尔特·考夫卡（K. Kaufka）的话说，格式塔心理学的主题是揭示自我、生活和心理的整合原理。[14] 这个原理表明，心—物场动力模式决定了意识活动的心物同型本质。就此，格式塔心理学有两个意义：第一，它否定了关于意识的元素主义观念，指出物体和意义是在知觉中以整体突现的方式直接呈现于意识的；第二，它否定了心物二元论的刺激—反映的感觉模式，指出知觉是心与物在场动力中的相互整合的组织活动。因此，感觉主义式的"真实地"看和"再现"外在世界，不仅是不可能的，而且是不必要的。

格式塔心理学的知觉观念，是康德的先验想象力和胡塞尔的本质直观两观念在心理学领域的转化物。它用场动力原理缓和了两位哲学先导的先验主体性,但同时又为意识主体保留了在知觉组织中的创造可能和自由前提。因此格式塔心理学成为现代艺术哲学的重要心理学基础。贡布里希正是在这个基础上,建立了关于绘画的创造心理学原理。贡布里希的出发点是反对"看"和"知"的严格区分,认为"纯洁之眼是一个神话"。我们所看到的视觉世界的图像,并不只是由对象投射在视网膜上的刺激图样规定的。视网膜的信息被我们关于对象的"真实"样式的知识所"修改"。"修改"的必然性在于"看"的主体是一个生命系统。因为有生命的地方,不仅有希望,而且也有恐惧、猜测、期待,这些活动影响着我们的感受,常常会使我们的感受先于刺激。没有一个人,甚至没有一个印象主义者,看见一个视觉的感觉。贡布里希的艺术视觉心理学主张"看"是有期待的目的性活动,强调解释的力量对于"看"的指导性作用——一切看到都是解释![15]

对"看"的解释性本质的揭示,成为贡布里希反对幻觉主义的有力武器。一切看都是解释,则意味着艺术家的工作不是再现世界,而只是使用他所制造和掌握的图式来解释世界。具体到幻觉主义,它也只是对世界的一种解释。这种解释是在信任"纯洁之眼"神话的传统中发展起来的。随着这个神话的破除,幻觉主义艺术传统的价值和这种解释的有效性都被瓦解了。"看"的解释性本质,否定幻觉主义作为一种对世界的解释(描绘)的无条件的客观性(有效性),并不因此否定它曾经实现的"生动的相似性"价值。在幻觉艺术的传统中,以透视法为基础发展起来的技艺和法则,培养了画家和观众共同合作从而实现这个"生动的相似性"的能力。[16]

反对幻觉主义,就是反对"再现"的艺术观。贡布里希认为,在任何一个意义上,一个画像都不是一个再现。无论古代还是现代艺术的形式,都既不是艺术家所看到的外在世界的再现,也不是艺术家心中的内在世界的再现。对这两个世界,艺术家都是用自己特有的手段进行解释性的描绘。[17] 幻觉主义所谓"再现",本质上只是在一定传统中的对形象的制作。贡布里希认为,画像起源于制造欲求对象的代替品。代替品的有效性在于它与原物相同(相近)的功能性,而不在于它与原物形象的相似性。人类历史上的第一幅画不是作为一个相似物而制造的。相似性是画像与原物之间的对应关系的表现。它是以制造为基础的,是制造风格化发展之后的产物。因为只有在一种风格的体系中,才可能存在"像"与"不像"的标准。因此,"制造先于对应"(Making is before matching),制造决定了对应。形象制作的有效性以艺术家和观众共同了解和接受的描绘风格为基础和依据。

"风格"是特定艺术传统中发展起来的技法、观念、原则等因素的整体体现和基本特征。贡布里希认为,"风格"体现了传统对艺术创作的制约,它限制艺术家对技巧和图式的选择。然而,受到风格限制的艺术家却从这个限制中获得了表现的可能性,因为正是通过运用风格,他的描绘才同时具有理想性,才不仅只是视觉信息的传达,而且同时是内在精神的表现。"风格"确立艺术形象的有效性,同时确立绘画的制作性本质。也就是说,作为一种必然是风格化的形象制作,绘画(描绘)本质上是制作,而不是再现。在根本的意义上,伟大艺术的创造就是一种风格的创造,而一种新的风格的确立,就是为我们提供了一种新的解释("看")世界的方式。贡布里希关于绘画心理学研究的结论是:艺术语言的真正奇迹不是给予艺术家一种创造现实的幻象的能力,而是在艺术大师的手下,形象变成了半透明的,我们在通过它学习运用新的眼光看这个外在世界的同时,也获得了透视这个心灵的隐秘领域的通道。[18]

三　向存在生成的转换

康德在对艺术品本质的思考中，把艺术品作为一个已经由艺术家完成的独立、纯粹的作品来看待。伽达默尔认为这种艺术品概念是"审美区别"的结果。因为在这个概念中，艺术品的生活背景和宗教、世俗功能都被排除（抽象）掉了，艺术品被确立为"纯粹的"和"自律的"作品。也就是说，在康德式的审美意识中，艺术品被从现实世界的时间—空间中抽象出来，成为纯粹的审美对象。[19]

审美意识对艺术品作审美区别（抽象）的前提是，日常生活的周围世界的预定性。胡塞尔指出，康德的先验哲学建立在一个未予置疑的生活世界的基础上。[20]这个世界被预先赋予了实在意义，在这个世界中，一切存在物，即使是有生命的和精神性的事物，都明确地展示出它具有一种物体属性。正是在这个被实在化的世界提供的基础上，艺术品被抽象为纯粹审美直观的对象，一个可以被知觉展现（表象）的实在性的物体。胡塞尔的现象学认为，一个预定的实在世界是自然化的客观主义的幻象。生活世界是由根本性的意向性构成的。这个根本性的意向性即精神。精神是主体自我相互为他人存在和相互理解的共同意向性，它把自然统一在自己的领域中而成为完满自足的视域。生活世界的本质性的意向性统一，否定了自然化的客观主义对精神和自然、主体和客体的二元论区分。在生活世界中，一切存在物都通过意向性构成的世界视域被给予主体，并且始终存在于这个视域中。[21]

在生活世界的普遍统一性视域中，艺术品的存在，与其他一切存在物一样，必然是历史性地在世界中的存在。这就意味着，艺术品的存在，不只是作为一个由人制造的物质产品（美的物体），而且是作为一个世界性的存在事件。海德格尔指出，艺术品总是要展现出比它自身更多的东西。这更多的东西，是"这个事物"的普遍本质，即存在的真理。存在的真理，是存在本身，它只有通过存在才能真实地展现。因此，艺术展现存在，就是让真理在作品中自我发生。"艺术是真理的自我发生。"[22]根据海德格尔的观点，真理的本质是存在的自我遮蔽和自我显现冲突着的原始统一。这个统一，历史性地展开为世界与大地之间的持续不断的冲突。世界建立并且展开着真理，大地隐藏并且保护着真理。艺术品的真实内容，就是作品的存在构成了世界和大地的永恒冲突。正是在这个意义上，艺术是真理的发生。在真理的发生中，艺术开放了一个领域，一个本真的世界；艺术品作为作品，存在而且只能存在于它所开放的这个世界中。

更进一步，海德格尔认为，艺术的本质是诗。艺术品的诗意本质是，艺术是以流溢、资助和赠予的方式构成并展现存在真理。作为诗，艺术赞扬陌生而杰出的事物，同时贬抑一切庸常和我们信以为不过如此的东西。既往的事物在作品绝对的真实中被驳斥，现成有效的事物对艺术的构建并无增益。艺术作为真理的展现/发生，在根本上，不是对现实对象的再现，而是存在真理的诗意的历史性的投射。[23]所谓诗意的历史性的投射，即，一方面本真的诗意的投射开放人作为历史性存在已经被抛入其中的领域，另一方面诗意的投射总是指向一个历史性存在的人的群体。也就是说，艺术作为存在真理的诗意的投射，不是随心所欲的，而是响应存在的历史性召唤的。海德格尔对这种艺术的诗意投射本质的揭示，否定了传统模仿论的客观主义和现代天才论的主观主义，从而在最普遍最根本的意义上，把艺术规定为存在真理自我发生的事件。这个事件的存在意义是，通过它，我们脱离平庸的常规而进入作品展现的本真境界中，从而把我们自身的本质带入存在的真理中。

海德格尔关于艺术品存在性本质的揭示，指出了另一个存在者，即人的存在对于作品存在的必要性。以这个必要性为前提，伽达默尔把对游戏的研究作为阐释艺术品存在性本质的起点。他认为，游戏的本质就是游戏本身的自我显现，而这个自我显现在它的重复表演中必然是指向某个观者的。通过观者的存在，游戏由自我显现转化为向他者的展现。在自我显现中，显现者和被显现者是直接同一的；在向他者的展现中，展现者和被展现者是有中介的（间接的）统一的。艺术在本质上是向他者的展现。因此，观者存在的意义，是使游戏实现向艺术的构成性转换。这个转换的实质是现成的实在事物转换为存在的展现。在对艺术展现本质的阐释中，伽达默尔把摹写、符号、象征与绘画做了比较。摹写，仿制与原物相似的形象；符号，在一定体制中指示原物；象征，在特定传统中替代原物。绘画作为展现，处于符号与象征之间。绘画与原物之间的关系是双重的：一方面，原物出现在绘画之中，原形与模本之间的本体论关系构成了绘画本质性现实的基础；另一方面，绘画对原物的展现总是对原物的存在的增加，因为通过展现，原物达到它的本真的存在。这意味着，绘画颠倒了模本与原物的本体论关系，它不但不依赖于原物（模仿原物），反而转换了原物的存在本质——使它的存在达到展现。因此，绘画有自己特有的现实，是一种自律的存在。[24]

　　伽达默尔关于绘画展现本质的结论是，绘画本身具有本体性的转换力。通过本体性转换力的作用，绘画不仅使原物的真实存在达到展现，而且实现了另一个独立世界的生成。艺术的世界是一个全新的世界，它在本质上是自我实现，充实完满的。但是，展现在根本意义上是一个存在的事件，它的本体性转换功能的实现，只有在人的存在的现实活动中才有可能。因此，艺术世界的现实并不存在于孤立的审美意识中，相反，在实现对它的原形世界转换之中，艺术世界建立了同这个世界不可解除的联系。

只要艺术品履行它的展现功能，即只要艺术品作为艺术品存在，它就是在现实世界中的某个年代的当下和某个场景中被观者所把握的。被把握的当下性和现场性，是作品存在现实性的两个基本特征，它们决定了艺术世界是通过现实的中介历史性地存在于时间和空间之中的。也就是说，基于艺术品指向观者的存在的本体性构成，现实不是被隔绝在艺术世界之外，而是通过观者的存在，创造性地转换入艺术世界。作品世界的自律性和完满性，是以作品在现实中的历史性构成为前提的。正是在这个意义上，艺术品作为展现，是一个存在的事件。[25]

四 艺术品作为意义世界的存在

通过对康德先验哲学的批判，现象学确立了人与世界通过意向性构成的本质统一观念。因此，在现象学的世界观中，世界的存在总是而且必然包含着主体性的存在。构成世界的本质的主体性，对于胡塞尔是先验纯粹的主体性；对于海德格尔是历史性地在世之中的主体性。但是，无论胡塞尔还是海德格尔，都面临着对主体性本质作形而上学抽象的危险，即把主体性抽象为普遍的纯精神的危险。现象学对自然主义和心理主义的根本性反对和畏惧，使它始终不能放弃康德的先验主体性原则。这就使现象学的世界观不能摆脱主体性抽象的阴影。

梅洛-庞蒂（M. Merleau-Ponty）对现象学的独特贡献，就在于他把"身体"作为基础和中心观念，引入现象学的主体性构成中，形成了知觉现象学的世界观念。"精神或文化生活从自然生活获得它的结构，思想的主体必须以主体身体的存在为它的基础。"[26]人作为主体，先于一切思想和认识，通过自己的身体同事物打交道；它是作为一个有身体的主体与事物共存的。身体的本质存在于对它的使用中。使用身体，在最本原的意义上，是身体进入世界并且占据位置。通过使用身体，身体超越和转换了自身的自然力量，而成为意义的发源地。人体的姿势是人类最初的交流形式，它的意义存在于它与世界结构的相互渗透中。这就是说，人体是一种自然的表现力量。身体的本质是不能被思想穷尽的，因此身体具有不断开放和无限产生（领会和表达）意义的力量。梅洛－庞蒂认为，这是有身体的主体存在的一个终极事实。这个终极事实，否定了笛卡儿式的主体与客体相分的二元论。

知觉现象学在身体的基础意义上，确定了自为存在和在世存在的统一，并且认为这个统一是思想—语言活动的前提，是世界和对象的人类意义的根源。梅洛－庞蒂把这个基本思想贯彻到对绘画的研究中，形成了身体、运动、视觉三统一的艺术哲学。"只有投身于世界，画家才能把世界转换成绘画。"[27]通过运动，人的身体被纳入世界的组织，同时它又把世界中的事物纳入自己的组织中。这种身体和世界的相互渗透，构成了看的二重性——看就意味着在一定距离上的拥有。"一定距离"，要求看者与被看者分离；"拥有"，则要求两者汇合。这个二重性把看实现为看者与被看者、触及与被触及、眼睛与眼睛、手与手相互交合、相互转换的没有终点的运动过程。就此而言，看在本质上是属于运动着的身体的，而不是属于"内在于身体的"思想的。相应地，绘画（艺术）是一个以身体运动为核心的存在活动，这个活动是必然在时间中的，而且是永远不能完成的。在身体与对象的交合运动中，从每一个可见事物的无可记忆的深处放射出炽烈的光芒，它们浸透画家的身体。画家的创造是对这些激发的回应。因此，绘画的目的不是通过模仿形成可见的形象，而是要通过可见的线条和色彩构成运动。归根结底，绘画是一个存在的活动，这个活动粉碎了本质与现象、想象与现实、可见与不可见之间的区别，向我们展开了一个由感性本质、具体的相似和沉默的意义构成的神秘宇宙。"世界将总是仍然需要被描绘。"[28]

杜夫海纳（M. Dufrenne）在知觉现象学的基础上建立了审美经验现象学。他认为，作为主体，人在三个基本层次上对现实产生构成性的作用（关系）：第一，出现；第二，表象；第三，情感。每个层次，都以不同的先验为前提：第一个层次，身体的先验，它是由梅洛－庞蒂的知觉现象学揭示的；第二个层次，知性的先验，它是由康德的先验哲学揭示的；第三个层次，情感的先验，这是审美经验现象学的主题。杜夫海纳把审美对象分为两个层次：被描绘的世界和被表现的世界。被描绘的世界，是艺术通过描绘可识别的特殊对象直接呈现出来的世界；被表现的世界，是艺术通过被描绘的世界表现出的情感性的世界氛围。情感性是被表现世界的灵魂，被描绘世界的本原。当情感性在作品的表现中实现了对审美对象的世界的构成功能，并且被感受到是独立于被描绘世界时，情感性就是一个先验，即情感先验。正是通过情感先验，被描绘世界和被表现世界统一起来，并且形成了完整的审美对象的世界。[29]

根据康德，先验以可能性的构成原理同时规定主体和对象；先验的意义是逻辑的，而非本体的。杜夫海纳的先验观念是对康德式的先验观念的本体论转换：先验的逻辑意义转换为本体论意义；过去作为可能性的条件的东西现在变成存在的一种属性。"要同时规定主体和客体，先验必须具有存在的属性，这种属性先于主体和客体并且使两者的契合成为可能。"[30]一言以蔽之，杜夫海纳认为，内在于我们和对象的先验，是一个存在的结构。存在的本体论意义是，主体和世界的具体的统一。一个世界总是为一个具体的主体而存在的，一个主体总是创造并拥有它自己的世界。这个统一，也就是世界的宇宙论存在和主体的存在论存在的统一。审美经验最深刻地体现了先验的存在本质。构成审美对象世界整体的情感先验是来自于主体（艺术家与观众）最深层的存在，它作为主体本质的表现同时形成了审美对象最深刻的特征。作为宇宙论和存在论统一的存在结构，情感先验先于主体和对象，并构成两者。主体内在情感性的必然的外在化形成了审美对象的世界；这个从主体溢出的世界又需要通过主体的存在来展现它。"审美对象的世界，不是主体所知道的世界，而是主体在其中认识到自己，并且通过它实现自己的世界。"[31]

把先验原理重新作为审美对象（艺术品）的本体论原理，审美经验现象学是一种在现象学之后向康德先验论的回归。但是，把知性先验转换为情感先验，并且把情感先验规定为一种先于主体和客体区别的存在结构，这种回归又实现为对康德先验论的存在主义—现象学的转化。情感先验原理的确立，即确定情感性对审美对象的构成力量，也就确定了情感在审美经验中的优先性。杜夫海纳认为，艺术品的真实内容，不是所描绘形象的原形，也不是概念性的真理，而是通过形象表现出来的情感本质。强调情感的优先性，目的在于强调人与世界的原始性统一是审美经验的核心，同时也就是现实世界的终极真理。现实的真实，不是它的物质实在，而是把它作为纯粹可能性的情感性意义。在日常生活经验中，现实只是无意义的事实的堆积——盲目的尘埃。只有在审美经验中，即通过情感唤起的世界中，现实才成为一个具有世界性的整体，并且展现出它的意义。为了真正地呈现为一个世界，现实必须审美化，我们必须成为诗人。没有一个世界，不被主体性接受和不向它开放。"情感性不仅构成艺术品的世界，而且作用于现实世界。"[32]

在转换康德先验论的同时，杜夫海纳转换了海德格尔—伽达默尔的艺术哲学的重心。无疑，三人都是在存在的本体论基础上确立艺术哲学原理的，也就是说，三人都主张主体和世界的统一，存在和本质的统一。但是，由于康德式的非个人的主体观念和普遍的真理观念的影响，海德格尔和伽达默尔更强调艺术品作为一种存在形式对真理的展示（言说）。伽达默尔指出，艺术品存在的本质是通过描绘对象而展现世界（存在）。因此，在海德格尔—伽达默尔的艺术哲学中，描绘（展现）的价值被强化，甚至绝对化（《真理与方法》中的伽达默尔只在否定意义上，即主观情感表现的意义上，使用"表现"概念）。与此相反，杜夫海纳强调审美对象世界的个人性，强调审美主体的具体性，因此把艺术品的情感性提高到艺术品存在的核心位置。情感先验性的实质是表现对于主体和对象共同的存在优先性。杜夫海纳认为，在存在论与宇宙论的本体论统一中，表现对于身体和灵魂、内在和外在，具有先验性存在。所以，在表现中，主体的成分和对象的成分是不可区分的。正是通过表现，我们才能确立情感性的根本性的真实本质。

审美经验现象学最后否定了传统艺术哲学的模仿论和幻觉主义。艺术模仿的前提是，现实已经被给定，并且作为原型等待再现；世界被认为独自地存在于那里，与我们的审视和行动无关；一切事物各得其所，被自然规律绝对地规定了。也就是说，如果艺术模仿或再现现实是可能的，现实本身就必须是与人的存在无关的单纯实在。审美经验现象学不承认这个由单纯实在组成的世界的真实性。它认为现实的真实性是它被表现为一个世界的可能性，即人与世界统一的情感本质。这个情感本质，通过审美经验表现出来，同时规定并表现有个性的主体和它的对象的本质特征。至此，康德开始的现代艺术哲学的基础性工程得到完成。这个完成，在存在的本体论前提下，一方面肯定了康德的艺术创造原则，另一方面否定了康德以主体和客体二元对立为前提的物自体观念。作为不可知的物自体的世界不存在了，取而代之的是一个人必然存在于其中的真实的世界，这个世界在主体与客体合作的审美经验中作为现实的可能（意义）被表现出来。

审美经验中，意义是内在于感性的，意义的本质是情感性，而情感性的真实存在就是主体与对象相互作用的表现。表现，就是情感先验构成主体与客体统一的世界的活动，在这个世界中，具体的主体和它自己的世界共同存在于存在论与宇宙论相统一的本体论结构中。审美经验通过表现构成人与现实的亲缘关系的世界，人在这个世界中，这个世界是属于他的。这就是现代西方艺术哲学的逻辑结论。

（原载《中国社会科学》1999年第6期）

注释

［1］Kant, *Critique of Pure Reason* (Concise Text), tr. by Wolfgang Schwarz, Scientia Verlag Aalen, 1982, p.1.

［2］康德：《任何一种能够作为科学出现的未来形而上学导论》，庞景仁译，商务印书馆，1982年版，第96页。

［3］Heidegger, *Kant and the Problem of Metaphysics*, tr. by Richard Taft, Indiana University Press, 1990, p.88.

［4］Ibid.

［5］Ibid., pp.106–107.

［6］Kant, *Critique of Pure Reason* (Concise Text), p.52.

［7］Ibid., p.38.

［8］Ibid., p.4.

［9］Kant, *The Critique of Judgement*, tr. by J. C. Meredith, The Clarendon Press, 1952, p.220.

［10］Ibid., p.86.

［11］Ibid., pp.166–176.

[12] Ibid., p.181.

[13] 黑格尔:《美学》第一卷,朱光潜译,商务印书馆,1979年版,第202页。

[14] 库尔特·考夫卡:《格式塔心理学原理》,黎炜译,浙江教育出版社,1997年版,第892—893页。

[15] Gombrich, *Art and Iuusion*, Phaidon Press Ltd., 1960, pp.298−303.

[16] Ibid., p.291.

[17] Ibid., p.370.

[18] Ibid., p.389.

[19] Gadamer, *Truth and Method*, tr. by J. Weinsheimer and D. Marshall, The Crossroad Publishing Company, 1989, p.85.

[20] Husserl, *The Crisis of European Sciences and Transcendental Phenomenology*, tr. by David Carr, Northwestern University Press, 1970, pp.103−104.

[21] Gadamer, *Truth and Method*, pp.245−247.

[22] Heidegger, The Origin of the Work of Art, *Poetry, Language, Thought*. tr. by A. Hofstadter, Harper & Row Publishers, 1975, p.39.

[23] Ibid., p.76.

[24] Gadamer, *Truth and Method*, pp.138−144.

[25] Ibid., pp.156−158.

[26] Merleau-Ponty, *Phenomenology of Perception*, tr. by Colin Smith, Routledge & K. Paul Ltd., 1962, p.193.

[27] Ibid., p.123.

[28] Ibid., p.148.

[29] Dufrenne, *The Phenomenology of Aesthetics Experience*, tr. by Edmard S. Casey, etc., Northwestern University Press, 1973, p.446.

[30] Ibid., pp.455−456.

[31] Ibid., p.449.

[32] Ibid., p.456.

汉凤凰的大美风仪

英国著名收藏家尤摩弗帕勒斯（George Eumorfopoulos）以收藏汉代艺术品著名于世界。在他的收藏作品中，有一件汉代青铜雕刻《汉凤凰》。这只凤凰雕刻在一只镀金青铜的梳妆盒（奁）盖子内层上面，整个图案直径为 16.3 厘米。这件《汉凤凰》雕像似乎流传不广，我所见到的只是收藏家本人拍摄的照片，而且仅从德国学者费舍尔（Otto Fischer）的《中国汉代绘画艺术》（1931）一书中一见。

《汉凤凰》刻画的是一只玉立高空、双翼展扬、昂首而鸣的凤凰。作为想象的神鸟，凤凰的造型，经历数千年的演进至汉代，从头至尾，综合了鸡头、燕颔、蛇颈、龟背和鱼尾等动物身体部位。《汉凤凰》向我们展示的这只凌虚而立的凤凰，以高度写实的刻画风格呈现出浑然一体的生命气韵。在汉画中，这只凤凰整体和细节均具有的高度真实感是惊人的——仿佛天地间真有凤凰这种神禽。然而，它所传达出的超逸雍容的气度，更具有一种拟人化的魅力。它的头、胸和脚，三点一线，暗示出一个强劲的直立线条，但是，贯穿凤凰全身的却是围绕着这条直立线条的富有律动的 S 形线。这个静与动、直与曲结合的造型，赋予这只凤凰庄严而又灵动的仪态。

汉凤凰，青铜雕刻，英国尤摩弗帕勒斯收藏

这只凤凰的全身反射出阳光照耀的光芒。这是一只浴光而歌的凤凰。在歌与光的浸淫中，凤冠高扬、凤眼生辉、凤翼招展，而以孔雀尾为原型的凤尾，则无限生衍流化，仿佛是这绰约如处子的凤凰神鸟，化光为风，以大气飞旋的线条演化出动人心魂的周天大舞——一曲生气圆满的苍穹乐舞。《汉凤凰》的雕刻家，从实入虚、化静为动，虚实相生，动静相守，将对凤凰的具象传真的刻画纳入对生生不息的宇宙神韵的呈现。费舍尔指出，汉代画像艺术的真正主题不是描绘具体物象，而是借这些物象表现世界生命的无限运动和节奏。费氏此说精辟地揭示了汉画艺术独特的精神旨归，而《汉凤凰》无疑是汉画中的卓绝典范。

双鸟朝阳，象牙雕刻，公元前 5000 年，河姆渡遗址出土

　　凤凰的图像，是中国艺术中最流行的图像之一。它的造型史，上溯到石器时代，湖南洪江高庙遗址出土的白色陶罐颈部和肩部各戳印的凤凰图案，距今已有 7400 年历史，浙江余姚河姆渡遗址发现的"双鸟朝阳"象牙雕刻，则晚 400 年。值得注意的是，这两组相差 400 年的凤凰图像，都与太阳相伴。凤凰别称火鸟、朱雀，属火，就是火神的化身——凤凰崇拜与太阳崇拜相关，因此，远古凤凰的图像总与太阳相伴。跨越数千年《汉凤凰》以它无比精美的造型和超凡卓绝的风仪，不仅成为汉代艺术家伟大匠心的结晶，而且是中华文化的凤凰精神的至高体现。

　　与龙是华夏人图腾崇拜的形象不同，凤凰是东方夷人图腾崇拜的形象。以史载而言，少皞是第一个立凤凰为图腾的帝王。相传黄帝次子少皞被贬南方，成为东夷诸部落联盟首领，以凤凰为图腾，建立少皞国。"我高祖少皞挚之立也，凤鸟适至，故纪于鸟，为鸟师而鸟名。"（《左传·昭公十七年》）其后，作为东方夷人的一支，商族人认为他们的先祖商契是由其母简狄吞食凤凰落下来的蛋而生,即"天命玄鸟,降而生商"(《诗经·玄鸟》)。玄鸟是商族人对凤凰的别称。屈原在《离骚》中有"凤皇既受诒兮"之说,而在《天问》中有"玄鸟致诒",讲的都是简狄生商契的传说,是将"凤凰"和"玄鸟"通用的。

凤凰与商契的关系,不止于为商族人确立了一个神话来源。据史传,舜帝封商契为司徒,派他在其封地商丘担任火正一职。火正是主持研究天象以利民生的官职,相当于今天的天文台台长。商契筑台观天象,发现了大火星运行的节气规律,据之制定历法(殷历)。大火星每年在东方黎明时出现的那一天,是我国"春分"节气;大火星在西方黄昏隐没的那一天,则是我国的"秋分"节气。商契"以火纪时",商族人奉之为"火神"。大火星春去秋来,正如燕子。凤凰就是被神化的知时而行、给世间带来春天消息的燕子。作为天文学家,商契是人间当之无愧的神燕——凤凰。应当说,在关于商契身世的传说中,凤凰不仅是天人交通的"火神",它还代表着引导人类理性觉醒的光明之神。

在汉文化中,凤凰更广泛的意义,作为图腾崇拜的延伸,不仅代表着祥瑞安宁气象,还代表着最高艺术境界。中华五帝之祖黄帝,战败蚩尤、统一华夏即位称帝之后,就想望凤凰到来。黄帝的仁德之风召来了凤凰。这神鸟自天而降,"五彩备举,鸣动八风,气应时雨"(《韩诗外传》)。这就是一个祥和盛世之景。《尚书·益稷》中有"《箫韶》九成,凤皇来仪"之说。它描述的是在大禹治水的庆功盛典上,夔龙主持音乐会,而音乐会的最后高潮则是凤皇莅临。凤皇不仅是这出音乐盛典的最后出场者,而且是使之十全十美的最后完成者。"凤皇"是"凤凰"原本的记法。作为最高艺术境界的代表,凤凰就是司乐的神鸟。"听凤凰之鸣,以别十二律。"(《吕氏春秋·古乐篇》)

古代中国的凤凰崇拜,与古希腊的阿波罗崇拜很相似——阿波罗是太阳神,也是音乐与诸多技艺之神。古希腊神话中也有凤凰(Phoenix),它脱胎于古埃及的太阳神鸟(Bennu)的传说。希腊神话中的凤凰俗称不死鸟,它如太阳昼出夜没一样,通过自焚和新生,进行着生而复死、死而复生的游戏。中国的凤凰,似乎没有生死问题,只有来去状态——可以说凤凰是超生死的存在,准确地讲就是一种被神灵化的高洁灵妙的气象或风仪。

在庄子的笔下,凤凰(鹓鶵)是一个气质高洁、决然不与俗浊沾染的

凤凰,来自德国出版家 F. J. Bertuch(1747—1822)的神话读本

形象，即所谓"非梧桐不止，非练实不食，非醴泉不饮"(《庄子》)。庄子此说，是在他与惠施论争中，借凤凰自喻性气高洁，鄙弃惠施之徒孜孜以求的世俗名利。通过庄子，凤凰人性化了，纯然以持节高尚、性灵超绝的风仪动人。《韩诗外传》称赞凤凰"止帝东园，集帝梧桐，食帝竹实，没身不去"，很可能是受到《庄子》的影响。在《红楼梦》中，贾宝玉将"有凤来仪"四字题与"有千百翠竹遮映"的潇湘馆。宝玉口称"颂圣"，实则是借用凤凰传说之典，表达他对潇湘馆女主人林黛玉至高无上的爱戴与赞美。在宝玉的心目中，除了风仪天下无双的凤凰，还有什么可用以比配他"没身不去"的林妹妹呢？当然，这个凤凰，必须是经过庄子人性化了的凤凰。

《诗经·卷阿》描述周成王出游，其中一段专门描写凤凰的风仪："凤凰鸣矣，于彼高冈。梧桐生矣，于彼朝阳。菶菶萋萋，雍雍喈喈。"菶菶萋萋，形容梧桐枝挺叶茂的景象；雍雍喈喈，形容凤凰鸣声和谐悦耳。在高冈之上，梧桐树朝阳而生，百鸟之王凤凰栖于梧桐高枝，逸然鸣唱，天高地迥，气贯苍穹。这是一个超然出世而又生机盎然的图景，是阳光与音乐、大美与永生、生性高洁与本质纯朴的精华荟萃。这不正是《汉凤凰》展示于我们的景象吗？这个景象是后世千百年中国绘画笔精墨妙、气韵生动的原型。

《兰亭序》与庄子生命观

一　郭沫若引出的论争问题

1965年，郭沫若发表长篇论文《由王谢墓志的出土论到兰亭序的真伪》[1]，挑起了关于王羲之《兰亭序》书法与文章之真伪的论争。郭沫若以新出土的东晋王谢墓志为印证，以《兰亭序》帖缺少"隶书笔意"，否定其为王羲之所书。早在清代，已有学者李文田在其对《定武兰亭》的跋文中明确提出《兰亭序》帖、文皆非王羲之所作，是后世伪托。李氏以自己的认知，在指出《定武兰亭》为"隋唐间之佳书，不必右军笔也"的同时，着重指出世传《兰亭序》文是对刘义庆《世说新语》中《临河序》的删改、增补，其下半段为后者所无，"此必隋唐间人知晋人喜述老庄而妄增之"[2]。郭沫若在《论真伪》中，以李氏跋文为有力论据推断说："《兰亭序》是依托的，它既不是王羲之的原文，更不是王羲之的笔迹。"唐人何延之的《兰亭记》和刘餗《隋唐嘉话》对《兰亭序》的传奇叙述共同涉及王羲之七世孙、南朝僧人智永。郭沫若据此做判断说："我敢于肯定：《兰亭序》的文章和墨迹就是智永所依托。"[3]

作为一位历史学家，郭沫若"惯写翻案文章"。他1965年挑起对《兰亭序》的发难,却并非独自为战。在《论真伪》中,郭沫若明确指出,他写作这篇文章得到当时中共中央主管意识形态的康生和陈伯达的"文献支持"。时任《光明日报》总编穆欣在18年后(1993)撰文回忆这场"笔墨官司",题为《郭沫若的最后一场笔墨官司——毛泽东关注〈兰亭序〉真伪问题的讨论》。我们不用阅读穆文内容,仅读其副标题,就能意识到这场"郭沫若最后的笔墨官司"具有超越学术论争的特别背景。[4]郭沫若对王羲之《兰亭序》文章和书法真实性的否定,在当时及其后多年,引发了许多学者的"驳议"。

在"驳议"郭沫若《论真伪》的文章中,较为值得关注的是高二适、商承祚、周绍良和周传儒等学者的文章。这些文章依据书法史料的考证和分析,有说服力地指出:其一,书法从隶到楷,是在汉魏之际萌芽、到东晋时代成熟的演进运动;考察书法发展史,王羲之正是"自隶草变而为楷"的集大成者。[5]其二,书体演进到多种书体出现后,不仅在时代层面上是多书体共存的,而且书法家个体也会因为书写目的的不同而采用不同书体。王羲之是"博精群法"的书家,"不能单举墓志铭刻的书法来概括羲之的书法风格"[6];其三,基于书写工具和书写水平的差异,碑刻书法多为民间工匠斫刻,其用意和水准都不可与王羲之所代表的士大夫书法家相比较,更不可以之作为辨识书法家作品的范例。"一碑一帖,一方一圆;一用刀,一用笔,要把他们捏在一起,太困难,距离太大了,好像叫小旦反串花脸。"[7]

针对李文田和郭沫若共同主张"《兰亭序》是在《临河序》的基础之上加以删改、移易、扩大而成的"之说[8],持反对意见的学者从文献学、文章学等方面做了驳斥。他们普遍认为:《临河序》是对《兰亭序》原文的节录,并且在摘录文字中包含部分语句的不当删节和移动;两序文章比较,《兰亭序》无论就思想情怀还是文章艺术,都远高于《临河序》。与李、郭以后半段与前半段文气不合否定《兰亭序》文章真实性不同,持反对意见的学者特别推崇该文后半段。"一篇文章,要求有重点,而《临河序》无。《兰亭序》的'夫人之相与,俯仰一世'以下一百六十七字,在技巧上叫发挥,叫感想,叫重点突出。"[9]

在《论真伪》中,郭沫若指出,相比于《临河序》,传世《兰亭序》"所增添的'夫人之相与'以下一大段,一百六十七字,实在是大有问题"。但在此文中,他只是指出"王羲之的性格,就是这样倔强自负,他绝不至于像传世《兰亭序》中所说的那样,为了'修短随化,终期于尽',而'悲夫''痛哉'起来"[10]。这就是说,郭沫若否定《兰亭序》的真实性的首发文章仅从他所揣测的王羲之的性格、情绪出发判断《兰亭序》后半段"大有问题",故非王羲之所做。但是,他在后续写出的《〈兰亭序〉与老庄思想》和《〈驳议〉的商讨》两文中却着重引申阐述《兰亭序》后半段"大有问题"之论。[11]

李文田在《定武兰亭跋》中称:

> 《世说》云人以右军《兰亭》拟石季伦《金谷》,右军甚有欣色。是序文本拟《金谷序》也。今考《金谷序》文甚短,与《世说》注所引《临河序》篇幅相应。而《定武本》自"夫人之相与"以下多无数字。此必隋唐间人知晋人喜述老庄而妄增之。不知其与《金谷序》不相合也。[12]

郭沫若在《论真伪》中是无异议地赞成李氏"妄增"之说的。但是,在后续两篇文章中,郭氏却指出李氏的"妄增"论断"不够明确"。郭沫若说:"这一断案说得不够明确,没有表明《兰亭序》文和老庄思想的关系究竟是怎样"[13];"那一大段文章里面有'固知一死生为虚诞,齐彭殇为妄作'二语,明明是在反对庄子"[14]。通过将《兰亭序》后半段与西晋石崇《金谷诗序》比较,郭沫若认为前者是对后者文中"感性命之不永,惧凋落之无期"的情志的阐发("大申石崇之志"),本质上表现的是极其庸俗的生命观。郭沫若论断说:"为'死生亦大矣'而承之以'岂不痛哉'的转语。既不是道家思想,更不是儒家思想,而是极其庸俗的贪生怕死的思想。"[15]

《兰亭序》中说道:

> 古人云死生亦大矣,岂不痛哉。每揽(览)昔人兴感之由,若合一契,未尝不临文嗟悼,不能喻之于怀。固知一死生为虚诞,齐彭殇为妄作。[16]

对这两句文字,自宋代以来就时有争议。宋人晁迥认为《兰亭序》此说表明王羲之没有真正达到老庄哲学的超越精神,这也是梁朝萧统编《文选》[17]不选录《兰亭序》的原因。"昭明(萧统)深于内学,以羲之不达大观之理,故不收之。"[18]现代学者钱锺书认为王羲之本来就有"反庄"的思想。在《管锥编》中,钱锺书引证唐人张彦远《法书要录·右军书记》中的一条"杂帖"。该帖说道:"知足下奉法转到,胜理极此。此故荡涤尘垢,研遣滞虑,其实可为尽矣,无以复加。漆园(即庄子——引者)比之,殊诞谩如不言也。"[19]钱锺书认定此帖所言"显斥庄周",并且指出:"盖羲之薄老、庄道德之玄言,而崇张、许方术之秘法;其诋'一死生''齐彭殇'为虚妄,乃出于修神仙、求长寿之妄念虚想,以真贪痴而讥伪清净。识见不'高',正复在此。"[20]

值得注意的是，不仅否定《兰亭序》的郭沫若、未参与论争的钱锺书，而且肯定《兰亭序》的诸多学者，也认同"一死生""齐彭殇"为庄子哲学本义，"一死生为虚诞，齐彭殇为妄作"确为王羲之"反庄子之说"。周绍良在长文《〈兰亭序〉真伪考》中，针对李文田、郭沫若否定《兰亭序》下半段为王羲之所作，详细阐述"《兰亭序》中自'夫人之相与'以下内容表达了王羲之的思想"的同时，明确指出"王羲之崇老反庄"，从王羲之《法书要录·杂帖》（上文钱锺书所引述条目）可见，"他将庄子放在老子的对立面予以贬斥，其精神正与《兰亭序》中'一死生为虚诞，齐彭殇为妄作'完全一致"。[21]

综上所述，我们需要厘清两个问题。其一，究竟应当怎样理解庄子的生命观？其二，王羲之对庄子思想的基本态度是什么？

二　庄子生命观辨义

"死生亦大矣"，语出《庄子》，有两则，兹录如下：

> 仲尼曰："死生亦大矣，而不得与之变；虽天地覆坠，亦将不与之遗。审乎无假而不与物迁，命物之化而守其宗也。"（《德充符》）[22]

> 仲尼闻之曰："古之真人，知者不得说，美人不得滥，盗人不得劫，伏戏黄帝不得友。死生亦大矣，而无变乎已，况爵禄乎！若然者，其神经乎大山而无介，入乎渊泉而不濡，处卑细而不惫，充满天地，既以与人，己愈有。"（《田子方》）[23]

从郭沫若和钱锺书的论说可见，"一死生"似是庄子生命观的核心命题。然而,"一死生"(或"一生死")并不是庄子的说法,而是西晋玄学家郭象在其《庄子注》中提出的。《齐物论》中有"有未始有始也者"一句,郭象注道:"谓无终始而一死生。"[24](郭象在注《逍遥游》和《大宗师》两篇中三次使用与"一死生"相似的"齐死生"说法。现代哲学家冯友兰和张岱年均援用"齐死生"说法诠释庄子生命观。[25])在《大宗师》中,子祀、子舆、子梨和子来相与为友;他们的交友标准是:"孰能以无为首,以生为脊,以死为尻,孰知死生存亡之一体者,吾与之友矣。"[26]这四人看待自己和亲友的死亡,都是"视死如归"。子来病危之际,他的妻子哀痛哭泣("环而泣"),而前来看望的子梨却兴高采烈,犹如与一位将赴大任的友人告别,说道:"伟哉,造化又将奚以汝为,将奚以汝适?"垂死的子来自己也说:"今一以天地为大炉,以造化为大冶,恶乎往而不可哉?"[27]在《庄子》中,讲述了诸多高人隐士("方外之人")面对亲友的死亡"临尸而歌"的故事,庄子本人也以"扣盆而歌"的方式悼别亡妻。不哭而歌,即不以悲痛而以欢乐看待死亡,这违背常情的态度,在庄子的话语体系中,就是"知死生存亡之一体",大概讲也可说是郭象所谓"一死生"。

然而,在庄子哲学的深义中,"知死生存亡之一体"并不能简单归结为"一死生"。庄子说:"死生,命也,其有夜旦之常,天也。人之有所不得与,皆物之常情也。"[28]庄子认为,人的死生存亡归根结底是天地造化的产物,造化永无止境,人则死生存亡,这是不可抗拒的规律(命)。"死生一体",就是指"有生必有死"和"生死循环相续"(即《德充符》中所谓"以死生为一条"、《知北游》中所谓"死生为徒")。"死生一体",是指生命在世界运动的时间序列中的连续性和循环性——"以无为首,以生为脊,以死为尻"。

在主张死生循环相续的前提下,庄子认为,相对于天地造化的无限运动,包括人在内的万物,都是微弱有限的暂时之物。他说:

> 天下莫大于秋豪之末,而泰山为小,莫寿于殇子,而彭祖为夭。天地与我并生,而万物与我为一。[29]

"殇子"指未成年夭折的孩子,即谓短命者;"彭祖"是传说中年寿800岁的彭氏祖先,即谓长寿者。"秋豪",即"秋毫",秋天的兽毛末端极细微,指细微之物;泰山则指巍然大物。庄子认为,人的寿命的长短和现实事物的大小,相对于无限的天地,都是短暂、微小的。他颠倒人们常识中的时间长短与体量大小,目的不是将寿与夭、大与小等量齐观,而是促使人们突破局限于现象的常识去体认人生的真义,即作为存在者与天地万物的根本统一性。

正如庄子没有提出"一死生"的命题,他也没有提出"齐彭殇"的命题。在庄子的哲学中,死生不仅不是等同或同一的,相反,人生的真谛就是要免于社会与自然的刑害而"保身、全生、养亲、尽年"(《养生主》)。他以"依乎天理"讲养生(《养生主》)、以"虚而待物"讲心斋(《人间世》)、以"不与物迁"讲道德(《德充符》),以"与造化者为人"讲真人(《大宗师》),其宗旨就是要为世人开辟"卫生之经"的养生、乐生道路。庄子不仅塑造了一批有神功异能的"真人",而且塑造了一批体残寡能的"畸人"。以世俗眼光看,"真人"与"畸人"有天壤之别;但就通达生命的真义而自由生存而言,两种人是同一的。"死生亦大矣",人之为人,死生无疑是头等大事;人之常情,是悦生恶死,难以顺应自然而从容面对死亡。对死的恐惧,既是人生最大的忧患,也是人生根本的束缚。庄子哲学的核心要义,就是要解除这个束缚,"救民于倒悬"。他的基本途径是引导人们体认到,"天地与我并生,万物与我为一",即认识到自我与世界的根本统一。"老子曰:'卫生之经,能抱一乎?'"[30]这就是庄子所谓"道"。正是在此意义上,他推崇因为精神觉悟而乐生、长寿的"至人""真人"。因此,庄子讲"死生一体"绝对不是视死生价值同一,而是在明确个体生命的有限性前提下,追求无限超越和无限自由的"乐生"的生命境界。

在《德充符篇》中,庄子与明辨家惠施关于"有情与无情"有一段对谈:

> 惠子曰:"既谓之人,恶得无情?"庄子曰:"是非吾所谓情也。吾所谓无情者,言人之不以好恶内伤其身,常因自然而不益生也。"惠子曰:"不益生,何以有其身?"庄子曰:"道与之貌,天与之形,无以好恶内伤其身。今子外乎子之神,劳乎子之精,倚树而吟,据槁梧而瞑。天选子之形,子以坚白鸣。"[31]

庄子主张"无情",并不否定人是有感情的,也不是主张抑制或绝弃情感,而是主张要以相对、变化的态度对待情感,不可固执情感。固执情感,就是"以好恶内伤其身"。他批评惠施固执自己的意识和观念,强为之辩,伤精费神,而非顺其自然而行。

庄子理想的人,即所谓"真人"。这些"真人","知死生一体""死生无变乎己"。"真人"的要义就是"外化而内不化"。[32]所谓"外化",就是顺应外在自然的变化而变化("与时俱化");所谓"内不化",就是始终保持自我生命合乎自然的统一性和整体性("无变乎己")。庄子哲学的要旨,是"和之以是非而休乎天钧"[33],即是在顺应现实差异变化(是非)之中保持个体与世界的整体统一(天钧)。后世对庄子哲学的理解,多偏失于强化他对整体统一("休乎天钧")的主张而无视他对差异变化的认同("和之以是非"),即没有体认庄子讲的"两行"思维。与后世认为庄子排斥情感相反,他所反对的正是对自然感发的蓄意克制和排斥。他说:

> 山林与!皋壤与!使我欣欣然而乐与!乐未毕也,哀又继之。哀乐之来,吾不能御,其去弗能止。悲夫,世人直为物逆旅耳!夫知遇而不知所不遇,知能能而不知所不能。无知无能者,固人之所不免也。夫务免乎人之所不免者,岂不亦悲哉![34]

庄子并不排斥人对死生存亡的哀乐情感,因为是"物之常情"。他致力于引导人们的,是把人们提升到对"道"的体认,从而在这个至高大全的境界中超越对死亡的恐惧和苦痛,自由自在地生活。对于庄子,这自由自在的生活,才是他倡导并追求的根本目的。庄子绝无视生死之别——"死生亦大矣"。他引导人们以顺应自然的态度面对死亡,"死生无变于己",只是要让人们从这根本的忧惧中解脱出来,追求和享受快乐的生活。庄子主张绝对的心灵自由,即所谓"逍遥游"。但庄子的"逍遥游",既非狂妄自大,为所欲为,亦非遗世独立,冷血无情。细读《庄子》,我们会感受到庄子那一颗敏锐地感受着世间的死生苦痛却又炽烈地追求着人生理想的伟大心灵。他深知任何人都不能免于人生而为人的无知、无能("无知无能者,固人之所不免也"),他不主张刻意回避情感("哀乐之来,吾不能御,其去弗能止"),而是主张顺应自然。准确地讲,庄子的人生观之落实于情感,即所谓"喜怒通四时,与物有宜而莫知其极"[35]。因此可以说,庄子生命观的真谛在于,在追求体认自我与天地世界本原同一的同时,对自我生命最高自然和自由的实现——这就是庄子哲学最核心的观念"真"。

读《庄子》全书，我们知道庄子与惠施是不可调和的论敌，前者主张"无辩"，后者主张"强辩"；而且，惠施妒忌庄子之才，做梁国宰相时，庄子前来拜访他，他却听信他人之言，以为庄子要来取代他的相位，派人搜索庄子三天三夜。[36]但是，惠施去世后，庄子却对他抱着深沉的怀念之情。《徐无鬼》说：

> 庄子送葬，过惠子之墓，顾谓从者曰："郢人垩慢其鼻端若蝇翼，使匠石斫之。匠石运斤成风，听而斫之，尽垩而鼻不伤，郢人立不失容。宋元君闻之，召匠石曰：'尝试为寡人为之。'匠石曰：'臣则尝能斫之。虽然，臣之质死久矣。'自夫子之死也，吾无以为质矣，吾无与言之矣。"[37]

从这则故事可见，庄子对一个素与自己有深刻学术和为人分歧的人，尚且如此难以释怀，何况对于相与友善的亲旧呢？庄子主张"不以好恶内伤其身"，反对固执情感，但他却又是真诚而深于情的。就此我们可以看出他的哲学与人生是有矛盾的，然而，这正是庄子真而深的生命境界。

庄子不仅敏于思，而且深于情。他对社会人生和自然事物的细致观察和精妙描绘，表现了他对生活世界的深情和敏锐。我们读《庄子》，常为他奇伟瑰丽的哲思所折服，却感受不到他深切炽烈的心痛。然而，正是这人生不可解除的心痛，筑成了庄子生命观的真实基础。

三 王羲之对庄子哲学的态度

在明晰了庄子人生观的要义之后，我们再来谈王羲之对庄子哲学的态度。王羲之生活的东晋时代,是道家风行的时代。广义的道家,分为黄老与老庄两个流向。黄老派服食养生、追求长生不老,这是道家的方术派,宗教派;老庄派实为庄子哲学的衍生,主张顺应自然,"以天合天",这是道家的反方术派,哲学派。这两派有分歧与矛盾,但在具体个人的实践中并不是水火不容的。王羲之本人,既好"服食养性",并且崇奉张道陵的天师道,又对庄子哲学怀抱着特别的信仰。

王羲之初任会稽内史,当时的名僧支道林欲结识他,在遭拒绝后,就是使用讲解《逍遥游》的办法获得成功的。《世说新语》载:

> 王逸少作会稽,初至,支道林在焉。孙兴公谓王曰:"支道林拔新领异,胸怀所及乃自佳,卿欲见不?"王本自有一往隽气,殊自轻之。后孙与支共载往王许,王都领域,不与交言。须臾支退。后正值王当行,车已在门,支语王曰:"君未可去,贫道与君小语。"因论庄子《逍遥游》。支作数千言,才藻新奇,花烂映发。王遂披襟解带,留连不能已。[38]

支道林对王羲之究竟如何解说庄子的《逍遥游》,我们不得而知;以支氏的僧人身份,他大概有借庄说佛之论。但是,我们可以肯定的是,这则故事说明,王羲之对于庄子哲学的服膺,不止于他的内心崇奉,而已然成为一条友朋认同、借以与之接近的捷径。

传世的《兰亭集》中,载王羲之诗作两首,两首均以庄子哲学立意。其第二首说道:

> 仰眺碧天际,俯看绿水滨。寥朗无涯观,寓目理自陈。大矣造化

功,万殊莫不均。群籁虽参差,适我无非亲(新)。[39]

"万殊莫不均",明显是庄子齐物论的概括表达;"适我无非新",则是庄子所说"使日夜无隙,而与物为春"[40]两句化出——"适我无非新"和"与物为春"是同义的。以诗为证,兰亭聚会当时王羲之是认同并且崇尚庄子哲学的。王羲之作《兰亭诗》、撰《兰亭序》同在永和九年(353)春三月初三兰亭聚会中。试问,在同一天、同一场景中,在诗中推崇庄子的王羲之,可能反过来又在文中驳斥庄子吗?

前面我们已阐明,庄子主张"无情",并非要求人们没有感情,而是不固执情感,自然感发。王羲之生活的时代(303—361)[41],是世事极不稳定的时代。他一生经历了6位晋帝的病亡,更经历了十数亲友的病痛亡故。永和九年,王羲之51岁。两年前他受封会稽内史,两年后他立誓辞官。王羲之对于时局和生命都是非常敏感而且特具预测力的人,为人慷慨耿直,"骨鲠高爽,不顾常流"[42]。在春和景明、惠风和畅的兰亭雅集中,他由眼前的盛景而感慨"终期于尽"的未来,诋斥当时沉溺于玄言清谈的名士们所标榜的"一死生"和"齐彭殇",绝非无谓妄议,而是庄子所言"有所不得与"的"物之常情"。唐人孙过庭说王羲之"《兰亭》兴集,思逸神超……情动形言,取会风骚之意;阳舒阴惨,本乎天地之心"[43]。王羲之作《兰亭序》,无论文章,还是书法,都是他当时胸中波澜的真实表现。钱锺书说《兰亭序》的文章"真率萧闲,不事琢磨"[44],这是中肯之论。这八个字用以评论《兰亭序》的书法,也是非常贴切的。唐人张怀瓘称赞王羲之书法,"千变万化,得之神功,自非造化发灵,岂能登峰造极"[45]。所谓"神功",就是王羲之通过《兰亭序》的文章和书法共同表现的率性任真的生命意气。庄子的人生观,最终目的是求一个"真"字。我们可以说,王羲之就是一位在高妙的境界中彰显人生之真的艺术家。

最后我们还要回应钱锺书引王羲之《杂帖》中的"漆园比之,殊诞谩如不言"诸言,并认定"显斥庄周"的问题。《晋书·王羲之传》称:"羲之既去官,与东土人士尽山水之游、弋钓为娱;又与道士许迈共修服食、采药石不远千里。遍游东中诸郡,穷诸名山,泛沧海。叹曰:'我卒当以乐死。'"[46]这就是说,王羲之沉迷于服食养生,是在他辞官之后,亦即作《兰亭序》两年之后的事情。钱锺书引用的《杂帖》在《法书要录》中既没有受书人名号,也没有日期落款。联系这条《杂帖》的内容,我们大概可以判定它书写于王羲之与许迈"共修服食"的时期。这是王羲之暮年时期,此时的王羲之迷信方士之术,书帖"显斥庄周",是有可能的。但是,我们不应当将暮年的王羲之与永和九年春作《兰亭序》时的王羲之混为一谈。钱锺书对《兰亭序》的广征博议中,显然缺少"历史地"审视王羲之对庄子的态度。再者,从王羲之"穷诸名山,泛沧海"而兴叹"我卒当以乐死"来看,他对"服食养生"有多少迷信是可疑的,也许更大程度上,"服食采药"对于他不过是一种"与时俱化"的外在形式,他所真正追求的是在佳山丽水中获得的"适我无非新"的生命归依之感。

"一死生""齐彭殇"绝非庄子之论,而是后世晋代清谈家对庄子哲学的虚化偏议。[47]庄子的生命观是顺应自然中的任性率真。王羲之在《兰亭序》中感怀伤世,痛惜无常的生命,而发出"固知一死生为虚诞,齐彭殇为妄作"的真率之言,正是庄子"喜怒通四时"的生命精神之"真"的通达发扬。我们讲"魏晋风度",多偏指其"放达"一面,以为魏晋人皆清虚超迈、不着烟尘。《世说新语》是南朝刘义庆延揽众多文人辑录魏晋名士轶事和言说的著作,鲁迅称之为"差不多就可以看作一部名士底教科书"[48]。读此书,我们可见魏晋名士的风流,绝不凭空放达,而是特别深于沉痛。读懂庄子生命观,我们当知受庄子哲学哺育的魏晋风度,是于放达处见沉痛,在沉痛中真放达。唯其如此，我们才不冤枉王羲之，才不辜负其放达风流的《兰亭序》。

（原载《学术界》2017 年第 12 期）

注释

[1] 郭沫若：《由王谢墓志的出土论到兰亭序的真伪》，此文分别发表于《光明日报》1965 年 6 月 10 日、11 日和《文物》1965 年第 6 期，后文略称《论真伪》。

[2] 李文田：《定武兰亭跋》，转引自郭沫若《由王谢墓志的出土论到兰亭序的真伪》，《文物》1965 年第 6 期，第 1—25 页。

[3] 同上。

[4] 穆欣：《郭沫若的最后一场笔墨官司——毛泽东关注〈兰亭序〉真伪问题的讨论》，《党史文汇》2003 年第 12 期，第 26—29 页。

[5] 高二适：《兰亭序真伪驳议》，《光明日报》1965 年 7 月 23 日。

[6] 商承祚：《论东晋的书法风格并及〈兰亭序〉》，《中山大学学报（社会科学版）》1966 年第 1 期，第 25—39 页。

[7] 周传儒：《论〈兰亭序〉的真实性兼及书法发展方向问题》，《中国社会科学》1981 年第 1 期，第 103—122 页。

[8] 郭沫若：《由王谢墓志的出土论到兰亭序的真伪》，《文物》1965 年第 6 期，第 1—25 页。

[9] 周传儒：《论〈兰亭序〉的真实性兼及书法发展方向问题》，《中国社会科学》1981 年第 1 期，第 103—122 页。

[10] 郭沫若：《由王谢墓志的出土论到兰亭序的真伪》，《文物》1965 年第 6 期，第 1—25 页。

[11] 郭沫若：《〈驳议〉的商讨》，《光明日报》1965 年 8 月 21 日；《〈兰亭序〉与老庄思想》，《文物》1965 年第 9 期。按，关于《兰亭序》论争，郭沫若晚年另有一文：《新疆新出土的晋人写本〈三国志〉残卷》（《文物》1972 年第 8 期），此文主旨是回应章士钊文章《柳子厚之于〈兰亭〉》（载章士钊著《柳文指要校注（下）》，世界图书出版公司，2016 年版）。章氏在文中没有直接对郭氏否定《兰亭序》提异议，但借柳宗元关于王羲之的评议肯定《兰亭序》。

[12] 李文田：《定武兰亭跋》，转引自郭沫若《由王谢墓志的出土论到兰亭序的真伪》。

[13] 郭沫若:《〈兰亭序〉与老庄思想》,《文物》1965 年第 9 期,第 9—11 页。

[14] 郭沫若:《〈驳议〉的商讨》,《光明日报》1965 年 8 月 21 日。

[15] 郭沫若:《〈兰亭序〉与老庄思想》,《文物》1965 年第 9 期,第 9—11 页。

[16] 王羲之书、冯承素摹:《晋王羲之兰亭序(冯承素摹本)》,故宫博物院编,故宫出版社,2008 年版,第 12 页。后略称《兰亭序》。

[17] 萧统:《文选》,海荣、秦克标校,上海古籍出版社,1998 年版。

[18] 晁迥:《随因纪述》,转引自钱锺书《管锥编(三)》(补订重排本),生活·读书·新知三联书店,2000 年版,第 447 页。

[19] 张彦远:《法书要录(二)》,中国书店,2014 年版,第 319 页。

[20] 钱锺书:《管锥编(三)》(补订重排本),第 449 页。

[21] 周绍良:《〈兰亭序〉真伪考》,《中国社会科学》1980 年第 4 期,第 197—210 页。

[22] 庄子:《庄子集释》,郭庆藩撰、王孝鱼点校,中华书局,2012 年版,第 195 页。

[23] 同上书,第 724 页。

[24] 同上书,第 86 页。

[25] 冯友兰:《中国哲学史新编》,人民出版社,2007 年版,第 193 页;张岱年:《中国哲学大纲》,中华书局,2017 年版,第 608 页。

[26] 庄子:《庄子集释》,第 263 页。

[27] 同上书,第 263—267 页。

[28] 同上书,第 245 页。

[29] 同上书,第 85 页。

[30] 同上书,第 781 页。

[31] 同上书,第 226—227 页。

[32] 同上书,第 760 页。

[33] 同上书,第 76 页。

[34] 同上书,第 761 页。

[35] 同上书,第 235 页。

[36] 同上书,第 604 页。

［37］同上书，第836页。

［38］刘义庆：《世说新语校笺》，徐震堮校笺，中华书局，1984年版，第121页。

［39］桑世昌、白云霜、古玉清：《兰亭考》，浙江人民美术出版社，2013年版，第13页。

［40］庄子：《庄子集释》，第218页。

［41］王羲之生卒年尚无确论，谨采用此说。

［42］张彦远：《法书要录（二）》，第119页。按，《晋书·王羲之传》评赞王羲之"以骨鲠称"（上海古籍出版社、上海书店，1996年版，第1488页）。

［43］孙过庭：《书谱》，文物出版社，1997年版，第41、43页。

［44］钱锺书：《管锥编（三）》（补订重排本），第445页。

［45］张彦远：《法书要录（二）》，第119页。

［46］《晋书·王羲之传》，第1489页。

［47］据笔者检索《中国基本古籍数据库》，在《庄子》原文中没有"一死生"和"齐彭殇"之说。"一死生"，首见西晋郭象《庄子注》，后世注释《庄子》者广泛引用。"齐彭殇"首见王羲之《兰亭序》；但对《庄子》的专注中，仅见清人王先谦《庄子集解》（中华书局，1987年版，第19页）中一例。王羲之《兰亭序》首提"齐彭殇"，因为是否定性地论及这个命题，这当是他对魏晋清谈家的言论转述。

［48］鲁迅：《鲁迅全集》第九卷，人民出版社，第319页。

乡土与诗意：陶渊明《归园田居》

费孝通在《乡土中国》一书中指出，乡村生活铸就了一种"乡土本色"。这就是，相对封闭的活动空间，人员缺乏流动的熟人社会，靠土地谋生因而眷恋土地。费孝通说："农业和游牧业或工业不同，它是直接取资于土地的。游牧的人可以逐水草而居，飘忽不定；做工业的人可以择地而居，迁移无碍；而种地的人却搬不动地，长在土里的庄稼行动不得，侍候庄稼的老农也因之像是半身插入了土里，土气是因为不流动而发生的。"

所谓"土气"是城里人对乡下人的传统看法，它所表示的正是农民对土地的基本依靠关系和深厚的情感特色。乡村生活，既依赖于其环境，更依赖于农人特有的生活情怀，构成了独特的乡土诗歌境界。在中国诗歌史上，陶渊明的诗歌创作，不仅开"田园诗"的先河，而且以他敏锐的视角和透彻的感悟向后世展示了一幅新鲜活泼、亲切自然的乡土诗歌画卷。我们将陶渊明的田园诗和费孝通所论"乡土本色"相互印证，可说是神理凑泊，诗文相彰。据已知文献，陶渊明传世的诗篇仅120余首，其中吟诵田园生活的居多，《归园田居》可作为其田园诗境的代表性诗篇。

《归园田居》为陶渊明辞彭泽令之后的第2年即公元406年所作。园田居是陶渊明童年的故居，在庐山（南山）脚下。陶渊明时年38岁，他彻底告别了十余年仕隐轮替的生活，从此归隐故里，直至二十余年后离世。《归园田居》包含五首诗，可分为三组，《其一》一组，《其二》《其三》一组，《其四》《其五》一组。第一组，是表达回归田园的愿望和描绘田园生活的景象。第二组，是写田园生活的隐逸情趣和农作心绪。第三组，写从感怀历史而回归于当下田园生活。

>其一
>少无适俗韵，性本爱丘山。
>误落尘网中，一去三十年。
>羁鸟恋旧林，池鱼思故渊。
>开荒南野际，守拙归园田。
>方宅十余亩，草屋八九间。
>榆柳荫后檐，桃李罗堂前。
>暧暧远人村，依依墟里烟。
>狗吠深巷中，鸡鸣桑树颠。
>户庭无尘杂，虚室有余闲。
>久在樊笼里，复得返自然。

《其一》这首诗，可以看作陶渊明辞官归隐的导言式的诗篇。开篇六句"少无适俗韵，性本爱丘山。误落尘网中，一去三十年。羁鸟恋旧林，池鱼思故渊"，首先声明自己天性爱好自然山水，而不能适应世俗功名追求，继而以离乡任吏为"误入尘网"，表示自己辞官归田之心，如笼中鸟、池中鱼对林野和江湖的企盼。从第七句到第十六句，是以白描的手法，具体抒写归隐后的田园生活。"开荒南野际，守拙归园田。"这是写其归隐的境况，显示了家境的贫寒和甘于俭朴的心意。"榆柳荫后檐，桃李罗堂前暧暧远人村,依依墟里烟。狗吠深巷中,鸡鸣桑树颠。"这六句诗描绘出一幅鲜活、恬适的田园乡居画面。自然的繁茂、村落的疏离和家禽的活跃,孤寂中见生气,恍惚处示真意。它不仅生意盎然令人欣喜,而且亲切悠闲给人以自在逍遥。"户庭无尘杂,虚室有余闲。久在樊笼里,复得返自然。"结尾四句,将归隐田园的生活集中于清净自在、悠闲从容的境界,这境界是人生的彻底解放,是本真的大归属——从樊笼中解放出来,回归人生本原的自然。结尾与开篇紧紧呼应,鲜明地表达了以脱离官场、回归田园故土为自我人生返璞归真、身心释放之道的心志。

其二
野外罕人事,穷巷寡轮鞅。
白日掩荆扉,虚室绝尘想。
时复墟曲中,披草共来往。
相见无杂言,但道桑麻长。
桑麻日已长,我土日已广。
常恐霜霰至,零落同草莽。

其三
种豆南山下,草盛豆苗稀。
晨兴理荒秽,带月荷锄归。
道狭草木长,夕露沾我衣。
衣沾不足惜,但使愿无违。

《其二》写归隐生活的隐居境况。"野外罕人事,穷巷寡轮鞅。白日掩荆扉,虚室绝尘想。"这四句诗,写山村生活的简单、纯朴,与外界人事无涉("罕人事"),与官贾不相交往("寡轮鞅"),因而得到清静自在的居处("白日掩荆扉"),空灵纯粹而不作世俗之想("虚室绝尘想")。《其一》写"户庭无尘杂,虚室有余闲",《其二》再写"白日掩荆扉,虚室绝尘想"。两首二出"虚室"二字,一因"虚室"而"有余闲",一因"虚室"而"绝尘想"。这是强化表现归隐生活的本质在于消除尘俗之累而复归空灵自在之境("虚室")。空灵自在,即"有余闲"和"绝尘想"。"时复墟曲中,披草共来往。相见无杂言,但道桑麻长。"乡野生活的交往,只是涉足于村落("墟曲")之间的盘桓,因为疏于行走,道路上野草丛生,相互往来要拔草开路。村人相谈,皆是农家生活之事("无杂言"),尤其关切的是庄稼的长势("桑麻长")。"桑麻日已长,我土日已广。常恐霜霰至,零落同草莽。"日月推移,桑麻渐渐长高了,在南边开垦的土地也扩大了。在这样的境况下,别无忧虑,只是担忧冰雹降临,将桑麻摧折,如此,这一季的辛劳就被糟蹋了。

《其三》写隐居生活的劳作。开篇两句,"种豆南山下",单写种豆,可见耕种的品类不多;"草盛豆苗稀",这预示了收成不好。"晨兴理荒秽,带月荷锄归"这十个字,写尽一日劳作辛苦。"晨兴理荒秽"上接"草盛豆苗稀",为了一点企望中的可怜的收成,天一亮就出门去劳作了;"带月荷锄归"写劳作一天,月亮升起来,才扛着锄头归家。然而,"带月荷锄归"又简约而清晰地描绘出一个农人辛劳一天之后的悠闲和自足。在归途中,《其一》中的"暧暧远人村,依依墟里烟。狗吠深巷中,鸡鸣桑树颠"的景象,无论他是否已见,一定活跃在他的心目中。因此,这个"带月荷锄归"的意象所表现的归家的希冀和欣悦,是成语"披星戴月"所不具有的。"道狭草木长,夕露沾我衣。"这是静寂的田野,悠长的回归,归家者以敏锐的触觉,感受着道间草木的茂盛气息——他的身上劳作的汗迹尚未脱干,但是,他感受到了草尖夜露沾衣。"衣沾不足惜,但使愿无违。"农人是"插足于土地"的,他没有条件,也不会对泥土、雨水浸染手足、衣裤有所惜惧。农人在土地上"侍候庄稼",他的基本愿望,就是春播、夏作、秋收和冬藏,一年有好收成。"但使愿无违",这最素朴的愿望,是农人的本分,因为守这本分,农人生长于斯,耕作于斯,也归返于斯。

其四
久去山泽游,浪莽林野娱。
试携子侄辈,披榛步荒墟。
徘徊丘垄间,依依昔人居。
井灶有遗处,桑竹残朽株。
借问采薪者,此人皆焉如?
薪者向我言,死没无复余。
一世异朝市,此语真不虚。
人生似幻化,终当归空无。

其五
怅恨独策还,崎岖历榛曲。
山涧清且浅,遇以濯吾足。
漉我新熟酒,只鸡招近局。
日入室中暗,荆薪代明烛。
欢来苦夕短,已复至天旭。

《其四》写一次"山泽游"。"久去山泽游,浪莽林野娱。"陶渊明是喜好"山泽游"的,久违之后再游,林野的广袤就给他心旷神怡的欢愉。"试携子侄辈,披榛步荒墟。"穿越丛林,由林野而至荒墟,这也许是不期然而至,但更可能是"山泽游"包含的预定项目。"徘徊丘垄间,依依昔人居。井灶有遗处,桑竹残朽株。""丘垄",即坟墓。在坟墓间徘徊,还可依稀见到昔人居所的遗迹，桑竹枯朽，井灶残破。"借问采薪者，此人皆焉如？薪者向我言，死没无复余。"诗人询问，那些曾在这里居住的人，如今在哪里呢？砍柴的人告知，这些人全部死去了。然而，诗人没有追问，这些人是因什么原因死去的。"昔人居"沦陷为"丘垄间"，既可以是天灾，也可以是人祸。但陶渊明既不询问，也不推测。他认定并接受人的生死之命。"一世异朝市，此语真不虚。"三十年为"一世"。三十年间，朝廷与街市都将变换。"人生似幻化，终当归空无。"对于陶渊明，"人居"变"丘垄"，正如朝市之变，是自然演化的必然结果。人生在世，不过一次山泽之游，始于人居，归于坟墓。这是一场幻化，本质是空无。

《其五》写山泽游归来。"怅恨独策还，崎岖历榛曲。""人居"化成"丘垄"的感怀，依然惆怅于心。独自拄着拐杖走向归途，在崎岖的荒径上穿越曲折的丛林，更添一层人生艰辛感慨。从终极讲，人生幻化而空无。但既生于世，现实的真切正以其艰辛逼近自我。"山涧清且浅，遇以濯吾足。"穿越丛林，一条山溪却以它清浅的倩影给予疲劳、惆怅的陶渊明意外的慰藉和净化。"遇以濯吾足"，又岂止于足？在清流濯足之后，尘虑尽消，忧心澄明。

"漉我新熟酒，只鸡招近局。"归家之后，邀请邻居宴聚。新酿的酒还没有过滤，用仅有的一只鸡款待客人。这是一次窘困的宴请。但是，主人并不尴尬，客人也不以为怠慢。"日入室中暗，荆薪代明烛。"日落后的房舍阴暗了，没有钱消费蜡烛的主人点燃柴棍照明。可以想见，在主人简陋的房舍中，相聚的乡亲是多么的亲切、恬淡，絮絮叨叨的酒话，消磨着四野沉寂的乡村夜晚的时光。"欢来苦夕短，已复至天旭。"在酒意豪迈的阔谈中，遗忘时光的乡亲迎接又一天旭日的出现，即将开始又一天的劳作。

日出而作，日入而息。这辛苦与自在交织的农人生活，就是陶渊明颠沛于世之后失而复得的自然。

一 《归园田居》蕴含的传统乡村美学

陶渊明的《归园田居》蕴含着中国传统乡村美学的主旨纲领。可以初步概括如下：

其一，乡村美学是一个回归的主题。这个回归具有双重意义：一是物质意义上的回归，游子回归故土；二是从功利追逐的入世生活，回归到纯朴自在的心灵生活。

《归园田居》将归隐故乡，定义为从功利社会的"尘网"中获得解放，是羁鸟归旧林，池鱼返故渊。乡土生活是在单纯的血缘和固定的地缘上进行的，人员相对固定。这样的生活环境，不仅为居住者提供了熟悉、稳定的社会关系，而且在血缘和地缘两个层面都强化了居住者的认同感和归属感。回归乡土，不仅减除了外界复杂的社会关系（"尘网"），而且将个体生活重新植入血亲和乡土的本原性统一中，使个体身心均在这种统一中重新获得本原性的保护。在乡土中获得身体的安全和心灵的自由，这就是陶渊明所说的"复得返自然"。

其二，乡村美学是以村落为主体场景的。村落是乡土生活中的基本民居环境，村落场景为乡村美学奠定了主体意象。这个村落意象，是范围局限而情义充盈的境界。

依据不同的自然环境和历史沿革，村落的构成有大小悬殊，从三家村到千户大村不等。但是，因为农业耕作的特点，村落的规模普遍偏小。村落作为乡土生活时代的基本社区，不仅以血缘为纽带，而且以地域为限制，构成了社群关系和地缘关系上的相对疏离和隔膜。费孝通将乡村之间的"隔膜"定义为一种乡土文化的基本境况。他说："乡土社会的生活是富于地方性的。地方性是指他们活动范围在地域上的限制，在区域间接触少，生活隔离，各自保持着孤立的社会圈子。"

在《归园田居》中，陶渊明概略而真切地描绘了村落的狭小和疏离。"方宅十余亩，草屋八九间。榆柳荫后檐，桃李罗堂前。"这是他所栖居的园田居村落的规模和格局。"暧暧远人村，依依墟里烟。""野外罕人事，穷巷寡轮鞅。"这是描绘园田居与其他村落之间相互疏隔的境况。这样的境况，令人想到春秋时代老子所描绘的"鸡犬相闻，老死不相往来"的"小国寡民"状态。疏离与隔膜，构成了空间和心理的双重屏障，它们赋予村民在相互认同和信任的环境中眷恋乡土，信任经验，重情守义，过着纯朴而现实的生活。"时复墟曲中，披草共来往。相见无杂言，但道桑麻长。"在村落中或村落间的交往，是熟悉者之间的自然往来。"披草共来往"，自然的繁茂与乡亲间的殷勤是相互映衬的；"但道桑麻长"，乡亲间的交往，是非功利、无目的，是乡亲情义需要的自然交往。费孝通说相对于城市—工业化社会的"机械的团结"，乡村情感是一种"有机的团结"。"机械的团结"，是以功利为目的的、社会契约或法制化的组织。乡村的有机团结，是素朴单纯的，也是亲切自然的。"日入室中暗，荆薪代明烛。欢来苦夕短，已复至天旭。"这样的会饮欢悦，简朴之至，然而，正是在这极致的简朴中，人之为人的生之情愫得到了滋养和张扬。

其三，乡村美学以深刻的土地意识为基础，发扬着眷恋土地、殷勤耕作，与山泽草木、禽鸟相依共生的情怀。这是一片鲜活灵动的天地。

《归园田居》五首，全诗没有涉及高山大川和旷野苍穹。"久去山泽游,浪莽林野娱。"这是一次离村出游,但不是一次远游。"怅恨独策还,崎岖历榛曲。"这是一日往返的山泽游。"时复墟曲中,披草共来往。""道狭草木长,夕露沾我衣。"日常的行走是在村落与土地之间,行走的目的不是游览而是乡亲往来和耕作出入。"披草共来往""道狭草木长",都不是观光描绘,而是农家生活中切实的体验,这当中有汗水、伤痛、焦虑。但是,这又是农人成年累月坚守着休养生息的信念希冀所在——因此,他们的生活是坚实的。"常恐霜霰至,零落同草莽""衣沾不足惜,但使愿无违。""常恐"与"但愿"之事,即是在这有限的土地上,以殷勤耕作使一家人得以生息繁衍。费孝通说,"在乡土社会中个人的欲望常是合于人类生存条件的"。农家人的欲望是由他们生息所居的土地所培育的,这构成了属于他们的文化。"暧暧远人村,依依墟里烟。狗吠深巷中,鸡鸣桑树颠。"这样的乡村生活画面是一个旁观者所不能描绘的。因为,它并不是一片供外来者驻足观赏的景观。它是真实的农家生活,是由身在其中而且具有一颗素朴自然的生活心灵所提炼结晶的。

其四,乡村美学具有以道家自然哲学为内核的深厚的人文底蕴,它不仅将土地、居所、山泽、草木、禽鸟和人融为一体,而且赋予这个整体有机的生命关联和自然循环的无限绵延。因此,乡村美学不仅是关于田园风光的审美意识,而且是基于"自然"生命观的生命美学。

《归园田居》五首,两用"虚室"一词。"户庭无尘杂,虚室有余闲。""白日掩荆扉,虚室绝尘想。"道家为申达"自然"之理,讲"无"、讲"虚"。老子讲"道冲,而用之或不盈""当其无,有器之用"。庄子讲"气也者,虚无而待物者也。唯道集虚。虚者,心斋也"。"虚室"一语即出于《庄子》。"瞻彼阕者,虚室生白。"(《庄子·人间世》)在《归园田居》中,"虚室"当兼有乡居的清净和内心空灵双重意义,所以称"有余闲""绝尘想"。但是,"有余闲"和"绝尘想",不是虚空寂寞、阴沉消极。"虚室生白","白"是归于大道之"无",是"万物之化",即"天地与我并生,万物与我为一"的无限境界。所以,乡居的"余闲"和"绝尘想",不是生命的消极困守,而是"课虚无以责有"(陆机:《文赋集释》,张少康集释,人民文学出版社,2002年版),是生命的解放和无限开拓——"久在樊笼里,复得返自然。"

以道家哲学开拓的乡村美学,是"虚室生白",换言之,是"从无到有",即摆脱功利世俗网络之后的"复返自然"。这就需要解决一个问题,即乡土生活的终极价值是什么,人生归属何在?《其四》这首诗,是以凭吊沦为坟场的乡村直面这个人生的终极问题。久违的山泽游,仅一句"浪莽林野娱",即转入对荒墟的凭吊。陶渊明完全承继了庄子的生命观。"死生,命也,其有夜旦之常,天也。"(《庄子·大宗师》)在这样的命运观下,生死不仅是自然之常态,而且根本的"幻化"和终归于"空无"并不是自我存在的悲剧,相反自我在自然造化运行中获得了无限的意义。"今一以天地为大炉,以造化为大冶,恶乎往而不可哉?"(《庄子·大宗师》)

因此,可以说,中国乡村美学既不向外企及一个广大的世界,也不向未来寻求一终极的归宿,而是安时处顺,生息于乡土的自然自在。"开荒南野际,守拙归园田。"这可谓庄子之所谓"藏天下于天下"的生命意识。"日入室中暗,荆薪代明烛。欢来苦夕短,已复至天旭。"昼夜晨昏的更替,劳作与栖息的轮换,自然与自我之间在时间的绵延之中实现统一,但自我也在时间的绵延之中完成了对时间的克服和超越。这是因为,我属于时间,我顺应时间,所以我在时间的每一个属于我的当下成为自然之"无"——绝对而且无限。因此,乡村美学是当下性的,是在此时的此地。

在道家自然哲学的时空、生死意识的灌注下,乡村美学在有限的乡土空间中绵延时间，又在无始无终（"方生方死，方死方生"）的时间中激活空间，将乡居生活展现为一片在时间中超时间、在空间中超空间的大化天地。庄子说：

> 死生存亡，穷达贫富，贤与不肖毁誉，饥渴寒暑，是事之变，命之行也；日夜相代乎前，而不知能规乎其始者也。故不足以滑和，不可入于灵府。使之和豫，通而不失于兑；使日夜无郄而与物为春，是接而生时于心者。是之谓才全。（《德充符》）

王羲之《兰亭诗》写道："大矣造化功，万殊莫不均。群籁虽参差，适我无非新。"王羲之的诗意正是庄子此段借"仲尼曰"所阐述的生死观、时空观的张扬。"适我无非新"，正是"与物为春"之境界。陶渊明的《归园田居》正是庄子生命意识和王羲之诗歌境界实现于乡土人生的诗学结晶。这是一个始于"少无适俗韵，性本爱丘山"而归于"欢来苦夕短，已复至天旭"的乡土生命境界。它是无始无终的，既生机活跃、亲切自然，又逸然超越、幽妙无限。

二 从"可行""可望"到"可游""可居"

我们以《归园田居》所蕴含的中国传统乡村美学审视当下已蔚然成风的"打造乡村"运动，可以有如下初步反思。

首先，以乡村美学的回归主题为导向，"打造乡村"的规划、设计，要有一种逆时间的思维。所谓"逆时间"，是针对当代生活的高速发展的时间维度的。在古村舍复建中的"修旧如旧"可以说反映了这种时间意识导向。但是，对"逆时间"思维，不能机械地使用，不应局限于单体村舍的复建的修缮，而应是立意于将乡村重建为区别于都市居所的"皈依家园"。

其次，以乡村美学的村落主体意象为建设蓝图。宋代画家郭熙讲绘画的立意，有四义：可行、可望、可游、可居；并指出"可行可望不如可游可居之为得"。"行"和"望"，是旁观的，外在的；"游"和"居"，是介入的，内在的。"打造乡村"，应该着眼于"可游"和"可居"的乡村整体建设，而不是附庸游客观赏心态，在"可行""可望"上下工夫。只有乡村整体建设成为"可游"和"可居"的场地，才能实现乡村美学的回归主题。

再次，以乡村美学的乡土情怀为底蕴。"打造乡村"以纯朴、深厚的乡土情怀为表现和诉求对象，不仅应着眼于营造细腻、幽微的景致，而且要着力于营造与土地亲密，素朴自然而亲切自在的景致。在"打造乡村"中，与都市设施攀比，搞好大喜功的项目（游乐设施）不仅违背乡村美学主旨，而且势必对乡村景观形成不可逆转的破坏。

最后，源自中国道家哲学传统的乡村美学，有着根本性的自然生命意识。居民在自然中，并且自然地生活着。这是无维度，或者人与自然浑然一体的境界，是生活本身。因此，怎样营造这"属于自然"的生活本身，是"打造乡村"需要探讨并实现的深层建设——归根到底，是关于乡村居住者本身的建设。

（原载《光明日报》2022年4月8日）

痴才难说顾恺之

东晋画家顾恺之（348—409）在中国古代绘画史上享有崇高的地位。东晋太傅谢安认为顾恺之的绘画是"有苍生以来未之有"，张彦远说："自古论画者以顾生之迹天然绝伦，评者不敢一二。"南朝谢赫称顾恺之"迹不逮意，声过其实"，就招致后世一片反对声讨，稍晚于谢赫的姚最斥之为愤懑之言（"于邑"，《历代名画记》）。

顾恺之对于中国画史的贡献，可以归结为两个方面：其一，他以大量的画作为中国人物画奠定了独特的线描艺术，其笔法特征是"紧劲连绵，循环超忽"（张彦远），它赋予人物描绘精微超逸的格调，这就是后世所谓"高古游丝描"（又称"春蚕吐丝描"）；其二，他以明确坚实的理论主导其创作实践，在所提出的"传神写照""迁想妙得"和"以形写神"等命题下，为中国绘画确立了重精神意趣、推崇格调境界的艺术精神。由谢赫提出而后中国画史奉为最高原则的"气韵生动"，是以顾恺之的"传神"观念奠基的。

从历史影响来看，顾恺之对于中国绘画的意义，精神的影响更大于技法。张怀瓘说："顾公运思精微，襟灵莫测，虽寄迹翰墨，其神气飘然，在烟霄之上，不可以图画间求。象人之美，张（僧繇）得其肉，陆（探微）

顾恺之《洛神赋图》（局部，宋摹本）

得其骨，顾得其神，神妙亡方，以顾为最。"（《历代名画记》）张氏所谓"神妙亡方"，是指顾恺之对人物精神的表现（"传神"）达到了极高妙而至于无法可循的境界。

伴随着顾恺之绘画的传说，都是与"传神"有关的故事。他曾画人物，多年不画眼睛（"不点目睛"）。他的理由是画人物的根本目的是"传神"，眼睛是传神的要害，不能轻易下笔，而与眼睛相比，形体就不那么重要了。为了"传神"，顾恺之还有意改变人物的面貌。他画魏晋名士裴楷，在其脸颊上增添三根毛，用以表现裴的"俊朗"。西晋名士谢鲲，慕从竹林七贤，任性放达，因为挑逗邻家之女而被其打断了两颗牙齿。谢鲲以"纵意丘壑"自负，顾恺之将他画在岩石中间，称"此子宜置丘壑中"。荆州刺史殷仲堪一只眼睛病瞎，顾恺之要为他画像，遭拒绝。顾恺之劝说殷，我先将你的眼睛画得明亮有神，然后用飞白扫抹，形成"轻云蔽月"的效果，殷就应允了。（《世说新语》）"迁想妙得"，确是顾恺之绘画的真精神和大创造。

关于顾恺之绘画传神的力量，有两个堪称神奇的故事。其一，顾恺之曾喜欢上一邻家女孩,"挑之弗从",他就把这女孩的肖像画在墙壁上,将针钉在画像心脏部位,致使女孩患上心痛病,"恺之因致其情",女孩就依从了,他悄悄把针取掉,女孩的心痛病就不治而愈了(《晋书·顾恺之传》)。其二,建康(今南京)兴建瓦官寺,富豪认捐不过十万,清贫的顾恺之认捐百万,众人都怀疑他兑现的可能性,然而,他用一个月的时间在瓦官寺北殿内画了一幅《维摩诘》画像,待画成将点睛之时,他让寺僧发出公告:第一天观看者请施十万,第二天请施五万,第三天随意施舍。"及开户,光照一寺,施者填咽,俄而得百万钱。"(《历代名画记》)

顾恺之生活于东晋末年,这既是一个皇室败弱、士族争霸,致使社会人生极不安定的时代;又是玄学风行、朝野以清谈为贵,因而风流辈出的时代。现代学者汤用彤说:"按玄者玄远。宅心玄远,则重神理而遗形骸。神形分殊本玄学之立足点。"(《魏晋玄学论稿》)阮籍说:"徒寄形躯于斯域,何精神之可察。"(《答复义书》)这种把形神尖锐对立的观念,为魏晋名士的个性解放、行为放达提供了思想前提。玄学精神落实于绘画艺术,就是追求超越有限形体、表现无限精神。魏晋名士嵇康曾有诗云:"目送归鸿,手挥五弦。俯仰自得,游心太玄。"顾恺之特别推崇此诗,专为之作画,并赋诗说:"手挥五弦易,目送归鸿难。"(《晋书·顾恺之传》)顾恺之的传神观念,应当是从流行的玄学思想中获得启发的。

但是,如果坚持形神分殊,即如玄学祖师王弼所主张的"得象忘言,得意忘象",那么"象"就是最终应当抛弃的。顾恺之说:"以形写神而空其实对,荃(苍)生之用乖,传神之趋失矣。"(《魏晋胜流画赞》)顾恺之认为,"传神"不能脱离"实对",即精神表现不能脱离真实描绘。作为中国绘画的一代宗师,顾恺之的伟大在于,他发挥玄学的精神,不是抛弃形象,而是以精神表达为绘画宗旨——"传神写照",非常自觉地用形象作为传达情意的工具——"以形写神",而且在形象取舍、改变和组合中实现了情感表现的高度自由——"迁想妙得"。

史传顾恺之有三绝:才绝、画绝、痴绝。说到顾恺之的"痴绝",有一个人是不得不提及的,他就是桓玄(369—404)。顾恺之相信小术(灵应术),桓玄曾拿一片柳叶告诉顾恺之,这是蝉用作蔽身的叶子,人用它就可以隐身。顾恺之听信桓玄之言,高兴地用这片柳叶隐身,桓玄乘机在他头上撒尿,他不以为怪,相信是自己隐身了,桓玄没有看见。顾恺之曾将一箱自己非常珍惜的画作封存好,寄放在桓玄处。桓玄私自打开箱子,把画作全部窃取,并原样封存箱子。待顾恺之索还画作时,拿到一个空箱子,桓玄称自己从未打开箱子,顾恺之相信桓言,并且解释说:"妙画通灵,变化而去,亦由人之登仙。"(《晋书·顾恺之传》)桓玄对顾恺之的侮弄和窃夺,明眼人一看就知,而顾对桓信任不疑,实为痴绝。

《晋书》称桓玄"性贪鄙,好奇异","信悦谄誉、逆忤谠言","常负其才地以雄豪自处,众咸惮之"。雄强自负的桓玄,最后走上了叛逆篡位的道路,为实现篡位野心,他甚至逼杀同盟将领殷仲堪。然而即位称帝八十天,即被刘裕义军打败,后在逃亡益州(今四川成都)途中被诛杀,殷仲堪之子殷简之生吃其肉。桓玄不啻是东晋盖世枭雄,他恃才贪霸,不可一世,死时年仅36岁。年长21岁的顾恺之,比桓玄晚离世5年,"年六十二岁卒于官所",在东晋那个生命飘忽的时代,实为寿终正寝。苏东坡曾在一首题画诗中评论桓玄盗夺顾恺之存画。苏诗说:"巧偷豪夺古来有,一笑谁似痴虎头。"桓玄以其悍将雄才,窃画篡国,身败名裂,其得其失,终不堪于顾恺之一痴笑?

桓玄被史传称为"大司马桓温之孽子",顾恺之被后世奉为画坛神明。桓温极为赏识、器重顾恺之的才学,招纳其为参军(今参谋),待之"甚见亲昵"。桓温曾说:"恺之体中痴黠各半,合而论之正得平耳。"(《晋书·顾恺之传》)这种"痴黠各半"是一种自然而达于自由的人生智慧,是不计较的从容,是超得失的自在——用庄子的话说是"与物为春"的逍遥精神。玄学精神,探究其积极而深刻的意义,是追求人生自由和超越的情怀。"痴绝",是顾恺之从玄学精神中发挥而得的超越自由的人生大智慧,这是常人不知之智,故名之为"痴"。顾恺之得此智慧,其画神逸,其人通达。魏晋风流,得其神髓者,绝非雄强自负的桓玄辈,而是超越自由的顾恺之们。

诗画相阐论王维
——读王维《江山雪霁图》

王维是诗画兼长的中国传统文人。他以诗立世,生前画名并不显。但他晚年的自我评判却是"宿世谬词客,前身应画师"(《偶然作六首》)。苏东坡说:"味摩诘之诗,诗中有画;观摩诘之画,画中有诗。"(《东坡题跋·书摩诘蓝田烟雨图》)东坡此论道出了王维集诗人、画家于一身,且其诗画相蕴的妙谛。

今天已无王维画作的真迹存世,欲探寻王维画境,仅可凭借据文献佐证而较为可取的传本。传为王维作长卷《江山雪霁图》是明代祝允明、文徵明、沈周、冯梦祯、董其昌诸人题跋推崇的一个传本。但此本原件已不复存在,现存世三个题、图相关的不同传本:《江山霁雪图》《江干雪意图》和《长江积雪图》。从图画景物看,三图当有一个共同的母本,《长江积雪图》为临仿母本的"全本",而《江山霁雪图》和《江干雪意图》分别为临仿母本的上半段、下半段,而缺少母本中段约一米长的巨峰、沙渚景物。学界普遍认为,《长江积雪图》系明清之际的仿制品,而《江山霁雪图》和《江干雪意图》则更为早出。因为此两图分别有文徵明、沈周、冯梦祯和董其昌诸人的题、跋,它们是否系当年盛传的《江山雪霁图》原件,学界则有争议。

苏东坡在陕西凤翔的普门、开元两寺观赏过吴道子和王维两人的壁画真迹。在观画诗《王维吴道子画》中,苏东坡将吴道子与王维相比较,"道子实雄放,浩如海波翻","今观此壁画,亦若其诗清且敦",以"雄放"论吴画,以"清敦"论王画。东坡此论对于我们探寻王维画境是具有坐标意义的。"门前两丛竹,雪节贯霜根。交柯乱叶动无数,一一皆可寻其源。"

这两句诗专写王维画竹，称其"雪节贯霜根""一一皆可寻其源"，这不仅是对"清敦"风格的具体描述，而且明确指出王维描绘景物的清丽、真致。"摩诘得之于象外，有如仙翱谢笼樊。"这两句诗揭示了王维具有超越空灵的气质。董其昌说："要之摩诘所谓云峰石迹，迥出天机，笔意纵横，参乎造化者。东坡赞吴道子王维画壁亦云：'吾于维也无间然。'知言哉。"（《画禅室随笔》）传为王维的《山水诀》云："夫画道之中，水墨最为上。肇自然之性，成造化之功。或咫尺之图，写千里之景。东西南北，宛尔目前；春夏秋冬，生于笔下。"以自然为本，出于自然而归于自然，王维画境的要旨在于此。循此要义，相比于《江干雪意图》和《长江积雪图》，在我看来，《江山霁雪图》更近于王维画境。

一 读《江山霁雪图》

《江山霁雪图》全长 1.71 米，自右向左可分为四个主题段落：寒林远眺、江岫精舍、峰拥林村、沙渚渔归。这四段横向展开，画面空间大概是平分，但又是互相交错的。

第一段"寒林远眺"。画面从右下角近景中山石嶙峋的一座山丘开始。山丘呈层叠的沟折状，沟折间长着斜竖不一的几株枯树。这些枯树的树干用空勾少皴的笔法描绘，而其枯枝则作曲折尖锐的鹿角状，用笔简略而遒劲，极具古意。山丘的轮廓与沟折，用跃动而节奏平衡的黑线勾勒，加以淡墨作明暗渲染，描绘出雪后山丘的松软温润气息，与枯树的突兀、强劲之状相对照。在这座近岸的山丘的远方，隔江而望是次第而上的坡岸和四重山岭。坡岸的轮廓呈横向的柔和波纹状，黑线勾勒之后，以简约的扫抹渲染，而以大量留白显示雪意。四重山岭，前面三重的岭头呈锐角，岭脊上青松耸

峙，远处至高的山岭的岭头则呈现豁口，树影依稀。积雪覆盖着对岸的坡岸和山岭，它们简约的形态隔江与近景中的清丽山丘和苍劲古树相映衬。

近景中的倾斜的枯树和江对岸的坡头，不仅标示出两岸间的江域，而且标示出左前方更为辽阔、迥远的江域。关于江域的开阔，在画面左下角的近景中，一座置于江山间的小屿以它的孤寂、微小成为第一次叙述，而隔江远方那两脉轻描淡写的雪景山影则以呼应的方式作第二次叙述；在小屿远山之间，一只帆船以它飘逸而清晰的影像成为第三次叙述。这只帆船是来，还是往，是不能确定的。它缺少细节，但是，它的轮廓是清晰的，画出的每个细节的线条是准确而精致的。说它是王维"清敦"画意的一个小标记，是不为过的。在这三次复调式的叙述之后，这片江域的无限辽阔之感就在画面的有限空白空间中展示出来了。

第二段"江岫精舍"。这一段以近景中的大小不同、状态各异的礁石为主题。在画面的右端中部，是筑基于礁石平台上的场院。这个场院以楼阁和茅舍错落组合，虽只描绘轮廓而无细节，却是以工笔细画，简约而精细。围绕场院周边的护栏，也是工笔细画的。这个礁石平台上的场院与那只江中的帆船一样显示出精妙的古意。然而，这段画景的真正主题是以其巨峰遮挡了场院房舍楼阁的礁石阵列。

这些阵列的礁石，约十来块，大小悬殊，伏仰卧立，形状与姿态各不相同，初看给人以杂乱之感，甚至于烦琐之累。但是，细心地赏析，它们却展示出精微曲妙的和谐。礁石的轮廓和肌理是用富有动感的墨线勾勒，加以淡墨轻染而成。这些墨线如春蚕游丝般自由延展，但似乎统一于一个无形的引导力，表现出浑然一体的自左向右、由下向上的律动韵致。画面右侧那块遮挡了场院楼阁的巨石实际上做了所有礁石的统领者。但它不是控制，而是呼唤着这个群体的律动的和谐。这可以说是一曲无始无终、无休无止的幽弦的共鸣。

每块礁石的大部分都被淡墨渲染了，因此礁石的主体部分是郁暗的，似乎显示出一种暮色气氛。但是，一个礁石的顶端，尤其是左上角，以留白显示出明亮的光色，似乎是积雪的反光，或者就是晚霞照射着石上的积雪而光彩辉耀。"水墨为上"，就是白和黑或者白和墨相辉映，计白当墨，虚和实、有和无，这些矛盾、相反的元素的妙用，是中国画的妙谛所在，而水墨画则是最好地体现这妙谛的画种。在这段画中，礁石阵列的线的幽弦的和鸣，是由水墨的妙用而获得浑然的底蕴的。

在这段画中，出现了三个人物。两个在礁石间的坡道会晤的人，似乎是访客与主人相晤，可能是初见，也可能是告别。他们两人居于这段画的中部，在礁石与枯树环绕中，同右边高台上的场院与左边伸向江水中的细长的屿角有着相同的距离。画面左下角的屿角处有一座渔人居住的茅舍，一个渔夫正在屿头用纤网捕鱼。画面底边的礁石和屿角的长坡都浸没在江水中，甚至还有一株枯树也在江水中挺立。因此，这是一座江中岛屿，礁石和树木的姿态都似乎是由江中的风浪塑造的，而且持续展示着激荡、摇曳的旋律。如果我们熟悉莲花在国画传统中的种种形制，我们会看到，这些礁石，乃至为场院筑基的高台，都在一定程度上被赋予了莲花的形态。因此，场院的主人、远来的访客和捕鱼的渔夫在这座江屿演绎的生活，不仅是隐逸的，而且包蕴着某种神圣的气息。隔江而望的一抹远山以峰谷起伏的剪影映衬着这个隐秘世界的遗世绝响。

第三段"峰拥林村"。这一段的主题是隔江而望、由三面群峰拥抱的坡岸，坡岸的右侧有一个茅舍疏落的小村。这段坡岸和三面环绕的群峰都被深厚的雪意笼罩，错落于峰岭和坡陵的青松，以重墨直笔写出树干，用横扫的短笔描绘枝叶，苍郁清挺。与之相对，简笔勾勒的枯树则显得兀然孤迥。坡岸从右端的进水处沿对角线向左向后绵延，并且舒缓地接上了次第铺展的三层峰峦，临水的几座小坡依傍着主坡作鳞状布局，点缀其上的青松与枯树则标示着主坡的舒缓和绵延。在这段坡岸两侧的山峰耸峙而尖锐，成为将其屏护于世外的景象。在这一系列布置之下，当我们注目于画面右侧的小村的时候，会感受到小村不仅茅舍疏落，而且是一个寂无人烟的天地。那几座只有轮廓、没有细节的茅舍，朝向不一，位置散乱，相互间似乎毫无关联，没有人的出入，也没有鸡犬禽鸟。在小村的右下端，有一个路面平整的小坡伸向水际，这显然是小村出行的渡口。然而，在这个渡口，没有行人的痕迹，也没有来往或停泊的舟船。

这段峰拥林村是为浑厚的雪意笼罩的。它的疏旷与简约，隔江与近景中江屿上的枯树、顽石的精微、细致相对照。实际上，这段远景中的雪天山色正是在近景的江屿远望的视野，因为间隔辽阔的江域，在屿角所见的隔江山色必然是空蒙概略的。这是一种平远的视觉效果。然而，远景中坡岸上的茅舍与树木仍然具有清丽的影像，而不是陷入令人惆怅的模糊。在这里，画面将物理距离与心理距离的视差做了整合，它呈现的景致不是对观看的背叛，而是有限度地满足了"清晰"观看的心理需要。当然，这样的"视差整合"使这段远景中的峰林山色与近景中的江屿之角，形成了循环往复的眺望与响应的力场。因此，在我们将这段峰林山色视作一片隔江"实景"的同时，我们又可能将之视作一片臆想中的"虚境"，是"虽不能至，而心向往之"的理想天地。

这样，不仅可以解释何以这段峰林掩映着一个毫无人烟气息的小村，而且村舍的形制展示着一种亘古不变的简洁品格。它是因为理想而空灵静谧，是"向往之地"而非人居之处。它实在是近景中的江屿的对照之境，后者的隐谧超逸在它的简约素朴中得到了更自然、更为本真的映象，而这映象又因为它的至简至真而具有了一种超然越世之感。这大概就是董其昌读冯梦祯收藏的《江山雪霁图》时所生的"如渔父入桃源"之感吧。

第四段"沙渚渔归"。这段画以中景中的沙渚、浅屿和远景中的峰峦为主题，积雪铺染，满天一色。画面的右端接上段的峻峰而起，峰脚一条小道盘旋而来，穿过一座水中挺出的小丘，与一座弧形的木桥相连。木桥的左端连接着雪意浓厚的沙渚，后者向左平滑铺展之后没入水中，隔着狭窄的水域，两座低矮的江屿由右向左并连展现，两屿上青松与枯树疏落间植，两屿交错处有浅溪流淌。背景中的江岸以向远处升高的坡陵衔接起伏迤逦的峰峦。当我们细看木桥，会发现桥上有一个肩扛纤网的渔夫，他正朝左端的桥头走来，沙渚上紧靠桥头的两棵枯树向右倾伏的状态似在迎接他。我们顺着这渔夫前行的方向向左移动视线，看到沙渚中部的背脊一侧，泊着一叶扁舟，舟上依稀可见三四个动态的人影。这叶扁舟当是桥上行走的渔夫的归宿。这叶扁舟是如此的渺小和隐没，与四周的木石相比，真如一叶浮萍寄身于水际般无声无息。

这一段画境相比于前三段，似乎进入了一种地老天荒般的沉寂。笼罩江山的雪意是如此沉厚，沙渚屿石、远坡峰峦、青松枯树都以静默无息的影像标记着这雪意的荒寒。桥上归来的渔人与扁舟上的栖居者的存在，不是打破这沉寂，而是将这沉寂铭刻上人居的印记。然而，沙渚与江屿却又披着和煦的光亮，这是滋润的雪意呼吸着的活跃生气，它不是因为人而产生，却给予人以生命的希冀和鼓励。我们再回顾开始这段画境的巨峰和峰脚临江的小道，它们也闪现着明莹的光亮。归来的渔夫肩负着纤网蹒跚于危陋的木桥，他身后的青松与身前的枯树在木桥的左右两端标示他的疲劳和坚韧。我们可以想象，当他达至前方的扁舟会得到舟上亲友的温馨的迎接，而且一天的劳作将结束于夜幕下扁舟上的休憩。因此，画面尽头那段银亮的长坡以由圆滑转纤细的龙尾没入江水结束，则是一种归宿般的寓意。

二 王维的江南行与其人生观的转折

王维如何能画出这般空灵澄明的雪意？这可能要从他中年的经历寻找答案。

王维是山西人，祖籍是山西祁县，出身于河东蒲州（今山西永济）。成年以后，以长安（今西安）为中心，他一生的主要时光是在中国的中原地区度过的。但是，他中年之际，分别出使西北和江南。开元二十五年（737），王维曾被委任监察御史，赴凉州（今甘肃武威）河西节度使幕，次年返回长安。这一年的西北行旅，让他体验了"大漠孤烟直，长河落日圆"的塞外风光。开元二十八年（740）冬，王维被委任选补使赴岭南，次年春归长安。王维自长安至岭南往返，途经或游览了襄阳、鄂州、夏口、庐山、江宁多地，是他在40岁至41岁之际完成的一次江南行。这次长达数月的出使，不仅使他细致地领略了江南风光，而且促成了他人生观的深刻转折。

王维由长安出发，经襄阳、鄂州、夏口至岭南；自岭南北归，他游历了庐山，并顺江而下至江宁。现录三首他行程中写下的诗篇：

> 楚塞三湘接，荆门九派通。
> 江流天地外，山色有无中。
> 郡邑浮前浦，波澜动远空。
> 襄阳好风日，留醉与山翁。
>
> （《汉江临眺》）

> 寥落云外山，迢遥舟中赏。
> 铙吹发西江，秋空多清响。
> 地迥古城芜，月明寒潮广。
> 时赛敬亭神，复解罟师网。
> 何处寄相思？南风吹五两。
>
> （《送宇文太守赴宣城》）

> 竹径连初地，莲峰出化城。
> 窗中三楚尽，林上九江平。
> 软草承趺坐，长松响梵声。
> 空居法云外，观世得无生。
>
> （《登辨觉寺》）

《汉江临眺》写于襄阳。襄阳江河纵横、湖泽连绵的景象给予来自北方中原的王维前所未见的新视野。"江流天地外,山色有无中。"这两句诗被后世学者称为"壮句",意指其展示了大境界和大气势。以"天地外"喻江流之辽阔,为境界之大;以"有无中"喻山色之深远,则为气势之大。境界之大在于形,气势之大在于势,形、势相推,写出汉江水天绵渺的湖楚气象。《送宇文太守赴宣城》是送别诗,写于夏口。"寥落云外山,迢遥舟中赏。"这两句诗以拟想的笔法写友人顺江而下的航行之趣。"云外山"与"舟中赏",是将漫长的航行化作逍遥的浪游,山在云外,人在舟中,山影寥落正适合迢遥妙赏。赴任是一次休闲,远行则成为回归。《登辨觉寺》写于庐山。庐山上有辨觉寺和莲花峰。"竹径连初地,莲峰出化城。""初地""化城",均是佛教用语。初地指欢喜地,为大乘菩萨修行之十地中的第一地;"化城",则指一时幻化之城郭,喻指现实之虚幻。王维诗写竹径连接寺庙台阶基地、莲花峰出没于云雾,俨然由幻景化出。然而,这两句诗更隐喻着由尘世入梵境的禅意。"初地"与"化城"本来为一。执念生法,即受尘缚;看空尘俗,则得解脱。"空居法云外,观世得无生。"无生者,不执我念、物念,任运自然。

大概是登庐山之后,王维顺江而下,赴江宁(今南京)瓦官寺访高僧璿上人。与璿上人的短暂交谊使王维确定了皈依佛教的人生志向。"少年不足言,识道年已长。事往安可悔,余生幸能养……一心在法要,愿以无生奖。"(《谒璿上人》)这个志向的确定,使41岁南行北归的王维回到长安之后,即入终南山度过了一段隐居的岁月,在此期间,他写了两首著名的诗篇:

中岁颇好道,晚家南山陲。
兴来每独往,胜事空自知。
行到水穷处,坐看云起时。

偶然值林叟，谈笑无还期。

（《终南别业》）

太乙近天都，连山接海隅。
白云回望合，青霭入看无。
分野中峰变，阴晴众壑殊。
欲投人处宿，隔水问樵夫。

（《终南山》）

从这两首诗看，这个时期隐居终南山的王维，兴来独往、胜事自知，与林叟路话，向樵夫问宿。这是一个隐者自在却又清寂的生活。但是，盘桓于山径林道的隐者王维却并没有感受到生活的孤落和沉郁，相反，他是在享受着"空居法云外，观世得无生"的大自在和大气象。"太乙近天都，连山接海隅。白云回望合，青霭入看无。分野中峰变，阴晴众壑殊。"这六句诗是概括描绘终南山的深邃、壮阔和蓬勃气象的。然而，这六句诗的妙处，与其说写出了终南山的胜状，不如说向我们展示了一个逍遥于终南山间的既孤迥又新鲜灵动的诗人的胸襟。"行到水穷处，坐看云起时。""欲投人处宿，隔水问樵夫。"这两对传世的名联向我们传递的绝不是一个隐世供佛者的生气消沉之境（这或许是更寻常人所理解的"无生"），而是一个超然世俗而与天地并生的融畅生机（这才是王维诗境中的真正"无生"）。

王维的江南行与谒僧归佛，根本之义是超越世俗而求得与天地一体的大自在，这就是庄子所理想的"与物为春"的人生境界。扩大地讲，中国传统文人的供佛事道，归根结底不是宗教的，而是精神的，艺术的。"竹径连初地"，佛与道于中国传统文人，实在是引向自然本原的竹径。就王维而言，江南山水迥异于中原和西北的壮景，是他 41 岁之际开始的诗境与人生大转折的"初地"，当然也是"化城"。

三　王维诗中的雪意

王维写雪的诗，约有十来篇。他的《观猎》云：

> 风劲角弓鸣，将军猎渭城。
> 草枯鹰眼疾，雪尽马蹄轻。
> 忽过新丰市，还归细柳营。
> 回看射雕处，千里暮云平。

其中，"草枯鹰眼疾，雪尽马蹄轻""回看射雕处，千里暮云平"是奇警之至，"雪尽""云平"，写出无限慷慨。此诗或写于王维居河西（737）之前的早年时期。自然，《观猎》通篇以"将军狩猎"为题，"雪"只是一字而过的"一景"。这种"一字而过"是王维写雪诗的通常情况，他居河西时期（737—738）数篇言雪诗均如此。但下面三首诗，雪景却成为王维诗咏的主景和主题，决定了全诗的意蕴和气象。

> 冬中余雪在，墟上春流驶。
> 风日畅怀抱，山川多秀气。
> 雕胡先晨炊，庖脍亦云至。
> 高情浪海岳，浮生寄天地。
> 君子外簪缨，埃尘良不眷。
> 所乐衡门中，陶然忘其贵。

（《晦日游大理韦卿城南
别业四声依次用各六韵》）

少年识事浅，强学干名利。
徒闻跃马年，苦无出人智。
即事岂徒言，累官非不试。
既寡遂性欢，恐招负时累。
清冬见远山，积雪凝苍翠。
皓然出东林，发我遗世意。
惠连素清赏，夙语尘外事。
欲缓携手期，流年一何驶。

（《赠从弟司库员外絿》）

寒更传晓箭，清镜览衰颜。
隔牖风惊竹，开门雪满山。
洒空深巷静，积素广庭闲。
借问袁安舍，翛然尚闭关。

（《冬晚对雪忆胡居士家》）

《晦日》作于739年或740年正月，此时的王维年近不惑，仕途沉浮，尤其是宫中靠山张九龄被贬，已生归隐之意。"冬中余雪在，墟上春流驶。风日畅怀抱，山川多秀气。"这是雪霁冰融之后，春水涌流、风和日丽的景象。然而王维并不流连这眼前春景，而是以"高情浪海岳，浮生寄天地。君子外簪缨，埃尘良不眷"为鹄的。《赠从弟》作于天宝十一年后、安史之乱之前，这个时期王维已入天命之年，离他南行北归、首度隐居终南山已过十余年。在这十余年间，王维自左补阙起，累迁官至给事中。这就是诗中所言"即事岂徒言，累官非不试"。但是，他对自己的仕途是不满意的,这种不满意不仅在于"徒闻跃马年,苦无出人智",而且在于"少年识事浅,强学干名利"。在南行之年,甫入不惑的王维已因拜谒璿上人而以"少年不足言,识道年已长"而自悔;十余年后,他更加明确地以"干名利"为识事浅的少年之智。然而,以王维之身是难解官归隐的,滞留仕途难得遂性之欢,归隐山林又招负时之责。他所能做的,于他真正可行的,是如南朝宋人谢惠连一样以"清赏"为尚,以尘外事为语谈之常。相比于不惑之年的王维,天命之年的王维更深沉地感受到尘俗之累——知其误而不能却其缚。然而,正是这不可却之人生之缚,在他的胸襟之中锻炼出了清峻莹洁的浩然雪意诗心。"清冬见远山,积雪凝苍翠。浩然出东林,发我遗世意。"

《冬晚》写于王维晚年,当在安史之乱后。"寒更传晓箭,清镜览衰颜。"清凄孤寒,夜晓人衰。然而,一夜风雪营造的却是一个莹洁明丽、空灵静谧的天地。"隔牖风惊竹,开门雪满山。洒空深巷静,积素广庭闲。"经历了安史之乱的王维,因为曾经"伪署"而以戴罪之身奉职于朝廷,回首往日的乱离,或许是"隔牖风惊竹"的余悸;然而,性命与官职俱保的王维,在逼近耳顺之年,他的人生暮年之际,不仅不再有"干名利"的意气,而且不再执念于"遗世意","开门雪满山"是一片澄明纯粹的生机,寒澈之极的豁达温煦。"洒空深巷静,积素广庭闲。"深巷空静,广庭闲素,雪意的纯粹澄明于清峻中洋溢着空灵无碍的闲逸。此时,已入暮年的王维念到固贫守贤的友人胡居士,将他比作不以饥困扰民而大雪闭门卧床的贤者袁安。"借问袁安舍,翛然尚闭关。"以雪为志,洁静自处,这应当也是暮年王维的人生意气。

"江流天地外,山色有无中。""寥落云外山,迢递舟中赏。""竹径连初地,莲峰出化城。""行到水穷处,坐看云起时。""清冬见远山,积雪凝苍翠。""隔牖风惊竹,开门雪满山。"这些诗句展示了王维中年以来辽阔、迥逸、空灵、清峻、莹洁、澄明的胸襟,它们的浑然精练,难道不正是我们在《江山雪霁图》(《江山霁雪图》)中恍然领略的意境吗?王维的真迹已不可得见,然借助于这幅传本,以王维诗境探王维画境,岂不是如董其昌跋此图所言"如渔父入桃源"?

(原载《光明日报》2023年4月28日)

绝代画师吴道子

开元五年（717），唐玄宗李隆基即位以来，首次驾幸东都洛阳。大概就是在这次陪驾期间，御用画师吴道子与书法家张旭、大将军裴旻相聚洛阳，联袂献艺，"各陈其能"，裴剑舞一曲、张书一壁、吴画一壁，洛城士民直呼"一日之中，获睹三绝"。

若干年后，裴旻丧母，以金帛为礼，请吴道子为治丧在天宫寺画神鬼数壁。吴道子送还礼品，告裴旻说："我废画已久，若将军有意，为吾缠结，舞剑一曲，庶因猛厉通幽冥。"裴旻应吴道子的要求，当众舞剑，剑法惊绝，"观者数千人无不悚栗"。观裴旻舞剑毕，吴道子当即挥毫作画，"俄顷之际，魔魅化出，飒然风起，为天下之壮观"（唐李冗《独异志》）。

中国绘画是以庄子哲学为精神宗旨的。庄子认为技艺的最高境界是"以天合天"，即在人与对象的双重自然状态下实现物我浑融的境界。这种境界，是生命最真实和自由的展现。《庄子·田子方》载，宋元君招试画师，应试者皆循规拘礼，唯有一后到者，"解衣盘礴赢"，任性自然地投身于画作。宋元君称此人为"真画者"。所谓"真画者"，是突破规范束缚而进入自由率真的创作状态的画家，他将绘画展现为自然神妙的创作——"以天合天"。这个"真画者"的形象，就是庄子为后世中国画家塑造的模范。

在各种现实拘束下，画家要进入"真画者"的自然状态，就需要借助适合于自己的特殊手段。吴道子观裴旻舞剑，"见出没神怪"而"挥毫益进"，这"剑舞"的首要效力，就是帮助他从日常束缚中解脱出来，跃进到高度自由的创作状态。当然，吴道子与中国艺术史上诸多才情卓绝的大师一样，最常借助的"解缚"途径是酣饮。张彦远说，吴道子"好酒使气，每欲挥毫，必须酣饮"（《历代名画记》）。通过酣饮而沉醉，"吴道子"们就进入最本真自然的状态。"下笔有神"，是他们在这个状态中艺超技绝的写真。

吴道子的绘画，师法张僧繇，又授笔法于张旭，以迅猛凌厉的气势取胜，张彦远称其"天付劲毫""气韵雄壮"。苏东坡的诗描写说："道子实雄放，浩如海波翻。当其下手风雨快，笔所未到气已吞。"（《王维吴道子画》）吴道子是一个极善于针对不同题材营造不同绘画气韵的画家。他画《地狱变相》，是"笔力劲怒，变状阴怪"（段成式）；他画神仙世界，是"天衣飞扬，满壁风动"（朱景玄）；而绘画颂赞李唐王朝列位先王的《五圣图》，他展示给观者的却又是"森罗移地轴，妙绝动宫墙"（杜甫）。吴道子的画作，具有极其强烈的感染力量。朱景玄曾听长安景云寺老僧传说，吴道子画此寺《地狱变相》时，"京都屠沽渔罟之辈见之而惧罪改业"。吴道子画作最具感染力的时刻，是他画佛像背后的"圆光"的时刻——他不用圆规角尺，一笔而成。"其圆光立笔挥扫，势若风旋，人皆谓之神助。"这一绝，他总是留在整个壁画完成之际，当众表演，而且总是造成"老幼士庶竞至，观者如堵"的极其轰动的场面，屡试不爽（《唐朝名画录》）。

吴道子的画作，因为多是壁画，几乎都毁没不存了。他现在流传于世为数不多的作品中，《八十七神仙卷》和《送子天王图》尤为著名。《八十七

［唐］吴道子《天王送子图》（局部）

神仙卷》是由现代画家徐悲鸿1937年在香港发现并鉴定为吴道子真迹的。这卷图画，笔画细密连绵、遒劲飞旋，犹如一曲精致繁密的神圣古乐，令人联想到杜甫描绘《五圣图》的诗句："五圣联龙衮，千官列雁行。冕旒具秀发，旌旆尽飞扬。"《送子天王图》现流传到日本，该图描绘佛祖释迦牟尼出生后，父亲净饭王与母亲摩耶夫人抱着他去朝拜大自在天神庙，众天神礼拜佛祖的故事。这幅图画，以分段式构图，把人物安排在疏密有致的布局中，不仅人物关系和故事展现简略清晰，而且开合起伏的节奏既富有张力，又非常优雅。人物刻画极具神采，特别是初见佛祖时，天王惊异而膜拜的神情，被描绘得细腻而韵致高妙；而力士和神兽的描绘，用笔险劲，体现了张彦远所说的"虬须云鬓，数尺飞动，毛根出肉，力健有余"的吴画风格。这幅《送子天王图》，是一个底稿式的即兴线描作品，但全幅画作表现出的真力弥满、浩然超逸的气韵，是非吴道子这样的绝代大师不能具备的。

自唐代以来，吴道子被赋予极高的画史地位。张彦远说："国朝吴道玄古今独步，前不见顾（恺之）陆（探微），后无来者。"此说为朱景玄、郭若虚等历代画论大家共识。但是，如以中国绘画传统标举的最高境界"自然"衡量，吴道子的绘画艺术就显示出职业画家的精工极致，而未能达到

天真自然。张彦远评画,列出自然、神、妙、能四品,说"失于自然而后神,失于神而妙,失于妙而后能"。以张彦远此论,吴道子的画艺,通常当为妙品,卓绝处不过神品。宋人邵博就说:"吴道玄绝艺入神,然始用巧思,而古意少减。"(《闻见后录》)"古意"就是中国书画传统推崇的"平淡天真"的自然感。苏东坡在激赏吴道子画艺超绝的同时,也明确指出"吴生虽妙绝,犹以画工论"。庄子主张"好乎道,进乎技"(《养生主》)。吴道子作为一代天才画家,长于技艺,但短于道的创见——深刻独到的生命精神开发。

据张彦远和朱景玄等人的传述,吴道子是一个少年孤贫、天资独慧的职业画家,"年未弱冠而穷丹青之妙",初出道时曾浪迹洛阳,很快得到上流社会的赏识,侍从王公左右,李隆基即位之后,即被召入宫中,做了御用画师。在唐代,职业画家的地位不出工匠之列,位尊名显的人,是耻以"画师"闻名的。阎立本是唐太宗李世民极为赏识的画家,常奉诏作画,官至刑部侍郎,位居宰相。一日唐太宗在玄武池泛舟赏春,见异鸟戏水,欣悦之际令召阎立本前来作画,左右误呼"宣画师",阎立本以为大耻,"唯以丹青见知,躬厮役之务,辱莫大焉",不仅自己绝笔不再作画,而且告诫子孙不得学画。但从底层社会凭画艺打拼而跻身上流社会的吴道子,却没有阎立本式的殊荣需要维护；他无保留地做了一个终身御用画家。一开始，唐玄宗只给吴道子授了一个"从九品下"的"内教博士"的官位，可能后来觉得有负于吴道子，又授了一个"从五品下"的"宁王友"。作为君主，唐玄宗为了表现自己的道家趣味，给吴道子更名"道玄"，其原名"道子"则改用作其字。当然，唐玄宗根本表现君主威权的是给吴道子定下了"非有诏，不得画"的奉职规矩。裴旻求作画，吴道子称"我废画已久"，此说表现他遵守唐玄宗禁画令的状态。

作为一个职业画家，吴道子对绘画技巧极具钻研精神和开创能力。他探索并使用凹凸的手法描绘人物面部，使之具有塑像感和富有生气；而对于人物衣衫皱褶，则使用他独创的兰叶描和莼菜条线纹描绘，形成了风神浩荡的"吴家样"。吴道子还善于为佛寺人物绘画设置山水背景，"纵以怪石崩滩，若可扪酌"（张彦远），并且描写蜀道山水，成为山水画独立成体的新变者。为了提高作画效率，他也发明了快速作画的诀窍。天宝年间，进入晚年的唐玄宗思念蜀中山水，命吴道子前去写生作画，吴道子自蜀返回长安，告诉唐玄宗"臣无粉本，并记在心"，在宫中大同殿作壁画，"嘉陵江三百余里山水，一日而毕"（朱景玄）。在大同殿中描绘同样的景致，前辈画师李思训用了几个月时间才画成。唐玄宗评价吴李画作"皆极其妙"。两相比较，足见吴道子笔势迅猛。

晚唐文人段成式曾记载："万寿菩萨院门里南壁，皇甫轸画鬼神及雕，形势若脱。轸与吴道玄同时。吴以其艺逼己，募人杀之。"这段话载于段氏《酉阳杂俎》，此书虽被《新唐书·艺文志》归为"小说家类"，但所记述唐代秘闻轶事，多为官方正史屏蔽的史实，历来为中外文史学者采信征引。吴道子忌才募凶杀人，虽不可视为定案，但可能性是很大的。从多种文献记载的轶事看，吴道子的性格是多计较于利害而缺少宽怀友信的。据说有一次他去寺中访僧，未得礼遇，就在僧房壁上画了一头驴，这头驴夜间竟有了生命，跳出画面撒野，"僧房器用无不踏践"。这个故事当然是野史传说，叙事荒诞，但反映了当时与吴道子往来的僧人对他为人不佳的看法。长安平康坊菩提寺初建成时，会觉上人因倾慕吴道子画艺，酿酒百石作画酬，诱请吴道子亲手为寺壁作画，吴道子收了酒，却让弟子王耐儿代作，王画水平自然不如吴画。可见吴道子在个人品格上轻诚信。

吴道子为唐玄宗御用一生，他的艺术生涯和生命大概也是以唐玄宗退位和死亡而告终的。唐玄宗卒于762年，吴道子在此前后离世。一种说法是吴道子晚年只身流落到四川资阳，并客死于一个乡村，因为贫孤，借葬在一个汉墓中。是也，非也，无可定论。绝代画师吴道子的晚景一定寂寞凄凉，否则，后世岂能不知他何时何地亡故。出身贫孤的吴道子，终身又以贫孤归去，他的卓绝艺术则长传世界。与此相比，他的生平得失，就沦为真伪难辨的传说了。艺术与人生，是深刻联系的，但不可同日而语。

草圣张旭与酒

草圣张旭的一生，犹如神龙不见首尾；却又是极致的单纯简易，化约为"酒"与"书"两个字。

写张旭首先离不开一个"酒"字。欧阳修主撰《新唐书》，其中《张旭传》开篇即如是："旭，苏州吴人。嗜酒，每大醉，呼叫狂走，乃下笔，或以头濡墨而书，既醒自视，以为神，不可复得也。世呼张颠。"这篇传文仅157字，真是惜墨如金，但开篇这40字除"苏州吴人"外，全着墨于张旭酒事了。

然而，我们知道，张旭之为张旭，是因为他开创了卓绝惊世的狂草艺术，他生前即享有"草圣"的殊荣。如果说东汉张芝使草书达于"精熟神妙"，东晋王羲之父子进而"韵媚婉转"（张怀瓘《书断》），那么，至唐代，张旭则将草书开拓到"逸轨神澄"的狂草境界（窦臮《述书赋》）。

后世名家评张旭，普遍集中于张旭草书的神奇变化，"变动犹鬼神，不可端倪"（唐韩愈），"出鬼入神，惝恍不可测"（明王世贞）。张旭的狂草将书法艺术的书写自由推向字与非字的临界点，在这个临界点，正如他身体的沉醉放达，张旭对书写极限的挑战，犹如一出风起云涌的歌舞战斗戏剧，他演示了追求超规范的自由是被规范着的人最深刻的激情。所以，我们看到张旭作为一个书法家的癫狂，看到他人无可企及甚至望而生畏的"逸轨"。这就无怪宋人米芾要骂"张颠俗子变乱古法、惊诸凡夫"（《米书九帖》）。

但是，如果只看到张旭草书的"逸轨"（癫狂），对张旭所知则不过于皮相。宋人黄庭坚说："张长史行草帖多出于赝作。人闻张颠未尝见其笔墨，遂妄作狂蹶之书，托之长史。其实张公姿性颠逸，其书字字入法度中。"（《跋翟公巽所藏石刻》）"字字入法度"，是指张旭草书在其超逸狂放中，乱而有法，狂而有度。苏东坡不认同张旭草书的狂逸风格，斥其"追逐世好称书工"（《题王逸少帖》），但是他肯定张旭草书是以深厚的真行技法为基础的，因而具有卓越独特的品质。他说："张长史草书颓然天放，略有点画处而意态自足，号称神逸。今世称善草书者或不能真行，此大妄也。"（《书唐氏六家书后一首》）张旭草书的狂逸，不是乱法，而是以精微深邃的楷法造诣为基础的自由超越——在其看似无法度可循的任性狂放中包含着极精妙的神理。这就是窦臮所谓"神澄"。

张旭传世的草书作品，著名的是《草书心经》《肚痛帖》《千字文》和《古诗四帖》。《古诗四帖》可视为是张旭草书的冠顶之作。该帖无署名，曾长期被误判为东晋谢灵运书写，由明代书画家董其昌鉴定为张旭书写。董其昌题跋称此帖"有悬崖坠石、急雨旋风之势"，与张旭其他草书帖同一笔法，并且以"旭肥素瘦"判定此帖为张旭而非怀素书写。怀素是张旭的私淑弟子，同样以狂草出名。"旭肥素瘦"是辨识张、怀师徒笔法的通行准则。黄庭坚说："僧怀素草工瘦而长史草工肥。瘦硬易作，肥劲难工。"（《跋张长史千字文》）但是，《古诗四帖》不仅表现了张旭用笔宽厚迥劲以及迅猛回旋的特征，而且把率性放纵的书写纳入了刚柔相济、缓急冲和

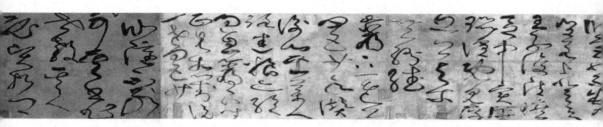

张旭《古诗四帖》(局部)

的张力运动中,是极度冲突的劲险与深刻谐调的悠逸的平衡。米芾说:"张旭书,如神虬腾霄,夏云出岫,逸势奇状莫可穷测。"(《米元章续书评》)用米氏此语评《古诗四帖》,是非常贴切的。就此而言,骂张旭乱法的米芾却又洞见到张旭草书的妙谛。

20世纪后期以来,有不少学者质疑《古诗四帖》作者是否为张旭。法籍华人学者熊秉明更指出该帖中的失误、败笔达五十例之多,因而怀疑该帖出自他人临写(《疑张旭草书四帖是一临本》)。以熊说勘察《古诗四帖》,我们可以发现,质疑者是用"理想的狂草"看待张旭草书。然而张旭是没有"理想的狂草"的,要找"理想的狂草",只可在怀素的草书中去寻找。"考其平日得酒发兴,要欲字字飞动圆转之妙,宛若有神,是可尚者。"这是宋代《宣和书谱》对怀素的传述,观怀素《自叙帖》,的确是"字字飞动圆转之妙",它复现的是张旭草书的圆转精熟。宋人董逌说:"素虽驰骋绳墨外,而回旋进退莫不中节;旭则更无蹊辙可拟,超忽变灭,未尝觉山谷之险、原隰之夷。以此异尔。"(《广川书跋》)"回旋进退莫不中节"与"超忽变灭无蹊辙可拟",是怀素与张旭之间草书笔意的深刻差异,这种差异的实质是妙于巧艺,还是达于自然。

张旭开拓狂草艺术,既蒙滋养于书法艺术的传统精髓,更是深得自然造化的感动启悟。他自述学书,初受教于其舅、陆柬之的儿子陆彦远,并

向褚遂良请教笔法，褚告知"用笔当须如印印泥"，思而不悟。后来，他在江岛上见沙地平净，兴起而以利刃画沙而书，"其劲险之状，明利媚好。自兹乃悟用笔如锥画沙，使其藏锋，画乃沉着"（《述张长史笔法十二意》）。藏锋沉着，是中锋行笔的书法特征。"劲险而明利媚好"，是张旭从自然中感悟到的"殊妙"，这个感悟不仅成就了他"楷法妙天下"的真书艺术，而且成为他"逸轨神澄"的狂草的筑基。另见《新唐书》《全唐文》记载，张旭曾自言，"始见公主担夫争道又闻鼓吹而得笔法意，观倡公孙舞剑器得其神"，"孤蓬自振、惊沙坐飞，余师而为书，故得奇怪"。狂草之所以由张旭肇始（董其昌语），实在因为张旭自我融身于自然，又以自然万物"一寓于书"。虞世南论书法说："质虽有质，迹本无为，禀阴阳而动静，体万物以成形。"（《笔髓论》）这不正是我们在张旭草书尤其是《古诗四帖》中观到的笔法神韵吗？

韩愈说"张旭善草书，不治他技"，这是与史传吻合的。张旭身前既有"草圣"之名，身后唐文宗李昂将他的草书与李白诗歌、裴旻剑舞定为"三绝"，并诏命翰林学士撰赞。张旭以书成名、以书传世，声誉卓著，中国书史上恐怕自王羲之身后，无人出其右。然而，令人唏嘘的是，他的身世，除了他是陆颜远的外甥外，我们一无所知，甚至不知其父何人；更有甚者，这位获得皇帝封号的旷世书家，竟然生卒年及年寿均不详。他早年做过常熟县尉，而终止于从六品的金吾长史，他唯一载于史册的"业绩"，就是做县尉时遇到一位反复诉讼求判的老翁，而老翁此举不过是贪求他手书的判书。我们从与他交好的盛唐名流的诗文中知道他生活于唐朝开元、天宝年间，但是他们只写张旭的书酒颠逸，绝不涉及他的身世处境。

张旭的一生，其实也就是浓缩到《新唐书》157字中的一生，这是纯粹到极致、超越到极致的草圣人生。在唐诗中，有李颀的《赠张旭》和高适的《醉后赠张旭》两首。在古代传统交谊中，赠诗是朋友间当面当时的行为。李、高二诗向我们展示的是他们眼前的张旭，即一位家居贫寒、淡泊名利而沉潜于书艺的老翁。"兴来洒素壁，挥笔如流星。"（李颀）"兴来书自圣，醉后语犹颠。"（高适）"兴"，在张旭，不是寻常所谓"兴致"或"兴趣"，它是豪荡超逸的生命意气。这"兴"，是张旭草书的天机，它借酒而生，以书而张。

"楚人每道张旭奇，心藏风云世莫知。"这是李白诗歌《猛虎行》中的诗句，写于天宝十五年（756），时在安史之乱中，流离四地的李白与张旭相聚于江苏溧阳酒楼，在"杨花茫茫愁煞人"的三月春景中，两人把盏对酌。李白直面的张旭，是一个"心藏风云"的巍巍大者，唯其如此，他的草书才能造就杜甫所说的"豪荡感激"的大气象。因此韩愈说张旭喜怒忧悲有动于心、必发之于书（《送高闲上人序》），这只是生活于张旭身后的韩愈的文学家想象。心藏风云而豪荡感激，张旭草书，绝不是个人宣乐泄悲之技。

在杜甫的《饮中八仙》中，诗仙李白与草圣张旭是比肩而立的。"李白一斗诗百篇，长安市上酒家眠。天子呼来不上船，自称臣是酒中仙。张旭三杯草圣传，脱帽露顶王公前，挥毫落纸如云烟。"同一醉酒，同一放达，但细思起来，李白的放达是冲着人来的骄世，张旭的放达是面向天地的自然。李白在唐玄宗的宫中醉酒，当玄宗面呼太监高力士为之脱靴，这是何等骄纵？读史我们知道，清醒时的李白，其实是很懂得尊卑秩序的，是酒给了他过分的胆量。然而，这借酒撒骄的代价，使诗仙李白匆匆结束了他费四十余载心血挣得的翰林生涯、离开他服务不到两年的长安宫廷，从此浪迹江湖，"竟以饮酒过度醉死于宣城"（《旧唐书》）。张旭放达于天然，以纸为天地，以笔墨做风云，焕然创化的世界，激烈险峻之状透现出来的却又是超尘绝俗的"明利媚好"。世知张旭嗜酒，岂知酒独厚爱张旭？

德国哲学家尼采在他著名的《悲剧的诞生》中说过："热情洋溢的人，何须乎酒。"这位酒神精神的赞美者，一定不懂得酒于中国文化，尤其是于中国诗歌与艺术的意义。

老年徐渭的少年情怀

一 《狂鼓史》是徐渭狱后之作

徐渭晚年的创作，绘画之外，其戏剧作品《四声猿》最为奇绝惊人。[1] 袁宏道称："《四声猿》意气豪达，与近时书生所演传奇绝异，题为天池生，疑为元人作。"[2] 汤显祖则称："《四声猿》乃词场飞将，辄为之唱演数通，安得生致文长，自拔其舌。"[3]《四声猿》不仅是使生前"名不出于乡党"的徐渭在死后蔚然闻名于晚明文坛，而且以其不拘格调的"调谑亵慢之词"舒放"不可遏灭之气"，而成明代传奇革故鼎新之作。

《四声猿》包括《狂鼓史渔阳三弄》（后称《狂鼓史》）、《玉禅师翠乡梦》（后称《翠乡梦》）、《雌木兰替父从军》（后称《雌木兰》）和《女状元辞凰得凤》（后称《女状元》）四剧。现传世最早的《四声猿》刻本于1588年刊出，是由徐渭本人整理编订的。徐渭本人传世的诗文中，没有留下撰写《四声猿》的时间信息。后世推断《四声猿》写作时间的首要依据是徐渭弟子王骥德在《曲津》卷四曾如下记述：

徐天池先生《四声猿》，故是天地间一种奇绝文字，《木兰》之北与《黄崇嘏》之南,尤奇中之奇。先生居与余仅隔一垣,作时每了一剧,辄呼过斋头,朗歌一过,津津意得。余拈所警绝以复,则举大白以醻,赏为知音。中《月明度柳翠》一剧,系先生早年之笔,《木兰》《祢衡》,得之新创,而《女状元》则命余更觅一事,以足四声之数。余举杨用修所称《黄崇嘏春桃记》为对,先生遂以春桃名嘏。

今人据王氏此说,推断《四声猿》写作时间殊异,较有代表性的是徐朔方与骆玉明各持之说。

徐朔方与骆玉明均认同王氏所记确实,他们共同认为,《四声猿》中,《翠乡梦》为徐渭早年之作,而其他三出写作时间相近,并且是徐渭与王骥德毗邻而居的时候。但是,两人却以不同的佐证材料,作出了不同的时间推断。徐朔方经考辨认为,徐渭与王骥德比邻而居的时间只能在1551年至1558年间,而且徐渭《倪君某以小象托赋而先以诗次韵四首》(后称《小象托赋》)、《倪某别有三绝见遗》(后称《别有三绝》)诸诗中所述"以渭《渔阳三弄》杂剧内有黄祖,乃讽我即是黄祖,特无权耳"等内容,推断"《四声猿》在嘉靖三十七年(1558)(徐渭)正式进入胡宗宪幕府之前已经完成,这时他只有三十八岁"[4]。骆玉明却依据自己的考辨认为,王骥德至少比徐渭小30岁,以徐渭的曲折经历,王可能与徐毗邻而居且被"赏为知音"的时间,只能是在徐渭出狱之后的最初10年,此时,徐渭租居在被他名为"梅花馆"的屋宅中,其中一室被名为"柿叶堂",徐渭有诗《乙亥元日雪酌》序称"梅花馆,有扁(匾)二,曰柿叶堂,曰葡萄深处",而王骥德在《徐渭与唐伯虎题崔氏真按语》一文中述记:"一日,过先生柿叶堂,先生朗颂和篇,因命余并次",因此,骆玉明推断说,"徐渭作《四声猿》后三剧是他万历元年(1573)出狱以后的事情",在1573—1580年之间。[5]

徐朔方的推断有一个显而易见的缺漏，就是没有考虑到王骥德与徐渭的年龄悬殊。王骥德出生年代无考，卒于1623年——离徐渭1593年去世已过30年。据骆玉明考证，毛允遂在《曲律跋》等文献中对王骥德自称"友弟"，《哭王伯良先生诗（十三首）》亦有"忘年小友君曾许"句，依中国传统称谓，王骥德年长毛允遂当不超过20岁，而王去世时毛50岁左右，以此推论，王骥德死时不超过70岁，他比寿命73岁的徐渭晚死30年，故应当小徐渭30岁以上。综合证之，王骥德在1550年后出生，1558年，他尚是一个少不更事的孩童，是不可能被徐渭"赏为知音"的，他作为知音见证《四声猿》写作历程，并且为徐渭提供《女状元》素材的事情就绝不可能发生在徐渭1558年入胡宗宪幕府之前。

至于徐渭《小象托赋》《别有三绝》两组诗叙说的内容，徐朔方的解读失于臆断。徐渭这些诗是对"倪某"赠诗的回答。"倪某"是谁，无考，因徐诗中有"敢于玄白嘲杨子，尚恨丹青败乃公"，他很可能是倪瓒的后人。读徐诗序文可见，倪某诗中对徐渭多有揶揄，"一以渭《渔阳三弄》杂剧内有黄祖，乃讽我即是黄祖，特无权耳"，"一因四剧名《四声猿》，谓为妄喧"。[6]徐朔方认为，倪某讽徐渭"无权""妄喧"，可断《四声猿》在徐氏正式入胡宗宪幕府之前，理由有二：其一，因为入幕后，徐渭被敬重为国士，不可谓为"无权"；其二，如果徐渭经历胡宗宪死案后的自杀杀妻等大故，亦不可谓为"妄喧"。但是，徐朔方没有注意到，徐渭诗序明确说了"（倪某）以幕客讽我"，这就证明《四声猿》必然是在徐渭入幕之后。

倪诗讽喻的中心内容是，徐渭扮演的角色是曹操借刀杀祢衡的黄祖——只是没有黄祖杀人的权力，故讽徐名剧作为《四声猿》系"妄喧"。倪某以"幕客"讽徐渭，讥他为"无权黄祖"，当是针对沈炼被严嵩一党陷害，而徐渭入严党胡宗宪幕事。徐渭在沈炼被害后做胡幕客，为胡邀宠皇帝、谄媚严嵩，就此而言，视之为严党捉刀的"黄祖"未尝不可。倪某不仅以黄祖讽徐，而且"倪多文亦稍傲睨"。但是，徐渭回应倪某的态度，是很平和的。在徐渭看来，"倪有孝友名我"，不过是"倪诗以略误推我"，因此并未生怨，反而在诗中将倪某称为东汉时著名的孝子文士黄香——"天下无双，江夏黄童"[7]。

徐渭最难以质辩的是，他在沈炼遇害之后保持了近十年的沉默，其悼念沈炼、为之鸣不平的诗文几乎都作于沈被平反之后。[8] 从徐渭对倪某的回应看，他们两人这番诗中交锋，绝不会在沈炼遇害不久，而是时过境迁之后的事情，"世事茫茫射覆然"，不仅包含了沈炼遇害，也包含了胡宗宪冤死和徐渭病狂杀妻之后的死狱灾变等，所以他才会回应倪某说出"傍人不信无边被，不在吾家被里眠"的无奈。倪某是旁观者的臆断误推，"都从黑地料青天"；徐渭自己却是遭遇者的痛定思痛，"要知猿叫肠堪断，除是侬身自做猿"。徐渭无意为自己解脱申辩，所以是"桃李成蹊不待言"，但他深感不为人解的"鸟言人昧枉啾喧"的无奈。所以，《小象托赋》《别有三绝》两组诗不可能写在徐渭杀妻入狱之前，更不可能写在他正式入胡宗宪幕前。否则，不仅倪某对徐渭的讽喻无从说起，而且徐渭的回应态度也难以理解。[9]

二 徐渭对祢衡的人生认同

从既有史料来看，骆玉明推断的"《四声猿》作于万历元年到七年间"是可信的。关于《四声猿》写作时间的争议焦点是推断《狂鼓史》的系年，更进一步是要推定徐渭作《狂鼓史》的动机。在《四声猿》中，《狂鼓史》的重要性是由两个相关因素标志出来：其一，徐渭汇编四剧时，并没有按照王骥德所述的写出年代先后排序，而是把《狂鼓史》排到了最前面，显见了徐渭对该剧的特别看重；其二，徐渭诗文中约有十次提及祢衡骂曹故事，其中四次明确以祢衡比喻沈炼，四次自比，这是其他三剧人物没有的情况。[10] 徐渭以《四声猿》冠名他的四部杂剧，是借用了郦道元所记渔人歌"巴东三峡巫峡长，猿鸣三声泪沾裳"（《水经注笺》卷三十四）的典故，喻其四剧"猿叫肠堪断"的悲剧主旨。然而，在《四声猿》中，只有《狂鼓史》才是真正的悲剧，也只有其主人公祢衡才是徐渭"四声猿"悲剧主题的正面象征人物。因此，"祢衡"这个角色，包含着徐渭深刻的精神认同和心理投射，透析这个人物，不仅可以把握《狂鼓史》的创作动机，而且可以把握以《四声猿》为代表的徐渭晚年的精神主脉。

徐朔方认为徐渭作《狂鼓史》的动机之一是追念沈炼，他的主要依据是徐渭在《短褐篇送沈子叔成出塞》《锦衣篇答赠钱君德夫》《沈参军青霞》和《与诸士友祭沈君文》四诗文中以祢衡击鼓骂曹操、曹操借黄祖杀祢衡的故事比喻沈炼忤逆严嵩、被严嵩冤害。[11] 徐渭在这四篇诗文中借祢衡遭遇比喻沈炼冤案并追念沈炼是无疑的。其中，《沈参军青霞》一诗讲得最明白完整，该诗全文是："参军青云士，直节凌邃古，伏阙两上书，裸裳三弄鼓。万乘急宵衣，当廷策强虏，借剑师傅惊，骂座丞相怒。遗帼辱帅臣，筹边著词赋，截身东市头，名成死谁顾。"[12] 但是，徐说面临两个困境。其一，这四篇诗文均作于沈炼遇害近十年之后，而非作于紧接沈炼遇害的时间，而徐朔方正是以所谓悼沈四诗与沈遇害时间的衔接来证明《狂鼓史》为悼沈遇害而作；其二，在悼沈四诗文中，徐渭笔下的祢衡骂曹操与沈炼忤严嵩，均如史实，系其生前行为，但在《狂鼓史》中，徐渭将祢衡生前骂曹搬到两人死后所在的阎罗殿来表演。徐渭为什么要改换这个故事，将实有其事的历史变形为莫须有的"鬼话"？如果《狂鼓史》为悼念沈炼而作，徐渭为什么不直写一出《沈将军》，还要将他附魂在另一个亡灵祢衡身上呢？实际上，沈炼的遭遇更比祢衡曲折惨烈，而徐渭写作《狂鼓史》时，不仅沈炼已经被平反、追封"光禄少卿"了，而且严嵩也早已在1567年戴罪病殁，无须曲笔影射了。[13]

祢衡是汉末隐士人物，"少有才辩而尚气刚傲，好矫时慢物"，孔融称其"淑质贞亮，英才卓砾，初涉艺文升堂睹奥，目所一见辄诵于口，耳所瞥闻不忘于心，性与道合，思若有神，《淮南子》曰'所谓真人者性合于道也'"，"忠果正直，志怀霜雪，见善若惊，疾恶若仇"。孔融将祢衡推荐给曹操，曹召见祢衡，"祢素相轻疾自称狂病不肯往"，曹操为了羞辱祢衡，因祢衡善于击鼓，命他做低贱的鼓史。鼓史在宴宾演出时，需更换上鼓史的专门服装。祢衡在应召演出时，着常服演奏《渔洋三弄》，曹操命其更换鼓史服装，祢衡则裸身向曹，以示对曹的羞辱。事后，孔融向曹操解释，祢衡因犯狂疾如此，希望前来谢罪，然而，祢衡又在曹操大营前"以杖捶地大骂"。曹操遂起杀意，为惜名声，将祢衡送于刘表，借黄祖之手杀了祢衡。[14]

沈炼与祢衡有两点相似。其一，从性格来看，均是疏狂自傲、刚直激烈之士。[15]祢衡对贵为丞相的曹操当众裸衣斥骂，沈炼两度上书弹劾权臣严嵩，都从他们的气节本性中来；其二，从命运来看，两人都为奸臣借刀杀人，死于非命，遭遇的是自古忠臣志士的悲剧。但是，沈炼与祢衡，又有两点不同。其一，两人虽然都有文章才气，但祢衡以文名传世，沈炼却以忠义行武立身；其二，祢衡是一位恃才傲物的隐士，死于黄祖刀下时，只是布衣幕客，他的工作如徐渭一样也是代笔（"掌书记"），而沈炼却是少年进士、三任县令，以锦衣卫被贬害，死后追封光禄少卿、追谥"忠愍"。在《狂鼓史》中，徐渭明确写出了祢衡不同于沈炼的这两点：

［判官宾白］当日祢正平（祢衡）先生与曹操老瞒对讦那一宗案卷，是咱家所掌。俺殿主向来以祢先生气概超群，才华出众，凡一应文字，皆属他起草，待以上宾。昨日晚衙，殿主对咱家说，上帝旧用一伙修文郎，并皆迁次别用。今拟召劫满应补之人，祢生亦在数中。

［祢衡唱词］哎，我的根芽也没大兜搭，都则为文字儿奇拔，气概儿豪达，拜帖儿长拿，没处儿投纳，绣斧金枻，东阁西华，世不曾挂齿沾牙。唉！那孔北海没来由也说有些缘法，送在他家。井底虾蟆也一言不洽，怒气相加。早难道投机少话，因此上暗藏刀把我送与黄江夏。又逢着鹦鹉撩咱，彩毫端满高声价，竟躬身持觞劝酒，俺掷笔还未了杯茶。[16]

上面判官宾白和祢衡唱词，虽然前者讲死后的祢衡，后者自述生前遭遇，都共同说明祢衡文才卓绝、布衣幕客的生性。这两段内容大意是重复的，徐渭在这出短剧中不惜笔墨重复申明祢衡的幕客身份，甚至称其不仅生前做幕客，死后在阴间为阎王做幕客，而且被上帝召上天宫也是做幕客。这显然是徐渭蓄意将祢衡与他本人的生涯对应。"文字儿奇拔，气概儿豪达，拜帖儿长拿，没处儿投纳"，这是徐渭对幕客生涯的概括写照，投射了他在入幕胡宗宪之前的心境。

"又逢着鹦鹉撩咱，彩毫端满高声价，竟躬身持觞劝酒，俺掷笔还未了杯茶"，这是述祢衡生前做黄祖幕客时，在宴会上被人要求以鹦鹉为题作赋，他"笔不停缀，文不加点"作长赋《鹦鹉赋》事。徐渭早年也曾有被人要求当场以一小物作赋，他也是"援笔立成，竟满其纸，气韵遒逸，物无遁情"[17]。祢衡《鹦鹉赋》中说道："顺笼槛以俯仰，窥户牖以踟蹰。想昆山之高岳，思邓林之扶疏。顾六翮之残毁，虽奋迅其焉如？心怀归而弗果，徒怨毒于一隅。"[18]徐渭追祭胡宗宪的《十白赋·鹦鹉》说道："黄冠白章，其鸣嗜嗜，殊彼凡羽，绿襟朱喙。奈此条笼，将飞复坠。我则祢衡同，赋罢陨涕。"[19]很明显，徐渭作《鹦鹉赋》，不仅以祢衡事为典，而且是深与祢衡认同。鹦鹉与幕客、祢衡与自我，在徐渭内心是深刻同一、可以互代的。他另一首北上应召入幕诗说得更明白："送子返吴城，怜予亦远行，锦囊俱佩笔，青嶂独题名。被檄来何暮，治装去不停，翻嫌养鹦鹉，持赋似祢衡。"[20]

在《狂鼓史》中，判官紧接祢衡述作《鹦鹉赋》后提醒祢衡说："这祸从这上头起，咳，仔细《鹦鹉赋》害事。"这当不是闲笔，是暗指自己作《十白赋》祭胡宗宪事。1572年，明穆宗为胡初步平反；1589年，明神宗赐胡御葬荣誉，追谥"襄懋"。在《十白赋·鹿二只》中，有"桓桓抚臣，敢告世宗"，若嘉靖在世，诗中不会出现"世宗"二字，故徐渭作《十白赋》在1567年（隆庆元年）后[21]。写剧本是为了公演，表面是"暗指"，实则是有意"挑明"自己在《十白赋》中有《鹦鹉赋》。"仔细《鹦鹉赋》害事"，显然在一个时过境迁不再害事的时候写下的，是一"戏笔"。因此，可推断徐渭作《狂鼓史》不仅晚于《十白赋》，而且必然是在胡宗宪平反之后，即必晚于1572年。

三 祢衡——老年徐渭的少年情怀

1573年初，53岁的徐渭在服刑7年后被保释出狱。出狱后的徐渭，一身贫病，赁屋而居。他既已与功名仕途无缘，就完全释放出一派放达自任的"处士之姿"。他在租居的梅花馆中吟诗作画，与友人门生煮酒论学。两年后，1575年，在丁忧在家的翰林编修张元忭的帮助下，徐渭杀妻案被审结，他正式获释。徐渭在《畸谱》中记载："五十五岁。得兆信云，准释。秋，往游天目，寓杭，为何老作《春祠碑》，遂走南京，纵观诸名胜。"[22] 从这则记述可见，正式获释对于55岁的徐渭，是一个昭示着新生的开始，他心中的解脱和欣然可以想见。他选择了这年中秋出游，出行前夕，他去张元忭家辞行，酒后作《十四日饮张子盖太史宅留别（久系初出明日游天目诸山）》：

> 斗酒那能话不延，此行无事不堪怜。弓藏夜夜思弯日，剑出时时忆掘年。老泪高梧双欲堕，孤心缺月两难圆。明朝总使清光满，其奈扁舟隔海天。[23]

这首诗写出了一个劫后余生的老者的满腹悲凄，"久系初出"，既是解脱，也是空茫。"明朝总使清光满，其奈扁舟隔海天。"过去不仅不可重复，而且也不可能与未来相连贯，扁舟海天，怎料到未来的岁月将是如何的漂泊无着。

这次"久系初出"的出游，实际上从1575年秋延续到1577年春，在此期间，徐渭不仅泛游江浙山水，而且北上塞北。山水陶冶，醇酒沉醉，徐渭的诗风文心一洗1545年以前的典丽铅华，展现出天然素朴、率性随意的本色。他游天目山前，经富阳（富春），遇到一位在此教私塾糊口的穷老书生"郑老"。徐渭请他喝酒畅叙。"郑老"打得一手好鼓，醉中击鼓，激发了"久系初出"的徐渭坎坷大半生的人生感慨。徐渭作《少年》诗道：

> 少年定是风流辈，龙泉山下鞲鹰睡。今来老矣恋胡狲，五金一岁无人理。无人理，向予道，今夜逢君好欢笑，为君一鼓姚江调。鼓声

忽作霹雳叫,掷槌不肯让渔阳,猛气犹能骂曹操。[24]

这首诗是写"郑老",何尝又不是写徐渭本人呢?少年风流,老来潦倒,却又猛气在胸,这是徐渭自我人生的写照。"郑老"这个形象,不仅让徐渭看到了自我身世的坎坷失落,而且激发了他生命深处岁月不可磨灭的"少年风流"的豪迈气概。"为君一鼓姚江调,鼓声忽作霹雳叫。掷槌不肯让渔阳,猛气犹能骂曹操。"这四句诗不仅由郑老的激昂鼓声引出了祢衡骂曹的旧典,而且是在祢衡与郑老两个形象的叠合中,将"祢衡"提升为一个死而复生的"少年"精灵。

在这次近两年的南北出游中,年过半百、"久系初放"的徐渭心中对于那个旧日的"风流少年"似乎有着特别的觉醒,"少年"成为他自审的一个中心参照。1576年赴塞北宣府途中,他写道:

少年曾负请缨雄,转眼青袍万事空。今日独余霜鬓在,一肩舆坐度居庸。(《上谷歌·其一》)[25]

56岁的徐渭出塞外,不断追忆"少年"的心灵,实在是放不下这个"少年"。这个"少年"经历了"万事成空"的岁月蹉跎,"独余霜鬓在",分明是无可期待,无可为用了。然而,无用无待的往日少年,却有一腔不老的豪气,一份出世的慷慨,"一肩舆坐度居庸"。一方面是半生坎坷,一方面是豪气不已;一方面是奇才无处施,一方面是啸歌自等闲,阅尽世态炎凉,却更重心底本色。

1563年,徐渭应李春芳招幕北上时,也写过一首追忆少年时光的诗。"少年同学共青毡,一剑孤飞何处天?别后相思应与共,向来心事尚难传。树连古道冬催雪,水泛寒灯夜泊船。自是阳关歌不得,只凭尊酒醉君前。"(《北上别丁甫于虎丘》)[26]写这首诗时,徐渭只有43岁,他还没有经历病狂、杀妻和长达数年的死狱。然而,这首诗尽是惆怅仓皇的暮气。《上谷歌·其一》却表现出一种生命的狂执,它是任岁月摧打而不可遏制,老而弥坚、损而益锐的精魂。这个"少年",寄孕于徐渭生命中数十年,它终于在55岁的徐渭与郑老相遇之际夺胎而生。《狂鼓史》中的祢衡就是这个"少年"的舞台演绎。

徐渭写《狂鼓史》,当在塞北归来后的1577—1578年之间。这个时期不仅符合骆玉明所考证的徐渭与王骥德毗邻而居的末期,而且是徐渭的精神处于一个自我更新的高峰期。在《四声猿》四剧中,据王骥德记述,《狂鼓史》当不是最后写的,早于《女状元》,但必定晚于《翠乡梦》和《雌木兰》。写出了《狂鼓史》,徐渭就完成了自我形象的再创,而在这个形象中,他的精神意气真正地实现了"一扫近代芜秽之习"的艺术表达。袁宏道评徐渭说:

> 文长既已不得志于有司,遂乃放浪曲蘖,恣情山水,走齐鲁燕赵之地,穷览朔漠。其所见山奔海立,沙起云行,风鸣树偃,幽谷大都,人物鱼鸟,一切可惊可愕之状,一一皆达之于诗。其胸中又有一段不可磨灭之气,英雄失路、托足无门之悲。故其为诗,如嗔如笑,如水鸣峡,如种出土,如寡妇之夜哭,羁人之寒起,当其放意,平畴千里,偶尔幽峭,鬼语秋坟。[27]

《狂鼓史》中的祢衡无疑就是这个徐渭的典型象征。

《狂鼓史》全剧仅一出,在剧首由阎王殿判官引入剧情——让祢衡与曹操在阴间翻演"击鼓骂曹"，祢衡一骂一通鼓，十通鼓罢，祢衡休骂，剧情即转为结束。明人钟人杰评《四声猿》说："文长终老缝掖，蹈死狱，负奇穷，不可遏灭之气，得此四剧而少舒。所谓峡猿啼夜，声寒神泣。嬉笑怒骂也，歌舞战斗也。"[28]钟氏此言，用以品评《狂鼓史》最恳切——这出在中国戏剧史上绝无仅有的"一骂到底"的戏剧，中心之旨就是一舒徐渭身为"牢骚肮脏士"一生的"不可遏灭之气"。听祢衡击鼓骂曹，剧中判官直呼："痛快！痛快！大杯来一杯！先生尽着说！"祢衡歇骂，唱道："咳俺且饶你罢，争奈我渔阳三弄的鼓槌儿乏。"[29]这是徐渭直接以剧中人的口表达"舒气"的痛快畅意。剧末时，祢衡对判官说："大包容饶了曹瞒（曹操）罢。"判官说："这个可凭下官不得。"祢衡说："我想眼前业景，尽雨后春花。"[30]以常情很难想象，徐渭竟然写出祢衡主动请求判官"大包容曹操"的结局。这就无怪判官不敢应下。然而，写《狂鼓史》的徐渭，确是脱巾啸傲，意绝鸿蒙，舒气展怀，"尽雨后春花"，区区一曹阿瞒，有何不可赦？

（原载《天津社会科学》2013年第3期）

注释

[1] 现归入徐渭名下的剧作《四声猿》外，还有《歌代啸》，但此剧是否为徐渭所作，在其刊刻时，就不能确定。作者署名"脱士"的《歌代啸序》称："《歌代啸》不知谁作……说者谓出自文长（徐渭）。昔梅禹金谱《昆仑奴》，称典丽矣，徐犹议其白未窥元人藩篱，谓其用南曲《浣纱》体也。据此前说亦近似，而按以《四声猿》，尚觉彼如王丞相谈玄，未免时作吴语，此岂身富者后出愈奇，抑讽时者之偶有所托耶？石赟："故另刻单行之，无深求。"（徐渭：《徐渭集》，中华书局，1983年版，第1360页）

[2] 徐渭：《徐渭集》，第1342页。

[3] 引自贺复征：《文章辨体汇选》卷三百二十八，清文渊阁《四库全书》补配清文津阁《四库全书》本。

［4］徐朔方：《晚明曲家年谱》第二卷，浙江古籍出版社，1993年版，第48页。

［5］骆玉明：《四声猿写作年代考》，复旦大学古籍研究所等编，《中国古典文学丛考》第二辑，复旦大学出版社，1987年版，第253—263页。

［6］徐渭《小象托赋》和《别有三绝》，分别见《徐渭集》第799—800、854页。

［7］范晔：《黄香传》。参见《后汉书》卷八十上，《文苑列传》第七十上，百衲本景宋绍熙刻本。

［8］徐渭悼念沈炼诸诗，《短褐篇送沈子叔成出塞》稍早，系年1566，《哀四子·沈将军诗》《会祭沈锦衣文》《与诸士友祭沈君文》系年为1562年前后。参见骆玉明、贺圣遂《徐文长评传》，浙江古籍出版社，1987年版，第245—246页。

［9］另外，徐朔方也未注意，倪徐诗歌唱和的前提"倪某以小象托赋"。倪求徐为其小象作赋，徐诗对倪画像予以行家品评，这与他未习画时所表现的"刘典宝一日持己所谱梅花凡二十有二，以过余请评，予不能画，而画之意则稍解"的态度是不一样的（《书刘子梅谱》诗序，徐渭：《徐渭集》，第302—303页）。徐渭学画在其服刑后期，略于1570年前后。以故，徐渭答倪诗可为徐渭作《四声猿》不早于1573年的旁证。

［10］徐朔方统计除《狂鼓史》外，《徐渭集》中七度涉及祢衡骂曹故事（《晚明曲家年谱》第二卷，第97—98页）。徐渭《小象托赋》《别有三绝》两组诗及《少年（二首）》中叙及此事，未在徐朔方统计中。

［11］同上。

［12］徐渭：《徐渭集》，第67页。

［13］参见《徐文长评传》，第150页。

［14］参见范晔《后汉书》卷八十下，《文苑列传》第七十下，百衲本景宋绍熙刻本。

［15］沈炼"为人刚直，嫉恶如仇，然颇疏狂。每饮酒，辄箕踞笑傲，旁若无人"（张廷玉：《明史》卷二百九列传第九十七，清乾隆武英殿刻本）。

［16］徐渭：《徐渭集》，第1177、1182页。

［17］同上书，第1343页。

［18］参见萧统编《文选》卷十三，胡刻本。

［19］徐渭：《徐渭集》，第48页。

［20］同上书，第176—177页。

［21］参见《晚明曲家年谱》第二卷，第124页。

［22］徐渭:《徐渭集》,第 1330 页。

［23］同上书,第 805 页。

［24］同上书,第 138—139 页。

［25］同上书,第 359 页。

［26］同上书,第 818 页。

［27］同上书,第 1343 页。

［28］同上书,第 1356 页。

［29］同上书,第 1183 页。

［30］同上书,第 1184 页。

"岳飞《满江红》"伪托新考

——肇始者汤阴县教谕袁纯

在传世文献中，岳飞子岳霖、孙岳珂接力编纂的《金佗粹编·鄂王家集》[1]是最早辑录岳飞遗作的文献。其中，没有自明朝中叶出现的"岳飞《满江红》"。据现有文献研究，1458年立石汤阴县岳庙中的《满江红》词碑，是现今可见的"岳飞《满江红》"最早版本。岳飞1141年遇害，至1458年，他已离世317年。这首《满江红》在数百年后成为"忠烈岳飞"的标志性诗词，"现在《满江红》就是岳飞，岳飞就是《满江红》"（邓广铭语）[2]。岳飞遇害时，儿子岳霖11岁，已是初晓世事的少年。如果这首《满江红》真为岳飞所作，岳霖怎么会全然不知呢？

梁启超概括"从传授统绪上辨别伪书"八法，指出："六、后人说某书出现于某时，而那时人并未看见那书，从这上可断定那书是伪"，"八、从书的来历暧昧不明，而定其伪"。[3]据梁启超此论，在可见文献和既有争议的基础上，我们可以认定绝无书证的"岳飞《满江红》"是明人伪托，具体讲，景德年间时任汤阴县教谕、《精忠录》的编辑者袁纯是肇始者。

一　"岳飞《满江红》"：杂糅而绝非南宋名将岳飞所作

20 世纪 80 年代初，宋史专家邓广铭为了论证"岳飞《满江红》"为岳飞所作，引述了史载的岳飞诗文。现录其引证的岳飞三首诗如下：

> 秋风江上驻王师，暂向云山蹑翠微。忠义必期清塞水，功名直欲镇边圻。山林啸聚何劳取，沙漠群凶定破机。行复三关迎二圣，金酋席卷尽擒归。（《题翠岩寺》，《鄂王家集》）

> 溢浦庐山几度秋，长江万折向东流。男儿立志扶王室，圣主专师灭虏酋。功业要刊燕石上，归休终伴赤松游。丁宁寄语东林老，莲社从今着力修。（《寄浮图慧海》，《鄂王家集》）

> 雄气堂堂贯斗牛，誓将直节报君仇。斩除顽恶还车驾，不问登坛万户侯。（《题萧寺》，《宾退录》）[4]

邓广铭作引述之后说："我认为，有充分的理由和根据，可以作出判断说，谱写这首《满江红》歌词的，和写作上引那些《题记》与那些诗篇的，正是同一个人，即南宋名将岳飞。"他所谓"充分的理由和根据"，就是所引用的岳飞诗词和题记"表达的内容全都是岳飞的忠君爱国思想"，"按其意境和感情来说，和《满江红》词可以说是完全属于'无差别境界的'"。他引证了岳飞诗文中的这些语句："蜂蚁之群，岂足为功"，"斩除顽恶还车驾"，"立奇功，殄丑虏，还三关，迎二圣"，"深入虏庭，缚贼主，喋血马前，尽屠夷种"，"必期清塞水"，"功名直欲镇边圻"，"功业要刊燕石上"，"金酋席卷尽擒归"。邓广铭甚至认为，将上述引用的岳飞诗、词和题记的诸多语句"加以洗练，并使用虚实并举的手法，重新排列组合一番，用长短句的体裁并写出来"就正是那首"岳飞《满江红》"。[5]

现存可见"岳飞《满江红》"最早版本为天顺二年（1458）王熙书写并刻石于汤阴县岳飞庙的《岳飞满江红》词，全文如下：

怒发冲冠，凭栏处、潇潇雨歇。抬望眼、仰天长啸，壮怀激烈。三十功名尘与土，八千里路云和月。莫等闲、白了少年头，空悲切。

靖康耻，犹未雪。臣子恨，何时灭？驾长车踏破、贺兰山缺。壮志饥餐胡虏肉，笑谈渴饮匈奴血。待从头、收拾旧山河，朝金阙！[6]

在引用岳飞载籍诗文为"岳飞《满江红》非伪作"作证的时候，邓广铭意识到一个矛盾：这些岳飞载籍诗文表达了对功名的追求（"功名直欲镇边圻""功业要刊燕石上"），而"岳飞《满江红》"却表示对功名的蔑视（"三十功名尘与土，八千里路云和月"）。邓广铭的解释是，这个矛盾是由担任低级军官时的岳飞和升任高级军官节度使之后的岳飞的认识层次不同所致。邓广铭说："前两句所表达的是他（早年）的愿望，及至已经得到了节度使等类的很高的官衔之后，再与夙志稍加对照，便感到这功名并非因'镇边圻'而得，而这'功业'也更远远不能刊刻在燕然山上，当然他就要视同'尘与土'了。"[7]

对文学作品的作者意图的判断，评论者是有一定的自由度的，甚至有限的猜想都具有合理性。但是，如邓广铭这样简单以官位升迁来论断岳飞对"功名"的态度变化，即使不是错误的，至少也是没有说服力的。司空图初试进士落榜，写下"三十功名志未伸"（《榜下》）；韩愈上《谏佛骨表》被贬潮州，写下"夕贬潮阳路八千"（《左迁至蓝关示侄孙湘》）。我们知道，陶渊明早有名句"误入尘网中，一去三十年"（《归田园居·其一》),这是为后世诗词中类似"三十功名"之句奠定了"功名悔悟"的基调的原典;而"八千里路"喻奔劳艰辛且无谓,则在韩愈之后成为诗家直接援用的"熟典"。清李宝嘉撰《南亭词话》录民调琵琶曲《家贫亲老》唱道:"怎样好。家贫亲又老。八千里路,没一点功劳。"[8]"岳飞《满江红》"的名句"三十功名尘与土,八千里路云和月"是由司空图与韩愈诗句化出。若以典喻义,这两句诗则赋予《满江红》表达的功名观以失落、消极之义。

当然,英雄志士并非不会(不可)书写感伤、哀婉的情感。岳飞唯一史载的词《小重山》说:

> 昨夜寒蛩不住鸣,惊回千里梦,已三更。起来独自绕阶行,人悄悄,帘外月胧明。白首为功名,旧山松竹老,阻归程。欲将心事付瑶琴,知音少,弦断有谁听。(《小重山》,《鄂王家集》)[9]

在这首词中,孤寂、惆怅甚至于迷惘的情绪是浓郁而沉重的,与上述史载的岳飞三首诗所展示的慷慨、勇毅和坚卓的情怀是相反的。我们应当理解不仅寻常人,即使卓绝豪杰之士的情怀都是多样而且变化的。在"岳飞《满江红》"中,"三十功名尘与土,八千里路云和月"的真正问题,不是其所含蓄的功名失意和人生消极之感,而是它与这首"爱国诗词"的主旨和基调相违逆。该词上阕,开篇是"怒发冲冠,凭栏处,潇潇雨歇",结尾是"莫等闲,白了少年头,空悲切"。因此,上阕的起和收,都以愤激、慷慨为势,中间夹入一半是哀怨、一半是无谓的"三十功名尘与土,八千里路云和月",是"莫须有"的横逸之吟。

因为"岳飞《满江红》"一词的情理乖谬,对于其辩护者一个不可解决的难题是其系年断定。邓广铭断其出于岳飞升任节度使之后,但未确定年限。作为邓广铭学生,王曾瑜则从邓师之说而定其系年为绍兴四年(1134)。1134年,岳飞32岁,率兵收复襄、汉六郡,被宋高宗赵构授清远节度使,成为宋代最年轻的"建节"者。此前一年,宋高宗赐31岁的岳飞宸翰"精忠"旗("精忠"二字为高宗手书)。王曾瑜如此描述"岳飞《满江红》"的问世:

> 一天,岳飞登上鄂州的一座高楼,凭栏俯瞰江流,仰眺远天。时值雨后天晴,锦绣山河分外明媚。岳飞触景生情,思潮澎湃,祖国的危难,个人的遭际,一齐涌上心头。北方的故土有待收复,同胞的泪眼南望欲穿。往后的征途修远而漫长,襄汉之役的成功又何足挂齿。至于个人的功名利禄,更如尘土一般,不足萦怀。岳飞肺腑的满腔热忱,终于化为吭喉的一曲长歌《满江红》。[10]

这段评述是纯粹基于作者揣测、臆想的。它对32岁的岳飞获授节度使后的心态的想象在竭力贴合"岳飞《满江红》"的情感指向的同时,不仅完全脱离了史实的征引和辨析,而且因为受制于这首词情感指向的乖背、驳杂而陷入似是而非、自相矛盾的境地。32岁获授节度使的岳飞的"个人的遭际"绝不可能是"怒发冲冠,凭栏处、潇潇雨歇"的生活背景。以王曾瑜本人在其《岳飞新传》的叙述为依据,直至绍兴七年岳飞以武将之职首次向宋高宗面奏立储之议而犯忌之前,宋高宗对岳飞是非常信任而且极其器重的。因此,在绍兴四年,新晋从二品清远节度使的岳飞可能"壮怀激烈",但未必"怒发冲冠",更不可能"空悲切"。那么,绍兴七年之后,岳飞与宋高宗渐行渐远,最终因秦桧奸谗而遇害,其间5年左右,"岳飞《满江红》"是否有由岳飞写出的合理机会呢?以此词的情理乖谬,这合理的机会是同样不存在的。

钱锺书考评"岳飞《满江红》"说:"按余嘉锡《四库提要辨证》卷二十三谓此词来历不明,疑是明人伪托,是也。窃谓伪撰者亦是高手。'壮志饥餐胡虏肉,笑谈渴饮匈奴血'本之《汉书·王莽传》中韩威曰:'臣愿得勇敢之士五千,不赍斗粮。饥食虏肉,渴饮其血,可以横行'。他语亦挦扯宋人长短句,而浑成无迹。"[11]钱锺书对《满江红》的梳辨,具体所指虽有可商榷处,但非常重要。它不仅证明"岳飞《满江红》"是明人伪托,而且证明这是一首杂糅众家的诗词。

1994年,在一篇鉴赏文章中,王富仁谈到他对著名爱国诗篇"岳飞《满江红》"的个人感受。他说:"全诗节奏很好,短句铿锵有力,长句如长江大河,一泻千里,把一个英雄人物的气魄表现得淋漓尽致。尽管如此,我们还是感到它的感情是无根的、虚浮的,外壮内不壮。像'怒发冲冠',像'仰天长啸,壮怀激烈',都缺乏底气,是自我感情的夸张性表现。就全诗而言,则觉得如观勇士献技,虽见其勇,服其志,感其气,一时情绪振奋,心神俱旺,但终觉与自己没有多大关系。"[12]王富仁指出"岳飞《满江红》"的感情"是无根的、虚浮的,外壮内不壮",根本原因就在于,它不仅是伪托之作,而且是钱锺书所考评的"杂糅(挦撦)之作"。

因此,将杂糅之作"岳飞《满江红》"定为岳飞作,不仅缺少文献依据,而且是与岳飞的精神和文风相违背的。准确地讲,"岳飞《满江红》"绝非南宋名将岳飞之作。

二 "岳飞《满江红》"系改写元杂剧《东窗记》曲词而来

在 21 世纪以来的新近研究中，发现了元末杂剧《东窗记》第二出的《女冠子》曲唱词和岳飞独白与"岳飞《满江红》"的文字和内容高度相似、重合。王曾瑜认为是《东窗记》仿袭和改写了"岳飞《满江红》"，证明后者在元代不仅已经存在，而且产生了重要影响[13]；王霞持相反观点，认为《东窗记》相关词句较"岳飞《满江红》"低劣，后者是对前者加工、提炼的产物——理由是"（戏曲）作者对于名家名作是不会去做狗尾续貂之事"。[14]

王霞持论"（戏曲）作者对于名家名作是不会去做狗尾续貂之事"是不符合戏曲创作的史实的。关汉卿是公认的元代戏曲大师。他的《单刀会》第四折的《新水令》《驻马听》《风入松》三曲就以隐括手法化用了苏东坡的《念奴娇·赤壁怀古》词句。其说：

【新水令】大江东去……舟一叶。不比九重龙凤阙，这里是千……来，来，来！我觑的单刀会似村会社！

【驻马听】……少年周郎何处也？不觉灰飞烟灭，可怜！……当时绝，鏖兵江水尤然热。好交我心下……不尽英雄血！

【风入松】文学得行与……国能谓不休说，一时多少豪杰。人生百年……不奢。[15]

苏东坡《念奴娇·赤壁怀古》原词为："大江东去，浪淘尽，千古风流人物。故垒西边，人道是、三国周郎赤壁。乱石崩云，惊涛裂岸，卷起千堆雪。江山如画，一时多少豪杰。遥想公瑾当年，小乔初嫁了，雄姿英发。羽扇纶巾，谈笑间、樯橹灰飞烟灭。故国神游，多情应笑我，早生华发。人间如梦，一樽还酹江月。"两相比较，关剧显然是对苏词的支离、隐括，并且将后者的诗词的恢宏豪放简约为戏曲的插科打诨。关汉卿是中国戏曲史上的大宗师，但是，若认为他此处对苏词的化用是点石成金则是不实之论。因此，简单以作品的"优劣"论证先后、模仿关系，是缺少说服力的。

王曾瑜在"岳飞《满江红》"的真实性被质疑，即其产生年代未确定的前提下，直接断定《东窗记》作为"晚出"作品模仿该词，是倒果为因的立论，不能成立。据现有文献，《东窗记》出现于元末，"岳飞《满江红》"出现于明中叶。因此，究竟是前者仿袭、改写了后者，还是后者是对前者的概括、加工，是需做具体的文本考辨和历史溯源的。

《东窗记》第二出中《女冠子》曲云：

怒发冲冠，丹心贯日，仰天怀抱激烈。功成汗马，枕戈眠月，杀金酋伏首，驾长车踏破贺兰山缺。空怨绝，待把山河重整，那时朝金阙。

在这曲《女冠子》唱词之后，岳飞有一长段说白，其中说道：

宗社南迁，二帝有蒙尘之耻；将兵北伐，诸臣无靖难之功。竭力事亲，乃为子职之本分；尽忠报国，实为臣道之当然。若欲移孝为忠，便可图存匡扶。饥餐胡虏肉，方称吾心；渴饮匈奴血，始遂吾意。[16]

本文上节已全录《鄂王家集》全部岳飞诗、词。该书辑录岳飞四个题记，现摘录其中一个做代表：

自中原板荡，夷狄交侵，余发愤河朔，起自相台，总发从军，历二百余战。虽未能远入夷荒，洗荡巢穴，亦且快国仇之万一。今又提一旅孤军，振起宜兴，建康之城，一鼓败虏，恨未能使匹马不回耳！故且养兵休卒，蓄锐待敌，嗣当激励士卒，功期再战，北逾沙漠，蹀血虏廷，尽屠夷种。迎二圣，归京阙，取故地，上版图，朝廷无虞，主上莫枕，余之愿也。河朔岳飞题。(《五岳祠盟记》，建炎四年)[17]

将岳飞题记与《东窗记》第二出《女冠子》曲词、岳飞独白相互比较，可见：其一，《东窗记》使用了相同或相近于岳飞题记中的"金酋""二圣"（二帝）、"忠孝"（"尽忠报国""移孝为忠"）。这几个词语，不仅在岳飞四个题记中多次出现，也在岳飞载籍的三首诗中出现（见本文前节所录）。其二，《女冠子》曲词"功成汗马，枕戈眠月，杀金酋伏首，驾长车踏破贺兰山缺"所述，是与岳飞题记"自中原板荡，夷狄交侵，余发愤河朔，起自相台，总发从军，历二百余战，虽未能远入夷荒，洗荡巢穴，亦且快国仇之万一"相符合的，虽然其中出现"踏破贺兰山缺"有夏承焘所指"方向乖背"之感。[18]其三，《女冠子》的曲词"怒发冲冠，丹心贯日，仰天怀抱激烈"，虽然语词粗略，缺少韵致，但是以岳飞题记论，是符合岳飞心志的。其四，岳飞独白说"宗社南迁，二帝有蒙尘之耻；将兵北伐，诸臣无靖难之功。竭力事亲，乃为子职之本分；尽忠报国，实为臣道之当然"，就叙史明义而言，是对岳飞四个题记主旨的忠实概括。其五，《女冠子》曲词"空怨绝，待把山河重整，那时朝金阙"，是对岳飞三个题记包含的"尽忠报国"的职志的凝练表达，而且是与岳飞《题翠岩寺》诗句"行复三关迎二圣，金酋席卷尽擒归"相呼应的。总之，《东窗记》第二出的《女冠子》曲和岳飞独白，是以岳飞三首传世诗和三个题记为素材，加以"隐括"并戏曲化转换而成。尽管不能以"精练"和"精采"论之，但作为曲词和说白，是吻合并且适当地表现了岳飞的事功与情志的。

将"岳飞《满江红》"与岳飞三个题记相比较，可见前者无论词句、内容和情理，都与后者差异很大。"岳飞《满江红》"的"三十功名尘与土，八千里路云和月"，相较于岳飞题记"自中原板荡，夷狄交侵，余发愤河朔，起自相台，总发从军，历二百余战，虽未能远入夷荒，洗荡巢穴，亦且快国仇之万一"，是空洞的，了无关系的，因为这两句诗，可以运用在任何有所追求和奋斗的人身上。该词下阕叙靖康之难和岳飞报国之志，同样是空洞和抽象的，因为缺失岳飞诗文一再声张的"迎二圣，复京阙"之志，所称"靖康耻，犹未雪"就显得没有目标和宗旨。

在《岳飞新传》中，王曾瑜指出，南宋初年，一度流行"迎还二圣"的政治口号，这个口号因为宋徽宗的死亡和金人放风要立宋钦宗或其子为傀儡皇帝而被南宋废弃，岳飞的奏折用语也作了相应的改变。[19] 宋徽宗于绍兴五年（1135）死于金国囚禁中。若以 1135 年为节点，以避讳"二圣"为"岳飞《满江红》"之史实背景，那么，该词则必作于 1135 年之后。1136 年，岳飞年过 35 岁，自谓"三十功名"则只能是虚指。既为虚指，何以称"三十"而不称"四十"？这样一来，这首"岳飞《满江红》"全词的历史指向都会被虚拟化，使之成为一首与抗金名将岳飞毫无关联的似是而非的南宋忠烈"爱国诗篇"——这当然使"岳飞《满江红》"不攻自破。

在表现与岳飞遗作缺少切近和内在关联的同时，"岳飞《满江红》"却表现了与《东窗记》明显的渊源关系。如前面考辨，《东窗记》第二出的《女冠子》和岳飞独白是直接以岳飞传世的诗和题记作为素材的。其"隐括"与化用的文学水平高低不论，但就以对岳飞胸怀、志向的表现而言，堪称切实和成功。相比之下，失于空泛和乖谬的"岳飞《满江红》"却几乎全词包含于《东窗记》第二出《女冠子》曲词和岳飞独白内容、文字。从仿袭和改写而言，在历史先后顺序上，必然是后来者仿袭和改写先出者；在与表现对象的关联性上，则必然是关联间接而疏远者仿袭和改写直接关联而且密切者。《东窗记》第二出表现了作者对岳飞传世诗篇和题记的深度援用，实际上是这些岳飞诗文的集中、提炼表述。在"岳飞《满江红》"一词中，没有表现这种直接关联性，相反，它表现的是对《东窗记》第二出的《女冠子》和岳飞独白的省略性仿袭和改写，因为它损失了岳飞独特的语词表征和史实信息，其对于后者的仿袭和改写关系是明显而且确凿的——比较两者文字可见，"岳飞《满江红》"的上阕主要是对《东窗记》第二出《女冠子》单曲文句的援用和改写，而其下阕则主要是对后者的岳飞独白的"隐括"式改写，但其上、下阕也糅合使用了《女冠子》和岳飞独白。

以"岳飞《满江红》"之"凭栏处、潇潇雨歇。抬望眼、仰天长啸"较之于《东窗记·女冠子》之"丹心贯日月"，即是空疏铺排，了无意旨。绍兴十二年（1142），宋高宗语自金国逃回宋国的尚书洪皓："卿忠贯日月，志不忘君，虽苏武不能过。"[20]宝庆元年（1225），宋理宗改赐岳飞"忠武"谥号，岳珂撰《忠武碑阴记》称岳飞"鞠躬尽力，死而后已者，此心也；忠贯日月，神明扶持者，亦此心也"[21]。绍兴三十一年（1161），倪朴撰《拟上高宗皇帝书》，其中为岳飞鸣不平曰："况忠臣义士，勋业炳天地，精忠贯日月，无尺寸之封，而反受大戮，其怨怒之气，岂不充积于天地之间哉？"[22]《东窗记·女冠子》之"丹心贯日月"，显然是从"精忠贯日月"化出，改"精忠"为"丹心"，则为"精忠"宜于他人赞誉，而"丹心"则适合自表心迹。况且，岳飞蒙冤，至死不屈，留下"天日昭昭，天日昭昭"八个彪炳千秋的大字，这岂不是"丹心贯日月"？《东窗记》此等绝胜之笔，正是"岳飞《满江红》"之大缺失处。对于岳飞情志的表现，《东窗记·女冠子》

是及物达意的,而"岳飞《满江红》"是不及物、不达意的。

在元明戏曲中,"岳飞故事戏曲"数以十计,但直接涉及"岳飞《满江红》"的戏曲有四部:《东窗记》《精忠记》《香囊记》和《精忠旗》。据既有研究可以确定,《东窗记》和《精忠记》是明中叶以前戏曲,而《香囊记》和《精忠旗》是明中叶以后作品。[23]这四部岳飞故事戏曲前两部和后两部以明中叶为时间分界线,正与袁编《精忠录》和王熙书《满江红》词碑"突起于明中叶"相吻合。将"岳飞《满江红》"与这四部戏曲相比较可见:其一,《东窗记》和《精忠记》中的《女冠子》曲与岳飞独白与"岳飞《满江红》"不仅文字和内容均有重要差异,而且无《满江红》词(曲)名;其二,《香囊记》和《精忠旗》除个别异字外,全词录用"岳飞《满江红》",而且题名《满江红》。依据这些差异并基于前文的辨析,我们可以得出结论:其一,《东窗记》和《精忠记》早出于"岳飞《满江红》",并且其中第二出《女冠子》曲和岳飞独白为后者所仿袭和改写;其二,《香囊记》和《精忠旗》中的《满江红》曲是直接移录袁编《精忠录》中的"岳飞《满江红》"。[24]

值得注意的是,《东窗记》第二出有三处相对于史载岳飞诗文的"异语"。在岳珂编辑的《鄂王家集》中,岳飞未以"耻"称靖康之变,但该剧岳飞独白称"二帝有蒙尘之耻",是有违岳飞以忠臣之心的表述礼范的;[25]岳飞诗文均未出现"贺兰(贺兰山)",该剧《女冠子》唱词出现"踏破贺兰山缺",与南宋文人用词通例不符。[26]同时,该剧岳飞独白说"饥餐胡虏肉,方称吾心;渴饮匈奴血,始遂吾意",虽然有岳飞题记《五岳祠记》的"喋血虏廷,尽屠夷种"等语句为本,但其渲染嗜血暴力是源于民间说唱的元杂剧的夸张风格使然。关汉卿杂剧《单刀会》第四折《雁儿落》曲唱词为"则为(你三寸不烂舌,恼)犯我三尺无情剑铁,饮餐上将头,渴饮仇人血!"[27]这三处"异语"表现了《东窗记》作者不同于南宋时代的文化—文学背景。而且,这三处异语也都出现在"岳飞《满江红》"中。如果说"岳飞《满江红》"真出自岳飞手笔,则要确认一个"非宋代名将"的岳飞。明确讲,这三处异语在显示"岳飞《满江红》"并非岳飞之作的同时暴露了它系由仿袭、改写《东窗记》而来的"胎记"。

依据文本分析和文献历史考辨可以确定,出现于明中叶袁纯编撰《精忠录》的"岳飞《满江红》",是由元杂剧《东窗记》(或由其明修订本《精忠记》)第二出《女冠子》曲及岳飞独白改写而来。

三 汤阴县教谕袁纯:"岳飞《满江红》"的肇始者

景泰元年(1450),翰林院侍讲徐有贞(初名徐珵)奏请修建汤阴岳王庙,次年庙成,景泰帝朱祁钰赐庙额"精忠之庙"。袁纯作为时任汤阴县教谕,全程主持了此庙的修建,并在其后数年间编辑《精忠录》,以记录建庙始末和辑录时人题咏新庙之作等。现存世的《精忠录》刊本,以成化五年(1469)本(藏日本国会图书馆,称"国会图书馆本")、成化八年(1472)本(藏安徽图书馆,称"安图本")和弘治十四年(1501)本(李氏朝鲜铜活字印本,称"朝鲜本")为早出刊本。[28]依据对成化五年本的考辨,张延和做出两个结论:其一,《精忠录》中的《岳飞本传》和岳飞诗文,为"尚玑刊刻时增补";其二,"岳飞《满江红》"可能来源于"王熙写于天顺二年的岳飞《满江红》词石碑"。[29]然而这两个结论都不能成立。

关于成化五年本的刊刻始末,叶蕴所撰《精忠录后序》一文叙述得非常清楚:

至天顺癸未冬十月，邑大夫陕右同州尚侯玑来官，亦语是，欲捐俸刻板，恨无《录》以遂厥意。越成化戊子，侯述职京师，拜求于袁先生家，先生慨而与之，及下车，遂命匠锓梓，请予文以叙其末。予观是《录》，辑于袁先生手，而校正于陈先生之巨笔，又况翰林名先生以叙其始末，其间若诗，若文，若碑记，凡悼暴于王者之词语，皆古淡淳厚，铿金戛玉，有肖于李、杜，有庄、骚、史、西汉诸儒风韵……成化五年岁己丑春二月上澣，汤阴县儒学训导三山叶蕴廷玉序。[30]

从叶氏此序可知两点：其一，成化五年刻本的底本，是尚玑直接从袁纯手中取得的，没有周折，是真正的"袁编《精忠录》"；其二，作为序者，叶蕴审阅了此本，而且确认"是《录》，辑于袁先生手，而校正于陈先生之巨笔"。据叶序，当确认尚玑刻本《精忠录》不仅本于袁编本，而且就是袁编本。

成化五年本《精忠录》总计四卷，卷二、三、四均署袁纯编辑、陈贽校正，而卷一则无编、校署名。卷一不署名编、校的原因是什么？一个合理的解释是，卷一所载《宋史本传》岳飞事迹和《鄂王家集》岳飞著述，是从既有典籍移录，其著、辑者已有史载，无须署名。商辂《序》曰："纯虑无以昭远，乃辑庙祀事始末，及士夫悼王所为诗文，类次成编，题曰'精忠录'。"[31] 与之相同，太常少卿陈贽撰《题精忠庙·序》曰："袁君又裒集诸荐绅题咏新庙之作，缮写成帙，题曰'精忠录'。"[32] 引两《序》连并叶蕴《后序》，前后三《序》均未语涉《精忠录》载录《岳飞本传》和岳飞著述。叶蕴《后序》是专为成化五年本作，自然是阅读了该本全书的，而其卷一则载录《岳飞本传》与岳著。叶与商、陈为《精忠录》作序均于《岳飞本传》与岳著不着文字，概因这只是袁氏移录旧典，非必要指明和渲染。

陈赞《诗序》称袁纯编辑《精忠录》"用心可谓勤矣，盖欲表章前人之勋烈，亦所以激励后人也与"[33]。设想，若《精忠录》缺失岳飞事迹和岳飞著述，仅有后世士人题咏，"欲表章前人之勋烈"岂非空谈？其实，《精忠录》卷三辑录郭文诗："武穆遗踪著简编，鲁鱼时久失真传。遂令百捷功湮矣，徒使丹衷事杳然。讹舛尚资雠校正，遗□□待购求全。板行海内彰忠孝，谁不襃夸侍御□。"[34]郭文为景泰年间浙江按察司知事，此诗编入《国朝名贤诗歌·精忠庙落成》题下，属于商辂所称袁纯"裒集诸荐绅题咏新庙之作"内容，必为袁纯编辑。[35]郭诗明确指出袁纯（侍御）将"久失真传"的岳飞（武穆）遗踪校正、刊刻（板行），这显然是指袁纯初编《精忠录》已辑录《岳飞本传》和岳飞著述。这是袁纯初编《精忠录》已辑录《岳飞本传》和岳著的确切"内证"。

在可合理推断袁纯编辑《精忠录》必已辑录《岳飞本传》和岳飞诗文的前提下，张延和所断"岳飞《满江红》"直到在成化五年本《精忠录》中才首次以纸质文献出现，"史源或为立于汤阴县岳庙、由庠生王熙写于天顺二年的岳飞《满江红》词石碑"，就无立足点了。袁纯初编《精忠录》后，从该书载录题序看，至少自景泰七年至天顺三年，他持续在向名流士人展示这个编本。如果该书辑录的岳飞著作中没有"岳飞《满江红》"，而此词又在天顺二年以"岳飞"署名赫然立石于敕建汤阴岳庙，即使袁纯不见，一干衮衮诸公都眼盲或装瞎？据《汤阴县志》，王熙为汤阴人，元侍御公王辅五世孙，成化四年（1468）举人。王熙书"岳飞《满江红》"词碑时，虽然出身世家，但仅是汤阴县学的一个生员（庠生），无本无据地在皇帝敕建的岳飞庙书碑"岳飞《满江红》"，设若非袁纯授意、首肯，又岂能逃过"用心可谓勤矣"的前汤阴教谕、监察御史袁纯的审视？

综上所述，可以得出三个合理推论：其一，"岳飞《满江红》"是袁纯本人"增补"入《精忠录》的岳飞著述中的,其"增补"时间至少在天顺二年(1458)或之前;其二,天顺二年汤阴县学庠生王熙书碑"岳飞《满江红》",不仅史源于"袁编《精忠录》",而且应是在袁纯授意之下进行的;其三,十年之后,成化四年(1468),新任汤阴县令尚玑直接从袁纯手中索到《精忠录》底本,是年王熙也中举人,以故,成化五年本《精忠录》"顺理成章地"增补了"汤阴举人王熙诗"一首。但是,这个"增补"当然也应是得到袁纯首肯的——甚至可能是袁纯本人直接"增补"的。因此,与张延和所定成化五年本载"岳飞《满江红》"史源于天顺二年王熙于汤阴岳庙书碑《满江红》词相反,王熙所书《满江红》本于袁编《精忠录》所载"岳飞《满江红》"。这就是说,成化五年本和天顺二年王熙书碑所本是同一个史源,即未刊刻的袁编《精忠录》。

综上所述,据现有文献,可以得出的合理推论是:袁纯是"岳飞《满江红》"的肇始者。

四 "朝金阙"变"朝天阙":西湖风景中的历史返照

在今存三个《精忠录》早期刊本中,成化五年本和成化八年本"岳飞《满江红》"的结尾均为"朝金阙",弘治十四年本"岳飞《满江红》"结尾为"朝天阙";三本此词其他文字无差别。从"金"变"天",一字之差是为什么?明人蒋一葵说:"后人以'朝金'为语忌,改'天阙'云。"[36]

蒋氏的"朝金语忌"说与史实不符。无论唐宋,还是元明清,"朝金阙"的使用,不仅均无所谓"语忌",而且"金阙"既可代指朝廷、帝王,亦可代指道家仙境。李白有诗句,"且复归碧山,安能恋金阙"(《赠韦秘书子春》),"尔向西秦我东越,暂向瀛洲访金阙"(《鲁郡尧祠送宝明府薄华还西京》）。前诗"金阙"指朝廷，后诗"金阙"指道家仙境。若以"金阙"为语忌，南宋无疑是最当禁忌的。然而，抗金名将、著名诗人辛弃疾却有词曰"马上琵琶关塞黑，更长门翠辇辞金阙"（《贺新郎·别茂嘉十二弟》），且友人赵善括贺辛寿词则曰"杖策归来，入关徒步，万里朝金阙"（《醉蓬莱·辛帅生日》）。金人掳宋徽宗、钦宗二帝，成宋室"靖康之难"，南宋不忌"金阙"，何以与金人并无战争瓜葛的明人刻刊"岳飞《满江红》"要以"金阙"为语忌？蒋氏之说实为臆测。

弘治十四年本，是杭州太监麦秀主持刻刊。浙江提学赵宽为此刻本作《精忠录后序》说："镇守浙江太监麦公素秉忠爱，奉公为民之心恒眷眷焉，慕王之烈，既新其祠墓，又即旧板行《精忠录》躬为校正而翻刻之，巡按御史陈公序之详矣。宽谓镇守公是举也，立风化之端，励人臣之节，使忠良知所劝，而乱贼知所愁。董仲舒有言：'有国者不可以不知《春秋》，前有谗而不见，后有贼而不知。'愚于是录亦云。弘治十四年岁次辛酉冬十月，中顺大夫奉敕提学浙江按察司副使吴江赵宽序。"[37]这段序文除说明麦秀翻刻《精忠录》始末外，特别值得注意的是赵氏自表"宽谓镇守公是举也"。弘治十四年（1501），麦秀刻本将成化本（1469、1472）《精忠录》"岳飞《满江红》"结尾之"朝金阙"改为"朝天阙"。一年后，即弘治十五年（1502），正因为"宽谓镇守公是举也"，赵宽于杭州西湖岳庙书碑"岳飞《满江红》"，也将其结尾改为"朝天阙"。

淳熙十年（1183）八月八日，宋孝宗皇帝赵昚恭请太上皇赵构和太上皇后吴氏往浙江亭观潮，极显淳熙之治的盛世气象。赵构兴致之极，诏令侍宴官各赋《酹江月》一曲，"至晚进呈，太上以吴琚为第一"。吴琚是太上皇后吴氏的侄子，其《酹江月》词上阕曰："白马凌空，琼鳌驾水，日夜朝天阙。"因为得太上皇宠幸，此词遂刻石于西湖六和塔内，为后世仰慕。明代文士如张岱、田汝成等，甚至于杨慎均对吴琚这首《酹江月》有载录、品评，是明代词话中的热闹话题。

镇守浙江太监麦秀和浙江提学赵宽，是不可能不知道六和塔中的这首吴琚《酹江月》的来头的。然而，更加要紧的是，宋孝宗赵昚不是南宋别的皇帝，正是岳飞在绍兴七年和九年为之两次向高宗皇帝上奏"立储"的赵昚（时名瑗），岳飞遇害是与这两次僭越上奏深刻关联的。然而，也正是这位赵昚皇帝在继位后力排众议（包括禅位后的太上皇赵构的掣肘）为岳飞逐步平反、昭雪。将汤阴袁纯《精忠录》的"岳飞《满江红》"的结尾"朝金阙"改为典系孝宗的"朝天阙"结尾，栖霞山下、西湖畔的岳王庙与月轮山上、钱塘江畔的六和塔隔湖相眺，"日日朝天阙"，岂非更配岳武穆之哀荣？这难道不是麦秀、赵宽于"岳飞《满江红》"一字之改的"三昧"所在？

现传本"岳飞《满江红》"，即因麦秀刻本和赵宽书碑而成"定本"。与天顺二年（1458）王熙于汤阴岳庙书碑"岳飞《满江红》"不书来源一样，弘治十五年（1502）赵宽于杭州西湖岳庙书碑"岳飞《满江红》"也不书来源——这正是致使余嘉锡于20世纪30年代首发质疑此词"来历不明，深为可疑"[38]的症结。袁纯之于王熙，麦秀之于赵宽，翻演的是历史循环。

（原载《清华大学学报［哲学社会科学版］》2024年第1期）

注释

[1] 参见［宋］岳珂编，王曾瑜校注：《鄂国金佗粹编·续编校注》，中华书局，1989年版。

[2] 王曾瑜：《岳飞〈满江红〉词真伪之争辨及其系年》，《文史知识》2007 年第 1 期。

[3] 梁启超讲演，周伟儒等笔记：《古书真伪常识》，中华书局，2016 年版，第 57 页。

[4] [宋] 岳珂编，王曾瑜校注：《鄂国金佗稡编·续编校注》，第 979—980 页。

[5] 邓广铭：《再论岳飞的〈满江红〉词不是伪作》，《文史哲》1982 年第 1 期。

[6] 涂秀虹点校：《精忠录》，上海古籍出版社，2014 年版，第 204 页。按：现传世"岳飞《满江红》"为弘治十四年本《精忠录》载录本，其结尾为"朝天阙"，与王熙书碑《岳飞满江红》词结尾"朝金阙"有一字之差。

[7] 邓广铭：《再论岳飞的〈满江红〉词不是伪作》，《文史哲》1982 年第 1 期。

[8] 唐圭璋编：《词话丛编·南亭词话》，中华书局，2005 年版，第 3186 页。

[9] [宋] 岳珂编，王曾瑜校注：《鄂国金佗稡编·续编校注》，第 981 页。

[10] 王曾瑜：《尽忠报国：岳飞新传》，河南文艺出版社，2022 年版，第 124 页。

[11] 钱锺书：《钱锺书手稿集：容安馆札记》第 3 册，商务印书馆，2003 年版，第 1745 页。

[12] 王富仁：《诗与英雄——对于岳飞〈满江红〉词的一点异议》，《名作欣赏》1994 年第 6 期。

[13] 王曾瑜：《岳飞〈满江红〉词真伪之争辨及其系年》，《文史知识》2007 年第 1 期。

[14] 王霞：《岳飞作〈满江红〉"新证"辨析》，《古典文献研究》2009 年第 12 辑。

[15] 蓝立蓂校注：《关汉卿集校注》，中华书局，2018 年版，第 382—383 页。按：引文省略号为原刊底版缺字处。

[16] 王季思主编：《金元戏曲》第十一卷，人民文学出版社，1999 年版，第 99—100 页。

[17] [宋] 岳珂编，王曾瑜校注：《鄂国金佗稡编·续编校注》，第 982 页。

[18] 夏承焘：《岳飞〈满江红〉词考辨》，《月轮山词论集》，中华书局，1979 年版。

[19] 王曾瑜：《尽忠报国：岳飞新传》，第 205 页。

[20] [元] 脱脱等撰，中华书局编辑点校：《宋史》卷三百七十三，中华书局，1985 年版，第 11560 页。

[21] [宋] 岳珂编，王曾瑜校注：《鄂国金佗稡编·续编校注》，第 1371 页。

[22] 曾枣庄、刘琳主编：《全宋文》第二百四十二册，卷五四零六，巴蜀书社，2009 年版，第 81 页。

[23] 参见康保成：《岳飞〈满江红〉词在元明戏曲中的衍变》，《河南师范大学学报（哲学

社会科学版）》1983年第2期；黄仕忠：《〈香囊记〉作者、创作年代及其在戏曲史上的影响》，《中山大学学报（社会科学版）》2017年第1期。

[24] 在《香囊记》和《精忠旗》的《满江红》曲中，"三十功名尘与土，八千里路云和月"与"壮志饥餐胡虏肉，笑谈渴饮匈奴血"两联上、下阕错简。

[25] 朱志远说："纵观宋代人记录靖康之变的，并无人敢用'耻'字……南宋时人对靖康二年（1127）徽、钦二帝被掳的记述与评价的词汇有'靖康之祸''靖康之乱''靖康之难'，用词皆能注意分寸。"（朱志远：《岳飞〈满江红〉词再辨伪》，《中国诗学》2020年第29辑）

[26] 叶晔借助计算机检索和统计得出结论：从南宋立国（1127）至金国覆灭（1234）这段时间内，宋人的文学作品中，基本上没有出现"贺兰"一词。"贺兰"词在南宋文学中的消失，与南宋偏安一隅与西夏再无瓜葛的历史转折一致。（叶晔：《宁夏词学传统与词中"贺兰"意象的演变》，《文学遗产》2019年第3期）

[27] 蓝立蓂校注：《关汉卿集校注》，中华书局，2018年版，第383页。按：引文括号中文字系据该书第397页注释"三四"条补入。

[28] 参见涂秀虹《〈精忠录〉：岳飞故事流传过程中一部重要的资料选编》，《文献（双月刊）》2014年第3期；张延和：《〈精忠录〉初刻本的发现及其编纂与流传》，《文献（双月刊）》2022年第6期。

[29] 张延和：《〈精忠录〉初刻本的发现及其编纂与流传》，《文献（双月刊）》2022年第6期。

[30] 同上。

[31] 涂秀虹点校：《精忠录》，第260页。

[32] 同上书，第73页。

[33] 同上。

[34] 同上书，第253页。

[35] 涂秀虹与张延和著述均认可郭文诗属袁纯编本《精忠录》辑录。

[36] 邓子勉编：《明词话全编》，凤凰出版社，2012年版，第3582页。

[37] 涂秀虹点校：《精忠录》，第124页。

[38] 余嘉锡：《四库提要辨证》卷二三，中华书局，1980年版，第1447页。

万化无极铸花魂：林黛玉绝非叶小鸾

一 是否经历爱情，是林黛玉与叶小鸾的根本区别

陈寅恪说："清代曹雪芹糅合王实甫'多愁多病身'及'倾国倾城貌'，形容张崔两方之辞，成为一理想中之林黛玉。殊不知雍乾百年之前，吴越一隅之地，实有将此理想而具体之河东君。"[1]以病而美为女子理想的类型，可以上推到西施的时代，但在明清时期是一个非常流行的风尚。

在《红楼梦》[2]研究中，董小宛、冯小青和叶小鸾是先后被指认为林黛玉原型的三位著名明代才女，她们共同的特点都是病而美，才艺过人而红颜薄命。董小宛28岁病亡，冯小青18岁病亡，叶小鸾17岁病亡；相比之下，柳如是48岁自尽，而非病亡，与她们三位相比，"病"的成分就低了许多。董小宛和柳如是是妓女出身。《红楼梦》女性人物数以百计，但仅在第28回冯紫英的家宴上出现一个妓女云儿——一个典型的在风月场上献笑卖唱的妓女。曹雪芹对妓女的态度由此可见。将董、柳两大名妓作为林黛玉的原型，实在违背曹雪芹的女性理想。冯小青则因父母为财利嫁与一毫无情义的阔公子作妾。在《红楼梦》中，如果有一位女子以冯小青为原型，则不是林黛玉，而是从小被拐卖，最终被卖给薛蟠作妾的香

菱。香菱虽然不是自幼善诗，但学诗专注、勤苦，而且极有悟性（第48回），她的命运与冯小青最大的相同处是都被正室（大妇）折磨、迫害，然而香菱在几乎毙命的时候获得薛宝钗的救助（第80回），而冯小青则在18岁时悲惨地死去了。

从身世而言，最与林黛玉逼近的是叶小鸾，在一定意义上，可以说她们具有几乎相同的身世：出身世家，美慧多才，备受呵护，但命薄寿短——未婚而亡。叶小鸾是苏州名士叶绍袁和女词人沈宜修第三女，1616年生，1632年亡，年未届17岁。她4岁能诵《离骚》，10岁能与母亲对诗。因为家贫，叶小鸾年仅半岁送舅家抚养，至10岁因舅母亡故而回归父母家。因此经历了与林黛玉同样的年幼寄人篱下的生活。叶小鸾许配昆山世家张姓子弟，婚期定在1632年10月16日。[3] 她于9月10日晚发病，10月11日病亡，离结婚日仅5天。叶小鸾是父母指定婚配，"夫妇不及一相见"。叶绍袁和妻沈宜修育有五女、八子。叶小鸾是叶沈夫妇第一个夭逝的孩子。在《季妇琼璋传》中，沈宜修笔下的叶小鸾是德、才、貌皆卓绝的"理想女儿"。"性高旷，厌繁华，爱烟霞，通禅理，自恃颖姿，尝言'欲博尽今古'，故为父所钟爱，然于姊妹中，略无恃爱之色。""无妖艳之态，无脂粉之气，比梅花，觉梅花太瘦，比海棠，觉海棠少清，故名为丰丽，实是逸韵风生。若谓有韵致人，不免轻佻，则又端严庄靓。总之王夫人林下之风，顾家妇闺房之秀，兼有之耳。"[4]

叶小鸾在叶家众姐妹中，尤以善诗称爱，其父叶绍袁为之编有《返生香》诗集。读《返生香》集，可知她的诗词素养和才气是在常人之上的。但是，这些诗篇作为闺阁诗虽然可圈可点，却乏立意和诗思卓绝者，实际上失于闲泛情绪。据叶绍袁批注，她有两首绝笔诗。其一，《秋暮独坐有感忆两姊》："萧条暝色起寒烟，独听哀鸿倍怆然。木叶尽从风里落，云山都向雨中连。自怜华发盈双鬓，无奈浮生促百年。何日与君寻大道，草堂相对共谈玄。"[5]其二，《九日》："风雨重阳日，登高漫上楼。庭梧争坠冷，篱菊尽惊秋。陶令一樽酒，难消万古愁。满空云影乱，时共雁声流。"[6]《九日》作于九月九日，"风雨重阳日"。这是她于当月十五日发病前数天。《秋暮》则写于《九日》前些日子。叶绍袁批注《秋暮》说"宴尔已近"、《九日》说"于归在迩"，均意指叶小鸾已预感"将归"的不祥命运。但是，如果我们检阅辑于《返生香》中的更早岁月的诗篇，同样会看到不少诗篇有类似的"将归"或"即归"感。比如《壬申春夜，梦中作五首》[7]，沈宜修就以之为叶小鸾的遗世之志（"此其志"）的抒发。但是，客观地看，这实在是闺阁女子很寻常的愁绪抒发。

林黛玉收到宝玉在挨打后的当夜送来的两只旧手帕，"体贴出手帕子的意思来，不觉神魂驰荡"，当即于手帕上题写三首七绝，其一说："眼空蓄泪泪空垂，暗洒闲抛却为谁？尺幅鲛绡劳解赠，叫人焉得不伤悲！"（第34回）叶小鸾生活在父慈母爱，众多兄弟姐妹相恤体贴的家庭中，而且这个世家在相对清平的生活中以诗书教养、唱和为乐。在叶小鸾以不足17岁的韶华殒命之前，叶沈夫妇为十数个孩子建筑的是一个静谧温馨的书香小世界。在这个小世界中，叶小鸾怎么可能体会到父母双亡、无同胞兄弟姊妹的林黛玉内心中的孤寂和忧惧？16岁而许婚的叶小鸾，思念两位出嫁的姐妹，"何日与君寻大道，草堂相对共谈玄"，她怎么会有林黛玉那种"我是一无所有"的悲孤体验？相对于林黛玉，叶小鸾缺少与生俱来、刻骨铭心的孤绝感，更没有至坚如玉、痛楚深沉的爱情体验。因此，两人身世有非常近似的可比性，两人的心性却又是星汉相隔的。

脂砚斋在评宝玉与秦钟初见时，就"秦钟"一名的谐音寓意说："设云'情种'。古诗云：'未嫁先名玉，来时本姓秦。'二语便是此书大纲目、大比托、大讽刺处。"（第7回）"未嫁先名玉，来时本姓秦"出自南朝梁时刘缓《敬酬刘长史咏名士悦倾城诗》一诗。据东晋干宝《搜神记·紫玉》，紫玉是吴王夫差的女儿，她恋上了少年韩重，并自许婚姻。但父王拒绝两人的婚事。韩重外出学道，紫玉气结而亡。三年后，韩重归来，两人在紫玉墓中阴阳相会。"秦"指汉乐府诗《陌上桑》所述的美女秦罗敷。秦罗敷是绝世美女，貌惊天下，为使君看上，欲纳其为妾，罗敷正言拒绝。"至坚者玉"；"秦"者，情也。脂砚斋以"未嫁先名玉，来时本姓秦"为《红楼梦》之"大纲目"，意指其主旨在于"至情至坚"。第23回，是贾宝玉和林黛玉等众姐妹搬入大观园后的第一回。这回题目是：西厢记妙词通戏语，牡丹亭艳曲警芳心。曹雪芹用这个题目已经明确指出贾宝玉和林黛玉启蒙于元明传奇文学的情感理想世界。用汤显祖在《牡丹亭·题记》中的话说，是一个"情之至"的世界。作为曹雪芹笔下的理想女子，以"至情至坚"论林黛玉，又岂可以某一现实中的女子为其原型和典范？

二　曹雪芹的"寒簧击敔"和"冷月葬花魂"并非源自《午梦堂集》

周汝昌考证说："寅既至苏，作怀棟堂；又以《棟亭图》遍征题咏；时过访叶燮，有赠答；燮为之作《棟亭记》。"据此，他进而论说道："燮为绍袁子，绍袁妻沈宛君工诗，五子三女（应为五女八子——引者），皆有文采，女小鸾尤有名，未嫁而夭。其一门《午梦堂集》，颇予《红楼梦》以一定影响。"[8]（《红楼梦新证·史事稽年》）曹雪芹祖父曹寅于康熙二十九年（1690）任苏州织造，时年33岁。

《午梦堂集》最早的刊本是崇祯九年（1636）叶绍袁序刊本，其后有多种刊本；叶燮于康熙丙寅年（1686）选辑其中《丽吹》《愁言》《返生香》《存余草》四集，刊刻《午梦堂诗钞》，即叶燮辑本。在《红楼梦新证》中，周汝昌所提出的曹寅与叶燮交往史实仅此"时过访叶燮，有赠答；燮为之作《楝亭记》"一条；另有数条涉及入幕曹寅府的叶燮侄子叶藩。叶燮和叶藩是叶绍袁后世仅有的两位与曹寅有往来的人物，周汝昌均未提供他们有将《午梦堂集》引入曹府的史事。据周汝昌在《红楼梦新证》的考证，不能证实曹寅收藏了《午梦堂集》。在1690年"过访"与"赠答"之后，直到叶燮1703年去世，在此14年中，未见曹寅与叶燮继续往来，更遑论深交。曹雪芹约1715年出生时，祖父曹寅已亡故3年。曹寅与叶燮于1690年那段短暂而过的交往会留给25年后出生的曹雪芹多少影响呢？这是不足为论的。余英时说："试看《红楼梦新证》中'史料编（稽）年'一章，功力不可谓不深，搜罗也不可谓不富。可是到底有几条资料直接涉及了《红楼梦》旨趣的本身呢？这正是我所谓曹学代替了红学的显例。"[9]就其将曹寅与叶燮的一时之交作为"《午梦堂集》颇予《红楼梦》以一定影响"的"史据"而言，周汝昌于《红楼梦》的"直接涉及"，实质上是"无限跳跃"。

然而，在明清之际，《午梦堂集》是一部持续刊刻和影响广泛的家族女性诗文集，持续有钱谦益、沈德潜等一干文坛宿老的序赞推举。因此，无论其先辈是否收藏此书，曹雪芹是可能读到《午梦堂集》的。在第76回，史湘云与林黛玉于中秋月下联诗，结束于林黛玉对句"冷月葬花魂"；在第78回，贾宝玉撰《芙蓉女儿诔》祭奠死去的晴雯，文中有"寒簧击敔"一句。据现有文献，"寒簧"与"葬花魂"均首出于叶绍袁所撰《续窈闻》一文，而该文正首刊于《午梦堂集》。因此，自20世纪70年代末以来，不少学者认为曹雪芹阅读过《午梦堂集》，并且直接采用了这两个意象。然而，这样的指认是不能成立的。

《续窈闻》记述在叶小鸾死后第三年，1635年6月10日，叶绍袁请"吴门泐庵大师"为其"扶乩降神"的故事。"泐庵大师"告诉叶绍袁夫妇，叶小鸾前身是月府侍书，仙名"寒簧"，偶因闻书生狂言失笑现身，被谪降叶家，现在谪期满故重返月府。当夜叶小鸾亡魂被召回叶家，其表示"原从大师授记"。作为"授记"的审查程序，"泐庵大师"审问叶小鸾的亡魂，逐一问其生前曾犯"杀""盗""淫"等戒恶否，一共十问。对"泐庵大师"的审问，叶小鸾的亡魂均以七言对联诗作了机智、戏谑的"肯定"回答。最后一问："曾犯痴否？"回答是："曾犯。勉弃珠环收汉玉，戏捐粉盒葬花魂。"这就是明清之际广为流传的《审戒十问》。[10] 这位"吴门泐庵大师"就是后来闻名天下的金圣叹，时年二十余岁。《审戒十问》当然是作为"泐庵大师"的金圣叹为宽慰思念亡女叶小鸾的叶氏夫妇而杜撰的。

在古代文献中，"簧"主要指乐器中发声的薄片，因此也用于代指乐器。"簧，笙中簧也。"（《说文》）唐人杜牧诗中有"凤管簧寒不受吹"（《寄李起居四韵》）一句。金圣叹很可能是本于此诗将"簧寒"倒装为"寒簧"说出，从而将之化为一个人名（仙女）。在《续窈闻》中，金圣叹赋予叶小鸾原身的"寒簧"只是月府侍书。与叶绍袁颇有交谊的尤侗，以《续窈闻》所叙叶小鸾的"寒簧"形象创作了《钧天乐》。在该剧中，由旦角扮演的待婚而夭的魏寒簧死后先后做瑶台散花女史和月府侍书。其后，清代戏剧家洪昇在《长生殿》中采用了"月中侍儿寒簧"这个角色，但改为贴角串演（贴角在该剧中扮演不同角色）。值得注意的是，无论《续窈闻》，还是《钧天乐》《长生殿》，寒簧均无司乐职能。《长生殿》叙述唐明皇与杨贵妃生前、生后恋情，以《霓裳羽衣》乐舞为串联全剧的重要情节。在该剧第16出，杨贵妃献翠盘舞，唐明皇"亲以羯鼓节之"。但在诗画史中，更普遍传承的是《明皇击敔（梧桐）》母题，张萱等作《明皇击敌（梧桐）图》，金代冯璧亦作有同题诗。因此，在文化延展接受中，《长生殿》提供了将"寒簧"与"击敌"拼接的可能。

曹寅对戏曲情有独钟，创作了卓有影响的昆曲《续琵琶》一部。他与戏曲家尤侗为忘年之交，常以戏曲切磋。更重要的是，1704年，曹寅任江宁织造时，出资搬演洪昇《长生殿》，"公（曹寅）与昉思雠对其本，以合节奏。凡三昼夜才毕。两公并极尽其兴赏之豪华，以互相引重，致厚币赆其行，长安传为盛事"[11]。令人唏嘘的是，洪昇在完毕这件盛事之后，自江宁（今南京）归至乌镇，酒后登舟落水而亡（金埴《巾箱说》）。在第54回，贾母指湘云说道："我像他这么大的时节，他爷爷有一班小戏，偏有一个弹琴的凑了来，即如《西厢记》的《听琴》，《玉簪记》的《琴挑》，《续琵琶》的《胡笳十八拍》，竟成了真的了，比这个更何如？"借贾母这则话，曹雪芹暗示了他对祖父曹寅的戏曲造诣的追慕，其中提及曹寅的《续琵琶》更表现了他对祖父著作的认知。因此，尽管曹寅搬演《长生殿》这件盛事发生在曹雪芹出生前十余年，曹雪芹必然是知晓的。

在《红楼梦》中，曹雪芹将明清戏曲文化广泛、深刻地融入全书情节发展中，人物故事的展开都表现了鲜明的舞台戏剧特征。所以，无论就其家族文化影响，还是其个人的文化取向，曹雪芹对洪昇《长生殿》不仅必然知晓，而且特别推崇——第17—18回，写元妃省亲点四出戏，第二出就是《乞巧》，即《长生殿·密誓》，脂砚斋批语称"《长生殿》，中伏元妃之死"。《长生殿》第50出描述众仙女演《霓裳羽衣》舞曲的唱词说："伴洛妃，凌波样；动巫娥，行云想……步虚步虚瑶台上，飞琼引兴狂。弄玉弄玉秦台上，吹箫也自忙。"[12]《芙蓉女儿诔》结尾段落说："素女约于桂岩，宓妃迎于兰渚。弄玉吹笙，寒簧击敌。征嵩岳之妃，启骊山之姥。龟呈洛浦之录，兽作咸池之舞。潜赤龙兮龙吟，集珠林兮凤翥。"（第78回）两相比较，明显可见《长生殿》对曹雪芹的影响。第78回，曹雪芹在叙述贾宝玉撰《芙蓉女儿诔》时，说道："宝玉本来是个不读书之人，再心中有了这篇歪意，怎得有好诗好文作出来？他自己却任意纂著，并不为人知慕，所以大肆妄诞，竟杜撰成一篇长文。"历代举世未闻的"寒簧击敔"正是曹雪芹从洪昇《长生殿》获得灵感，并糅合多种史料"任意纂著"而来。

自唐代以来，"葬花"是一个不时出现在诗文中的意象。但是，这个意象的传统含义是以风雨或日月无情摧残花卉来表达对生命脆弱（尤其是女性）无常的悲感，因此，传统葬花的主体不是人，而是"天"。白居易的《和雨中花》说道："真宰倒持生杀柄，闲物命长人短命……何异花开旦暝间，未落仍遭风雨横。草得经年菜连月，惟花不与多时节。一年三百六十日，花能几日供攀折？"[13]这首诗虽然没有直接使用"葬花"二字，却是传统以"天"为葬花主体的文学意象的最集中和典型的表达。元代宋无《绿珠》诗说："红粉捐躯为主家，明珠一斛委泥沙。年年金谷园中燕，衔取香泥葬落花。"绿珠是西晋大臣和富豪石崇的宠妾，"美而艳，善吹笛"。石崇因党争失败而被免官，政敌孙秀派人求要绿珠被拒，遂请赵王司马伦派兵捕杀石崇。石崇在其别墅金谷园为绿珠建有百丈高楼崇绮楼。司马伦兵马到时，石崇与绿珠正在高楼上。"崇谓绿珠曰：'我今为尔得罪。'绿珠泣曰：'当效死于官前。'因自投于楼下而死。"[14]宋无这首《绿珠》书写了绿珠为夫主殉身的惨烈，而以"燕子衔泥葬花"的意象表达了对绿珠的沉痛连绵的哀悼之情。

在扶乩降神中，以金圣叹之口说出的叶小鸾亡魂所吟"勉弃珠环收汉玉，戏捐粉盒葬花魂"两句诗，与宋无《绿珠》诗中的意象多有重叠，金圣叹很可能是以此诗化拟出这两句诗的。值得注意的是，前句"勉弃珠环收汉玉"意指卸除女子装饰、作素朴状；后句"戏捐粉盒葬花魂"意指用女儿脂粉盒葬花,但是以"戏捐"表达之,就将"葬花"之举定义为儿童游戏,即所谓"痴"。这个"痴",是出于少不更事的幼稚蒙昧,因此是"戏捐"。显然,金圣叹无论是否直接从宋无《绿珠》诗隐括化出叶小鸾亡魂的"粉盒葬花",他的"戏捐"表达完全改写了《绿珠》所表达的"葬花"意象的生命悲感和沉痛意蕴。认为曹雪芹从金圣叹的"戏捐粉盒葬花魂"得到"冷月葬花魂"的灵感,这显然是只看文字、不顾文义的臆说。

综上所述,据现有文献,认定曹寅收藏了叶绍袁《午梦堂集》是没有根据的,而凭借"寒簧"和"葬花魂"两词出现在《红楼梦》中就认为曹雪芹创作《红楼梦》受到《午梦堂集》的影响则是不成立的。

三 杂学旁收,万化无极铸花魂

第23回写道,搬入大观园不久,"那宝玉心内不自在,便懒在园内,只在外头鬼混,却又痴痴的。茗烟见他这样,因想与他开心,左思右想,皆是宝玉顽奈烦了的,不能开心,惟有这件,宝玉不曾看见过。想毕,便走去到书坊内,把那古今小说并那飞燕、合德、武则天、杨贵妃的外传与那传奇角本买了许多来,引宝玉看。宝玉何曾见过这些书,一看见了便如得了珍宝。"从贾宝玉的读书嗜好,可以推知曹雪芹的阅读对象。就此应该注意到,除传统经典外小说、外传和传奇等民间流行读物对曹雪芹文学视野和趣味的培养。就"黛玉葬花"而言,在诸多作品的影响中,宋代王山《盈盈传》、明代冯梦龙《灌园叟晚遇仙女》和清代蒲松龄《香玉》三个传奇(小说)具有明显而且重要的意义。

晚明冯梦龙的话本传奇小说《灌园叟晚遇仙女》塑造了一个爱花、惜花和葬花的"花痴秋先":"若花到谢时,则累日叹息,常至堕泪。又不舍得那些落花，以棕拂轻轻拂来，置于盘中，时常观玩，直至干枯。装入净瓮之日，再用茶酒浇奠，惨然若不忍释。然后亲捧其瓮，深埋长堤之下，谓之'葬花'。倘有花片被雨打泥污的，必以清水再四涤净，然后送入湖中，谓之'浴花'。"[15]"花痴秋先"最后升天成仙，被上帝封为"护花使者，专管人间百花"。与早前诗文中"天"作为"葬花者"施暴于花卉相反，人作为葬花主体是爱花、惜花，为花的不幸遭遇鸣不平者，是花的保护神。这个"花痴秋先"是第一个作为"人"成为葬花主体的形象，他在《红楼梦》中同时投射于贾宝玉和林黛玉：林黛玉是有痴病的葬花人，而贾宝玉是同样有痴病的护花使者（神瑛侍者）。刊载《灌园叟晚遇仙女》的《醒世恒言》首刊于 1627 年，比《续窃闻》所记金圣叹为叶小鸾的亡灵招魂早出 8 年。金圣叹以"葬花"为痴无疑本于《灌园叟晚遇仙女》。但是，金氏所谓"痴"，不过是少女的"戏捐粉盒"，其与冯氏笔下的秋先对干枯的落花"茶酒浇奠，惨然若不忍释。然后亲捧其瓮，深埋长堤之下"是精神乖离的。

宋人王山撰的《盈盈传》中的艺伎盈盈系吴人，"容艳甚冶"，"善歌舞，喜词翰"，"情思绵致，千貌万态，奇性殊绝"。王山落第后游东海与之相交，"悯其情之太极""恐不复永年"。别后一年，盈盈即以十六女儿身病卒。卒前一夜，睡梦中见一红衣女子持一幅字纸前来招她说："玉女命汝掌奏牍。"生前，盈盈曾寄王山一首《伤春曲》，其词曰："芳菲时节，花压枝折。蜂蝶撩乱，栏槛光发。一旦碎花魂，葬花骨，蜂兮蝶兮何不来，空余栏槛对寒月。"[16] 在这首词中，花由芳菲烂漫而至枯萎殒毁，"碎花魂""葬花骨"和"对寒月"三个意象，完全蕴含了营造"冷月葬花魂"的"颓败凄梦"意境的元素。脂砚斋在第 27 回回前批语说："《葬花吟》是大观园诸艳之归源小引，故用在饯花日诸艳毕集之期。饯花日不论其典与不典，只取其韵耳。"他又在该回末批语道："余读《葬花吟》凡三阅，其凄楚感慨，令人身世两亡。举笔再四，不能加批。"贾宝玉听毕林黛玉"哭吟"《葬花吟》，"不觉恸倒山坡之上"，"真不知此时此际欲为何等蠢物，杳无所知，逃大造，出尘网，使可解释这段悲伤"。针对林黛玉联诗的"冷月葬花魂"，史湘云说："诗固新奇，只是太颓丧了些。你现病着，不该作些过于凄清奇诡之语。"妙玉在暗中听了，也出来说："只是方才我听见这一首中，有几句虽好，只是过于颓败凄楚。此亦关人之气数而有，所以我出来止住。"因此，"黛玉葬花"是曹雪芹精心营造、表现全书主旨的悲剧意象，其对女性生命的"凄楚感慨"绝不是所谓"戏捐粉盒葬花魂"的戏谑情调可比拟的。

蒲松龄的《香玉》讲述舍读崂山太清宫的书生黄生与大清宫中牡丹花妖香玉和耐冬花妖绛雪分别为妻为友的故事。香玉着白衣，表示牡丹；绛雪着红衣，表示耐冬。绛雪为义姐，香玉为义妹。香玉夜来昼去与黄生夫妻相处，但不久这棵牡丹树被一富人移走，香玉即不再能来与黄生相聚，绛雪代义妹与之相处，"以情不以淫"，作其良友。忽一夜，香玉以鬼魂之影告诉黄生："君以白蔹屑，少杂硫黄，日酹妾一杯水，明年此日报君恩。"黄生次日果然见牡丹故处萌发新苗，如香玉所告加以灌溉，次年四月牡丹开出一朵如盘大花，花蕊中坐着一小美人，"飘然欲下，则香玉也"[17]。曹雪芹赋予了林黛玉一个绛珠仙草的前身。这棵绛珠仙草生长于西方灵河岸三生石上，因赤瑕宫神瑛侍者日以甘露之水灌溉而化身成为女子，即绛珠仙子。神瑛侍者因凡心偶炽而投身尘凡，绛珠仙子则为"以泪偿恩"而随之下凡。这就是林黛玉与贾宝玉的木石前盟。在第19回，贾宝玉与林黛玉躺在床上瞎聊，他就随机编了一个扬州黛山小耗子献计变成香芋偷香芋的故事。这个小耗子说"变"，竟变成了"一个最标致美貌的小姐"。面对众耗子的嘲笑，小耗子现形笑道："我说你们没见过世面，只认得这果子是香芋，却不知盐课林老爷的小姐才是真正的香玉呢。"曹雪芹设计这个情节无疑是有意暗示林黛玉与《香玉》的渊源。

林黛玉自认"不过是草木之人"（第28回），又写诗说"草木也知愁"（第70回）。"态生两靥之愁，娇袭一身之病。"（第3回）林黛玉的身心状态，实可概括为"愁"与"病"。因为"愁"与"病"，则脆弱而敏感，正与草木相同情。在《红楼梦》中，林黛玉与草木的同情是任何人都不可比拟的幽微而刻骨，而且只有被脂砚斋称为"绝世情痴"的贾宝玉与她的"草木之心"可以相通和共鸣。在这对前生有盟、今生有情的绝世冤家的心目中，人与草木是共生息、同衰荣的。第77回，中秋之后，重病的晴雯被王夫人强制赶出大观园，贾宝玉预感晴雯不久于世的厄运，并对袭人说春天怡红院中的一株海棠无故死了半边，就是晴雯恶运的异兆。袭人听了，又笑起来，因说道："我待不说，又撑不住，你太也婆婆妈妈的了。这样的话，岂是你读书的男人说的。草木怎又关系起人来？若不是婆婆妈妈的，真也成了个呆子了。"宝玉叹道："你们那里知道，不但草木，凡天下之物，皆是有情有理的，也和人一样，得了知己，便极有灵验的。"袭人不相信草木有情而且与人相通，因为她没有林黛玉和贾宝玉的心灵。

佛教将视草木为情物和人与草木相通为觉识的缺陷。"又善男子穷诸行空，已灭生灭，而于寂灭精妙未圆。若于所知，知遍圆故，因知立解，十方草木皆称有情，与人无异；草木为人，人死还成十方草树。"[18]但是，"草木有情，与人无异"是中国文学传统的一缕源远流长的情愫，它在《诗经》中就获得了孕育。"昔我往矣，杨柳依依。今我来思，雨雪霏霏。"（《诗经·采薇》）屈原《离骚》中的警句"惟草木之零落兮，恐美人之迟暮"则成为千百年来中国诗心的一个深沉而隽永的基调。

"若人之形者，万化而未始有极也，其为乐可胜计邪！"（《庄子·大宗师》）"草木有情，与人无异"是人与万物相化共生的生命精神，这种精神在觉知个体生命的脆弱短促时，寄予草木及山川无限的同情和共鸣。"冷月葬花魂"无疑是一个悲切伤亡的意象，它所蕴含的沉痛感是曹雪芹熔铸文学—文化精神史的一个结晶创作。它是万化无极铸花魂。

（原载《红楼梦学刊》2023年第6期）

注释

［1］陈寅恪：《柳如是别传》，生活·读书·新知三联书店，2001年版，第583页。

［2］本文评述和引用《红楼梦》，均采用［清］曹雪芹著，无名氏续，程伟元、高鹗整理：《红楼梦》，人民文学出版社，2017年版。后文引用正文说明或加注回数。

［3］本文系年，均采用农历年。

［4］［明］叶绍袁原编，冀勤辑校：《午梦堂集》，中华书局，2015年版，第247页。

［5］同上书，第375页。

［6］同上书，第363页。

［7］同上书，第408—409页。

［8］周汝昌：《红楼梦新证（增订本）》，中华书局，2016年版，第273页。

［9］余英时：《文史传统与文化重建》，生活·读书·新知三联书店，2004年版，第299页。

［10］［明］叶绍袁原编，冀勤辑校：《午梦堂集》，第629—631页。

［11］［清］金埴撰，王湜华点校：《不下带编》，中华书局，1982年版，第10页。

［12］［清］洪昇著，徐朔方校注：《长生殿》，人民文学出版社，1983年第2版，第256页。

［13］［唐］白居易撰，谢思炜校注：《白居易诗集校注》，中华书局，2006年版，第1757页。

［14］［唐］房玄龄等撰，中华书局编辑部点校：《晋书》卷三十三，《列传》第三，中华书局，1974年版，第1008页。

［15］［明］冯梦龙编著，张明高校注：《三言·醒世恒言》，中华书局，2014年版，第74页。

［16］李剑国辑校：《宋代传奇集》，中华书局，2018年版，第289—290页。

［17］［清］蒲松龄著，任笃行辑校：《全校会注集评聊斋志异》，第2136—2137页。

［18］刘鹿鸣译注：《楞严经》，中华书局，2012年版，第452页。

太虚幻境系何年

贾宝玉梦游太虚幻境，警幻仙姑命十二仙女为其演唱《红楼梦十二支》，演唱完第3曲《枉凝眉》，"宝玉听了此曲，散漫无稽，不见得好处，但其声韵凄婉，竟能销魂醉魄。因此，也不察其原委、问其来历，就暂以此释闷而已"。脂砚斋作为《红楼梦》的第一位批书人、曹雪芹的密友，批语道："妙！设言世人亦应如此法看此《红楼梦》一书，更不必追究其隐寓。"（《红楼梦》第5回）

太虚幻境，是曹雪芹虚构的一个梦幻境界。它在第1回甄士隐的梦中被侧面述及；在第5回又于宝玉的梦游中正面展开描述。按照第1回开篇的叙述，整部《红楼梦》原本是女娲补天遗落在青埂峰下的一块顽石"幻形入世"的一段经历记载，即《石头记》。"到头一梦，万境皆空"，《石头记》本是一场幻梦。太虚幻境是这场幻梦之中的幻梦，是梦中之梦。因此，太虚幻境是极虚至幻之境。我们知道，太虚幻境是元春封妃后贾府兴建的大观园的隐喻和预示。正如宝玉梦游太虚幻境止于虎狼鬼怪齐聚的险恶迷津之地，在惊吓恐怖中梦醒；大观园在仅仅一年的"温柔福贵"之后，即落入肃杀凋零。与大观园虚实相照，太虚幻境所蕴含的人生寓意是不可忽视的。因此，我们对于宝玉梦游太虚幻境的解读，必须转虚为实、幻中求真。

如果梦境是虚幻，那么，现实则是真实。这场虚幻的梦境，是在现实的什么节点上展开的呢？第 1 回已申明，《红楼梦》叙事不拘于朝代纪年，全书没有朝代或干支纪年。"又不知过了几世几劫"（第 1 回），"又不知历几何时"（第 17 回）。这是对小说故事年代背景的虚化，即"将真事隐去"的叙事策略。"倏又腊尽春回"（第 12 回），"至次日乃是四月二十六日，原来这日未时交芒种节"（第 27 回），"因今岁八月初三日乃贾母八旬之庆"（第 71 回）。书中主要以节令、季节特征和人物生日表示时间发展和岁月更替。书中虽然没有朝代和纪年，但是有一条确实的时间线索。这个时间线索，是以书中主要人物的年龄交互参照作标志的。我们要确认宝玉梦游的时间节点，亦即要确认宝玉当时的年龄，必须在他与大观园中众女孩的年龄参照中做推测。

宝玉梦游发生在黛玉与宝钗先后寄住贾府之后。据第 2—3 回的叙述，黛玉是在丧母之后两月内动身来都中入住贾府的。她到达时是冬季。这一年，黛玉 6 岁。据第 4 回叙述，宝钗在其兄薛蟠抢买小妾香菱（原名英莲）、打死人命之后，随母兄来到贾府。在第 3 回末、第 4 回首，小说述及，初入贾府的次日，黛玉就在看望王夫人时得知了薛蟠命案消息，此时薛家三口已经带着香菱离开金陵，前往都中。这一年，薛蟠 15 岁，宝钗小其两岁，即 13 岁。第五回，在略述黛玉和宝钗先后入住贾府情况之后，以"因东边宁府中花园内梅花盛开"一句，转入宝玉进入宁府做客、在秦可卿卧房中梦游的情节。

俞平伯拟的《〈红楼梦〉底年表》，认为《红楼梦》前 80 回叙述的事，是曹雪芹 11 岁到 19 岁的事；小说正文开始于第 3 回黛玉进贾府。他认定宝玉与曹雪芹的年龄是相同的（《红楼梦辨》）。据俞平伯之说，宝玉梦游是在其 11 岁之后的事。然而，周汝昌撰《红楼纪历》将宝玉梦游时的岁数确定为 8 岁（《红楼梦新证》）。此后，周绍良在其《〈红楼梦〉系年》中也将"宝玉梦游"定为其 8 岁时事（《红楼梦研究论集》）。

宝玉梦游的结尾，是在警幻仙姑的教导和安排下与乳名"兼美"、字"可卿"的女孩儿行儿女之事后的次日，在无路可走的惊吓中失声喊着"可卿救我"醒过来。回到现实中的宝玉，被袭人发现了梦遗，只好将梦中之事告诉她，并且强求她"同领警幻所训云雨之事"（第 6 回）。从梦游到现实，从兼美到袭人，"同领云雨之事"，一虚幻，一真实，宝玉的性启蒙就如此开始了。从生理学讲，男孩首次梦遗的年龄一般在 13 岁左右。如果宝玉梦遗，只是梦中之梦，自然无不可。但是，这不仅是梦中之事，也不仅是一次真实的梦遗，而且，梦醒之后的宝玉强使比他大两岁的丫鬟袭人与他初试房事。这是一段写实的描述。我们不可能相信，唯恐"失其真传"的曹雪芹会把宝玉写成一个 8 岁就梦遗，并且与丫鬟尝试房事的奇人。

这时，袭人多大呢？小说中没有直接叙述袭人的年龄。但是，在第 62 回宝玉庆生时，小说写道："大家算来，香菱、晴雯、宝钗三人皆与他（袭人）同庚。"

在第 4 回叙述薛蟠命案时，借应天府门子的口说出当时香菱"如今十二三岁的光景"。在同一回中，小说叙述，当时宝钗 13 岁。这是印证了香菱与宝钗同岁。在第 1 回中，香菱 3 岁时，其父甄士隐梦到青埂峰的顽石幻形入世，这是暗示宝玉出生，也暗写香菱比宝玉大两岁。两年之后，宝玉中魔祟，被僧道二人解救，那僧人持着宝玉佩戴的通灵宝玉说道："青埂峰一别，展眼已过十三载矣！"（第 25 回）这是暗示衔玉而生的宝玉此时已 13 岁。综合印证，宝玉梦游之时，他 11 岁，比他大两岁的香菱、晴雯、宝钗和袭人均为 13 岁。

周汝昌将宝玉梦游定为其 8 岁时行为，主要依据的是第 3—4 回中的叙述，特别是小说以薛蟠命案为两人先后入住贾府的链接。黛玉进贾府次日就知道薛蟠命案，且贾雨村两月后就补缺上任应天府，并即审理薛案；待薛家到达贾府前，结案的消息已达贾府。周汝昌因此断定，黛玉和宝钗入住贾府，不过一冬一春（半年）间事。但是，贾雨村审案时，代死者冯渊告状的冯家仆人说："小人告了一年的状，竟无人做主。"这就是说，从案发到结案，至少一年多。那么，宝钗入住贾府，至少比黛玉晚一年多。再者，就第 5 回开篇叙述黛钗先后入府后的情况而言，不仅可见在宝钗之前，黛玉已经入府成年累月，而且宝钗在府中的生活也在数月之上。

更重要的是，在后来的争吵中，宝玉对黛玉说："你先来，咱们两个一桌吃，一床睡，长的这么大了，他（宝钗）是才来的，岂有个为他疏离你的？"（第 20 回）不久，宝玉再次对黛玉说"（两人）一桌子吃饭，一床上睡觉"。（第 28 回）由此可见，在宝钗进入贾府之前，黛玉和宝玉经历了一个两小无猜、由小长大的岁月。黛玉 6 岁多、临近 7 岁入府。宝玉梦游在宝钗入府之后，这是绝不可能在他 8 岁时发生的事。宝钗入府时 13 岁，宝玉 11 岁。宝玉梦游发生在其 11 岁时是无疑的。

在"红楼梦年表"中，俞平伯认为小说正文开始所述之事，是宝玉（曹雪芹）11 岁时之事。但他又把正文开始定为黛玉初入贾府的第 3 回。黛玉入府，年仅 6 岁多，次年 2 月 12 日才满 7 岁。此时，宝玉"如今长了七八岁"，符合黛玉所说"这位哥哥比我大一岁"。从七八岁长到 11 岁，还需要三四年。因此，若以宝玉情窦初开、步入少年时代的 11 岁为正文开始（"入书"），则是第 5 回。第 5 回，宝钗 13 岁，黛玉 10 岁，宝玉 11 岁。过去三四年间，尚处孩提时代的宝黛"日则同行同坐，夜则同行同止"；现在，"不想如今忽然来了一个薛宝钗""因此黛玉心中便有些悒郁不忿之意""这日,不知为何,他二人言语有些不合起来,黛玉又气的独在房中垂泪"(第5回)。钗玉的"金玉良缘"和宝黛的"木石前盟"之冲突、争夺,由此而始。俞平伯也忽略了这段不当忽略的三四年时间差。因此,若采用俞平伯的"正文"说,《红楼梦》的"正文"不是从第3回黛玉入府开始的,而是从第5回宝玉梦游开始的。这一年宝玉11岁,符合俞平伯所定《红楼梦》"入书"年龄。

书中有两个情境明确表现了曹雪芹对人物年龄的郑重态度。其一,宝玉在宁府的一个小书房撞见书童茗烟与一小丫头偷情。在指示这女孩儿跑走之后,宝玉询问茗烟这女孩儿的年龄。茗烟回答说:"大不过十六七岁了。"宝玉说:"连他的岁数也不问问,别的自然越发不知了。可见他白认得你了。可怜,可怜!"(第19回)其二,晴雯被迫害病逝后,宝玉做祭文《芙蓉女儿诔》。该祭文前部写道:"窃思女儿自临浊世,迄今凡十六有载……相与共处者,仅五年八月有畸。"(第78回)称晴雯"十六有载",宝玉计的是实岁,按习惯计算虚岁,晴雯17岁,合书中与宝钗诸人同岁之说。这两个情节表明,在宝玉的心目中——自然也是在曹雪芹的心目中,年龄对于一个人的人生具有特殊的价值,是否关注一个人的年龄,是与是否对这个人关爱而且深于情相联系的。

11岁时宝玉梦游是其由一个孩童进入青春时期的节点。在梦游之后,从第6回到第16回,在大约一年间的过渡中,小说以层波叠浪的笔法展示了一个复杂险恶的贾家世界。这是"长大了"的少年宝玉所看到和感受的成人世界——为了集中展示这个世界,曹雪芹安排黛玉回家探望病父和守丧。这是11岁的宝玉心性磨炼和成熟的一年。在第17回中,费时一年兴建大观园。这年宝玉12岁。从第18回到第53回,即从元春省亲的元宵节到次年元宵节,是宝玉与众姊妹在贾府"烈火烹油、鲜花着锦之盛"极享温柔福贵、纵情任性的岁月。这是宝玉的 13 岁人生。转入次年，宝玉 14 岁的生日，"寿怡红群芳开夜宴"（第 62 回）。这场没有成年长辈、完全由一群"不过十五六七岁"的男女少年参加的生日夜宴，是一场春心放纵、诗意烂漫的青春祭。此后一年，渐入败象的贾府日露恶厉，凤姐逼死尤二姐；夏金桂摧残香菱；王夫人抄检大观园，残酷驱赶晴雯，致其含冤病亡。大病一场的宝玉出门看到的大观园，是一个花落人去的凋零世界。"天地间竟有这样无情的事"（第 78 回），情天恨海的大观园显形为一个现实中的残酷无情的天地（第 79—80 回）。这一年宝玉 15 岁。

在传统中国社会，15 岁是一个告别少年进入成年的年龄。15 岁的薛蟠，已是一个皇家商人了，"现领着内帑钱粮，采办杂料"（第 4 回）。曹雪芹原作 80 回以后文稿佚没，高鹗等续书似是而非。第 80 回以后的宝玉又将如何呢？我们只能百般揣测了。

《红楼梦》是曹雪芹生平唯一著作，他著书的宗旨是为其"半世亲睹亲闻的这几个女子"作"真传"。"此书只是着意于闺中，故叙闺中之事切，略涉于外事者则简，不得谓其不均也。"（《红楼梦·凡例》）他自述著《红楼梦》，一方面，"因曾经历一番梦幻之后，故将真事隐去"；另一方面，"至若悲欢离合、兴衰际遇，又追踪蹑迹，不敢稍加穿凿"。这是虚实结合、真幻变换的叙事手法。读《红楼梦》不需要以索隐和考证的方式在书中追求作者的寓意和身世——"不察其原委、问其来历"。但是，如果不理解曹雪芹独到的叙事手法，不能从虚幻中见真实，则不能真正领略这部旷世奇书的人文意义和美学价值。宝玉梦游太虚幻境，虚幻至极，但又极其切实。如果只是恍惚读来，则必错失其深刻的真实（"事切"）和隽妙的意蕴（"真传"）。

脂砚斋批语说，曹雪芹撰《红楼梦》，情之至极，言之至确（第 18 回）；妙神妙理，请观者自思（第 8 回）。读《红楼梦》，不仅须有一腔热心肠，还得具备神清意明的理智。

（原载《光明日报》2019 年 11 月 15 日）

贾宝玉的女儿心

——细读《红楼梦》第58回

《红楼梦》第1回脂砚斋点评称贾宝玉是"绝世情痴"。我们一般说贾宝玉"痴"的时候,更多的是把他和林黛玉的感情联系起来,其实这种痴,更是对青春少女生命的珍惜、爱护、推崇、歌颂。《红楼梦》第58回"杏子阴假凤泣虚凰茜纱窗真情揆痴理"最妙的地方就在于通过几个时间上连续的情节,把贾宝玉对女孩的那种爱惜、尊重、赞美非常生动地表现出来了。

一 杏树下,花落雀还,宝玉又发了呆性

在这一回故事前不久,贾宝玉因被紫鹃哄骗,发了癔症病了好多天。这天是清明之日,袭人让他出来走一走,不要待在屋里面。宝玉便拄了一支杖,步出院外。

因近日将园中分与众婆子料理,各司各业,皆在忙时,也有修竹的,也有刬树的,也有栽花的,也有种豆的,池中又有驾娘们行着船夹泥种藕。香菱、湘云、宝琴与丫鬟等都坐在山石上,瞧他们取乐。宝玉也慢慢行来。湘云见了他来,忙笑说:"快把这船打出去,他们是接林妹妹的。"众人都笑起来。宝玉红了脸,也笑道:"人家的病,谁是好意的,你也形容着取笑儿。"湘云笑道:"病也比人家另一样,原招笑儿,反说起人来。"说着,宝玉便也坐下,看着众人忙乱了一

回。湘云因说:"这里有风,石头上又冷,坐坐去罢。"

宝玉忽然想起自己要去看林黛玉,所以就拄着拐杖走了。

从沁芳桥一带堤上走来。只见柳垂金线,桃吐丹霞,山石之后,一株大杏树,花已全落,叶稠阴翠,上面已结了豆子大小的许多小杏。宝玉因想道:"能病了几天,竟把杏花辜负了!不觉已到'绿叶成荫子满枝'了!"因此仰望杏子不舍。又想起邢岫烟已择了夫婿一事,虽说是男女大事,不可不行,但未免又少了一个好女儿。不过两年,便也要"绿叶成荫子满枝"了。再过几日,这杏树子落枝空,再几年,岫烟未免乌发如银,红颜似槁了,因此不免伤心,只管对杏流泪叹息。

沁芳桥这一段描绘非常美,给人深刻印象,而打动读者的关键还有宝玉的呆性。宝玉说:"能病了几天,竟把杏花辜负了!不觉已到'绿叶成荫子满枝'了!""绿叶成荫子满枝"应该是杜牧的诗,他把它化用过来。《红楼梦》里有大量化用诗词的地方。"因此仰望杏子不舍。又想起邢岫烟已择了夫婿一事,虽说是男女大事,不可不行,但未免又少了一个好女儿。"贾宝玉的女儿观有个很简单的原则,就是结婚或未婚这一个门槛,结婚就不再是女儿。他说女人一生三变,小时候是珍珠,是女孩儿,但是嫁男人就变成鱼目了,再然后人老珠黄:

女孩儿未出嫁,是颗无价之宝珠;出了嫁,不知怎么就变出许多的不好的毛病来,虽是颗珠子,却没有光彩宝色,是颗死珠了;再老了,更变的不是珠子,竟是鱼眼睛了。分明一个人,怎么变出三样来?

在贾宝玉的人生哲学中，女孩代表着人生的春天，代表着人性真纯至美的生命阶段、生命体验。贾宝玉的女儿心是超性别的。为什么女孩对贾宝玉那么重要，被他那么推崇？因为女孩一旦结婚，用贾宝玉的话说便沾了男人的臭气（"浊臭逼人"）。男人的臭气是什么？就是功利。因为在传统社会中，女孩甚至女人本身不需要去外面打拼，"女子无才便是德"，她只需要在家相夫教子，养育子女。但是男人要立功名。在这样一个环境中，如果女孩不成家，她就永远保持着女孩的那种超功利的生活。这是贾宝玉的女性观，也是他的人生观。

"能病了几天，竟把杏花辜负了！"这句话很重要。贾宝玉的物质观，或者说世界观中，人与物之间没有根本的区别：

> 不但草木，凡天下之物，皆是有情有理的，也和人一样，得了知己，便极有灵验的。

所以他说杏花开的时候我应该来看它，但是因为生病了没来看，便是把杏花辜负了。

> 正悲叹时，忽有一个雀儿飞来，落于枝上乱啼。宝玉又发了呆性，心下想道："这雀儿必定是杏花正开时他曾来过，今见无花空有子叶，故也乱啼。这声韵必是啼哭之声，可恨公冶长不在眼前，不能问他。但不知明年再发时，这个雀儿可还记得飞到这里来与杏花一会了？"

正如诗歌有诗眼，绘画有画龙点睛，这一段表现的贾宝玉的呆性，恰恰是曹雪芹在全书中要向读者传达的，成为我们后来人阅读《红楼梦》的一个重要的触点。

前面他发呆,说把杏花辜负了,然后又想到邢岫烟择了夫婿要嫁人了。他感叹一番,又少了一个好女儿,那么杏花的事就断了。但正悲叹时,忽然一只雀儿飞来,落在枝上乱啼,杏花的事就又接上了。他说这只雀儿跟他一样,因为他原来看了杏花,现在杏花没了,所以他伤感,而且还要拉公冶长来背书。公冶长是孔子的女婿,传说有通鸟语的特异功能。宝玉的意思是说,只要公冶长在这儿,就能帮他证明雀儿的哭声是悲啼之声。曹雪芹说贾宝玉是绝世情痴,其实就是说自己是绝世情痴。这段情节可见他的情感之深,关键是最后还要追问一句:"但不知明年再发时,这个雀儿可还记得飞到这里来与杏花一会了?"还想明年的事儿,还惦记雀儿与杏花的将来!但是,贾宝玉是没有将来的。如他在第 71 回的时候跟那尤大姐等人聊天:

> 尤氏道:"谁都像你,真是一心无挂碍,只知道和姊妹们玩笑,饿了吃,困了睡,再过几年,不过还是这样,一点后事也不虑。"宝玉笑道:"我能够和姊妹们过一日是一日,死了就完了。什么后事不后事。"

然而,在第 58 回这里,他是有将来的,有情感的,所以他说雀儿来年可还记得飞到这里来与杏花一会。真是太呆了!贾宝玉的呆是无处不在的。在第三回,宝黛初见时,曹雪芹就用了两首词来描绘贾宝玉,其中一首云:

> 无故寻愁觅恨,有时似傻如狂。
> 纵然生得好皮囊,腹内原来草莽。
> 潦倒不通世务,愚顽怕读文章。

> 行为偏僻性乖张，那管世人诽谤！

除了这首词还有他的一些行为可作旁证。在第 35 回贾宝玉被他爹贾政暴打一顿之后，有一个傅试家想跟贾宝玉攀亲戚。"傅试"，就是趋炎附势的意思。傅试家的派了两个老妈子来看贾宝玉，正好看见贾宝玉和玉钏儿两人相让莲叶羹。这时宝玉的手被烫了，自己被烫了，倒不觉得，反而问玉钏儿烫到了没有？

> 那两个婆子见没人了，一行走，一行谈论。这一个笑道："怪道有人说他家宝玉是外像好里头糊涂，中看不中吃的，果然有些呆气。他自己烫了手，倒问人疼不疼，这可不是个呆子？"那一个又笑道："我前一回来，听见他家里许多人抱怨，千真万真的有些呆气。大雨淋的水鸡似的，他反告诉别人'下雨了，快避雨去罢。'你说可笑不可笑？时常没人在跟前，就自哭自笑的；看见燕子，就和燕子说话；河里看见了鱼，就和鱼说话；见了星星月亮，不是长吁短叹，就是咕咕哝哝的。且是连一点刚性也没有，连那些毛丫头的气都受的。爱惜东西，连个线头儿都是好的；糟踏起来，那怕值千值万的都不管了。"两个人一面说，一面走出园来，辞别诸人回去，不在话下。

根据两个老妈子的谈话，贾宝玉好像就是癔症患者。前面章回并没有提到他和燕子说话，这里却突然提起。所以《红楼梦》的叙述逻辑既不是线性的，也不是非线性的，而是一种交织性的叙述。当我们对前面的东西都还没有理清的时候，忽然又有一个触点，把我们的阅读灵穴给点通了，我们这才豁然开朗。

二　藕官纸祭，宝玉谎言庇护，痴情体贴

第二个情节，转到另外一处，而且转得非常急促，非常突然。

> 正胡思间，忽见一股火光从山石那边发出，将雀儿惊飞。宝玉吃一大惊，又听那边有人喊道："藕官，你要死，怎弄些纸钱进来烧？我回去回奶奶们去，仔细你的肉！"宝玉听了，益发疑惑起来，忙转过山石看时，只见藕官满面泪痕，蹲在那里，手里还拿着火，守着些纸钱灰作悲。宝玉忙问道："你与谁烧纸钱？快不要在这里烧。你或是为父母兄弟，你告诉我姓名，外头去叫小厮们打了包袱写上名姓去烧。"藕官见了宝玉，只不作一声。

曹雪芹每次都是这样，"截断云烟"，咔嚓一刀下去，云烟一下没了。这就是我们说的神来之笔。忽然火光一闪，前面的那些担心都一下没了，然后就转到藕官的情节来。

藕官在院里面违规烧纸钱，老妈子看到了要去告发她，这对一个小丫鬟来说是非常要命的事情。宝玉开始替她遮挡，说是林姑娘让她烧的写废的纸。但是老妈子负责任地说，她看清楚了，这不是写废的纸，而是灵纸，就是烧给死人的。

> 宝玉忙把藕官拉住，用拄杖敲开那婆子的手，说道："你只管拿了那个回去。实告诉你：我昨夜作了一个梦，梦见杏花神和我要一挂白纸钱，不可叫本房人烧，要一个生人替我烧了，我的病就好的快。所以我请了这白钱，巴巴儿的和林姑娘烦了他来，替我烧了祝赞。

原不许一个人知道的,所以我今日才能起来,偏你看见了。我这会子又不好了,都是你冲了!你还要告他去。藕官,只管去,见了他们你就照依我这话说。等老太太回来,我就说他故意来冲神祇,保佑我早死。"

脂砚斋对拄杖的点评是:"画出病势。"就是说拄着拐杖出来,画出了贾宝玉的病态与孱弱。但是在这儿病好像一下就去了,这时,拐杖不是拿来拄着走的,而是拿来敲那老婆子的手。

这里为什么说杏花神,不说桃花神、荷花神或者芙蓉花神?这便又接上了前文的杏花。曹雪芹的文思是随缘就事,顺手拈来,但是一下子就会给人这样一种感觉:前面所有的细节,到后面都是万元汇聚,精彩纷呈。所以曹雪芹的文字,看上去笔笔都是闲笔,好像就随手写一下,但其实字字不闲、不散。

"梦见杏花神和我要一挂白纸钱,不可叫本房人烧,要一个生人替我烧了",为什么叫生人?因为藕官不是他房里的丫鬟。梨香院本来有12个小戏子,后来解散梨香院戏班,打发她们回去,有5个愿意回去,其他几个都说不能回去了,愿意留下来,于是就把她们分散到各个房中做丫鬟。比如文官到了贾母那里,芳官到了宝玉这里,等等。"所以我请了这白钱,巴巴儿的和林姑娘烦了他来,替我烧了祝赞。原不许一个人知道的,所以我今日才能起来,偏你看见了。我这会子又不好了,都是你冲了!你还要告他去。藕官,只管去,见了他们你就照依我这话说。等老太太回来,我就说他故意来冲神祇,保佑我早死。"贾宝玉情急中编出的这段谎话,坦率说非常无赖,蛮不讲理,但又句句都是道理。这样的话也只能他说,换了别人的口说出来就没意思了,甚至就没道理了。老妈子开始气势汹汹,现在反过来要向藕官和宝玉求饶。

老妈子的纠缠解除后，宝玉问藕官为什么烧纸。藕官开始不说，后来说既然她觉得宝玉跟她是一流的人物，跟她一样痴情，所以想要告诉他，但是毕竟女孩害羞，所以还是不方便跟他说。如果他一定想知道，就回去问他房里的芳官。

> 宝玉听了，心下纳闷，只得踱到潇湘馆，瞧黛玉益发瘦的可怜，问起来，比往日已算大愈了。黛玉见他也比先大瘦了，想起往日之事，不免流下泪来，些微谈了谈，便催宝玉去歇息调养。宝玉只得回来。因记挂着要问芳官那原委，偏有湘云香菱来了，正和袭人芳官说笑，不好叫他，恐人又盘诘，只得耐着。

宝玉出门本来是要去看林姑娘，一大段迂回之后好像看林姑娘的事"落空了"，但是峰回路转，曹雪芹又把笔转到这儿，"只得踱到潇湘馆"。"踱"就是漫步的意思，"踱"意味着有所踌躇，有所犹豫，因为他现在心里惦记的是藕官的事，心下纳闷，要把谜底解开。黛玉见宝玉也比先前大瘦了，想起往日之事，不免流下泪来。所谓往日之事就是宝玉被贾政痛打的事。"些微谈了谈，便催宝玉去歇息调养。"他们两人好像没什么话说，互相感叹一番后就散了。

"因记挂着要问芳官那原委，偏有湘云香菱来了，正和袭人芳官说笑，不好叫他，恐人又盘诘，只得耐着。"宝玉看似混账无赖，有时候冲动，但是在大事上不会出错。宝玉的心，用脂砚斋的话来说是谁也猜不到的：

> 说不得贤，说不得愚，说不得不肖，说不得善，说不得恶，说不

得正大光明，说不得混账恶赖，说不得聪明才俊，说不得庸俗平凡，说不得好色好淫，说不得情痴情种，恰恰只有一颦儿可对（第19回脂评）。

曹雪芹要让宝玉忍着耐着，要让宝玉的忍耐达到极致。

三　干娘欺养女，芳官哭红院，宝玉赞不平之鸣

接着，又别开写另外一个情节，就是芳官和她的干娘之间的一番争执。曹雪芹在这儿为什么写这么一段？《红楼梦》这部书对曹雪芹来说是人生一大梦，但是他又不是一个空洞的抽象的做梦者，他需要做梦是因为人生对他来说是真切的、现实的，也是残酷的。所以芳官和她干娘这段戏，其实是在写，在贾府这个世界中，或者在大观园这个世界中，最底层的人，他们生命的卑微、无助、危险。比如芳官的干娘，还有刚才为难藕官的老婆子，她们对这些小丫鬟，对收养的这些戏子，觉得自己可以有生杀予夺的权力，至少可以有管理控制的权力。但是面对比她们地位稍微高一点的丫鬟，她们就变成了弱势者。所以曹雪芹虽然对这些老妈子很厌恶，但是对她们的艰辛、无助、卑微、可怜，其实是有很深的理解的。

干娘欺负芳官，用他亲女儿洗过的水来给芳官洗头。袭人她们帮助了芳官，老妈子还找茬打芳官。本来袭人、晴雯，特别是晴雯，觉得芳官有点耍戏子的脾气。

袭人忙打发人去说："少乱嚷，瞅着老太太不在家，一个个连句安静话也不说了。"晴雯因说："都是芳官不省事，不知狂的什么，也

不过是会两出戏，倒像杀了贼王、擒了反叛来的。"袭人道："一个巴掌拍不响，老的也太不公些，小的也太可恶些。"

但是宝玉说：

怨不得芳官。自古说"物不平则鸣"。他少亲失眷的，在这里没人照看，赚了他的钱。又作践他，如何怪得。

宝玉同情的天平倾向于这些弱小无助同时又纯真的女孩这边。

袭人给了芳官洗头用品让她洗头，芳官却又被她干妈找茬打了几下，于是就哭起来。袭人、晴雯、麝月等一帮人又去帮芳官理论。这里显示出宝玉对女孩子的爱与珍惜，他不仅让老妈子羞愧难当，一言不发，为芳官扳回了脸面，还充分展现了这位青春少女的美：

那芳官只穿着海棠红的小棉袄，底下丝绸撒花袷裤，敞着裤腿，一头乌油似的头发披在脑后，哭的泪人一般。麝月笑道："把一个莺莺小姐，反弄成拷打红娘了！这会子又不妆扮了，还是这么松怠怠的。"宝玉道："他这本来面目极好，倒别弄紧衬了。"晴雯过去拉了他，替他洗净了发，用手巾拧干，松松的挽了一个慵妆髻，命他穿了衣服过这边来了。

芳官这里是一个豪放的美人形象！宝玉这句"他这本来面目极好，倒别弄紧衬了"，是说现在芳官不仅不梳洗，披头散发，而且还敞着裤腿。在古代女孩子是不能敞着裤腿的。脂砚斋在这里有句批语："四字奇想"。敞着裤腿，就把一个女孩的这种慵懒状态给展现出来，那是一种清纯豪放的美。晴雯心气高，本是很难去帮人做事儿的，前面她还埋怨芳官，认为芳官自己太耍脾气，但这时晴雯过去拉了芳官，替她洗净了头发，还挽了一个慵妆髻。为什么是晴雯？因为在大观园里面的丫鬟中，晴雯是最潇洒最自在的，她是真正的女中豪杰，所以由她来打扮芳官，还挽了一个慵妆髻，便是顺理成章的。《红楼梦》借这些少女形象，写的是美，是青春，是美好的生命。

四　假凤泣虚凰，独合呆性，宝玉称奇绝

这一回的回目叫《杏子阴假凤泣虚凰　茜纱窗真情揆痴理》。在这一回的最后才真正进入点题之处：芳官告诉宝玉藕官烧纸的原因。藕官烧纸是为祭奠已经死去的菂官。藕官和菂官，两人曾经假扮夫妻，藕官是生，菂官是旦。菂官死了，藕官又跟蕊官扮夫妻。这一通奇奇怪怪，似是而非，属于小孩的过家家游戏，但又秉承成年人的纲常伦理。

如本回最后所讲，菂官死了，藕官哭得死去活来；但又有蕊官跟她扮夫妻，所以两人互相温柔体贴。别人问她是不是喜新厌旧？藕官说：

> 这又有个大道理。比如男子丧了妻，或有必当续弦者，也必要续弦为是。便只是不把死的丢过不提，便是情深意重了。若一味因死的不续，孤守一世，妨了大节，也不是理，死者反不安了。

什么是"大节"？不孝有三，无后为大。古代的人续弦通常不是为了爱情，而是为了延续香火、传宗接代，所谓有大义大节的男人，倘若不续弦，即"不是理"。接下来，芳官对宝玉说："你说可是又疯又呆？说来可

是可笑？"

> 宝玉听说了这篇呆话，独合了他的呆性，不觉又是欢喜，又是悲叹，又称奇道绝……

为什么？因为即便是来宝玉家拜访的老妈子，也都认为宝玉的脑子不正常，即外表看着好看，内里却有问题。我相信，宝玉也知道别人怎么看他，他本就是孤独者。这时他忽然发觉两个女孩在戏里戏外如此真诚执着，所以"独合了他的呆性"，找到了知音，"不觉又是欢喜，又是悲叹，又称奇道绝"。贾宝玉经常以自贬抒发胸臆，所以他接下来说："天既生这样人，又何用我这须眉浊物玷辱世界。"

宝玉常认为自己是"须眉浊物"，他凡是见到推崇的人，都会自我贬斥一番。比如，宝玉见到秦钟，就想道：秦钟生在贫寒家庭，还能这般出众，可恨我这样的"泥猪癞狗"，白白浪费了家世的繁华。

> 因又忙拉芳官嘱道："既如此说，我也有一句话嘱咐他，我若亲对面与他讲未免不便，须得你告诉他。"

为什么宝玉不方便亲自对藕官讲？第58回前文已经交代，藕官曾与宝玉哭道："我也不便和你面说，你只回去背人悄问芳官就知道了。"因此，宝玉觉得如果直接跟藕官讲，藕官可能会不好意思。据此来看，曹雪芹真乃大师之笔，亦即"笔笔闲笔，字字不散"。这是我对曹雪芹的评价。既然藕官已经对宝玉讲"不便"，若还跑到那里去好为人师，那不可以，所以宝玉对芳官讲"须得你告诉他"。接下来一句，"芳官问何事"。如果让宝玉直接把话说出来，这就简单到没有趣味，所以一定要顿一下，要打个岔，不让宝玉一口气说出来。在前文中，麝月教训芳官干妈的情节是几百字如长江大河一泻而尽。但此处需要仔细玩味揣摩，所以要顿一下，即"芳官问何事"。宝玉接着说："以后断不可烧纸钱。这纸钱原是后人异端，不是孔子的遗训。"

贾宝玉经常引用孔子等人的话，其实那些话多数都是他自己杜撰的，尤其是为祭晴雯写的《芙蓉女儿诔》，里面就有大量杜撰之言。但贾宝玉这句话也是有依据的。《论语》既讲"子不语怪力乱神"（《述而》），又讲"祭如在，祭神如神在"（《八佾》）。不过，宝玉对这些话做了加工，说："以后逢时按节，只备一个炉，到日随便焚香，一心诚虔，就可感格了。"

所谓"感格"，意指感动死者的灵魂。宝玉为什么这么说？如第30回所述，宝玉与金钏在王夫人的房间调笑，金钏因此被王夫人打骂与驱赶，最终投井自尽。"金钏投井自尽"由此成为宝玉的一个"罪状"，宝玉也遭到毒打。此后，宝玉好像把这件事完全抛到九霄云外了。但至第43回，恰逢王熙凤九月初二生日，宝玉却一早就带着茗烟偷跑了，生日宴会上任谁都找不到他，急得一家人团团乱转。实则金钏的生日也是那天，宝玉这是去找地方祭拜金钏，可见，《红楼梦》是无巧不成书，有很多"巧"。"巧"很正常，每个人都有同样宝贵的生命甚至生日，但每个人的命运是不一样的，几家欢笑几家愁。宝玉祭拜金钏回来后，见到玉钏儿独自落泪，便问："你猜我往那里去了？"玉钏不理，他后来见贾母也遮掩过去。

回到第58回。宝玉告诉芳官"随便焚香"，然后说：

即值仓皇流离之日，虽连香亦无，随便有土有草，只以洁净，便可为祭，不独死者享祭，便是神鬼也来享的。你瞧瞧我那案上，只设一炉，不论日期，时常焚香。他们皆不知原故，我心里却各有所因。

随便有清茶便供一钟茶，有新水就供一盏水，或有鲜花，或有鲜果，甚至荤羹腥菜，只要心诚意洁，便是佛也都可来享，所以说，只在敬不在虚名。以后快命他不可再烧纸。

芳官听了这话，便答应着。贾宝玉这些话也是在回应他祭拜金钏回来后林黛玉所说的一番话：

话说众人看演《荆钗记》，宝玉和姐妹一处坐着。林黛玉因看到《男祭》这一出上，便和宝钗说道："这王十朋也不通的很，不管在那里祭一祭罢了，必定跑到江边子上来作什么！俗语说，'睹物思人'，天下的水总归一源，不拘那里的水舀一碗看着哭去，也就尽情了。"宝钗不答。宝玉回头要热酒敬凤姐儿。

黛玉知道宝玉干了什么，因为天底下他们两人最相知，但是她又觉得宝玉境界还不够高：在哪里祭祀都可以，没必要非要跑到那儿去。如此就像《荆钗记》王十朋那样傻，此人为祭祀妻子来到江边，他的妻子因忠贞投江自尽，实际上被人救起并未死去。黛玉这是在暗中警示宝玉。于是，宝玉在第 58 回此处向芳官说的这段话，实际上是表明他的觉悟提高了，即怎样祭都可以，只要祭就可以。这个"觉悟"的表达，当然也是宝玉对林黛玉暗讽他外出祭金钏"不通"的隔空回应。

第 58 回极写贾宝玉的"痴"和"呆"，不仅写他对杏树和鸟儿感慨、兴叹，也不仅写他对园中位卑势弱的丫鬟的百般庇护、怜惜，而且在这些"甘为丫鬟充役"的细致精妙的情节之上，更写藕官对药官的"假凤泣虚凰"——这位小戏子的痴情呆意，将贾宝玉"绝世情痴"展示到"意外之想、情理之至"的壮丽境界。宝玉称藕官"独合了他的呆性"，藕官也自认宝玉"是自己一流的人物"。这"独合"与"一流",写出"清净女儿之境"的至纯绝美的情感世界。正是由于曹雪芹赋予贾宝玉"痴"与"呆"的鲜活灵魂,才有了这个理想的世界。

(原载《光明日报》2024 年 5 月 3 日)

细目的神韵——中国女性眼睛的审美

古代人物画的传统，是被尊为画圣的顾恺之立下范式的。《世说新语·巧艺》："顾长康画人，或数年不点目精。人问其故，顾曰：'四体妍蚩，本无关于妙处；传神写照，正在阿堵中。'"谈顾公必须引用这个典故，讲中国人物画更无人敢绕过"传神写照"四个字。大家知道，所谓"阿堵"就是"目精"，也就是眼珠。顾公似乎要让国人知道眼珠在人物画中的重要性。

然而，令我们大为失望的是，在今日能看到的两个最具代表性的顾公画作摹本《洛神赋》和《女史箴图》中，人物的眼睛都眯成一条线，眼珠是绝对看不到的。这当然不是"不点目精"，而是整个眼睛都只以一条"神气飘然，在烟霄之上"（张怀瓘语）的线描给代表了。这就是顾恺之画作的妙处：传神写照。无疑，在可见的画作中，顾公是"眯眯眼"审美趣味的"始作俑者"。

顾恺之是东晋人士，生卒年为348—409年。在麦积山石窟第44窟塑有一尊阿弥陀佛。这是西魏时期，即535—556年间的塑像。这尊女身化的佛像显然延续了顾恺之《女史箴图》的画风：长眉细目。它的两条修长的弯眉和一双细润的眼睛与如桃花初绽的双唇相配，为其方阔的面庞带来

[东晋] 顾恺之《女史箴图》局部（唐摹本）

肃穆之上的慈祥和柔媚。这尊佛像被誉为"东方的微笑"的典范，它的确极其美妙地传达了东方女性含蓄幽妙的"笑"的神韵。无疑，它这一双如春风轻拂的柳叶一样妩媚的眼睛起了重要的传神作用。"传神写照，正在阿堵中"，在此我们确实可用顾恺之此说作评。

[西魏]麦积山石窟第 44 窟,阿弥陀佛

唐代的佛教塑像,佛像和菩萨像以弯眉曲目为特征。所谓"曲目",就是以瞳孔的位置和朝向,上眼睑或下眼睑有明显的曲度,甚至呈现角化现象。在敦煌壁画中,第 71 窟北壁的初唐壁画《西方净土变》中的两身"思维菩萨"像和第 45 窟北壁的盛唐壁画《观无量寿经变》中的众听法菩萨,是典型的弯眉曲目像。曲目不仅突出了瞳孔(眸子),而且使眼神的传达

细目的神韵——中国女性眼睛的审美 | 435

[唐] 敦煌石窟第71窟，思维菩萨

更加直接，实际上更加女性化——眼尾被延长而且多上扬，如双羽欲飞，妩媚中更添灵巧。唐初的僧人道宣对这样的佛教造像变化持批评态度。他说："梵像造相，宋齐间皆唇厚、鼻隆、目长、颐丰，挺然丈夫之相。自唐来笔工皆端严柔弱，似妓女之貌，故令人夸宫娃如菩萨也。"（《释氏要览·卷三》）

道宣对唐代佛教塑像的不满，其实是不满其尊重生活的本土化和自然化。他说："今人随情而造，不追本实，得在信敬，失在法式。"（《释氏要览·卷三》）所谓"法式"，当然是指佛教塑像的原传规则；所谓"信敬"，则是指造像者对真实性和感染力的追求。就笔者所见，传为吴道子作《送子天王图》中五身女像，塑造了其后千余年中国仕女眉眼的典范。修长如柳枝一样蜿蜒舒展的双眉，细润若初春柳叶般旖旎的两眼，含蓄缱绻而韵味隽永。眉和眼在轻微而近于平滑的波动如双弦谐和，这是吴道子画风在女性眉目间的神韵。

观永泰公主墓等唐代皇室墓穴壁画，以及传世的张萱、周昉等擅长写绘仕女的画家画作，唐代女性的眉毛修饰是多种多样的，但大体不出两种类型：其一，短而粗直，如蛾翅眉；其二，细而弯长，如柳叶眉。如果细若琴弦、曲似新月，这样的眉毛也称为"蛾眉"，喻其纤细、弯曲如飞蛾的触须。白居易《长恨歌》写杨玉环被赐死前的境况的两句诗是："六军不发无奈何，宛转蛾眉马前死。"在后世，蛾眉与柳眉，是两个异名而共指的经典词汇，共同指称女子眉毛的至上秀美。相对于细长弯曲的蛾眉和柳眉的持续流行，短而粗直、呈八字形的蛾翅眉，虽然是张萱《捣练图》和周昉《簪花仕女图》中仕女的标志性眉毛，却并没有在后世持续流行。这两种眉风的传与不传，自然蕴藏着古代审美旨趣的幽致。

与眉毛形制的多样性不同，唐代仕女的眼睛却是以细长的柳叶眼为统率的。白居易《简简诗》说："苏家小女名简简，芙蓉花腮柳叶眼。"吴道子《送子天王图》中的女性和张萱、周昉仕女画中的女性是以柳叶眼为主的。宋徽宗赵佶临张萱的《捣练图》，显然强化了张萱原作女性眼睛的细润和含蓄。在这位皇帝画家的笔下，画上仕女们的细小的眼睛在她们丰腴阔大的面庞上飘忽如两叶嫩芽春柳。

唐人称美人眼，似乎只以"柳叶眼"名之。五代有以"星眼"喻美人眼。后蜀阎选《虞美人》词："月娥星眼笑微嚬，柳夭桃艳不胜春。"《五灯会元·卷二》载双林善慧大士《四相偈》说："昔日曾长大，今日复婴孩。星眼随人转，朱唇向乳开。"《水浒传》写宋江的外宅女人阎婆惜"星眼浑如点漆，酥胸真似截肪。韵度若风里海棠花，标格似雪中玉梅树"。以星眼喻婴儿眼睛，称星眼如点漆，都是既喻其亮，更喻其小。明代唐寅是一位标树风尚的仕女画名家，他笔下的仕女皆是蛾眉星眼。在《小庭良夜图》中，唐寅展示给观众的仕女，是一位蛾眉星眼的少妇。这幅画中的仕女两只星眼呈倒八字状斜行上扬，将吴道子《送子天王图》中绘女身柳叶眼的笔法做了戏剧化的夸张运用。这两只八字上扬的星眼与其上的两弯蛾眉在欲即又离中展开恣意欢谑的游戏，眉眼辉映，这位小庭良夜下的少妇，真有"月娥星眼笑微嚬，柳夭桃艳不胜春"的意态。

在明清文学中，星眼是非常流行的描写美女眼目的热词，《水浒传》《西游记》《金瓶梅》等名著均以"星眼"为美目的通用词汇。"星眼"一词的流行，大概要归功于元人王实甫的《西厢记》，其中第二本《崔莺莺夜听琴杂剧》第二折张生自白道："觑他云鬓低坠，星眼微朦"，第三折崔莺莺唱词："星眼朦胧，檀口嗟咨，撧窨不过"。"星眼朦胧"是明清文学中写女子睡意、醉态和痴情的惯用成语。"星眼朦胧""星眼含悲""星眼迤斜""星眼秋波""星眼盈盈""星眼圆睁"……明清小说中，"星眼"的

宋徽宗摹张萱《捣练图》(局部)

流行，实际上是以"星眼"代指一切美丽动人的女子眼目。然而，以细润和娟秀为美，则无疑是中国女性眼睛审美在明清时代的定格。

在《红楼梦》第3回中，贾宝玉初见林黛玉，曹雪芹描绘的宝玉眼中所见黛玉是"两弯似蹙非蹙笼烟眉，一双似喜非喜含情目……闲静时如姣花照水，行动处似弱柳扶风"。冯梦龙撰《醒世恒言·乔老爷乱点鸳鸯谱》中形容少女刘慧娘说："蛾眉带秀，凤眼含情，腰如弱柳迎风，面似娇花拂水。"曹雪芹描写林黛玉也许是从冯梦龙此处文字化出，不同的是，曹雪芹着重描绘出了黛玉眉眼的朦胧、含蓄。曾朴的《孽海花》写新科状元雯青邂逅15岁少女彩云，眼中所见也是"两条欲蹙不蹙的蛾眉，一双似开非开的凤眼，似曾相识，莫道无情，正是说不尽的体态风流、古姿绰约"。曾朴显然是化用了曹雪芹描写林黛玉的意象，而且着眼于眉目的婉约和朦胧韵致。

林黛玉的眼睛是什么类型的？曹雪芹在其传世的《红楼梦》80回原著中，没有直接说过。第74回，王夫人曾对王熙凤说晴雯长得"有一个水蛇腰、削肩膀、眉眼又有些像你林妹妹"；第52回，宝玉告诉晴雯小丫鬟坠儿偷平儿手镯的事后，"晴雯听了，果然气得蛾眉倒蹙，凤眼圆睁"。据这两个情节，我们也许可以说黛玉与晴雯一样，也是一双"凤眼"。但是，第26回，宝玉去潇湘馆看黛玉，此时黛玉困睡初醒，"宝玉见他星眼微饧，香腮带赤，不觉神魂早荡"。若依此情节，我们又该说黛玉的眼睛是"星眼"了。其实，凤眼与星眼，在明清文学中，并无分别，均指女子秀美的眼睛。"蛾眉倒蹙，凤眼圆睁""柳眉倒竖，星眼圆睁"，都是指女子怒目相对的神情。同理，曹雪芹用"星眼""凤眼"喻指黛玉的眼睛，并非特指，而是采用时尚通用喻指女子美目的称呼。

第3回写出现在初入贾府的林黛玉眼前的王熙凤，"一双丹凤三角眼，

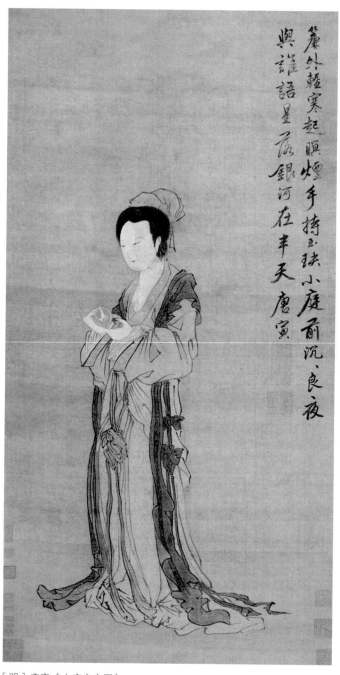

［明］唐寅《小庭良夜图》

两弯柳叶吊梢眉;身量苗条,体格风骚;粉面含春威不露,丹唇未启笑先闻";第 28 回写宝玉细看薛宝钗形容,"只见脸若银盆,眼似水杏,唇不点而红,眉不画而翠"。林黛玉的眼睛,笼烟含情,蹙喜朦胧,决然不会是尖锐明晰的丹凤眼,也不会是圆润妩媚的水杏眼。林黛玉的眼睛定然比薛宝钗的眼睛细小。但曹公并没有认为宝钗美胜黛玉,不过是"比林黛玉另具一种妩媚风流"。宝钗在瞬间令宝玉倾倒,不是以杏眼取胜,而是宝钗褪下腕上的红麝珠串时露出的"雪白一段酥臂"让宝玉"不觉动了羡慕之心"。李白《怨情》诗说:"美人卷珠帘,深坐颦蛾眉。但见泪痕湿,不知心恨谁。"第 3 回,宝玉初见黛玉,因见其"眉尖若蹙",送"颦颦"二字给林黛玉做字。这不仅暗合了李白"怨情"诗旨,而且也呼应黛玉眉目的"笼烟含情"。以其细润、朦胧的神情,这双眼睛当属白居易笔下的柳叶眼无疑。

第 5 回,在太虚幻境中,警幻仙姑将自己的妹妹许配给梦游来此的贾宝玉。她这位乳名"兼美"、字"可卿"的妹妹,"其鲜艳妩媚,有似乎宝钗;风流袅娜,则又如黛玉"。兼美难得,甚至是不可得——现实中的"兼美"秦可卿就早早夭逝了。贾宝玉虽未免动心于宝钗的"鲜艳妩媚",但钟情的却是林黛玉的"风流袅娜"。不独贾宝玉,恶少薛蟠也为林黛玉的风韵倾倒。第 25 回,宝玉、凤姐中魔,大观园内乱麻一般之际,薛蟠"忽然一眼瞥见了林黛玉风流婉转,已酥倒在那里"。钗黛相对,将林黛玉写成正邪共赏的"风流"典范,这自然表现了作者曹雪芹在"妩媚风流"和"风流袅娜"两种女性风韵之间的审美偏向。然而,曹雪芹这样的审美偏爱,实不限于其个人趣味。清人和邦额《夜谭随录·董如彪》写狐精老叟育有二女:"长曰阿苟,身小而洁白如玉,妩曼双绝,为九姻所重;次曰阿嫩,修眉细目而微麻,婉妙殊甚。"公子董如彪遇险得救,并得娶阿嫩为妻,携妻归家,"举室艳羡,以为玉蕊琼英、天然佳偶也"。阿苟洁白妩

［清］改琦《林黛玉像》

曼，有似薛宝钗；阿嫩眉目婉妙，近于林黛玉。黛玉与阿嫩所共同的"修眉细目"，确实是人所共悦的中国古典女性容颜美的菁华。

从画家顾恺之至小说家曹雪芹，中国文人画家偏爱"细目"，既有自然的因素，也有文化的因素。就自然而言，中国女性的眼睛是以细长为共性。宋代画论家邓椿分析中国与印度佛像的差异，就指出印度"佛相好与中国人异，眼目稍大"（《画继·卷十》）。就文化而言，中国文化偏爱含蓄的趣味，"似有若无"的眼神才婉转动人。西方人以眼大为美，荷马写宙斯夫人赫拉，称其为"牛眼睛的天后"，这就为西方文艺描写女性美目定下了基线。我们的祖先们，大概是不可能接受一位"牛眼睛的皇后"的。

中国文化传统中，今见最早具体描写美女容貌的诗篇是《诗经·硕人》，它写卫侯之妻、庄姜夫人说："手如柔荑，肤如凝脂，领如蝤蛴，齿如瓠犀，螓首蛾眉。巧笑倩兮，美目盼兮。"《论语·八佾》引用此后两句，《毛传》注："盼，黑白分"，马融注"盼，动目貌"。"盼"与"笑"相呼应，均作动词。"笑"写面容，"盼"写眼神。毛传注不确，马融注为是。明人钟惺云："巧笑二句言画美人，不在形体，要得其性情。此章前五句犹状其形体之妙，后二句并其性情生动处写出矣。"（《评点诗经》卷一）汤显祖《邯郸记·杂庆》中，卢生对崔氏说："巧笑倩兮，美目盼兮。那一盼你道是什么盼，把你的心都盼去了。那一笑你道是什么笑，把人那魂都笑倒了。"曹雪芹写林黛玉正是发挥《硕人》描写美貌"得其性情"之妙。他不直写林黛玉的眼目形状如何，而是写其神情：笼烟含情，蹙喜朦胧。读者不能确定林黛玉这双眼睛形状究竟如何，但是能感受和想象它们细润幽妙的神韵。中国诗所谓"不著一字，尽得风流"，中国画所谓"无画处，皆成妙境"，落实在曹雪芹的笔下，就是林黛玉的修眉细目予以读者那无以名状的神韵。

［清］孙温《红楼梦·第八回·宝黛同归》

其实，在人类造型艺术史中，眼睛的突出，是很晚的故事。达·芬奇的《蒙娜·丽莎》以眼神的无限意蕴而万口传颂，已是人类16世纪之初才有的业绩。追溯人物画史，似乎中国画家并不将眼睛放在首要地位，而是使之被统摄于包括全部形体在内的画面的整体气韵中，所谓"传神写照"的真谛，实在不是作为实体的"目精"，而是全幅画面的神韵，这就是南朝谢赫在《古画品录》中提出的"气韵生动"。谢赫说："若拘于体物，则未见精粹；若取之象外，可谓微妙。"中国审美精神，着意万物交流的微妙神韵。我辈传承文化精华，又岂可拘执于两个眼珠的大小有无？

（原载《文汇报》2022年8月22日）

"神韵"进入诗学考源

关于"神韵"由何人首先引入诗论，学界有争议。在诸多持论中，大概有两个焦点：其一，钱锺书主张"严羽倡导神韵"；其二，王小舒主张"薛蕙是诗界'神韵论'的首创者"。据本人考辨，在现在可见文献中，可以确定的是明人耿定向以"神韵"论诗为先出。

在进入画品诗评之前，"神韵"与"气韵"是南朝晋宋时期流行的人物品鉴词汇。《宋书·王敬弘传》载，宋顺帝刘准于昇明二年（478）下诏书，称王敬弘（本名王裕之）"神韵冲简，识宇标峻"。这是"神韵"一词最早出现。"气韵"一词略为晚出，早见南朝梁释慧皎撰《高僧传》，称竺潜、支遁等僧人"气韵高华，风道清裕"。南朝宋刘义庆《世说新语·任诞》说："阮浑长成，风气韵度似父，亦欲作达。"在南朝史序中，宋早于梁，"气韵"一词，当是源自对"风气韵度"的略写。

南朝齐梁画家谢赫（生卒年不详）在《古画品录》一书中，将"神韵"和"气韵"两词混合使用于画品，开启两词进入画评的历史。谢赫论画倡导"绘画六法"，并以"气韵生动"为"六法"之首。他评顾骏之画作说："神韵气力，不逮前贤；精微谨细，有过往哲。"（《古画品录》）在《古画品录》中，"神韵"与"气韵"各出现一次，考察文意，谢赫是以两词同义的。唐人张彦远说:"顾恺之曰:'画人最难,次山水,次狗马,其台阁一定器耳,差易为也。'斯言得之。至于鬼神人物,有生动之可状,须神韵而后全。若气韵不周,空陈形似;笔力未遒,空善赋彩,谓非妙也。"(《历代名画记·论画六法》)张彦远显然沿袭谢赫的用法,以"神韵"和"气韵"同指。

钱锺书说:"'神韵'与'气韵'同指。谈艺之拈'神韵',实自赫始……严羽所倡神韵不啻自谢赫传移而光大之。"(《管锥编·一八九:全齐文卷二五》)钱锺书称"严羽倡神韵",依据的是严羽的四则诗话:其一,诗之法有五:体制、格力、气象、兴趣、音节。其二,诗之品有九:曰高,曰古,曰深,曰远,曰长,曰雄浑,曰飘逸,曰悲壮,曰凄婉。其三,其大概有二:曰优游不迫,曰沉着痛快。其四,诗之极致有一,曰入神。诗而入神,至矣,尽矣,蔑以加矣,惟李杜得之,他人得之盖寡也。(《沧浪诗话·诗辩》)正是在引述严羽这四则诗话之后,钱锺书紧接着说:"必备五法而后可以列品,必列九品而后可以入神。优游痛快,各有神韵。"(《谈艺录·六神韵》)

认真分析可见,钱锺书的说法是将严羽的"入神"概念等同于"神韵"。"优游不迫"和"沉着痛快"是严羽的"气象"观念所概括的两种相反的风格。严羽论诗,以"气象"为根本。他说:"唐人与本朝人诗,未论工拙,直是气象不同。""建安之作,全在气象,不可寻枝摘叶。"(《沧浪诗话·诗评》)钱锺书忽略了严羽诗论的核心范畴"气象",将"入神"混同为"神韵"。郭绍虞说:"我常以为沧浪论诗只举神字,渔洋论诗才讲神韵。"(《中国文学批评史·南宋之文论》)无疑,郭绍虞之说是准确的。据《沧浪诗话》,严羽只讲"气象",不讲"神韵"。所谓"严羽倡神韵",只能说是钱锺书先生对严沧浪诗论的"神会"之言。

清人王士禛在其晚年著作《池北偶谈》中撰"神韵"一则：

> 汾阳孔文谷云：诗以达性，然须清远为尚。薛西原论诗，独取谢康乐、王摩诘、孟浩然、韦应物，言"白云抱幽石，绿筱媚清涟"，清也；"表灵物莫赏，蕴真谁为传"，远也；"何必丝与竹，山水有清音"，"景昃鸣禽集，水木湛清华"，清远兼之也。总其妙在神韵矣。"神韵"二字，予向论诗，首为学人拈出，不知先见于此。

王士禛在这则诗话中引述的孔天胤（文谷）论诗文字，出自后者1564年农历五月撰《园中赏花赋诗事宜》一文。王士禛的引文"诗以达性……总其妙在神韵矣"，除个别文字外，与孔天胤原文一致。

薛西原（1489—1539），名薛蕙。孔薛两人素有交往。孔天胤晚年记述说："余往岁丙申，初谒考功于谯成大宁齐中。考功一见余，即莫余逆也。留饮阑夕，赋诗见志，后数往来，并丧尔我。"(《〈薛诗拾遗〉序》)查薛蕙撰《西原先生遗书》（明刻本），在该书下卷有"论诗"一目，含8则诗话，第6则诗话即为孔天胤所引文字，但无"总其妙在神韵"句。胡应麟（1551—1602）撰《诗薮·外编卷二·六朝》录有薛蕙同则诗话，也没有此句。《西原先生遗书》的"诗话"第6则，开始如是说："曰清，曰远，乃诗之至美者也。"胡应麟的引述与之相同，而孔天胤将其改写为"诗以达性，然须清远为尚"。薛蕙以"清远"论诗，并未将其联系或归属于"神韵"，胡应麟的引述可资佐证。"总其妙在神韵矣"句，是孔天胤对其所引述的薛蕙诗话的引申结论，这是不可附会于薛蕙的。

明人耿定向（1524—1596）在《与胡庐山书》第9封信中使用"神韵"论诗。《与胡庐山书》共计11封书信，均无时间落款。在第7封信中，言及"辛酉之秋与兄江浒一会"。在其自撰年谱《观生记》中，耿定向说："四十年辛酉，我生三十八岁。夏初，奉命巡按甘肃……秋仲遂行，遇胡正甫于汉江之浒。"据此，耿定向撰第 7 封信在甘肃任上，在辛酉秋后。在第 10 封信中，言及"比来都下同志更离索，无甚好怀，归志更切……家累已悉遣还，日按部，不复住邸舍"云云。在《观生记》中，耿定向说："四十一年壬戌，我生三十九岁……其年闰三月，改督南直隶学政……冬十月，奉嘉议公、秦淑人就养于南京督学公署。"据此，可定第 10 封信写于耿定向即将离任甘肃前夕，有归乡之念，时间应在嘉靖壬戌夏。嘉靖辛酉，即 1561 年，撰第 7 封信；嘉靖壬戌，即 1562 年，撰第 11 封信。相应推算，耿定向致信胡直"借诗商学"而言"神韵"，即撰第 9 封信，当晚于 1561 年秋，早于 1562 年夏。

据《西原先生遗书》，薛蕙的确曾以"神韵"论诗。他的"论诗"第 8 则诗话说："论诗当以神韵为胜，而才学次之。陆不如谢，正在此耳。"辑录此则诗话的明刻本《西原先生遗书》，刻于嘉靖癸亥，即 1563 年。刻书人王廷在书前撰《刻西原先生遗书序》，序末署"嘉靖癸亥季冬望日"。季冬望日，即农历十二月十五日。《西原先生遗书》付梓问世，或许在次年，即 1564 年。此书比耿定向《与胡庐山书》以"神韵"论诗要晚出一年多。值得注意的是，清文渊阁《四库全书》补配清文津阁《四库全书》本薛蕙撰《考功集》无"论诗"一目；现存可见文献中，这部明刻本《西原先生遗书》是明代唯一辑录薛蕙"论诗"诗话的文献，而且是由门人王廷在薛氏去世 24 年后辑录。孔天胤和胡应麟两人各自的引述，都没有对含有"神韵"一词的第 8 则诗话原出于薛蕙给予旁证。因此，"论诗"第 8 则是否确为薛蕙撰述，是可存疑的。

耿定向的《与胡庐山书》第 9 封信说："近日讲学者，只是模索要眇处，譬之作头巾诗者耳。至如滞形气、帮格式者，又似作诗者只在声调语句上求工，未解神韵也。深于诗者，风云月露孰非道体哉！然此等处不容思议，见解不容言说，须人灵识。故曰：'厥彰厥微，匪灵勿莹。'兄深于诗者，故弟又借诗商学如此云云，幸兄教之。"（《耿定向集》）在这段话中，耿定向虽称"借诗商学"，却对"神韵"的义理作了三个层面的阐释：其一，相对于声调语句等外在层面，神韵是诗的内核；其二，神韵的内涵是诗借自然万象表现本真之道（"风云月露孰非道体"）；其三，指明"神韵"的特性是不容思议、言说，"须人灵识"。应当说，耿定向对"神韵"的阐说是神韵理论的建基性定义。这是现存文献前所未见的。与之相比，《西原先生遗书》所辑录"论诗当以神韵为胜，而才学次之"，明显只是严羽论诗所言"夫诗有别材，非关书也；诗有别趣，非关理也"（《沧浪诗话·诗辩》）的转述。

学者蒋寅在《王渔洋"神韵"概念溯源》一文中称，"至迟在元代我已发现用'神韵'论诗文的例子"，并举倪瓒之说为例。（《北京大学学报》2009 年第 2 期）倪瓒说："今人工诗文字画，非不能粉泽妍媚。山鸡野鹜亦尔斓斑，若其神韵则与孔翠殊绝。"（《清闷阁遗稿·跋赵松雪诗稿》）然而，倪瓒此说，是以山鸡野鹜与孔雀翠鸟对比而言，虽然前句笼统提到"诗文字画"，其立意仍然在于字画。自唐宋以降，以神韵、气韵论字画，是一传统，倪瓒此说仍在字画论传统中。因此，称倪瓒此说为"用'神韵'论诗文的例子"是不恰当的。

其实，以"气韵""神韵"论文，有两个远远早于元代的例子。其一，南朝梁代史学家萧子显（487—537）撰《南齐书·文学传论》说："文章者，盖情性之风标，神明之律吕也。蕴思含毫，游心内运，放言落纸，气韵天成。"其二，宋人吕午（1179—1255）在撰《程珌行状》一文中即说:"(程珌)于书无所不读,发而为文,自成机杼,神韵绝出。"(程敏政撰《新安文献志》卷九十四下)吕午《程珌行状》写于淳祐三年(1243),倪瓒《跋赵松雪诗稿》写于至正二年(1342)。就可见文献而言,使用"神韵"一词,倪瓒比吕午晚99年。

据本人考辨,在现存可见文献中,吕午之说是最早明确以"神韵"论文的例子;但以"神韵"论诗,则以耿定向所论为先出。因此,学者王小舒称"如此看来,薛蕙是诗界'神韵论'的首创者,这个功绩是不容抹杀的"(《神韵诗学·神韵论的历史流程》),是值得商榷的。耿定向是王阳明心学后人,并非诗坛名流。他"借诗商学",以"神韵"为喻,自然是当时"神韵"用于论诗文已成风气,而非由他创始。此说可确立否?请方家刊正!

(原载《光明日报》2021年9月17日)

后　记

这个集子的编选和成书，得益于王立刚编审的鼓励和促进。我和立刚编审是北京大学哲学系美学专业的学友。近年来，他邀请并敦促我为北京大学出版社撰写书稿，并且安排编辑跟进。但是，非常惭愧的是，由于各种原因，至今没能完成稿约。在此，我向立刚编审表达谢忱的同时要特别表达愧疚，希望接下来的时间尽快完成约定的书稿。

本书的编辑时间相对短暂，感谢任慧编辑专业、高效的责编工作。任慧编辑告知，我在北京大学中文系做博士后研究工作时，她曾选修过我讲授的课程。因此，我们是北京大学中文系的学友。

在这个简短的后记中，最后要表示的是，非常高兴与两位北大学友合作实现这个集子的问世。

2024 年 8 月 11 日，英、法、意三国之游行前，酒无斋

图书在版编目（CIP）数据

以神为马：中国美学的游与思 / 肖鹰著. —— 北京：北京大学出版社，2024.10. —— ISBN 978-7-301-35527-5

Ⅰ. B83

中国国家版本馆 CIP 数据核字第 2024YR1555 号

书　　　名	以神为马：中国美学的游与思 YI SHEN WEI MA: ZHONGGUO MEIXUE DE YOU YU SI
著作责任者	肖　鹰　著
责任编辑	任　慧　魏冬峰
标准书号	ISBN 978-7-301-35527-5
出版发行	北京大学出版社
地　　　址	北京市海淀区成府路 205 号　100871
网　　　址	http://www.pup.cn　新浪微博:@ 北京大学出版社
电子邮箱	zpup@pup.cn
电　　　话	邮购部 010-62752015　发行部 010-62750672 编辑部 010-62753154
印　刷　者	北京中科印刷有限公司
经　销　者	新华书店
	880 毫米×1230 毫米　16 开本　29 印张　394 千字 2024 年 10 月第 1 版　2024 年 10 月第 1 次印刷
定　　　价	98.00 元

未经许可，不得以任何方式复制或抄袭本书之部分或全部内容。
版权所有，侵权必究
举报电话：010-62752024　电子邮箱：fd@pup.cn
图书如有印装质量问题，请与出版部联系，电话：010-62756370